Bauwelt Fundamente 132

Herausgegeben von
Ulrich Conrads und Peter Neitzke

Beirat:
Gerd Albers
Hildegard Barz-Malfatti
Elisabeth Blum
Werner Durth
Eduard Führ
Werner Sewing
Thomas Sieverts
Jörn Walter

Karin Wilhelm
Detlef Jessen-Klingenberg (Hg.)

Formationen der Stadt

Camillo Sitte
weitergelesen

Bauverlag
Gütersloh · Berlin

Birkhäuser – Verlag für Architektur
Basel · Boston · Berlin

Herausgeber, Autoren und Verlag danken der Dr. Luise Henrich-Stiftung für die Förderung dieser Publikation.

Umschlagvorderseite: Narrenturm, Wien 2004, Foto: Johann Sauer

Umschlagrückseite: Theo Hotz, Erich Hofmann, Zürich, Albert Wimmer, Wien: Entwurf „Bahnhof Wien – Europa Mitte", 2004, Visualisierung: Theo Hotz 2004

Bibliographische Information der Deutschen Bibliothek
Die Deutsche Bibliothek verzeichnet diese Publikation in der Deutschen Nationalbibliographie; detaillierte bibliographische Daten sind im Internet über http://dnb.ddb.de abrufbar.

Dieses Werk ist urheberrechtlich geschützt. Die dadurch begründeten Rechte, insbesondere die der Übersetzung, des Nachdrucks, des Vortrags, der Entnahme von Abbildungen und Tabellen, der Funksendung, der Mikroverfilmung oder der Vervielfältigung auf anderen Wegen und der Speicherung in Datenverarbeitungsanlagen, bleiben, auch bei nur auszugsweiser Verwertung, vorbehalten. Eine Vervielfältigung dieses Werkes oder von Teilen dieses Werkes ist auch im Einzelfall nur in den Grenzen der gesetzlichen Bestimmungen des Urheberrechtsgesetzes in der jeweils geltenden Fassung zulässig. Sie ist grundsätzlich vergütungspflichtig. Zuwiderhandlungen unterliegen den Strafbestimmungen des Urheberrechts.

Der Vertrieb über den Buchhandel erfolgt ausschließlich über den Birkhäuser Verlag.

© 2006 Birkhäuser – Verlag für Architektur, Postfach 133, CH-4010 Basel, Schweiz
und
Bauverlag BV GmbH, Gütersloh, Berlin

bau | | verlag

Eine Kooperation im Rahmen der Fachverlagsgruppe Springer Science+Business Media

Gedruckt auf säurefreiem Papier, hergestellt aus chlorfrei gebleichtem Zellstoff. TCF ∞

Printed in Germany
ISBN-10: 3-7643-7152-8
ISBN-13: 978-3-7643-7152-4

9 8 7 6 5 4 3 2 1   http://www.birkhauser.ch

Inhalt

Vorbemerkung 7

Karin Wilhelm
Ordnungsmuster der Stadt.
Camillo Sitte und der moderne Städtebaudiskurs 15
Wien ist anders 15
Das Erbe der Romantik 16
Künstlerischer Städtebau und Conditio humana 34
Hygieias Erben oder Gesundung der Stadt 42
Urbane Psychogeographien 52
Großstadt – Landschaft – Seelenheilung 56
Mittelpunkt Europas: Weltstadt Wien 66
Individualisierungen: Großstadt und „kleine Leute" 77
Perspektivenwechsel 82

Detlef Jessen-Klingenberg
Camillo Sitte als „leidenschaftlicher Verehrer des Barock".
Zur Rezeption im Umfeld Werner Hegemanns 97
Posthume Rezeptionen in Deutschland und den USA 100
Hegemanns Position als Architekturkritiker 106
Der Wettbewerb zum Ulmer Münsterplatz 1924/1925 108

Bibliographie zu den beiden vorstehenden Texten 119

Dokumente 129
Biographische Nachrufe und Korrespondenzen 129
Künstlerischer Städtebau: Formen idealer Raumbeherrschung .. 154
Weltstadt Wien: Formierung alter und neuer Attraktionen 186
Ränder der Weltstadt: Formationen der Stadtflucht 272
Chiffren der Großstadt: Formen realer Raumbeherrschung 312

Bibliographie zu Camillo Sitte 335
Personenverzeichnis 340
Orts- und Sachverzeichnis 345
Personenregister 349
Ortsregister 353

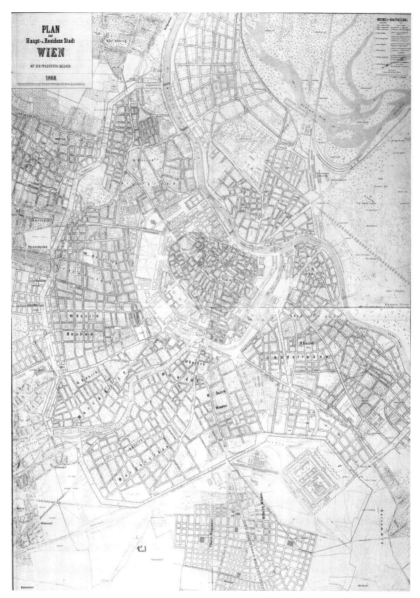

Plan der Haupt- und Residenzstadt Wien mit den projektirten Baulinien 1866 (Generalbaulinienplan). Quelle: Historischer Atlas von Wien 5.3.2

Vorbemerkung

Auch wissenschaftliche Bücher haben ihre Geschichte, und Lehrbücher sind wie Zeitzeugen beredt. Mehr oder weniger verläßlich geben sie Auskunft über Erkenntnismodelle, Leitbegriffe oder Wertekonzepte, die zur Zeit ihrer Niederschrift die Gemüter bewegt haben. Viele Arbeiten sind vergessen, einige bleiben im Bildungskanon präsent, nur wenige werden zu Klassikern. Erstaunlicherweise aber haben es gerade diese Klassiker häufig schwer, den anwendungsorientierten Zeitgenossen mehr als jenen Respekt abzunötigen, der ihnen zumindest als Marksteinen der Wissenschaftsgeschichte gewiß sein kann. Ein solches Werk scheint die erstmals 1889 erschienene Schrift des österreichischen Autors Camillo Sitte *Der Städte-Bau nach seinen künstlerischen Grundsätzen* zu sein, ein Buch, auf das sich heute immer noch viele Städtebauinstitute der Technischen Universitäten und Hochschulen im deutschsprachigen Raum gleichsam als Gründungstext ihrer Disziplin pflichtschuldig beziehen, um zugleich anzudeuten, daß das Buch zwar als Klassiker, aber eben als antimodernistisches Programm des Städtebaus von gestern zu lesen sei; eine Betrachtung, die sich durch vielerlei Fehlinterpretationen seit Le Corbusiers *Urbanisme* (1925) durchsetzen konnte. Der erstaunlich banalen Einschätzung von Sittes Buch durch Le Corbusier als einer Propagandaschrift für die „krummgezogene", malerische Straßenführung, hat man sich später ungeprüft und gerne angeschlossen. Seine eingängige Metapher vom Weg des „Esels" für Sittes Konzept ist durch die postmoderne Kritik inzwischen relativiert worden, die ihrerseits den Städtebau des Schweizers nachhaltig als Chimäre des modernen Entzauberungsprozesses zu entlarven wußte und als revolutionsverliebtes, utopisches Programm etikettierte, dem das aggressive Potential der Avantgardekonzepte gleichsam genetisch beigegeben sei.[1] Dennoch hat sich die Identifikation des künstlerischen Städtebaukonzeptes mit der Frage, ob krumme oder gerade Straßen zu bevorzugen seien, erhalten können, eine Rezeption, die durch deutsche Autoren, unter ihnen der Dresdner Kunsthistoriker Cornelius Gurlitt, schon unmittelbar nach Sitte Tod Ende 1903 kanonisiert worden ist.[2]

Eine angemessene Betrachtung von Sittes Städtebaukonzept gibt es trotz der Kritik an Le Corbusier bis heute nur bedingt. Nicht nur im deutschen Sprachraum wird Camillo Sitte gerne noch als jener „mittelalterliche Troubadour" gehandelt, von dem der CIAM-Sekretär Sigfried Giedion zu sprechen pflegte. Wenngleich diese Sicht der Funktionalisten im angloamerikanischen Sprachraum nie wirklich erfolgreich war, und man hier die angeblich mittelalterlich-romantische Attitüde des Österreichers im Sinne des eigenen Arts and Crafts-Verständnisses oder in der Manier des Patrick Geddes immer zu schätzen wußte, hat man sich im deutschsprachig geprägten Kulturraum Giedions Verdikt gerne angeschlossen.[3] Ein Grund für diese Polarisierung ist sicherlich die schon zu Sittes Lebzeiten einsetzende Ungenauigkeit in den Interpretationen seines Buches, die vielerlei Mißverständnisse hervorgerufen haben - bis hin zu der verstiegenen Behauptung von Elbert Peets aus dem Jahr 1927, Camillo Sitte habe im deutschen Städtebau einen „Sitte-Stil" inthronisiert. So finden wir also nach wie vor außerordentlich widersprüchliche Einschätzungen dieses Klassikertextes.

Gerade in Deutschland hat sich das Bild des konservativen, kleinstadtverliebten Sitte festgesetzt, das im wesentlichen durch die Untersuchungen Gerhard Fehls von einseitig negativer Nachhaltigkeit ist. Daß Fehl das *Städtebaubuch* des österreichischen Gewerbeschuldirektors und Kirchenbaumeisters, trotz einiger relativierender verbaler Volten, noch 1995 zum Vorprogramm der reichsdeutschen „Kleinstadt, Steildach, Volksgemeinschaft"-Mentalität nationalsozialistisch-völkischer Prägung erklärte, hat das Image Camillo Sittes als Großmeisters der konservativ-nationalistischen Antimoderne in der Architektenöffentlichkeit unserer Tage zementiert. Demgegenüber sind die unterschiedlichen internationalen Lesarten des *Städtebaubuches* kaum oder nur selten zur Kenntnis genommen worden, so daß die Rehabilitation Sittes durch den langjährigen Direktor der Architectural Association School in London, Alvin S. Boyarski, ohne Einfluß blieb. Aber bereits 1959 konnte Boyarski nach einer aufmerksamen Neulektüre des Klassikertextes den Wiener Architekten als „universal man in much the same manner as Alberti was in the fifteenth century"[4] vorstellen und damit eine Neubewertung empfehlen, die ganz andere Schlüsse nahelegte, als sie durch Fehl später vorgetragen worden sind. Dessenungeachtet hält sich in der deutschen Architekturgeschichtsschreibung bis heute, was Fehl 1980 in der *Stadtbauwelt 65* behauptet und im Band *Städtebau um die Jahrhundertwende* aus dem selben Jahr wiederholt hat: Daß Sitte sich um die „wirklichen Probleme der Zeit, wie Wohnungsnot, Seuchen oder Bodenspekulation" nicht gekümmert, ja, diese vielmehr „vollständig ausgeklammert"⁵ habe. Man hätte besser unterrichtet sein können, wenn man das *Städtebaubuch* aufmerksam studiert und als ein Buch gelesen hätte, das just im Hinweis auf die künstlerischen Aspekte des Städtebaus Möglichkeiten zur Korrektur dieser herrschenden Verhältnisse vortrug. Außerdem hätten weitere Veröffentlichungen Sittes, wie die „Zueignung an den Leser" in der erstmals 1904 erschienenen Zeitschrift *Der Städtebau* darüber aufklären können, daß der Autor den Städtebau als ein ganzheitlich zu betrachtendes Arbeitsfeld zwischen Kunst und Ökonomie behandelt wissen wollte. Wie konnte es dennoch zu derartig divergenten Beurteilungen des *Städtebaubuches* kommen?

Aus dem reichhaltigen Strauß der Mutmaßungen und Erklärungen sei hier auf eine mentalitätsgeschichtliche Disposition verwiesen, die zwar jeden methodischen Blickpunkt beeinflußt, im Falle der deutschen Rezeption aber eine Besonderheit impliziert. Prozesse der Akkulturation, in denen fremde Gedankengebäude gleichsam eingebürgert werden, entfalten häufig die Tendenz, deren Eigenheiten zu verschleifen. So ist auch Sittes Buch an die jeweilige kulturelle und national gefärbte Ideengeschichte seiner Interpreten zwischen Europa und Amerika angepaßt worden und setzte so ganz unterschiedliche Sehweisen frei, ein Phänomen, das sich bereits im Streit zwischen Elbert Peets und Werner Hegemann zeigen sollte. Auch Fehls Sitte-Verständnis verrät ein derartiges Angleichungsmuster. Sein Blick auf das 19. Jahrhundert sieht, was er „konservativen Modernismus" nennt, mit den Augen eines Nachgeborenen, den die notwendige Vergangenheitsbewältigung der nationalstaatlichen deutschen Gewaltgeschichte des 20. Jahrhunderts dazu verleitet hat, die unterschiedlichen Intentionen dieses Konservatismus zu übersehen. Zur Beurteilung der politischen Aussage der *Städtebauschrift* – und Gerhard Fehl liest das Buch zu Recht als politische Aussage – ist es aber von eminenter Wichtigkeit, solche Differenzierungen sehr genau wahrzunehmen. Im Hinblick auf die unbedingte Autorität Gerhard Fehls im Feld der deutschen Sitte-Interpretation, wäre eine eigene Kritik vonnöten. Es ist aber hier nicht der Ort, um allen semantischen Verlagerungen, ideologiekritischen Überspitztheiten und Verkürzungen gerecht werden zu können. Nur so viel: Wie andere Sitte-Interpreten aus dem angloamerikanischen Sprachraum, mißt Fehl der Staatsangehörigkeit Sittes kaum Bedeutung bei. Er nimmt ihn nicht als Bürger der Habsburger Monarchie, also als Österreicher wahr, sondern identifiziert ihn mit dem deutschen Bildungsbürgertum des Wilhelminismus, der mit dem Buch *Rembrandt als Erzieher* des national-konservativen Julius Langbehn gerüstet, ein Volkserziehungsideal propagiert habe, das als Instrument für den Klassenkampf nach unten nutzbar war.[6] Nimmt man zur Kenntnis, daß Langbehns vielgelesene Schrift erst nach Sittes *Städtebaubuch* 1890 erschienen ist, aber durchaus angenommen werden darf, daß Sitte das Buch später gekannt hat – ein Exemplar ist im Bestand der Bibliothek der Staatsgewerbeschule in Wien nachgewiesen –, so kann aus der Lektüre über die beste Möglichkeit des *Städte*bauens von 1889 nicht im Ansatz geschlossen werden, Sitte habe sein Buch auf der Basis von Langbehns agrarisch-ständisch orientiertem Konservativismus und Antisemitismus als Kleinstadtidylliker konzipiert. Auch die bekannten städtebaulichen Planungen, die Sitte für kleine und mittelgroße Städte in der k.u.k. Monarchie entwickelt hat, sind keineswegs als Manifestationen gegen die Großstadt zu lesen, sondern als das, wofür sie gedacht waren: als Pläne für Provinzstädte mittlerer Größe.

Geradezu ärgerlich erscheint Fehls im heiligen Ernst der protestantischen Ethik vorgetragene Schönheitsphobie und Philanthropenschelte, die empört vermerkt, daß Sitte im Sinne der deutschen idealistischen Philosophie das „Reich des Schönen" unter ethischen Kategorien abzuhandeln pflegte. Daß Sitte im Sinne Kants und Schillers Schrift *Über die ästhetische Erziehung des Menschen in einer Reihe von Briefen* (1793) gedacht hat, in welcher die emanzipatorische Idee vom Reich der Freiheit über das Schöne und die Bildung des Menschen vermittelt wurde, ist diesem Idealismus nun einmal eigen gewesen. Als Teil des gängigen Bildungskanons des 19. Jahrhunderts waren Denkweisen dieser Art geläufig, ein Sachverhalt, den die Bildungsnotstandskritiker von heute als schmerzlichen Wissensverlust beklagen. So mischen sich Mißverständnisse, wie dasjenige, Sittes Buch sei wesentlich eine „Streitschrift" gegen Reinhard Baumeister gewesen, mit vulgärmarxistischen Urteilen, die bereits Heide Berndt bemerkt hat.[7] Daß das autonom gedachte Schöne als Widerstandpotential gegen die Kraft der rationalisierten Ökonomie und Politik in Stellung gebracht werden könnte, ebenso wie Michel Foucault[8] die Bedeutung des aufgeklärten Kritik-Denkens im Sinne Kants als Kraft gegen die Formierung der Macht und Mächte gedeutet hat, ist dieser deutschen Interpretenleistung offensichtlich unzugänglich. Dementsprechend werden die Formierungsmaßnahmen der Raumkontrolle durch den hygienischen Städtebau unhinterfragt positiv ins Feld geführt und die Rationalität des städtebaulichen Programms Reinhard Baumeisters als Antithese zum genußsüchtigen, auf ruhige Betrachtung angelegten Konzept des malerischen Städtebaus Camillo Sittes entwickelt – eine zweifelhafte Polarisierung, die für den Charakter Wiens als einer „genießerischen Stadt"[9], wie Stefan Zweig bemerkt hat, nicht den kleinsten Nerv zu aktivieren weiß. Sitte war beileibe kein Sozialrevolutionär – müßig also, ihm mangelnden revolutionären Geist vorzuwerfen. Seine Kritik an den ausschließlich von Arbeitern bevölkerten Stadtvierteln mit den „Arbeiter-Kasernen" war dementsprechend politisch gegen diese, wie er schrieb, „üppigsten Seuchenherde für sozialdemokratische Umtriebe" gerichtet. Sein Augenmerk galt daher einer sozialen Mischung, so daß „die Arbeiter unter der übrigen Bürgerschaft verstreut leben sollten als Menschen unter Menschen, jeder nach seinen Kräften, aber nicht wie ein Ausgestoßener"[10]. Diese bürgerlich-liberale Kritik an den Lebensverhältnisses des städtischen Proletariats findet sich immer wieder in seinen Texten. Sitte richtet sie gegen die Raumfiguren der Bodenspekulation, die Rastererschließung und die herrschende Bürokratie Österreichs. Hier spricht einer, der noch vom Geist der frühen Romantik beseelt ist, die in Österreich und Deutschland, anders als im englischsprachigen Raum, nicht ausschließlich mit der mittelalterlichen Gotikbegeisterung gleichzusetzen ist, wie es der in Amerika wirkungsgeschichtlich bedeutende Beitrag von Elbert Peets in der *Town Planning Review* 1927 nahegelegt hat. Daß Sitte mit seinem Städtebaukonzept ein humanistisch geprägtes Ideal fortgeschrieben habe, ist immerhin 1978 in der DDR korrigierend in die Debatte eingebracht worden.[11] Auch dies zu Recht, denn Sittes Betrachtung italienischer Städte war vom Interesse an der Konstitution der frühbürgerlichen städtischen Lebenswelt geprägt, ein Aspekt, den er in seinen kunsthistorischen Schriften dargelegt hat. Unter dem Eindruck der Revision der Moderne hat sich schließlich die postmoderne Sitte-Rehabilitation formiert, die sehr unterschiedliche Positionen entstehen ließ, die sich mehr oder weniger auf den *künstlerischen Städtebau* berufen haben; viele Namen sind hier zu nennen, unter ihnen Christopher Alexander, Leon und Rob Krier, Bernard Huet, Aldo Rossi, Bernhard Hoesli und nicht zuletzt Rem Koolhaas.

Sittes Städtebautheorie ist häufig als morphologische Entwurfssystematik für Kleinstadtidyllen mißverstanden worden, weil der kulturalistische Aspekt seines Theorieentwurfs überlesen und die reichhaltige journalistische Publikationstätigkeit zur Weltstadtentwicklung Wiens vernachlässigt wurde. Die zahlreichen, häufig im *Neuen Wiener Tagblatt* veröffentlichten Kommentare, die Vorträge und in Fachzeitschriften veröffentlichten Aufsätze verdeutlichen demgegenüber, daß sich mit Sittes Wortmeldungen eine Modernekritik formierte, die der technisch-funktionalen Aufrüstung städtischer Räume (Hygienebewegung) die Berücksichtigung individueller und sozialer Raumproduktionen zur Seite stellen wollte. Kindheitsgeprägt von einer romantisch verbrämten Religiosität, reagierte Sitte bereits unter dem Druck der Karlsbader Beschlüsse auf die Unaufhaltsamkeit einer kapitalistischen Modernisierung in den Jahren nach 1848, die er mit naturwissenschaftlich-technischem Fortschrittsoptimismus zwar begleitet hat, aber als Wiener Zeitgenosse Ernst Machs und Sigmunds Freuds schon in ihrer brüchigen Mehrschichtigkeit diagnostizierte. Viele dieser zentralen Aufsätze zur Formation der Städte im späten 19. Jahrhundert werden thematisch geordnet im Dokumententeil dieses Buches wieder zugänglich gemacht.

Daß Sitte mit seinen Analysen traditioneller und moderner Stadträume am Projekt einer umfassenden Darstellung der conditio humana teilnahm, an welchem die unterschiedlichen Disziplinen – Medizin, Psychologie, Volkskunde oder Biologie – im 19. Jahrhundert gemeinsam arbeiteten, dokumentieren die zahlreichen Nachrufe. Übereinstimmend werden darin umfangreiche Vorarbeiten zum opus magnum Sittes erwähnt, das schließlich acht Bände umfassen sollte, in denen er die Gesamtheit der bekannten Kulturerscheinungen in Form eines „geschlossenen philosophischen Systems"[12], wie er in einem Brief an Ferdinand von Feldegg schrieb, darzulegen gedachte. Teile dieses Projektes lassen sich heute aus bislang unbekannt gebliebenen Manuskripten im Wiener Sitte-Archiv erschließen. Zum Kirchenbaumeister erzogen, dem historischen Aufarbeitungsfieber des Historismus verbunden und dem Gewerbeschulwesen als Lehrender verhaftet, interessierte ihn die Architektur in ihrer räumlichen Einbindung, mithin die Großstadtentwicklung Wiens als kulturpolitisches Phänomen. Diese Vielschichtigkeit versucht der Dokumententeil unseres Buches zu beleuchten; er versammelt deswegen nicht nur Sittes übersehene Architektur- und Stadtkritik, sondern auch Teile jener Schriften, etwa die „Denkschrift des Österreichischen Ingenieur- und Architektenvereins" aus dem Jahre 1877, die sein Konzept des künstlerischen Städtebaus vorweggenommen und begleitet haben. Auf einige wesentliche Texte, wie der posthum veröffentlichte Artikel „Enteignungsgesetz und Lageplan", die Michael Mönninger bereits in seiner Sitte-Publikation aus dem Jahre 1998 präsentiert hat, haben wir verzichtet, bzw. deren Inhalt durch in Tageszeitungen erschienene Vortragsrezensionen ersetzt. Anderes, wie das mehrfach publizierte „Großstadt-Grün", ist seiner Bedeutung wegen nochmals in vollem Umfang berücksichtigt worden, manches wiederum nur in redaktionell verkürzten Fassungen dokumentiert. Auch

Aspekte, die bereits an anderer Stelle behandelt worden sind, wurden nur bedingt weiter verfolgt.[13] Den Begriff „Formation" hat Camillo Sitte in einem Beitrag über Richard Wagner 1875 im damaligen Verständnis der Geologen aufgegriffen.[14] Dem naturwüchsigen Formungsprozeß der Natur ist sein künstlerisches Städtebauideal verpflichtet geblieben. Er hat es der gleichsam militärischen Formierungsleistung der städtischen Räume durch die Rationalität der Hygieniker gegenüber gestellt. Wir nehmen für uns nicht in Anspruch, Formationsregeln im Geiste einer „Archäologie des Wissens"[15] zu beschreiben. Allerdings versuchen wir Wegmarken zu benennen, die derartige Regeln der Städtebaudiskurse eröffnen. Dafür ist es nötig, Sittes nach 1889 entstandene Texte ideengeschichtlich einzuordnen und sie als Grundlage seines unvollendeten zweiten Bandes zum *Städtebau nach wirtschaftlichen, gesundheitlichen und sozialen Grundsätzen* zu beurteilen. Sittes Schriften müssen daher über das *Städtebaubuch* hinaus weitergelesen werden. Allerdings bedeutet die weiterführende Lektüre auch ein Wiederlesen des Klassikertextes, der daher unserer Darstellung als zentraler Gegenstand zugrunde liegt. Falls sich der Eindruck einstellen sollte, daß die Diskussionen zur Stadt- und Gesellschaftsentwicklung der liberalen Ära in der zweiten Hälfte des 19. Jahrhunderts unseren neoliberalen Debatten des 21. Jahrhundert teilweise frappant ähneln, so haben wir die Fährte richtig gelegt. Nicht zufällig erleben wir derzeit die Umsetzung eines vor mehr als einhundert Jahren geplanten Wiener Zentralbahnhofs unter dem Motto „Bahnhof-Wien – Europa Mitte" des österreich-schweizerischen Architektenteams Theo Hotz, Erich Hofmann und Albrecht Wimmer.

Wie immer, gilt es an dieser Stelle Dank zu sagen an: Mrs. Olivia Chen, Research Specialist der Chicago Historical Society für die Transkription des Hooker-Artikels; der Cornell University Library für die Bereitstellung einer Kopie der Master-Thesis A.S. Boyarskis; Herrn Dr. Ulrich Luckhardt, Hamburger Kunsthalle, für Einblicke in den Lichtwart-Nachlaß; dem Hygiene-Museum Dresden; dem Pathologisch-Anatomischen Bundesmuseum Wien; dem Wiener Institut für Städtebau und Raumplanung der TU Wien, insbesondere dessen Archivarin Roswitha Lacina, die schon vor Jahren bei Recherchen zu Camillo Sitte behilflich war; schließlich den Kolleginnen und Kollegen der Universitätsbibliothek der TU Braunschweig, die die reichhaltigen Bestände ihrer ausgezeichneten Sammlung bereitwillig zur Verfügung gestellt haben. Unser Dank schließt die Herausgeber dieser Reihe, Ulrich Conrads und Peter Neitzke, in besonderem Maße ein. Ohne ihre Unterstützung wäre dieses Buch nicht entstanden.

Im Frühjahr 2005   Karin Wilhelm, Detlef Jessen-Klingenberg

1. Rowe/Koetter, 1984
2. Gurlitt, um 1905, in: Muther, Die Kunst.
3. „Camillo Sitte,[…] who has done for the appreciation of the medieval city as a whole what the romantic revival did for its cathedral or townhouse." Geddes, 1915, S. 200f
4. Fehl, 1995; Boyarski, 1959, S. VIf.
5. Nerdinger, 1988, S. 23. Nerdinger stützt seine hier zitierte Fischer-Interpretation auf die Sitte-Darstellung Gerhard Fehls.
6. Langbehn, 1890
7. Berndt, 1987, S. 149. Berndt hat ihre Kritik an einem Text von J.Rodríguez-Lores entwickelt. Sie gilt gleichermaßen für Fehl. Beide haben viele Texte gemeinsam erarbeitet und publiziert.
8. Foucault, 1992
9. Zweig, 2000, S. 29
10. Sitte, 1901, S. 6
11. Zeuchner, 1978
12. Brief von Sitte an v. Feldegg 6. Dezember 1899, in: Mönninger 1998, S. 200
13. Wilhelm, 2001 und 2003
14. Sitte, 1875, S. 35
15. Foucault, 1997

Karin Wilhelm
Ordnungsmuster der Stadt.
Camillo Sitte und der moderne Städtebaudiskurs

„Das Individuum existiert nur in einem Netz vielfältiger sozialer Beziehungen, und diese Vielfalt erlaubt ihm, sein Spiel zu entwickeln. Eine hinlängliche Kenntnis der Gesellschaft ist *notwendig*, um beobachten zu können, wie sich die individuelle Person in ihr konstituiert, [...]".[1]

Wien ist anders

In kaum einer anderen Stadt Europas ist man dem Wechsel der Zeiten zwischen Tradition und Moderne so charmant konfrontiert wie in Österreichs Hauptstadt Wien. Und nirgendwo wird die Nähe alter und neuer Lebensformen als gepflegtes Image der Stadt für den Fremden so kalkulierend subkutan in Szene gesetzt wie in dem Altstadtkern rund um den Stephansdom, in dem die Fiaker zwischen Automobilen und Fußgängern ganz selbstverständlich damit rechnen dürfen, daß sich der Verkehrsfluß des 21. Jahrhunderts in den engen Gassen ihrer langsamen Gangart protestlos unterwirft. Zum Urteil gehört daher die Meinung, daß Wien und alles Österreichische ein wenig zeitverzögert in die modernen, rationalisierten Lebensverhältnisse eingetreten und im 20. Jahrhundert mit dessen Sachlichkeit so recht nie angekommen seien. Gewohnt, diese Entschleunigung als Zeichen des Wiener Gemüts und österreichischer Gemütlichkeit zu werten, bemerken Unkundige erst spät, daß diese eine besondere, versteckte Art von Geschäftigkeit ist, ein gut durchdachtes Spiel, das die Verkäuflichkeit des alten Stadtraumes mit der ihm eingeprägten Mentalität trefflich ins Feld zu führen weiß. Erst dem aufmerksamen Beobachter gibt sich die vorherrschende Enge der Kernstadt als Geschäftsstadtbebauung des 19. Jahrhunderts zu erkennen, da die hochbarocke Palast- und Miethausarchitektur, die das trauliche „Alt-Wien" des Mittelalters schon lange unter sich begraben hat, ihrerseits im forcierten Tertiarisierungsprozeß der Citybildung entlang der großen Verkehrsachsen demoliert wird und die Hauptstadt der k.u.k. Monarchie mit fünf- und sechsgeschossigen Prachtgebäuden auf zumeist alten und nur partiell verbreiterten Straßenführungen mit imperialer Geste Anschluß an die Großstädte Europas sucht.² Das Geheimnis dieser Innenstadt, die heute den Takt der Pferde mit dem der virtuellen Kommunikation unterschwellig vereint, beruht auf dieser Überlagerung des alten „gewachsenen" Stadtgrundrisses mit den prächtigen Geschäftshäusern aus der Zeit der industriellen Urbanisierung. So gilt auch hier, was Jacques Le Rider in Hinsicht auf die Wiener Moderne bemerkt hat: Sie sei „weniger aggressiv als anderswo"³ aufgetreten. Nicht nur die Literatur der Wiener Moderne zeigt diese Prägung, auch die Architektur offenbart deren Spuren. Produziert wird sie in den neunziger Jahren des 19. Jahrhunderts in einem vergleichsweise zögerlichen Stadtumbau, der im Kernbereich des alten Wien diese sonderbare Zurückhaltung zwischen Modernisierung und Tradition zu einer eigensinnigen Kippfigur verschmolzen hat.⁴ Das unterscheidet die Hauptstadt Österreichs von der französischen, das macht sie träumerischer gegenüber der englischen und zur gelungenen Synthese im Vergleich mit dem zerrissenen Berlin. Sie ist, bei aller Vorsicht, in dieser wohltemperierten Langsamkeit ein Abbild des von Camillo Sitte propagierten neuen Wien und seines vielgelesenen Buches *Der Städte-Bau nach seinen künstlerischen Grundsätzen* von 1889. Dessen Entstehungsgeschichte ist mit der Entwicklung der Stadt in der zweiten Hälfte des 19. Jahrhunderts eng verknüpft und birgt Geheimnisse, die erst vor dem Hintergrund der vielgestaltigen Einflußfaktoren zu enträtseln sind. (Dokumente S. 187ff)

Das Erbe der Romantik

Die Eltern Camillo Sittes waren keine gebürtigen Wiener, sondern, wie viele Migranten, die das Wiener Kleinbürgertum und Proletariat im 19. Jahrhundert bilden sollten, aus den Kronländern in die Residenzstadt des Habsburger Reiches zugezogen. Der Vater Franz Sitte kam aus Nordböhmen, die Mutter Theresia Schabes aus dem Waldviertel. Franz Sitte war 1818 als neunzehntes und jüngstes Kind seiner Familie im böhmischen Reichenberg geboren worden und hatte bereits vor seiner Übersiedelung nach Wien als Lehrling eines dort ansässigen Baumeisters gearbeitet. Diese Vorbildung gestattete ihm immerhin ein Architekturstudium in Wien, das er 1837 bei dem damaligen Leiter der Bauschule an der Akademie der Künste, dem Schweizer Architekten Peter von Nobile, begann. Nobile, der mit dem 1824 fertiggestellten äußeren Burgtor den bellizistischen Klassizismus der französischen Revolutionsarchitekten ins anmutig barocke Wiener Stadtbild getragen hatte, entsprach mit seiner massentürmenden, kargen Architektur schon seit längerem nicht mehr dem Geschmack der jungdeutschen Romantikerbewegung, der sich Franz Sitte offensichtlich verbunden gefühlt hat.

Mit der Gedankenwelt der Befreiungskriege war die ästhetische Dominanz der antiken Baukunst ins Wanken geraten, und ihre klassizistischen Varianten hatten in den Jahren der Koalitionskriege gegen die napoleonische Hegemonie ihren normativen Rang an die filigrane Gotik als Stillage der nationalen deutschen Einheitsidee abgeben müssen. Dem Studium dieses vaterländischen Stils hatte sich Franz Sitte als „heimliche[r] Romantiker"[5], allen Einwänden seines Lehrers zum Trotz, während seines Studiums zugewandt, so daß der Bruch mit Nobile gleichsam programmiert war. Aufgrund von „Meinungsverschiedenheiten"[6] mit dem Lehrer, der den jungen Mann gedrängt hatte, dieser „unerlaubten Richtung abzuschwören"[7], verließ Franz Sitte schon nach knapp zwei Jahren die Wiener Akademie ohne ein nachweisbares Zertifikat, um sich nur kurze Zeit danach den Traum eines jeden Künstlers seiner Zeit zu erfüllen: Er begab sich zum Studium auf die „Grand Tour", die den begeisterten Vormärzler nun nicht ins südliche Italien, sondern nach Bayern führte. In der Residenz der bayerischen Monarchie wirkte damals Leopold von Klenze, dessen romantischer Klassizismus mit der neuesten deutschen Baukunst eines Friedrich von Gärtner oder Georg Friedrich Ziebland konkurrierte und im Rundbogenstil des Münchner Kirchenbaus als antiklassische Stilmischung vortrefflich zu studieren war. Hier lernte Franz Sitte den jungen Johann Georg Müller, einen Schüler Zieblands, kennen, der zeitgeistig den „Genius der eigenen neuen Zeit"[8] in einem Neustil suchte, den er 1848 im Entwurf für die Altlerchenfelder Kirche (1848–1861) in Wien realisieren konnte, und dessen Umsetzung Franz Sitte nach dem frühen Tode Müllers unter dem Leiter der Staatsbauten Paul Sprenger und des Architekten Eduard van der Nüll überwachte. Wie der Vater, so sollte noch der Sohn Camillo unmittelbar nach dem Schulabschluß 1863 zu einem fünfwöchigen Studienaufenthalt nach München reisen, um dieser freien, vom normativen Historismus noch nicht affizierten nazarenisch geprägten Architektur der deutschen Romantik die stilistischen Geheimnisse zu entlocken. In dem 1887 entstandenen Vortrag „Die neuere kirchliche Architektur in Oesterreich und Ungarn" hat der im Wissenschaftsdiskurs der Wiener Kunstgeschichte bereits gut geschulte Camillo Sitte dieses Phänomen kunsthistorisch einzuordnen versucht. „Neuromanisch"[9] nannte er die gelungene Konstruktions- und Ornamentmischung aus italienischer Romanik und deutscher Spätgotik. Zu Beginn der vierziger Jahre kehrte Franz Sitte schließlich nach Wien zurück, wo er zunächst als Atelierzeichner und Bauführer in einem Architekturbüro Arbeit fand, um schon bald freiberuflich tätig zu sein und die soziale Unabhängigkeit künftig durch Aufträge für die Kirche abgesichert zu finden. In diesen Jahren ließen sich die Eltern in jener Landstraße genannten Vorstadt nieder, dem heutigen 3. Bezirk, die damals durch den imposanten Festungsgürtel und ein breites Glacis räumlich und administrativ von der inneren Kernstadt abgetrennt dieser im Südosten gegenüberlag. Wie alle Wiener Vorstädte war auch die Landstraße zum Zeitpunkt der Geburt Camillo Sittes am 17. April 1843 durchaus noch dörflichen Charakters, wenngleich die vermehrte Ansiedlung von Gewerbebetrieben und kleineren Industrien deren Vorstadtphysiognomie bereits zu verändern begonnen hatte. Eingezwängt zwischen der vorgeschobenen Befestigungsanlage des Linienwalls (heute Wiener Gürtel) und innerem Festungswerk entwickelte sich auch diese Wiener Vorstadt zu einer rasch anwachsenden Mischform aus „Großstadtschema und dörflichem Gewächs"[10], die dem jungen Camillo Sitte, glaubt man der Schilderung seines Sohnes Heinrich, offenbar eine äußerlich ziemlich ruhige Kindheit von patriarchalischer Strenge bescherte. Dennoch waren die Zeichen des Unmuts in der durch zunehmende Armut und Wohnraumnot geprägten vorstädtischen Lebenswelt schon seit 1830 spürbar gewesen. Als im März 1848 der politische Aufstand des um liberale Forderungen (Presse- und Redefreiheit, Lehr- und Glaubensfreiheit) kämpfenden Wiener Bürgertums losbrach, fand dieser in einem sozialen Aufruhr der „kleinen Leute" aus der Vorstadt Unterstützung, der bis zum Oktober des Jahres wieder und wieder zu bewaffneten Auseinandersetzungen zwischen dem aristokratischen Machtzentrum im Herzen der umwallten Kernstadt und den von ihr getrennten Vorstädten führte. Wenn auch die Koalition aus Handwerkern, Arbeitern und revolutionsbegeisterten Intellektuellen schließlich blutig zerschlagen wurde, so hatte ihr Aufstand doch die Notwendigkeit zu tiefgreifenden sozialpolitischen Reformen offenkundig werden lassen, wie sie sich seit 1857 auch im Stadtumbau Wiens zeigen sollten. Deren erster Akt bestand in der Niederlegung der gewaltigen Befestigungsanlagen, die, einst gegen die Türkeninvasionen kriegstechnisch perfekt ausgebaut, in den Revolutionstagen den Machtraum des Hofes gegen das vorstädtische „Fabriksgesindel"[11] geschützt hatten. Der großflächige Abriß der mächtigen Mauern und Bastionen sowie die Erschließung des breiten

Glacis dienten nicht ausschließlich der auf Grund des raschen Bevölkerungswachstums notwendig gewordenen Erweiterung der Stadt. Vielmehr sollte die räumliche und administrative Verbindung der Wiener Innenstadt mit ihren vierunddreißig Vorstädten dem politischen Ziel dienlich sein, die Befriedung zwischen der Kernstadt und ihren Vorstädten sicherzustellen. Die auf diesem Areal entstehende Ringstraße war gleichsam die raumpolitische Variante des frankojosefinischen Integrationismus in der zweiten Jahrhunderthälfte.

Die Ereignisse des Revoltenjahres haben auf das fünfjährige Vorstadtkind Camillo Sitte einen nachhaltigen Eindruck gemacht; noch als reifer Mann „erzählte [er] später immer nur von dem Eindruck, den ihm die Ereignisse der Revolution von 1848 gemacht hatten. Bei der Erstürmung der Landstraße vom Prater her seien Häuser in Flammen aufgegangen, durch Kartätschenschüsse sei ein für die alten Häuser so charakteristisches Dachbodentor heraus- und weggeschleudert worden – [...]".[12] Diese Kindheitserfahrung der Gewalteruption durch Revolution und Reaktion dürfte den Blick des künftigen Stadtanalytikers für die politische Dimension des Stadtraumes geschärft haben. Jedenfalls sollte Camillo Sitte in seinem *Städtebaubuch* der Bedeutung des öffentlichen Raumes als politischer Bühne der Gemeinschaft später hohen Wert beimessen. Wenngleich er die Thematik des sozial segregierten, innerstaatlich umkämpften Stadtraumes – anders als sein Nachfahre Le Corbusier – niemals explizit aus der Perspektive eines drohenden sozialen Umsturzes behandelt hat, so blieb die emphatisch geforderte künstlerische Behandlung des städtischen Raumes doch von der Hoffnung getragen, daß es die ästhetische Qualität des schönen Stadtbildes sei, die zur Vermittlung unterschiedlicher Interessenslagen beitragen könnte. (Dokument S.150)

Nur kurze Zeit nach der blutigen Niederschlagung des Aufstandes im Oktober 1848 verließ Franz Sitte mit seiner Familie Ende der vierziger Jahre die Vorstadt Landstraße, um in die Josefstadt, den heutigen 2. Bezirk, zu übersiedeln. In der Ledergasse hatte er für den Orden der Piaristen ein Pfarrhaus erbaut, das nun zum eigenen Wohnhaus wurde. Auch das Bauatelier, in dem der junge Camillo Sitte schon frühzeitig die ersten Unterweisungen zum Architekten erhielt, fand darin seine Räume. War der Grundstein zur bildungsbürgerlichen Karriere bereits mit der Verpflichtung des Vaters als Bauleiter der über dreizehn Jahre währenden Errichtung der Altlerchenfelderkirche, einem der Hauptwerke der Wiener Romantik, 1850 gelegt worden, so gelang mit dem Wohnortwechsel in den fünfziger Jahren ein weiterer Schritt zur Festigung des sozialen

Aufstiegs, Camillo Sitte wurde Schüler des nahe gelegenen Piaristengymnasiums.
In dieser Zeit der Konsolidierung des Neoabsolutismus unter der Regentschaft des jungen Kaisers Franz-Joseph I. blieb Franz Sitte durch persönliche Vermittlung im wesentlichen mit Bauaufträgen für unterschiedliche Pfarrkirchen befaßt und war weiterhin in ästhetische Debatten eingebunden, die den Kunsttheorien des 1805 in Wien gegründeten „Lukasbundes" und dessen in Rom ansässigem Nachfolgebund der „Nazarener" nahestanden. Als Zeitgenosse der Autonomiebestrebungen der österreichischen Kronländer, die die österreichische Monarchie ab 1850 einem beständigen Taumel zwischen monarchisch zentralistischer und liberal verfassungsstaatlich orientierter Politik aussetzten, als Beobachter des zunehmenden Einflußverlustes der österreichischen Krone auf die europäische Politik seit der Niederlage gegen Preußen bei Königgrätz 1866, erlag Franz Sitte, wie viele Künstler seiner Zeit, mehr und mehr der Faszination kunstreligiöser Offenbarungstheorien, die die „Kunst als zukunftsweisende Macht der Versöhnung" und die friedliche Koexistenz der europäischen Völker im Konzept einer neuen „Volksreligion"[13] propagierten.
In diese Gedankenwelt der frühen und späteren Romantik wurde Franz Sitte vermutlich auch durch den ihm freundschaftlich und beruflich verbundenen Maler Josef von Führich eingeführt, der wie er aus der Nähe Reichenbergs stammend, seit der gemeinsamen Arbeit an der Altlerchenfelderkirche zu seinen Mentoren gehörte. Schon um 1800 hatte die romantische Poetik die während der Revolutions- und Kriegswirren aufkeimende Friedenssehnsucht der modernen Europäer in Pazifizierungsvisionen gefaßt, die im Jenaer Romantikerkreis um Friedrich und August Wilhelm Schlegel leidenschaftlich diskutiert worden waren. Friedrich von Hardenberg hatte in seinem kleinen Text *Die Christenheit oder Europa* den Anstoß zu einer kontroversen Debatte gegeben, die sich um die Frage nach den Voraussetzungen eines künftigen Friedens entspann. Hardenberg, der diese Schrift 1799 konzipiert hatte und unter seinem *nom de plume* Novalis zu veröffentlichen gedachte, träumte von der Rekonstruktion einer Weltmenschengemeinschaft, deren Grundlage ein geeintes Christentum „ächtkatholischen Glaubens"[14] sein sollte. In einem neuen Bund der seit der Reformation verfeindeten christlichen Religionen erschien „Europas Versöhnung und Auferstehung" beispielgebend für die Welt am Horizonte einer künftigen friedvollen Geschichte, mithin ein universalistischer Gedanke, den Friedrich Schlegel 1812 in seinen vielbeachteten Vorlesungen „Über die Geschichte der alten und neuen

Literatur" in Wien geschichtsphilosophisch paraphrasierte. Schlegels These, daß der „intellektuelle und damit auch der moralische Frieden für die Welt" nur in dem „göttlich Positiven", in einem „höheren göttlichen Frieden" gefunden werden könne, zielte jetzt auf nationale Eigenheiten, hoffte auf die synthetisierende „heilende"[15] Kraft des einheitlichen Glaubens deutschen Geistes, seiner Kunst, Mythen und Wissenschaften, die gleichsam als „Umhüllungen [...] der göttlichen Offenbarung"[16] zu lesen waren. Ähnliche Gedanken lassen sich in den überlieferten Notaten des Wiener Kirchenbaumeisters katholischen Glaubens Franz Sitte finden, der zudem unter dem Einfluß der Ästhetik Friedrich Wilhelm Schellings als Jünger der identitätsphilosophisch geprägten Gesamtkunstwerksidee argumentierte, die in den fünfziger Jahren durch die Bewegung der „Neudeutschen" um Richard Wagner wieder an Popularität gewonnen hatte. Das Kunstwerk, so hatte der Komponist nach dem Scheitern seines revolutionären Engagements 1849 doziert, sei die „lebendig dargestellte Religion"[17], die im Sinnenkult der Gemeinschaft die Idee des Ganzen erneut zur Geltung bringe. Diesen ästhetischen Verkündungsduktus der Gesamtkunstwerksvorstellung hat Franz Sitte in seinen Architekturprojekten als pazifistisches Versöhnungsprogramm mehrfach genutzt, stets im Bunde mit einer zeitgeistigen Volte, die diese Gedankenwelt dem tagespolitischen Geschehen unterwarf.

1854 beteiligte er sich an einer der prestigeträchtigsten, international ausgeschriebenen Konkurrenzen jener Zeit, die der Erbauung der Votivkirche galt und den programmatischen Auftakt zur später realisierten Wiener Stadterweiterung, der Ringstraße, bildete. Dieser aus Anlaß des 1852 missglückten Attentats auf den jungen Kaiser Franz-Joseph I. vom Wiener Hof beauftragte Memorialbau war als Sakralbau zur Förderung der „Unterthanentreue" ausgeschrieben worden und forderte ein „Gotteshaus im gotischen Style", der als Zeichen „des christlichen Gedankens"[18] das neue Bündnis von Monarchie und römisch katholischer Kirche im öffentlichen Raum zu dokumentieren hatte. Franz Sitte verknüpfte dieses Konzept mit dem aktuellen Geschehen in der Vielvölkermonarchie, indem er die um nationale Unabhängigkeit kämpfenden unterschiedlichen Ethnien im Symbolraum der Architektur zu einem neuen Bündnis mit dem Kaiserhause figurierte. Das räumliche Zentrum seines Kirchenbaus bildete der Hauptaltar, der dem „Namenspatron Ihrer Kaiserlichen Majestät" zugeeignet sein sollte, um den ein Kapellenkranz gelegt war, den Sitte den germanischen, den slawischen, den magyarischen und den romanischen „Volksstämmen des österreichischen Kaiserstaates"[19] zueignete. Wie die Planeten um die Sonne kreisen die Kronländer hier gleichsam vaterländisch loyal um ihr kaiserliches Gravitationszentrum, und die heilige Ordnung des Universums warf ihr Licht auf diesen Memorialraum der habsburgischen Reichsidee.

Der Wettbewerbsbeitrag Franz Sittes, den Camillo als Zehnjähriger im Atelier des Vaters sicherlich gesehen, intellektuell wohl aber kaum durchdrungen haben dürfte, blieb wie die meisten der fünfundsiebzig Einsendungen unprämiert. Der Gewinner war ein erst siebenundzwanzigjähriger Neuling aus bester Wiener Gesellschaft, Heinrich von Ferstel, der das Gesicht der Ringstraße mit seiner Spielart der auf Stilreinheit bedachten historistischen Architektur fortan entscheidend prägen sollte. Diesen erfolgsverwöhnten Mann erwählte der zwanzigjährige Camillo Sitte im Jahre des Studienbeginns 1863 am „k.k. Polytechnikum" (später Technische Hochschule) zu seinem Lehrer, galt Ferstel doch als moderner Architekt, bei dem der kaum jüngere Architekturstudent zu finden hoffte, was schon die Vätergeneration gesucht hatte: den neuen, zeitgemäßen Stil. (Dokumente S. 274ff) Noch dreißig Jahre nach der Votivkirchenkonkurrenz hat dieser sakrale Gründungsbau der Ringstraße den Autor des *Städtebaubuches* beschäftigt, ließ sich an diesem Beispiel doch nicht nur das „größte Werk unserer neuen Kirchenbaukunst beschreiben"[20], sondern auch das künstlerisch Unerledigte explizieren, dem seine *Städtebauschrift* auch gewidmet war: der Überlegung zur angemessenen Einbindung des feierlichen Architekturmonuments in den modernen, verkehrsbelebten Stadtraum.

Den Gedanken vom Einheitskunstwerk als symbolischer Formation der österreichischen Reichseinheit hat Franz Sitte später mehrfach wieder aufgegriffen; dem Votivkirchenentwurf folgte 1867 sein Vorschlag zur „Erbauung der beiden natur- und kunsthistorischen Museen in Wien" im Bereich der Ringstraße, 1877 das Konzept für ein „Imaginäres Kirchenbau-Project", dem er kurz vor seinem Tode 1879 einen mystisch verklausulierten Text gewidmet hat. Sowohl der Erläuterungstext zum Entwurf für das Kunst- und Naturhistorische Museum vor den Toren der Hofburg als auch die Programmschrift zur Architekturvision sind von tagespolitischen Anspielungen durchwirkt, sie dokumentieren die zunehmende Ratlosigkeit eines Mannes, der die Modernisierung Europas als andauernde Krise der habsburgischen Monarchie erlebte. Zwischen Gebietsverlusten und imperialer Annektionspolitik schwankend kämpfte das alte Habsburgerreich nach 1866 mit dem Verlust seiner einstigen hegemonialen Rolle im Chor der europäischen Großmächte, die vor allem durch Preußen und ab 1871 durch die Gründung des Deutschen Reiches ins Wanken geraten war. Auch „daß der Zeitgeist [inzwischen] mit Dampf" fuhr, vermerkte Franz Sitte als Konfliktpotential der seit 1868 endgültig der alldeutschen Visionen beraubten „Österreich-Ungarischen Monarchie". Vermehrt hatte das „neue umgebaute Österreich"[21] mit Strukturproblemen zu kämpfen, die aus den ungleichgewichtigen Industrialisierungsschüben seiner Kronländer resultierten. Diese zivilisatorische Schere machte Franz Sitte zum Thema seines Museumsentwurfes, indem er die nutzungsbedingte räumliche Trennung der kunsthistorischen und naturhistorischen Sammlungen als einen einheitlich zu betrachtenden Komplex beschrieb, der die Verbindung des „agrikolaren östlichen Länderkomplexes" mit dem „industriellen, gewerb-kunstthätigen westlichen"[22] symbolisch zum Ausdruck bringe und damit die politische Konvergenz zwischen Cis- und Transleithanien. Dieser Entwurf ist wie der zur Votivkirche Projekt geblieben, Franz Sitte hatte nämlich 1865 nicht einmal zu jenen vier auserwählten Architekten gehört, die aufgefordert worden waren, am Wettbewerb teilzunehmen. Als diese Konkurrenz wie so häufig in Wien durch Anfeindungen und Intrigen zu scheitern drohte, suchte der zu den Auserwählten gehörige junge und noch unerfahrene Carl von Hasenauer Kontakt zu dem international hoch gerühmten, im Schweizer Exil lebenden deutschen Architekten Gottfried Semper. Dessen vergleichendem Gutachten der eingereichten vier Entwürfe von 1869 folgte ein in Bürogemeinschaft mit Hasenauer entwickelter Entwurf, der eine imperiale Platzfigur vorschlug, in der die neu zu erbauenden Museen einem städtebaulichen Gesamtkonzept eingefügt waren, um „beide Großbauten zu einer städtischen Einheit zu verschmelzen und damit zum symbolischen Herzen der herrschenden wie kulturellen Elite, kurz: zum Herzen der Stadt zu machen."[23] Zwanzig Jahre später hat Camillo Sitte dieses Projekt, dessen „Harmonie"[24] er tief bewunderte, im Kapitel über „moderne, verbesserte" Städtebausysteme des *Städtebauchbuches* nochmals als vorbildliche Lösung hervorgehoben. Welch prägenden Einfluß Sempers Kaiserforumsidee auf Sittes Konzept des künstlerischen Städtebaus gehabt hat, ja, daß er einige der zentralen Thesen seines Buches von 1889 dem Meister unmittelbar verdankt, ist heutigen Lesern kaum mehr zugänglich. Erst die Kenntnis seiner kleineren und größeren Artikel, die Camillo Sitte noch unter dem Pseudonym seines Freundes Viktor Schembera im *Neuen Wiener Tagblatt* veröffentlichte, verdeutlicht diesen Zusammenhang.

Im Jahre seines Studienabschlusses 1873 hat sich Camillo Sitte erstmals mit Sempers Werk aus Anlaß des siebzigsten Geburtstags des verehrten Meisters öffentlich beschäftigt. Sein Artikel galt dem theoretischen Werk des großen Architekten, der seit 1871 in Wien lebte und dessen Publikation *Der Stil in den technischen und tektonischen Künsten oder praktische Ästhetik* (ab 1860) auf die junge Generation großen Eindruck gemacht hatte. Mit Hilfe einer universal angelegten Systematik der Kunstformenentwicklung waren sie der Lösung ihrer Frage nach den Schubkräften zur Entfaltung eines neuen, zeitgemäßen Stils ein wesentliches Stück näher gekommen. Camillo Sitte bekannte: „Das große Kunstgesetz, welches Semper aufgefunden, lautet: Der Künstler darf nicht Formen bilden, welche dem Material und der Technik, in welcher er arbeitet, widersprechen." (Dokument S. 155) Mit der Betonung der stilbildenden Funktion des Materials und seiner Bearbeitung war der Blick auf das architektonische Kunstwerk der Zukunft frei geworden, und auch Camillo Sitte schaute erstmals auf ein Tableau, das die Architektur als Strukturphänomen preisgab, als Gerüst und Hülle. Daraus die bautechnischen und ästhetischen Konsequenzen zu ziehen, blieb jedoch dem zwei Jahre älteren Otto Wagner und anderen Architekten vorbehalten, die sich vorwiegend dem Geschäftshausbau widmeten. Zwölf Jahre nach dem emphatisch vorgetragenen Bekenntnis zum Entdecker jener „ewig, giltigen Naturgesetze" (Dokument S. 155) in der Baukunst, widmete sich Camillo Sitte abermals aus Anlaß einer Veröffentlichung Semperscher Schriften dem Wirken des ehemaligen Dresdner Barrikadenkämpfers. Bei aller Freude über die Herausgabe der *Kleinen Schriften von Gottfried Semper* durch dessen Söhne, vermißte Sitte einen entscheidenden Text, jenes vergleichende Gutachten von 1869, das zum Projekt des Kaiserforums sowie zur Ausarbeitung und Realisierung der Hofmuseen nach Sempers Entwürfen geführt hatte. Um diesem Mangel entgegenzutreten, ließ Sitte einen Großteil des Gutachtens im *Neuen Wiener Tagblatt* drucken, wobei in Sempers Ausführungen zur „Gesamtanlage" bereits Motive zu lesen waren, die Sitte vier Jahre später im *Städtebaubuch* als Prinzipien seines künstlerischen Städtebaues vorstellte: ein auf das betrachtende Individuum wirkungsästhetisch konzipiertes Verhältnis von Platzraum und Architektur, das in Italien beispielhaft zu studieren sei; eine auf Einheit zielende Einfassung der städtischen Plätze; die Berücksichtigung der Erscheinungen des modernen Stadtlebens wie Staub und Lärm, kurz: die Wiederaufnahme der antiken Forumsidee in ihren formalen und semantischen Vorgaben unter den Voraussetzungen der modernen Stadtentwicklung. Unter dem prägenden Einfluß der Aufsehen erregenden Planungsarbeit für das Kaiserforum mit dem Kunst- und Naturhistorischen Museum im Bereich der Wiener Hofburg durch Gott-

fried Semper hat Camillo Sitte bereits während seiner Salzburger Jahre ein eigenes städtebauliches Projekt entwickelt, in welchem das Künstlerhaus der Stadt, dessen Kunstgewerbeschule und Museum zu einem kulturellen Zentrum vereint werden sollte. Die Väter der Stadt, deren Kunst Alois Riegl einen ausgeprägten „Italianismus"[25] attestierte, aber mochten diese dem Barock sich nähernde Idee nicht würdigen. Sie blieb belächelt und daher unberücksichtigt. (Dokument S. 172)
Das Vermächtnis der monistisch spirituell orientierten romantischen Weltanschauung, mit der der Sohn wohl vertraut war, hat Franz Sitte in einem seiner letzten Projekte 1877 niedergelegt. Es handelte sich um das Programm für ein „Imaginäres Kirchenbau-Project", das in einer emphatisch nebulösen, an Schelling orientierten Tonlage gleichsam den utopischen Bestand der Romantik beschwor. Der im großbürgerlichen Ringstraßenmilieu erfolglos gebliebene Franz Sitte träumte kurz vor seinem Tode (1879) von einem künftigen „Culturweltsystem"[26], das in der Verehrung für die Musik Ludwig van Beethovens und Richard Wagners sowie für die Kunst des soeben verstorbenen Malerfreundes Josef von Führich abermals die Einheit des Geistes mit der Natur im Gottesideal umkreiste. Wie die Vertonung von Friedrich Schillers „An die Freude" in Ludwig van Beethovens neunter Symphonie, sollte auch dieser Kultbau von einem „ewigen Friedensreiche"[27] künden, dessen irdisches Korrelat mit Blick auf das längst vergangene „Heilige Römische Reich Deutscher Nation" der Ausgleichspolitik der österreich-ungarischen Monarchie überantwortet wurde. In diesem architektonischen Gesamtwerk aus Architektur, Malerei und Bildhauerei wäre die künftige „culturweltliche Bedeutung"[28] Wiens für Europa und die Welt in einer gleichsam künstlerisch-gläubig geleiteten Versöhnungssymbolik zu erkennen gewesen, deren politische Botschaft als rückwärtsgewandte Friedensprophetie vorgetragen wurde.
Es ist anzunehmen, daß sich Camillo Sitte spätestens seit seiner Beschäftigung mit der Kulturtheorie Gottfried Sempers vom schwärmerischen Geist der ästhetischen Gottesbeweise des Vaters emanzipiert hat. Dieser Prozeß ist gewiß durch die intensive Beschäftigung mit naturwissenschaftlichen Fächern während des Studiums befördert worden. In einem Curriculum vitae aus dem Jahre 1874 hat Camillo Sitte die Vielfalt und universale Bildung Revue passieren lassen, die er sich an den Wiener Universitäten aneignen konnte; dieses Dokument seines geradezu manisch erscheinenden Bildungshungers belegt eindrücklich, welche Wege der Wissensaneignung zu beschreiten waren, um dem Kind der Vorstadt das Tor zum intellektuellen Milieu der staatstragenden Bildungseliten Wiens zu öffnen. Die

Grundlage von Sittes beispielhafter Karriere bestand in der geradezu universal zu nennenden Fächerkombination zwischen Geistes- und Naturwissenschaften. 1863 hatte der junge Sitte das Studium an der technischen Abteilung der „k.k. Politechnischen Institute" aufgenommen und in sechs Semestern „Physik, Zeichnen, Elementarmathematik, höhere Mathematik, darstellende Geometrie, Mechanik und Maschinenlehre sowie praktische Geometrie" mit den „obligaten Jahresprüfungen" absolviert. Von 1866 bis 1868 war er ordentlicher Hörer der „Bauschule desselben Institutes", verließ diese jedoch schon nach zwei Jahren „theils wegen Überbürdung mit praktischen Arbeiten, theils, weil die Schule, welche von nun an ihre Zöglinge für eine Praxis vorzubereiten begann, welche speziell mir schon seit langem geläufig war."[29] Neben der praktischen Architektenarbeit besserte er sein Salär als Lehrer der „obersten Klasse des Mädcheninstitutes von Fr. M. Luithlen am Bauernmarkt" mit Vorlesungen über „allgemeine Kunstgeschichte von der ältesten bis auf die neueste Zeit" auf. Für dieses Lehrgebiet hatte sich Sitte qualifiziert, weil er neben dem natur- und technikwissenschaftlichen Pensum am Polytechnikum an der Universität kunstgeschichtliche sowie „historische, ästhetische und philosophische" Gegenstände studiert hatte. „In den Jahren 1868 bis 70 wurde die Lectüre der modernen deutschen Ästhetik von Kant an erledigt; im Jahre 1871 und 72 Physiologie und die einschlägigen naturwissenschaftlichen Disciplinen, um diejenigen Eigenschaften der Sinne und besonders des menschlichen Auges kennen zu lernen, welche von Einfluß auf künstlerische Formgebung sind: Sämtliche Arbeiten von J. Müller, H.Helmholtz und W. Wundt; ferner die Physiologien von Aubert, Brücke, Jessen, Ludwig, Wagner. Die vergleichenden Anatomien von Gegenbauer, Bergmann u. Leuckart, die Morphologie von Carus, Haeckels Schöpfungsgeschichte, Fechners Psychophysik, die Beobachtungen von Purkinje, Göthe´s Farbenlehre und viele Arbeiten von Classen, Lotze, Schleiden, Huxley, Darwin, Volkmann und Anderen. Im Wintersemester 1871/72 und 1872/73 besuchte ich die Vorlesungen und die Secierübungen bei Prof. Hyrtl und Dr. Friedlowsky als außerordentlicher Hörer der medicinischen Facultät."[30]
Vor allem die Deszendenztheorie Charles Darwins hat den jungen Studenten nachhaltig beeinflußt – wie nahezu alle aufgeweckten Geister seiner Generation, die schon als Touristen zum Wohnhaus Darwins ins englische Dörfchen Down pilgerten. Mit der Evolutionstheorie war die „Entthronung Gottes"[31] unwiderruflich vollzogen worden, die Kenntnis von der Selbstregulierung der Schöpfung nach dem Prinzip des *survival of the fittest* verlangte ein neues Referenzmodell der Schöpfungsmoto-

rik. Camillo Sitte vermochte angesichts des modernen Naturwissens dem Erlösungsversprechen der tradierten Bilderwelten des christlich-katholischen Glaubens nur noch bedingt zu folgen. In einem Vortrag vor dem „Wiener Akademischen Wagner-Verein" 1875 hat er seinen Bruch mit dem metaphysischen Monismus und seine Hinwendung zum naturalistischen Monismus, der für die Wiener Moderne prägend wurde, bekannt: „Der Glaube an die bisher ausgearbeiteten Systeme, die Welt zu betrachten, ist nämlich bei uns ebenso, wie einst bei den Griechen, gründlich abhanden gekommen, wir fühlen uns weder durch die antiken noch durch die mittelalterlichen Anschauungen vollkommen befriedigt, denn diese Methoden, die Welt sich zurecht zu legen, hat die moderne Wissenschaft schonungslos zerhämmert."[32] Für ihn war die Kraft der Sinnstiftungen daher auch nicht länger in den kunstreligiösen Offenbarungsmodellen der Romantik zu finden, sondern im wissenschaftlich begründeten Natur- und Geistwissen des Künstlers, der sich, wie die Forscher Galilei und Darwin, als „Kämpfer auf geistigem Gebiete [...] mit Ja und Nein, mit dem Widerspruch der Gedanken und Empfindungen"[33] positiv auseinanderzusetzen hatte.

Man darf unterstellen, daß Sittes Denken nach Abschluß seiner Studien 1873 vollständig vom „Empirismus der positiven Wissenschaften"[34] durchdrungen war, und das „Culturweltsystem" des Vaters auf der Basis der christlich-katholisch begründeten Ethik ihn nicht mehr überzeugte. Außerdem hatte Camillo Sitte zur Zeit der Niederschrift seines programmatischen Wagnertextes soeben ein Berufsfeld betreten, das seine utilitaristisch kalkulatorischen Fähigkeiten zur Hebung der internationalen Konkurrenzfähigkeit des österreichischen Kunstgewerbes forderte und damit einen rationalen Geist, nicht den des Träumers. Auf Vermittlung seines ehemaligen Lehrers, Rudolf von Eitelberger von Edelberg, Gründer und Direktor des „Österreichischen Museums für Kunst und Industrie" sowie der Kunstgewerbeschule in Wien und erster Professor für Kunstgeschichte in der Reichshauptstadt, hatte Camillo Sitte 1874 das Direktorenamt der neu gegründeten Staatsgewerbeschule in Salzburg angetreten. Als österreichischer Beamter und in seinem Brotberuf als Gewerbeschullehrer mußte er sich zwangsläufig ganz welt(markt)zugewandt nicht länger „der Erlösung, sondern der Erziehung der Menschen"[35] widmen.

Das thematische Entlastungsmodell für den Verlust des christologischen oder marianischen Bündnistextes der „Nazarener" von Kirche und Staat fand Sitte ähnlich wie der Vater, allerdings in korrigierter Auslegung, gleichfalls im Reiche der Musik. Die „Bühnenweihespiele" Richard Wagners eröffneten mit ihren Erzählungen einer „ästhetisch erneuerten Mythologie"³⁶ der germanischen Heldenepen eine Idealität, die Camillo Sitte hoch gestimmt als Widerhall eines vermißten „verlorenen Erbgutes" pries, weil sie den Stoff und die Gestaltung der neuen, kommenden nationalen Idee zu personifizieren vermochten. Nicht „Apollo, der *schöne* Mensch, nicht Christus, der *leidende* Mensch[…], sondern nur Siegfried, der *starke* Mensch; […] der freie Siegfried unserer Zeit"³⁷ wuchs vor den Augen des jungen Wiener Architekten zur Leitfigur der kommenden Kunst und der sie tragenden Gesellschaft. In dieser Lesart wurde ein Protagonist der germanischen Volksmythologie gleichsam zum Handlungsträger des Evolutionsprozesses und der ihm entsprechenden historischen Entwicklung, dem es zukam, im Symbolraum des Gesamtkunstwerkes die alte Kraft des „deutschen Geistes" neuerlich erstrahlen zu lassen. Diesen Blick auf Wagners Musikdrama als einem deutschen Nationalkunstwerk hat Camillo Sitte 1875 in einem Vortrag des „Wiener Akademischen Wagner-Vereins" zum Thema „Richard Wagner und die deutsche Kunst" andeutend gewagt, was ihn allerdings nicht hinderte, nach wie vor und zeitgleich die „hohe Kunst", die ehrwürdige Historienmalerei des Nazareners Josef von Führich zu preisen und noch um 1900 ein Altarbild für die Kongregation armenischer Christen, die Mechitaristen und ihre Wiener Kirche zu entwerfen, das dem „christlich-philosophischen"³⁸ Historienpanorama dieses tief gläubigen Katholiken nahestand.

Das Erbe der frühen Romantik und deren nationalhistorisierende Spätvariante blieb im Denken Sittes Zeit seines Lebens gleichsam subkutan wirksam, denn die Idee von der stellvertretenden Erlösung in der ästhetischen Erfahrung des Gesamtkunstwerkes mochte der leidenschaftliche Musiker in seiner Verehrung für die Kunst Richard Wagners nicht suspendieren. Noch im *Städtebaubuch*, das Sitte immerhin vierzehn Jahre nach dem Wagneraufsatz verfaßt hat, legt seine Konstruktion einer formal-funktionalen Analogie von Stadt- und Bühnenraum Zeugnis vom prägenden Geist dieser Idee ab. Wenngleich Sitte die Denkfigur des theatralisierten Stadtraumes nicht erfinden mußte, sondern in der performativen Formierung des öffentlichen Raumes als konstitutiven Darstellungsmodus der aristokratisch-klerikalen Macht vorgefunden hat, mußte doch das Stück, das im Rahmen des künstlerischen Städtebaus zur Aufführung gelangen sollte, dringend umgeschrieben werden. Denn zum handelnden Personal aus Aristokratie und Klerus hatte sich seit der Mitte des 19. Jahrhunderts das geschäftlich erfolgreiche, das Wiener Bürgertum gesellt, das die innere Stadt mit ihren barocken Palais, den skulptural reich geschmückten Fassaden, den engen Straßen und kleinen Plätzen zu verlassen begonnen hatte, um sich im Schauraum der Stadterweiterung seines unternehmerischen Elans, seines universalen Wissens und seiner nationalliberalen Ideale zu vergewissern. Im Ringstraßenprojekt, das mit einem sakralen Memorialbau der Monarchie begonnen worden war, dokumentierte sich der Machtzuwachs dieser Gesellschaftsschicht in der Plazierung ihrer Institutionen: in der Börse, der Universität und den Kunstgewerbeschulen, der Oper, dem Schauspielhaus und in mehreren Museen, schließlich in einem weiß strahlenden, antikisierenden Parlamentsgebäude und einem mächtigen Rathaus neogotischer Prägung. Zwischen diesen imposanten Gebäuden wuchsen hochherrschaftliche Zinshäuser empor, öffentliche Parkanlagen säumten die auf dem Glacis gewonnenen Leerräume, und alles fädelte sich wie Perlen in einer Kette am halbkreisförmigen Band der breiten, boulevardähnlichen Straße auf. Die Bedeutung des neuen Österreich für die Entfaltung eines „künftigen Culturweltsystems" lag offensichtlich zunehmend weniger in den Händen der alten Bündnispartner von Staat und Kirche, wie es noch Franz Sitte in seinem „Imaginären Kirchenbau-Project" gegenwarts- und zukunftsblind beschworen hatte. Die Kraft des neuen und kommenden Österreich beruhte vielmehr auf dem mächtig gewordenen Zweckbündnis des Staates und seines bildungsbürgerlichen Unternehmertums, das sich mit der voranschreitenden Verdrängung und zivilen Erschließung der militärischen Räume und Nutzungen im Ringstraßenbereich soeben ein neues Zeichen der Weltkultur schuf. Das „Culturweltsystem" zur Errichtung des „ewigen Friedensreiches" hatte sich seit 1848 unter den Bedingungen des Marktes neu formiert, der sich als Weltmarkt anschickte, die aufkeimende Friedenssehnsucht der kriegsgeschüttelten modernen Europäer aus dem Idealmodell der (ur)christlich liebenden Gemeinschaft zu entlassen und den Realzyklen der nationalen Kapitalakkumulation zu überantworten.

Rudolf von Eitelberger, der die Karriere seines Schülers Camillo Sitte geschickt zu steuern wußte, hat diesen Prozeß kurz nach Beendigung des Deutsch-Französischen Krieges 1871 in einem Vortrag „Die österreichische Kunst-Industrie und die heutige Weltlage" beschrieben. Angesichts der neu entstandenen politischen Gemengelage in Europa und der vollendeten Abspaltung Österreichs vom Deutschen Reich in der Kleindeutschen Lösung hat Eitelberger die Machtposition der k.u.k. Monarchie im Verhältnis zum preußisch dominierten Deutschland auszuloten versucht: „[…]heutigen Tages [weiß] Niemand, ob der französisch-deutsche Krieg der Vorläufer einer Friedensära oder nur der erste Act neuer kriegerischer Entwicklungen sein wird. Darüber aber darf man sich keiner Täuschung

hingeben, dass die Stellung des deutschen Volkes in dem Weltconcerte eine ganz andere sein wird, als es früher der Fall war; […] es wird bemüht sein, die praktischen Consequenzen von den in der militärischen Geschichte beispiellosen Erfolgen des deutschen Heeres zu erzielen. Es wird gewiss nicht mehr dulden, dass Duodeznationen und halbbarbarische Staaten und Länder an seiner Macht und seiner Weltstellung zweifeln […]; dass die Söhne Deutschlands sich über den ganzen Erdball verbreiten, und dass es keine halbwegs anständige Handelsstadt in Amerika, Australien, China, Japan oder Indien giebt, in welcher nicht Deutsche sich niedergelassen hätten […]. Das Colonisationsnetz des deutschen Volkes ist eine vollzogene Thatsache; keine Macht der Erde ist stark genug daran zu rütteln, kein Staatsmann wird sie ignorieren können. Auf diesem Felde der Weltcivilisation werden wir demnächst dem deutschen Volk begegnen."[39]
Dem Deutschen Reich von Bismarcks Prägung galt in der Lesart Eitelbergers als imperialer Wirtschaftsmacht hoher Respekt; mit ihr hatte die Politik der k.u.k. Monarchie anders als bislang zu rechnen. Die veränderte Weltlage aber barg Chancen, die Eitelberger kühl kalkulierend im friedlichen Wettstreit der Nationalökonomien verortete: „Die österreichische Kunstindustrie hat an der deutschen Kunstindustrie heutigentags noch keinen Concurrenten, wohl aber in Deutschland einen gesicherten Markt."[40] Eitelberger kannte die Qualität der heimischen Gebrauchsgüter und Luxuswarenindustrie sehr genau, sie besaß zwar nicht das Raffinement der französischen – wie die Weltausstellungen seit 1851 immer wieder bestätigten –, aber sie war der der Neureichen unter den Europäern immer noch überlegen. Seit seiner Berufung in den Unterrichtsrat des Staatsministeriums 1864 hatte Eitelberger seinen Einfluß zur Hebung und Sicherung des österreichischen Gewerbes verstärkt kulturpolitisch geltend machen können. Vorausschauend hatte er an der Neustrukturierung der Künstlerausbildung gearbeitet und betrieb nun in den siebziger Jahren die systematische Gründung von „Gewerbeschulen und Industriespecialschulen".[41] Camillo Sitte gehörte zu den ersten, die dieser Institutionalisierung der marktorientierten künstlerischen Volksbildung als Pädagoge an der Salzburger Staatsgewerbeschule integriert wurden. In dieser Funktion lernte er die Geheimnisse der Produktion des schönen Scheins als Wirtschaftsfaktor unmittelbar kennen. Diese Kenntnis findet sich im *Städtebaubuch* implizit verarbeitet, denn sein Konzept, die Stadtgestaltung auf der Grundlage künstlerischer und nicht ausschließlich funktionaler Prinzipien zu entwerfen, war auch vom Wissen um *diese* Ökonomie der Kunst geprägt. In den Kritiken des *Neuen Wiener Tagblatts* hat Sitte die Attraktivitätssteigerung der nach künstlerischen

Gesichtspunkten geplanten Stadträume später mit dem Hinweis auf den ökonomischen Nutzen der schönen historischen Stadt explizit betont. In seinen journalistischen Interventionen gegenüber dem Abriß bestehender Gebäude und Straßenzüge im Wiener Altstadtkern hat er die Verwertbarkeit des stimmungsvollen „Alterswertes"[42] dieser urbanen Räume, der die Fremden als Touristen lockte und mit der Steigerung des Fremdenverkehrs dem Wohlstand der Stadt diente, häufig als Argument für die neue Praxis der Denkmalpflege genutzt.[43] (Dokument S. 212ff)
Der heutige Wiener Städtetourismus lehrt eindrücklich, wie realistisch diese Einschätzung gewesen ist. So gesehen war Sittes Konzept des künstlerischen Städtebaus nicht das weltfremde Unterfangen eines konservativen Ästheten, sondern ein von Weitsicht getragenes Konzept, das den *Ausstellungswert* der schön gestalteten Stadt mehr als einhundert Jahre vor der eventorientierten Stadtmangementkultur des 21. Jahrhunderts erkannte. Die Erkenntnis, daß die schöne Stadt als Kunstprodukt wie die Verwertung des städtischen Grund und Bodens selbst ökonomisierbar war, entsprang dem Gedankenraum des Wirtschaftsliberalismus, der diesen Prozeß zugleich beschrieb und vorantrieb. Denn auf dem Altar der Weltmarktkonkurrenz waren auch die ideellen Kulturprodukte als Waren von „sinnlich übersinnlichem" (Karl Marx) Charakter zu opfern. Die expandierende Großstadt mit ihrer eigenwilligen Dynamik, das wachsende, neu erbaute Wien mit seinen sozialen Licht- und Schattenräumen, die Metropole war das *gebaute* Symbol des „künftigen Culturweltsystems". Das hatte der Architekt und Gewerbeschullehrer Camillo Sitte zur Zeit der Abfassung seines *Städtebaubuches* als Lektion Eitelbergers lange schon verstanden. Auch ein anderer Aspekt seines Denkens, dem wir bereits begegnet sind, verdankte sich diesem Mentor. Eitelberger hatte seinem Vortrag von 1870, dessen Erlös er dem „Wiener Fonde zur Unterstützung der aus Frankreich ausgewiesenen österreichischen und deutschen Arbeiter" zueignete, einen Subtext beigegeben, der das Bild einer deutschen Leitkultur für Österreich entwarf. Das Habsburger Reich, das „politisch und industriell in Nationen und Natiönchen"[44] zu zerbröckeln drohte, basierte nach Eitelbergers Einschätzung wesentlich auf der kulturellen Dominanz der Deutschösterreicher. Er repräsentierte mit dieser Einschätzung jenen aufkeimenden Nationalismus, der sich im letzten Drittel des 19. Jahrhunderts europaweit auf der Basis der ethnischen Zugehörigkeit und der gleichen Sprache polarisierend zu etablieren begann.[45] Sitte, dem dieser Vortrag gewiß bekannt gewesen ist, rekurrierte in seinem Wagnervortrag zwei Jahre nach Eitelbergers Pamphlet auf dieses Verständnis eines Deutschtums, das sich vor

dem drohenden Zerfall der k.u.k. Monarchie nach Bündnispartnern alter Herkunft umzuschauen begonnen hatte. Auch dieser Aspekt hat Camillo Sittes Qualifizierung der europäischen Stadtbaukultur vor allem in der Kritik am rationalen Städtebau Frankreichs später begleitet.

Zu Beginn der achtziger Jahre kehrte Sitte in seine Geburtsstadt zurück und übernahm am 1. September 1883 abermals als Direktor die neu gegründete Wiener Staatsgewerbeschule. Der Neubau dieser Unterrichtsanstalt entstand zwischen 1883 und 1885 in der Schellinggasse unweit des Schwarzenbergplatzes und in der Nähe des Österreichischen Museums für Handel und Gewerbe mit seiner Kunstgewerbeschule. Der Bau war Teil eines allgemeinbildenden Schulzentrums, das zwischen Hegel-, Fichte- und Schwarzenbergstraße nicht direkt an der Ringsstraße, sondern in nachgeordneter Nachbarschaft zu ihr entstand. Die Staatsgewerbeschule, in der Sitte mit seiner Frau und den zwei Söhnen eine großzügige „Naturalwohnung" bezog, war soeben im Rahmen der großen Stadterweiterung zwischen der ehemaligen Braun- und Wasserkunstbastei errichtet worden, die seit der kaiserlichen Genehmigung vom 1. September 1859 auf der Grundlage der überarbeiteten Entwürfe Ludwig von Försters, Friedrich Stachs und des etablierten Wiener Architekturbüros Eduard van der Nüll und August Siccard von Siccardsburg erfolgte. Die Planungs- und Realisierungsvollmacht lag in den Händen des Baudepartements des Ministeriums des Inneren, das mithilfe des für die Finanzierung zuständigen Stadterweiterungsfonds die häufig in Besitz des Hofes befindlichen Grundstücke parzellieren, bebauen und staatlich, kommunal oder privat verwerten ließ. Was sich im Rahmen dieser Stadterweiterung als Ringstraßenareal bis 1883 formiert hatte, war also ein breit angelegter Stadtraum, der sich um den boulevardgleichen Straßenring von „57 Metern Breite und 4 Kilometern Länge", den wir gemeinhin als „Ringstraße" identifizieren, gebildet hatte. Bestandteil dieses neuen Wien waren zudem der „38 Meter breite Franz-Josephs-Kai" sowie einige Nebenstraßen und Plätze, in denen städtische, reichseigene und militärische Verwaltungsgebäude sowie luxuriöse Grandhotels Platz gefunden hatten. Der Ausbau dieses riesigen Areals war zum Teil auf der Grundlage von öffentlich ausgeschriebenen Wettbewerben in einer beständigen Abfolge von Demolierungen und sukzessiver Neubebauung erfolgt und bot, als Camillo Sitte nach Wien zurückkehrte, vielfach das noch unvollständige Bild aus frei stehenden monumentalen Repräsentationsbauten in ungestaltetem aufgerissenen Erdreich und weiten Freiflächen. Gleichwohl galt der Ausbau des Franz-Josephs-Kais und der Ringstraße in ihren Erschließungsstrukturen 1885 als vollendet. Karl

Wien, Schwarzenbergplatz, 2004. Foto: Johann Sauer

Mayreder, der ab 1894 als Chefarchitekt des Wiener Stadtregulierungsbüros tätig war und ab 1902 die ersten Städtebauvorlesungen an der TU Wien hielt, hat das Ergebnis dieser Stadterweiterung 1906 im Rückblick beschrieben: „Mit dem neuen Stadtteile [auf dem Gebiet des Josefstädter Paradeplatzes, K.W.] kam die Anlage der auf den Festungsgründen geplanten Stadterweiterung mit mehr als 90 neuen Straßen und Plätzen und mehr als 500 öffentlichen und privaten Gebäuden in nicht vollen 30 Jahren zum vorläufigen Abschlusse."[46]

In diesem neuen Wien etablierte sich der vierzigjährige Camillo Sitte als Stadtbürger und Funktionsträger der liberal gesonnenen Beamtenelite im vornehmen 1. Bezirk. Im Mikrokosmos der sich formierenden „Ringstraßengesellschaft" assimilierte er sich jener „zweiten Gesellschaft", die in gebührender Distanz zur österreichischen Hocharistokratie den eigenen repräsentativen Lebensstil auf der Basis des erworbenen Vermögens etablierte oder sich durch den Erwerb des kulturellen Kapitals der Bildung dieser Schicht zur Seite zu stellen begonnen hatte. In diesem feingliedrig geordneten Sozialverband gehörte Sitte als Gewerbeschuldirektor zur mittleren Beamtenschicht, ein Manko, unter dem er zuweilen litt, das er aber durch jenes vom Vater ererbte romantische Pathos vom Wert der autonomen Künstlerschaft kompensieren konnte. Als 1889 sein Buch zum künstlerischen Städtebau erschien, galt sein gesellschaftlicher Status als gefestigt. Er verdankte ihn der Initiative Eitelbergers, der den jungen Architekten seinem machtpolitischen Netzwerk eingegliedert hatte. Nach dem Tod dieses Gönners 1885 konnte sich Sitte auf ein verzweigtes Freundschaftsnetz und die Einbindung in das ungemein reichhaltige Vereinssystems der Wiener Bürgergesellschaft stützen. Seine Freundschaft mit dem Bayreuther Wagnerdirigenten Hans Richter, vor allem die Jugend- und Studienfreundschaften mit dem Kunsthistoriker Albert Ilg und dem Journalisten der großen liberalen Tageszeitung *Neues Wiener Tagblatt* Viktor Schembera, ermöglichten ihm eine öffentliche Wirksamkeit, die ihn in den neunziger Jahren zu einer unüberhörbaren Stimme der Wiener Kulturszene werden ließ. Im *Städtebaubuch* liefen die Fäden dieser Erfahrungswerte erstmals in einem größeren Theoriekonzept zusammen.

Künstlerischer Städtebau und Conditio humana

In der Abendblattausgabe der *Neuen Freien Presse* vom Dienstag, dem 29. Januar 1889, war unter der Rubrik „Kleine Chronik" die folgende Mitteilung zu lesen: „Im Ingenieur- und Architekten-Verein hielt Samstags Abends der Director der Staats-Gewerbeschule in Wien, Regierungsrath Camillo Sitte, einen höchst anregenden Vortrag über ‚Städte-Anlagen mit Rücksicht auf Plätze und Monument-Aufstellungen in Wien', der von zahlreich anwesenden Fachmännern mit lebhaftem Beifall aufgenommen wurde [...]. Er wird seinen Vortrag mit ungefähr hundert Illustrationen in Buchform erscheinen lassen."[47] Das angekündigte Buch, *Der Städte-Bau nach seinen künstlerischen Grundsätzen*, erschien vier Monate später im Mai 1889 im Wiener Verlag Ernst Graeser&Co broschiert zum Preis von 2.80 Gulden oder „5,60M", die „elegant gebundene Ausgabe"[48] kostete das Doppelte.

Vier Tage vor Sittes Auftritt hatte die *Neue Freie Presse* in dergleichen Rubrik auf ein anderes gesellschaftliches Ereignis hingewiesen, das die Wiener Gelehrtenszene aufmerksam verfolgte. In der Währingerstraße war das Anatomische Museum des Anatomischen Instituts der Universität eröffnet worden, das neben „Schädeln fast aller Nationalitäten der Welt"[49] als Hauptattraktion das von Joseph Hyrtl bereits in den fünfziger Jahren hergestellte Knochenpräparat der berühmten im Vatikan aufgestellten Laokoongruppe aus dem 1. Jahrhundert v. Chr. präsentierte. Erscheint die Koinzidenz des Geschehens auf den ersten Blick als rein zufällig und beziehungslos, so zeigt sich bei genauerer Betrachtung, daß beide Veranstaltungen eine geheime Nähe aufwiesen. Sitte war Hörer der Anatomievorlesungen Hyrtls gewesen und mit der Methodik der topographischen Anatomie und der anatomischen Rekonstruktion weltbekannter Skulpturen vertraut. Nach diesem Verfahren hatte Hyrtl auch die Figuren der antiken Laokoongruppe im Skelettaufbau rekonstruiert und in der Momentaufnahme ihres bewegten Knochenbaues eindrücklich die These demonstriert, daß die funktionale Mechanik des Körpers mit dem künstlerischen Ausdruckswert seiner Haltungen unmittelbar in Beziehung stand, beide daher als Einheit aufzufassen seien. Sittes Untersuchung der Gestaltungsregeln des künstlerischen Städtebaus und Hyrtls „künstlerische Gestaltung von Knochenpräparaten"[50] basierten gleichermaßen auf der Überlegung des Anatomen, daß die Gestalt*wirkung* eines Körpers bereits in seiner Struktur angelegt sei, und die Kenntnis des Strukturaufbaues eines Körpers daher die seiner spezifischen (künstlerischen) Wirkung offenbare. Einem ähnlichen Wirkungsverhältnis war Sittes *Städtebaubuch* auf der Spur, denn, so hatte er im Vorwort der Veröffentlichung bekannt, sein Erkenntnisinteresse galt der Erforschung der „Ursachen der schönen Wirkung"[51], wie sie sich in den alten und neuen Stadträumen

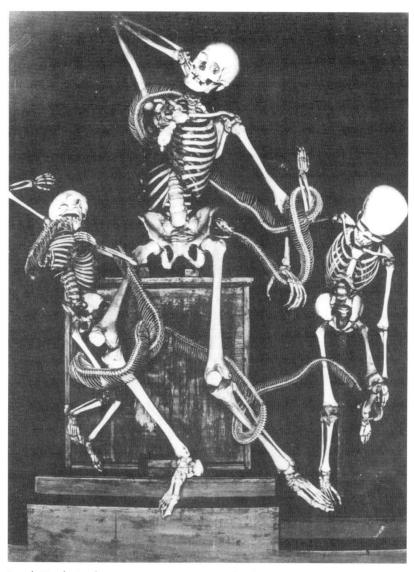

Joseph Hyrtl: „Laokoon-Gruppe" um 1850/1860 für das Anatomische Museum in Wien geschaffen aus Skelettteilen von Mensch und Tier. Quelle: Pathologisch-anatomisches Bundesmuseum, Wien

mit ihren Baukörpern finden ließen. Seine über Jahre hinweg auf Reisen gewonnenen Erkenntnisse waren in das *Städtebaubuch* eingeflossen, das mit der reichhaltigen Sammlung aus „hundert" Stadtraumfiguren jetzt ein analoges Modell zum Verfahren Hyrtls präsentierte. Neben vier Heliogravuren enthielt Sittes Erstveröffentlichung „109 Illustrationen und Detailpläne", zum größten Teil Plandarstellungen vorhandener Stadtplätze, aber auch eigene Zeichnungen, anhand derer Sitte seine Prinzipien für richtige oder falsche Platzraumlösungen explizierte. Die kleinen schwarz-weißgestuften Ausschnittsdarstellungen zeigten die Konturen von Plätzen vorzugsweise italienischer Städte der frühen Neuzeit mit den in sie einmündenden Straßen sowie die Umrisse der raumgliedernden Gebäude. Der Autor hatte die Abstraktion einer schematisierten Figur-Grund-Darstellung gewählt, die nicht den wirklich vorgefundenen Stadtraum wiedergab, sondern, zuweilen durch Vereinfachungen bewußt erzeugt, dessen strukturelle Figuration.[52] In dieser Planimetrie der Figur-Grund-Beziehungen war die *Struktur* der figuralen Aufmerksamkeitspunkte (Gebäudeschemata) und ihrer schönen Wirkungen im Raum (Leerfläche der Plätze) in ihren Grundsätzen darstellbar. Sittes Darstellungsmodus des Figur-Grund-Schemas visualisierte mithin den Stadtgrundriß in einem Vorstadium zur später entwickelten Schwarzplantechnik und ihrer Semantik; diese Darstellungstechnik ermöglichte es ein morphologisches Regelwerk der künstlerisch geordneten Platzfiguren gleichsam aus dem Skelettaufbau des Stadtraumes ad oculos zu generieren – ein Verfahren, das im 20. Jahrhundert vom postmodernen Urbanismus als Instrument der Raumanalyse wieder hoch geschätzt wurde.[53] Die Dreidimensionalität der schönen Gestalt der in Sittes Buch abgebildeten Platzfiguren erschloß sich schließlich dem Studium der perspektivischen Raumorganisation und deren Geometrie, die dem natürlichen Blickpunkt des Betrachters Rechnung zu tragen hatte. Da dessen Auge als Mittelpunkt der Sehpyramide die umgebenden Objekte perimetrisch wahrnehme, so Sitte, seien städtische Plätze konkav zu gestalten, damit „ein Maximum von räumlichen Objecten gleichzeitig"[54] überschaut und empfunden werden könne. Der künstlerisch gestaltete Stadtraum hatte mithin die Objekte aus dem wahrnehmende Auge des Betrachters und dessen Empfindungsfähigkeit zu plazieren, ein Aspekt, den er mit Argumenten der Empfindungstheorien seiner Zeit belegte.[55] Das Prinzip der „Convexität" hingegen sei ein unkünstlerisches, rein abstraktes Prinzip der Willkür, das der Ökonomie der Bauplatzverwertung geschuldet sei. In dieser Gegenüberstellung schrieb Sitte der auf den menschlichen Maßstab bezogenen Raumkunst die Fähigkeit zu, der Ökonomie einer entgrenzenden Raumerschließung gleichsam aus der individualpsychologischen Perspektive Grenzen setzen zu können. Daß er sich die Anthropometrie des menschlichen Sehens noch wesentlich als Konstante vorstellte und nur tendentiell als kulturell geprägte Variable, bezeugt seine Nähe zur Perspektivlehre der Renaissance. Aus der Gesamtheit dieser Kenntnisse jedenfalls sollten die Prinzipien des modernen Städtebaus gleichsam naturwüchsig (weiter)entwickelt werden, wenngleich dem Staatsgewerbeschuldirektor bewußt war, daß der Verwertungsdruck des städtischen Grund und Bodens seinen Tribut forderte. „Das ist ein Widerstreit, wie er nicht entschiedener sein könnte. Die Forderung an einen guten Stadtplan wird aber sein, weder das Eine noch das Andere ausschließlich zur Geltung zu bringen; sondern, den in jedem einzelnen Fall gegebenen Umständen entsprechend, beide Extreme geschickt so zu vermitteln, dass ein Maximum der Gesamtwirkung in der Summe des ökonomischen und künstlerischen Erfolges erzielt wird. Eines der allgemein anwendbaren Hilfsmittel, „diese *Versöhnung* zu bewerkstelligen" bestehe darin, „der Kunstforderung bei den Hauptplätzen und Hauptstrassen in erster Linie den Vorrang zu gewähren, während zu Gunsten der Oekonomie die Nebenpartien mehr dem System der Platzverwertung preisgegeben werden könnten."[56] Mit dieser Position legte er in seinem *Städtebaubuch* Korrekturen des Rastersystems vor, dessen Existenz ihm zwar mißfiel, auf dessen Wirtschaftlichkeit, das war ihm bewußt, der spekulationsdominierte, moderne Städtebau nicht verzichten würde. Das war Sittes Beitrag zum Lehrkonzept der *praktischen* Ästhetik, wie sie in der Theorie Gottfried Sempers begründet worden war, und die weiterzuführen er sich vorgenommen hatte.

Sittes morphologische Systematik basierte auf der Sammlung europäischer Stadtplätze, die er auf seinen Reisen gezeichnet hatte und in Wien auswertete. Mit diesem Verfahren glich er den Naturforschern und Entdeckungsreisenden, die seit dem 18. Jahrhundert ihre Pflanzen- und Tierfunde unter morphologischen Gesichtspunkten nach Gattungen und Arten zu ordnen pflegten. Wie jene die Natur, so klassifizierte er jetzt den Bestand europäischer Stadtplätze. Sie werden in den ersten sieben Kapiteln des *Städtebaubuches* vorgestellt und behandeln die Beziehung der Platzräume in Beziehung zu den Gebäuden und Monumenten nach dem Prinzip der Geschlossenheit, dem der Größe und Form der Plätze, schließlich nach Gesichtspunkten ihrer Regelmäßigkeit oder Unregelmäßigkeit. War die wissenschaftliche Legitimität dieses Verfahrens in der Analogie zum Methodenfeld des Gestaltvergleichs geschaffen, das Sitte ja aus der verglei-

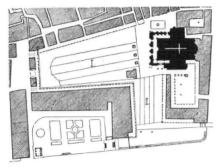
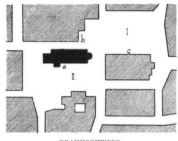

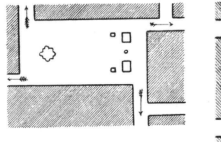
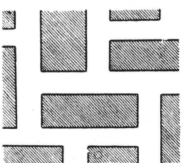

a. Venedig, Marcusplatz und Piazzetta
   Quelle: Camillo Sitte: Der Städte-Bau nach seinen künstlerischen Grundsätzen, Wien 1889, S. 66
b. Braunschweig
   Quelle: Camillo Sitte: Der Städte-Bau nach seinen künstlerischen Grundsätzen, Wien 1889, S. 78
c. Camillo Sitte: „Typus eines kleinen Platzes – Turbinenplatz"
   Quelle: Camillo Sitte: Der Städte-Bau nach seinen künstlerischen Grundsätzen, Wien 1889, S. 150
d. Camillo Sitte: „Modification des Rechtecksystems"
   Quelle: Camillo Sitte: Der Städte-Bau nach seinen künstlerischen Grundsätzen, Wien 1889, S. 150

chenden Anatomie kannte, so mußte auch die ästhetische Beweiskraft dieser Modelle im Begründungszusammenhang der nachvollziehbaren Meßbarkeit aufgesucht werden, sollte dem Buch der Vorwurf erspart bleiben, keine allgemeine Gültigkeit beanspruchen zu können. Schließlich hatten die Naturwissenschaften mit ihren positivistischen Methoden die Maßstäbe des Prädikats „wissenschaftlich" in der zweiten Jahrhunderthälfte dominant und ausschließend gesetzt, denen Sitte weitgehend zustimmte.

Den methodischen Ansatz einer objektivierbaren ästhetischen Qualifizierung hatte Camillo Sitte in den Schriften des in Leipzig lehrenden Physikers Gustav Theodor Fechner studiert; 1860 waren die *Elemente der Psychophysik* in Leipzig erschienen, 1871 hatte Fechner seine *Vorschule der Ästhetik* folgen lassen. Fechner hatte behauptet, daß es zwischen sinnlich-körperlich empfangenen Reizen und psychischen Empfindungen ein unmittelbares Funktionsverhältnis gebe, dessen Kenntnis die Grundlage für das Konzept seiner experimentellen Ästhetik bildete. Damit war ein Reiz-Reaktions-Schema entwickelt worden, das Helmut Winter 1988 als grundlegend für die psychologische Wende zum Determinismus in der Theorie des modernen Städtebaus bezeichnet hat: Fechner sei „von den Sinneswahrnehmungen als wissenschaftlich erklär- und beschreibbaren Größen" ausgegangen, für Sitte „die Voraussetzung […], Ästhetik experimentell zu betreiben".[57] Die Grundlagen dieser experimentellen Ästhetik explizierte Fechner ausführlich in seiner „Vorschule" genannten Schrift, die im Gegensatz zum System der allgemeinen Ästhetik der idealistischen Philosophie die konkreten Wirkungsmodalitäten zwischen Außen- und Innenwelt verfolgte. Denn nicht der spekulativen Klärung von Begriffen wie Schönheit, Erhabenheit oder des Anmutigen, Tragischen oder Lächerlichen galt Fechners Interesse, sondern der Frage, *warum* etwas schön, erhaben, anmutig oder tragisch wirke. Seine experimentelle Ästhetik gründete Fechner auf die Kenntnis subjektiver Gefühlsempfindungen, die sich als Lust oder Unlust äußerten, und die der Physiker als „nicht weiter analysierbare Bestimmungen der Seele"[58] voraussetzte. Man habe daher „unter Aesthetik überhaupt eine Lehre [zu verstehen], welche die gesamten Lust- und Unlustverhältnisse der Welt, innere wie äußere, nach ihren begrifflichen und gesetzlichen Beziehungen, Verkettungen, Entstehungsweisen und Eingriffsweisen verfolgt".[59] Nicht die Idee und ihr Begriff, oder die „Ästhetik von Oben" waren der Gegenstand dieser Wissenschaft, sondern die unmittelbaren, von außen wirkenden Sinnenreize für Lust und Unlustempfindungen, die sich mit dem Gefühl von Glück oder Unglück überlagerten, kurz, dem Eudämonieprinzip gleichzuset-

zen seien. Was als schön empfunden werden kann, schuf also zugleich ein Glücksgefühl, eine Position, die Sitte seinem Konzept des künstlerischen Städtebaus integrierte. Im Rahmen seiner Darstellung solcher Reiz-Reaktions-Relationen stieß Fechner auf ein besonderes menschliches Vermögen, das die gleichsam natürlichen, bewußtlosen Stimulantien in artifiziell bewußt geformte zu transformieren verstand. Er nannte es „ästhetisches Associationsprinzip". Als Begleiterin der schöpferischen Phantasie leite das „Associationsvermögen" die menschliche Wahrnehmung von Formen und Farben, indem es ihnen spezifische Bedeutungen verleihe, die es aus der Gedächtnisarbeit, aus den Erinnerungen abrief. Am Beispiel einer gelben Holzkugel, die entweder als unbedeutende Form gesehen oder als Orange assoziiert werden konnte, explizierte Fechner: „In der That, sieht denn der, der eine Orange sieht, blos einen runden gelben Fleck in ihr? Mit dem sinnlichen Auge, ja; geistig aber sieht er ein Ding von reizendem Geruch, erqickendem Geschmack, an einem schönen Baume, in einem schönen Lande, unter einem warmen Himmel gewachsen, [...]; er sieht so zu sagen ganz Italien mit in ihr, das Land, wohin uns von jeher eine romantische Sehnsucht zog. Aus der Erinnerung an all das setzt sich die geistige Farbe zusammen, womit die sinnliche schönernd lasiert ist [...]. Beidesfalls associiert sich der aus der Erinnerung resultierende Eindruck so unmittelbar an die Anschauung, verschmilzt so vollständig damit, bestimmt so wesentlich den Charakter derselben mit, als wenn er ein Bestandteil der Anschauung selbst wäre."[60]
Ein Exemplar der „Vorschule" mit Sittes Anmerkungen befindet sich dank des Einsatzes der Archivarin heute im Institut für Städtebau und Raumplanung der TU Wien. Es dokumentiert Sittes Nähe zum Denken Fechners, dem er bereits in den ersten Sätzen des *Städtebaubuches* als Vater der Methodik des künstlerischen Städtebaus, ohne ihn namentlich zu erwähnen, huldigt und damit bedeutet, daß es ihm mit seiner Schrift um die (Re)Konstruktion künstlerischer Erinnerungs- und Bildungswerte geht, die die Menschen mit den traditionellen Stadträumen verbinden: „Zu unseren schönsten Träumen gehören angenehme Reiseerinnerungen. Herrliche Städtebilder, Monumente, Plätze, schöne Fernsichten ziehen vor unserem geistigen Auge vorüber, und wir schwelgen noch einmal im Genusse alles Erhabenen und Anmutigen, bei dem zu verweilen wir einst so glücklich waren."[61] Daß die Stadt gleichsam aus der genußvollen Erinnerung an das animierende Erlebnis eines Reisenden zu schaffen sei, in der die Aneignungsformen des Verweilens als Maßstab der städtischen Räume und ihrer Architektur wirkten, verleiht den erinnerten historischen Raum-

figuren wie den darin plazierten Gebäuden mit den jeweiligen Fassadenbildern und den skulpturalen Bildwerken die Bedeutung sinnkonstruierender Imaginationen. Eine wahrhaft schöne und daher glückschaffende Stadt ist daher auf der Grundlage solcher Erinnerungsmuster zu konzipieren und mit Raummustern anzureichern, die die Lust am Verweilen befördern. Wie der Reisende oder Tagträumende, so sollte auch Sittes moderner Stadtbewohner mithilfe der Stadträume und deren Architektur dazu animiert werden, seine Stadt in Muße und mit Genuß zu erblicken und sie nicht, wie es das hygienische Planungsmuster der Rasterstadt nahelegte, in funktional gerichteter Eile gleichsam blicklos durcheilen. Der Effekt solcher Stadträume sei nämlich „Zerfahrenheit und Langeweile", da sie statt formaler Mannigfaltigkeit nur Gleichförmigkeit auszeichne, ein Mangel, der zu tiefer Unlust führe und, wie Sitte bei Fechner hatte lesen können, „den missfälligen Eindruck von *Monotonie, Einförmigkeit, Langeweile, Leere, Kahlheit, Armuth*"[62] erzeuge, mithin das Desinteresse des modernen Stadtmenschen an seiner Umwelt. Diesen Aspekt sollte die Stadtsoziologie im 20. Jahrhundert aufgreifen. Der psychischen Entleerung und der ins Gesellschaftliche wirkenden Apathie stellte Sitte seinen Städtebau nach künstlerischen Grundsätzen entgegen, der eine Topographie der erinnerten Gefühle mit der Philologie historischer Stadträume zu verbinden suchte. Sein sinnenberückender künstlerischer Städtebau folgte daher Grundsätzen, die er in der Psychophysik Fechners beschrieben und in der Sammlung der „selbstgesehenen" Platzfiguren europäischer Städte gefunden hatte: Kontextualisierung und Überschaubarkeit, Motivvielfalt und Irregularität (aber nicht als Dogma), Nutzung topographischer Eigenarten und geschützte, wohlkomponierte Begrünungen. Aus dieser Gemengelage entwickelte Camillo Sitte seine Konzeption der malerischen Stadt, die zur Aktivierung solcher Stimmungswerte und Gefühlslagen reizen konnte. Die Intention seiner Vorstellung vom Malerischen war rezeptionsästhetisch definiert und wies damit über die attributive Zuweisung an formale Objektqualitäten, wie dies zuweilen in der kunsthistorischen Literatur geschah, hinaus.

Hygieias Erben oder Gesundung der Stadt

Der künstlerische Städtebau des Hyrtl Schülers Camillo Sitte hatte in der künstlerischen Anatomie des ehemaligen Lehrers die naturwissenschaftliche, strukturale Durchdringung des Gestaltphänomens kennengelernt.

Der spezifische Blick des Anatomen galt dem Aufbau des Körpers und seiner Organe unter dem Gesichtspunkt der Form im Funktionsgefüge ihrer schönen Wirkung, nicht dem seiner krankhaften Erscheinung oder Degeneration. Unter diesem eigentümlichen Blickwinkel entwickelte auch Sitte sein künstlerisches Begleitkonzept zum herrschenden Städtebau des 19. Jahrhunderts, und es war die Besonderheit dieser Betrachtungsweise, die seinem Buch eine so ungemein hohe Aufmerksamkeit zukommen ließ. Einer der wenigen, die nach Sittes Tod auf diesen Zusammenhang aufmerksam machten, war der Münchner Stadtbaudirektor Theodor Fischer, der in seinem Nachruf auf den Wiener Kollegen die Beurteilung der historischen „Bewertung Sittes" unbedingt vor dem Hintergrund der Zustände ansiedeln wollte, „welche [...] vor dem Erscheinen seines Buches herrschten, [...]". (Dokument S. 138) Diese herrschenden Zustände waren durch einen Diskurs geprägt worden, der seit der Aufklärung die Stadt in körperanalogen Funktionsbildern beschrieben hatte, und der inzwischen von den sogenannten Hygienikern unter dem Begriff der „Assanirung" der Städte institutionalisiert worden war. Ärzte, Ingenieure und Juristen, die in der zweiten Hälfte des 19. Jahrhunderts als Wortführer und politische Akteure dieser Richtung auftraten, hatten sich ebenso wie Sitte unter dem „Schutzmantel" der modernen Medizin eingefunden; ihre Leitbilder aber verdankten sich nicht mehr dem gestalt- und topographisch orientierten Anatomenauge, sondern dem der modernen Bakteriologen und Epidemiologen. Die Hygieniker betrachteten die Stadt nicht als Raumkörper von besonderer Gestalt und Gestaltung mit spezifischen ästhetischen, historisch und kulturell definierten Qualitäten, sie hatten ihren durchdringenden Blick vielmehr auf den *Organismus* der Stadt gerichtet, der ihnen nun gleichsam wie ein verwildertes, unkontrolliertes Durchzugsgebiet für giftige Stoffe, bakterielle Fremdbesiedelungen und nomadisierende Populationen erschien. Ihre Analytik folgte den (Blut)Spuren dieser Erreger, die durch Infiltration das „Ungesunde" in den Körper der Stadt einschleusten und ihn zu zerstören drohten. Daß sich aus dieser Metaphorik unter der Hand eine soziale und rassisch begründete Raumpolitik der Verdrängungen entwickeln konnte, lag sehr wahrscheinlich noch außerhalb dieses Blickwinkels, war aber darin angelegt.[63] Folgerichtig erschien allerdings die darin beschlossene Therapie, die auf ein stadttechnisches Instrumentarium setzte, das als Formation der „gesunden" Stadt neue Raummodelle der Übersichtlichkeit, der Ökonomie und Kontrolle durchsetzten sollte. Deren Effizienz und Akzeptanz oblag den kommunalen Institutionen, die mithilfe einer

immer feiner ausdifferenzierten Polizeiaufsicht die städtischen Lebensräume zu durchdringen begann.
Zwei theoretische Positionen prägten im Verlaufe dieses Prozesses die Debatte. Da war zum einen diejenige der Populationstheoretiker, die angesichts der wachsenden Industrialisierung und der mit ihr verbundenen Landflucht, nach grundlegenden Lösungen suchten, um der wachsenden Pauperisierung der in überbelegten Wohnungen und Notunterkünften lebenden proletarisierten Stadtbewohner beikommen zu können. Das Grundlagenwerk ihrer Theorien war die 1798 erstmals gedruckte Schrift des englischen Geistlichen und Ökonomen Thomas Robert Malthus *Versuch über das Bevölkerungs-Gesetz oder eine Betrachtung über seine Folgen für das menschliche Glück in der Vergangenheit und Gegenwart (An Essay on the Principles of Population, as it effects the Future Improvement of Society)*, die in der Regulation der Bevölkerungs- und Nahrungsmittelentwicklung ein zentrales Mittel zur Kontrolle der schlechten städtischen Lebensverhältnisse erblickte. Malthus' Werk, das, „wie uns Darwin selbst erzählt, ihm die Anregung zu seinen eigenen Lehren gegeben hat" und wie dieses die Köpfe des Jahrhunderts beherrschte oder, wie Werner Sombart später urteilte, diese „verwirrte"[64], hatte zudem eine repressive Mischung aus Bevölkerungs- und Sittenlehre präsentiert. Sie ging von der Annahme aus, daß sich die „Volksvermehrung" gesetzmäßig „ohne Hemmungen [...] alle 25 Jahre verdoppelt, oder in einem geometrischen Verhältnis zunimmt."[65] Um die Konsequenzen dieser Bevölkerungsexplosion lenken zu können, schlug Malthus eine radikale (Geschlechts)Triebsublimierung vor, die in einem puritanisch doktrinären Wertsysteme dem Einzelnen die Verfügung über sein jeweiliges soziales Schicksal überantwortete – Kindersegen, Verarmung oder Reichtum resultierten in diesem Konzept aus der vorgeblich freien Unterwerfung unter eine restriktive Sexualkontrolle. Diese Idee einer Art „Zeugungshygiene"[66] gehörte zwar in katholischen Ländern wie Österreich zu den Tabuthemen der Zeit. Dennoch blieben die von Malthus vertretenen sozialpolitischen Überlegungen auch hier prägend für das Zeitalter der forcierten Urbanisierung und erlebten im Neomalthusianismus des späten 19. Jahrhunderts sogar eine Renaissance. Lange bevor man begann, den Begriff des Sozialdarwinismus für eine Soziallehre zu verwenden, die den Kampf ums Dasein der alleinigen Verantwortung des Individuums überantwortete und im Vergesellschaftungsprinzip des *struggle for life* feierte, hatte Malthus den Überlebenskampf als naturgegebenes, anthropologisches Phänomen beschrieben. Für ihn war der Trieb zur Selbsterhaltung jene Veranlagung des Menschen, der die

Motorik seines Überlebenskampfes in Bewegung hielt und die Praxis der sozialen Überlebensstrategien der Einzelnen und damit der Gesellschaft formte. Wie vor ihm Marx, hat später Werner Sombart diese Theorie bissig kommentiert, indem er das Werk des Engländers das „dümmste Buch der Weltliteratur"[67] nannte. Geblendet von der Illusion, im vorgefundenen Sozialgefüge Naturgesetze zu entdecken, hatte Malthus zudem die Unveränderlichkeit der hierarchischen Ordnung in „Volksklassen" ohne soziale Mobilität postuliert, deren untere ebenso wie die oberen Schichten allerdings in unbedingter Selbsttätigkeit zur Stabilisierung der eigenen sozialen Existenz beizutragen hatten, ja dazu sogar verpflichtet waren. Einer staatlichen Sozial- und Armenfürsorge grundsätzlich ablehnend gegenüberstehend, empfahl Malthus immerhin für die offensichtlich Benachteiligten staatliche Hilfeleistungen im Bildungswesen. So forderte er den „Volksunterricht", der nicht uneigennützig im Interesse der Wohlhabenden Regeln an die Hand geben sollte, die der „Verhütung von Verbrechen und Beförderung von Fleiss, Sittlichkeit und ordentlichem Verhalten erheblich"[68] dienten und zudem die gesamtgesellschaftlich überlebenswichtigen Praktiken der Vorsicht und Reinlichkeit übermittelten.[69] Malthus' Bevölkerungstheorie reflektierte mithin notwendige Hygienetechniken, die vor allem in Zeiten von Epidemien und Naturkatastrophen individuell beherrscht werden mußten, weil sie der Gesamtgesellschaft nützten. In diesem Panorama der Prävention galt das Augenmerk dem Wachstum der großen Agglomerationen, die wie die Millionenstadt London mit ihren Armuts- und Krankheitszonen zu Orten der „Vernichtung des Lebens"[70] verfielen, und in denen sich die beispiellose menschliche Tragödie der Urbanisierung zwischen Bevölkerungsexplosion und einer gleichzeitig hohen Sterblichkeit abspielte. Um diesen scheinbar natürlichen Mechanismus dennoch beherrschen und steuern zu können, sollte mit der menschlichen Zeugungs- und Reinlichkeitshygiene die Raumhygiene der Stadt konzipiert und praktiziert werden.
In der Folge von Malthus' Großstadtkritik etablierte sich im 19. Jahrhundert das neue Arbeitsfeld der Großstadtforschung, die fortan mit der Verfeinerung der bereits seit dem 18. Jahrhundert systematisierten statistischen Erhebungen jene Prognostik entfaltete, die Kommunalpolitiker wissenschaftlich legitimierten, städtische Hygienemaßnahmen in großem Umfang durchzusetzen. Seit den siebziger Jahren formierte sich diese neue Wissensdisziplin bereits europaweit. Ihre Vertreter debattierten auf internationalen Kongressen Fragen der Volks- und Häuserzählung, der Bevölkerungswanderung oder Berufsverteilung nach den Größenverhältnissen

kleinerer, mittelgroßer und großer Städte. Parallel zum künstlerischen Städtebau war schließlich 1889 der dritte und letzte Band der seit 1887 erschienenen großen Untersuchung *Österreichisches Städtebuch* erschienen, die es erlaubte, weit gefächerte Aussagen über die sittliche, soziale oder politische Verfassung der Menschen in den Kronländern zu treffen. Schließlich entwickelten Herman Hollerith und Otto Schäffler 1890 die von Heinrich Rauchberg erstmals bei einer Volkszählung in Österreich verwendete „elektrische Zählmaschine", die es erlaubte, Alter, Familienstand, Religionszugehörigkeit und vor allem Wohn- und Arbeitsverhältnisse des einzelnen Menschen schnell und genau aufzuschlüsseln.[71] Der Urbanisierungsproceß selbst hatte also ein Ordnungssystem freigesetzt, das der zunehmenden räumlichen und sozialen Unübersichtlichkeit unter Zuhilfenahme technischer Erfassungssysteme entgegenwirken konnte.[72] Diesem Aspekt wurde auf der großen „Städteausstellung" in Dresden 1903 große Aufmerksamkeit geschenkt. Daß wir Sitte hier als Chronisten der ausgestellten Plansammlungen „Deutscher Städte" wiederfinden, der den Hygieneaspekten der Großstadtentwicklung nur beiläufig anerkennende Beachtung schenkte, obwohl diese in Dresden die Hauptrolle spielten, entsprach ganz und gar seinem Blick auf die Stadt aus der Perspektive des Gestaltanalytikers. Auch daß er den Wert der hygienischen Stadtentwicklung niemals angezweifelt, sondern stets als notwendige Voraussetzung des künstlerischen Städtebaus erwähnt hat, war im *Städtebaubuch* zu lesen gewesen.

Sitte war mit den Ideen der modernen Bevölkerungspolitik und deren Instrumentarium der Statistik wohl vertraut. Er hat deren Methodik als Hilfsmittel der eigenen Städtebaupraxis unbedingt vorausgesetzt. (Dokumente S. 200ff; 321ff) Im 11. Kapitel des Buches, das unter der Überschrift „Verbessertes modernes System" die Notwendigkeit einer vorausschauenden weitreichenden Entwicklungsplanung für Wien fordert, hat er die „Wahrscheinlichkeits-Bestimmung der Bevölkerungszunahme"[73] als unabdingbare Voraussetzung für ein sachgerechtes und nutzungsorientiertes Stadtwachstum festgelegt. Dabei folgte er ganz selbstverständlich einer funktional geprägten Raumentwicklung, die Villengebiete von Fabrikansiedelungen trennte und ein ausgewiesenes Handelsviertel voraussetzte, das ebenso in der Altstadt wie in der neu geplanten Donaustadt Platz finden könnte, „welche vielleicht berufen ist, dereinst eine Glanzstelle des Wiens der Zukunft zu bilden".[74] Bereits hier diskutierte er die notwendigen Folgeeinrichtungen der neuen Wiener Ansiedlungen, deren Anforderungen an Miethäuser, Kirchen, Schulen, Markthallen, Gärten oder Kultureinrichtungen auf der Basis der vorliegenden Bevölkerungsprognosen zu berücksichtigen seien. Funktionentrennung und funktionale Mischnutzungen lagen in seinem Konzept nahe beieinander. Sitte äußerte sich zu Entwicklungsprozessen, die den Stadtkörper lange vor der Idee der funktionalen Stadt, die wir gemeinhin dem Städtebaudiskurs der zwanziger Jahre des 20. Jahrhunderts zuordnen, ergriffen hatten. Diese Position hat Camillo Sitte in seinen Zeitungsbeiträgen und in den Kontakten, die er nach 1896 mit deutschen Kollegen wie dem in Berlin ansässigen Theodor Goecke oder dem aus Hannover stammenden Professor für Hygiene Hans Christian Nussbaum pflegte, verstärkt zum Ausdruck gebracht; allerdings hat die Sitte-Rezeption diesen Sachverhalt gerne übersehen, wiewohl diese Position im Geleitwort der 1904 erstmals erschienen Zeitschrift *Der Städtebau*, die er zusammen mit Goecke ins Leben rief, explizit als Methode der neuen Städtebaudisziplin betont wurde.

Auf den Namen eines anderen bedeutenden Vorreiters der hygienischen Stadtwissenschaft hat Camillo Sitte ausdrücklich hingewiesen.[75] Max von Pettenkofer, der seit 1865 den Lehrstuhl für Hygiene an der Universität München innehatte und mit der Herausgabe des *Handbuchs für Hygiene* seit 1882 sowie der Zeitschrift *Archiv für Hygiene* zwischen 1883 und 1894 eine ungemein breite Wirksamkeit entfaltete, war bereits in den siebziger Jahren im Rahmen sogenannter „Populärer Vorträge" mit speziellen Untersuchungen über die Stadthygiene an die Öffentlichkeit getreten. Im März 1872 hatte er im „Albert-Verein zu Dresden" über die „Beziehung der Luft zu Kleidung, Wohnung und Boden" gesprochen, ein Jahr später im „Verein für Volksbildung" in München „Ueber den Werth der Gesundheit für eine Stadt" und im Januar 1877 in der bayerischen Gartenbau-Gesellschaft zu München „Ueber den hygienischen Wert von Pflanzen und Pflanzungen im Zimmer und im Freien". Noch im selben Jahr erschienen diese Vorlesungen im damals renommierten Braunschweiger Verlag Friedrich Vieweg und Sohn. Die wesentlichen Argumente Pettenkofers lassen sich in Adaptation oder kritischer Debatte in Sittes *Städtebaubuch* und den später entstandenen Aufsätzen und Artikeln wiederfinden.

Obwohl bereits 1883 die bakteriellen Erreger der großen Seuchen des Jahrhunderts Cholera und Thyphus durch Robert Koch identifiziert worden waren, blieb die durch Pettenkofer vertretene Miasmenlehre, die diese Epedemien auf die Luft-, Wasser- und Bodenverschmutzung zurückgeführt hatte, weiterhin wirksam. Mit großer Sympathie dürfte Sitte daher Pettenkofers Analogie zwischen den Prinzipien der Bekleidung und denen des Hauses verfolgt haben, hatte doch schon der verehrte Semper in seiner Bekleidungstheorie eine Genealogie der Form entwickelt, die von den (Kleider)Stoffen zur „Technik des Wandbereitens", also zum Hausbau führte. „Mantel und Zelt stehen sich sehr nahe", so Pettenkofer, und er folgerte, „dass die Baumaterialien, […],welche wir mit Vortheil zum Bau unserer Wohnungen verwenden […] sich ähnlich verhalten, wie unsere Bekleidungsstoffe".[76] Licht- und vor allem Luftzufuhr galten daher als geeignete Mittel, um die Wohnhäuser durch ein technisch durchgearbeitetes System der Ventilation ebenso trocken wie luftrein zu halten. Was für die „Wärmeökonomie" des Hauses galt, hatte im Stadtraum allemal zu gelten, eine Lehre, der der Städtebau der Funktionalisten im 20. Jahrhundert endgültig zum Durchbruch verhalf. Ebenso wie Malthus verknüpfte auch Pettenkofer die Praxis der Stadthygiene mit einer kulturellen Habitus- und Sittlichkeitsordnung, die er im Hinweis auf den „puritanischen Zug […] der englischen Nation" und deren vorbildliche Prinzipien der „Cleanliness and Godliness"[77] als Reinlichkeit und Sittlichkeit propagierte. In deutlicher Zuspitzung dieser mit der Demographie entworfenen Enthaltsamkeitslehre analysierte der Münchner Mediziner nun die volkswirtschaftlich zu Buche schlagenden Auswirkungen im krankheitserzeugenden Großstadtraum und der entsprechenden, unnatürlichen Lebensweise seiner Bewohner. Mit der Verurteilung des persönlichen Fehlverhaltens durch Sucht und Unmoral verknüpfte er die Propaganda einer grundsätzlich veränderten Lebensführung des modernen Stadtmenschen, die auf Erkenntnissen im Feld der Ernährung beruhten. Der Zeitgenosse Justus von Liebigs argumentierte mit dem Zahlenmaterial der Krankheits- und Mortalitätsstatistiken, um auf die ernährungsbedingten Krankheitsfälle und die der Dynamik des Großstadtlebens entspringenden Nervenkrankheiten hinzuweisen, die die Volkswirtschaft, wie er seinen Hörern vorrechnete, finanziell erheblich belaste. Dem großen Schaden, den die Nationalökonomie durch das moderne, krankheitserzeugende Stadtleben zu verkraften hatte, war daher nicht allein mit der stadttechnischen Raumhygiene einer „guten Canalisation, […] reichlicher Wasserversorgung, […] guten Abtrittsanlagen [oder…] der Einführung von Wasserclosets"[78] zu begegnen, sondern durch die qualitative Verbesserung der individuellen Nahrungsaufnahme und kollektiven Reinlichkeit. Das quantitative Ernährungsmodell des Demographen Malthus, das dem Sättigungsgrad der Menschheit gegolten hatte, transformierte der Mediziner Pettenkofer in ein qualitatives Ernährungsprogramm für den einzelnen modernen Städter, der mit der Güte seiner Nahrung und Abstinenz von Rauschmitteln die eigene Gesundheit und damit das Volksvermögen schone. Im

Netzwerk dieser Genußökonomie erhielt schließlich die schöne Natur unter dem Begriff des „sanitären Grüns" ihre zweckdienliche, gesundheitsfördernde Funktion. Die wohldosierte Integration der Pflanzen ins Lebensumfeld des Städters galt nicht ausschließlich seiner Augenlust, sondern war Bestandteil eines Präventionsprogramms von „unmittelbare[m] gesundheitswirthschaftliche[m] Nutzen".[79]

Unter dem Einfluß dieser Ideen zur Volks- und Raumhygiene, deren Wurzeln, wie Michel Foucault gezeigt hat, im Zeitalter der Aufklärung zu finden sind, war das erste große Städtebaubuch des deutschen Professors der Ingenieurwissenschaft am Polytechnikum zu Karlsruhe entstanden. Reinhard Baumeister hatte 1876 sein umfassendes Werk *Stadt-Erweiterungen in technischer und wirthschaftlicher Beziehung* veröffentlicht, das Camillo Sitte gut kannte, allerdings weniger schätzte und später mehrfach als Gegenposition des eigenen Ansatzes im *Städtebaubuch* erwähnte. Baumeisters Interesse galt im wesentlichen den beiden großen Problemfeldern der Urbanisierung, er lenkte den Blick auf die maroden Wohnverhältnisse der Zuwanderer und auf den explosionsartig anwachsenden Verkehr. In Anlehnung an Pettenkofer präsentierte er eine vernichtende ökonomische Folgekostenrechnung, die selbst hartnäckige Wirtschaftsliberale davon überzeugen mußte, daß eine geschickte kommunale Entwicklungssteuerung, die er am Beispiel der österreichischen Hauptstadt erläuterte, gewinnbringend zu verbuchen sei: „Wenn man annimmt, daß durch sanitäre Verbesserungen aller Art die Sterblichkeit nur um ein Viertel [...] herabzumindern wäre, [...] so gilt der gleiche Erfolg den Krankheiten. Auf jeden Einwohner Wiens kommen im Durchschnitt 20 Krankentage, künftig also nur noch 15. Die Ersparnis in der ganzen Bevölkerung von 900,000 macht demnach 4,500,000 Krankentage aus. Jeder Krankentag repräsentiert durch ärztliche Pflege, bessere Nahrung u.s.w. gewiss einen Wert von zwei Mark, im ganzen also ein jährlicher Verlust von neun Millionen Mark. Dazu kommt der entgangene Verdienst, welcher nur auf ein *Drittel* der Einwohner und nur auf zwei Mark durchschnittlichen Tagelohn berechnet werden soll, und hiernach im Ganzen drei Millionen Mark ausmacht. Also ein jährlicher Verlust von zwölf Millionen Mark durch Krankheiten, ein Kapitalwerth von 240 Millionen! Selbst der trockenste Geldmann muß hiernach gestehen, daß es der Mühe werth ist, Etwas zur Verbesserung der Wohnungszustände zu thun und den allgemeinen Wohlstand, die Steuerkraft der Stadt zu heben."[80] Überwältigt vom Sachzwang der Wirtschaftlichkeit warb der Ingenieur für ein Raumkonzept, das sich der Rationalität einer forciert optimierenden Zeit- und Geldausnutzung beugte, wenn auch Anflüge einer melancholischen Klage über den damit verbundenen Verlust der alten urbanen Raumqualitäten in seiner Argumentation erhalten blieben.

In der Diskussion der zweckmäßigsten Verkehrserschließung gab Baumeister dem Rechtecksystem den Vorzug; es allein schien geeignet, die schnellste und direkteste Verbindung zweier Punkte im Raum zu organisieren. Baumeister bemängelte aber die ästhetischen Defizite dieser Erschließungsfigur wegen ihrer Langweiligkeit und Entindividualisierung. Dieser Verlust mußte vollkommen unsentimental akzeptiert werden, denn als Produkt der Modernisierung sei die formale Eintönigkeit der Architektur und Raumerschließung Ausdruck des Zeitgeistes, der die „vermengte und wandernde moderne Gesellschaft"[81] nur noch in der Abstraktion zur Anschauung bringen könne. Der Wiener Architekt Otto Wagner integrierte diesen Ausdruck des Gleichförmigen seinem Stilkanon später als Zeichen einer demokratischen Gesellschaft und wertete damit Baumeisters Feststellung ästhetisch wie ideologisch auf. Dem 1925 erschienenen Städtebaubuch Le Corbusiers hat Baumeister mit seiner Argumentation die Stichworte gegeben; auch das in dieser Schrift vorgetragene Licht- und Luftkonzept beflügelte den funktionalistischen Gedanken der aufgelockerten städtischen Bebauung, die nun endgültig die Dignität der demokratischen Form erhielt.[82]

Unzweifelhaft hat das Mitgefühl den Blick des Sozialreformers Baumeister für die Lebensverhältnisse des Industrieproletariats geschärft. Sein Interesse aber war nicht allein auf die notwendige Gesundheitsreform der städtischen Räume gerichtet; vielmehr ging es ihm um die Institutionalisierung einer neuen Wissensdisziplin, die an den Universitäten als *Wissenschaft vom Städtebau* gelehrt werden konnte. Das Ziel war die Formulierung eines handlungsorientierten Regulariums, welches in den Gesetzen der Stadttechnik und durch die Rationalität der hygienischen Raumökonomie der Anarchie des städtischen Wachstums (man sprach in diesem Zusammenhang gerne vom „Wildwuchs") Einhalt bieten sollte. Bei genauer Betrachtung der Planungsparameter zur Gesundung des Stadtkörpers zeigt sich allerdings, daß Baumeister mit seinem Buch ebenso wie nach ihm Sitte bereits auf Prozesse reagierte, die sich längst unabhängig vom ordnenden Verstand des Stadtplaners durchzusetzen begonnen hatten. So dürfen wir in ihm einen jener Akteure sehen, die sich als Handlungsträger wähnten und doch die Ordnung der Großstadt im Regulativ eines Handbuches nur post festum systematisierend handhabbar machten. Im Vorfeld derartiger Regularienbücher zum Städtebau, die nun nach und nach publiziert

Uebersichts-Plan der projektirten Neubauten und Anlagen der inneren k.k. Haupt und Residenz Stadt Wien [Projekt Georg Günther 1858, Projekt Nr. 50 der Stadterweiterungskonkurrenz]. Quelle: Oberösterreichisches Landesarchiv, Karten- und Plänesammlung Linz, Inv.-Nr. XX 26

wurden, waren bereits allgemeingültige Gesetzestexte formuliert worden, die in immer feingliedriger ausgearbeiteten Paragraphen Vorschriften für Baulinien, Bebauungshöhen, Straßenbreiten und anderes enthielten.

Urbane Psychogeographien

In Wien vollzog sich dieser Prozeß mit der zweistufigen Niederlegung der großen Befestigungswerke zwischen 1857 und 1892/1893.[83] Den Auftakt bildete die Bauordnung für die Kernstadt und die eingemeindeten Vorstädte 1859, in der erstmals Maßstäbe für eine zweckrationale, hygienische Raumerschließung gesetzt worden waren. Bereits 1883 modifiziert, hatte man sie im Dezember 1890 abermals verändert. Diese späteren Eingriffe in den bestehenden Gesetzestext erfolgten im Vorfeld der sogenannten zweiten Stadterweiterung, die zwar seit längerem geplant, aber erst mit der Auflassung der Linienwälle 1890 ein Jahr nach dem Erscheinen des *Städtebaubuches* beschlossen wurde. Neben Modifikationen, Erweiterungen und Präzisierungen der Vorschriften blieb jedoch ein Passus aus dem ersten Corpus immer erhalten, der den Widerstand Camillo Sittes stets aufs neue herausforderte. Er betraf die Regelung der Baulinien und des Straßenniveaus: „Bei Bestimmung der Baulinien in *bestehenden Straßen und Gassen* muß von der Baubehörde hauptsächlich darauf Rücksicht genommen werden, daß die neuen Baulinien *möglichst geradlinig* seien […]. Bei Ausmittlung des Straßen- und Gassenniveau (sic!) ist darauf zu achten, daß unter thunlichster Berücksichtigung der bestehenden Niveauverhältnisse die Straßen und Gassen mit einem *möglichst geringen und gleichförmigen Gefälle* angelegt werden."[84]
Als Sittes *Städtebaubuch* erschien, besaß die Erschließung nach diesen Richtlinien bereits seit dreißig Jahren (!) Gültigkeit. Sittes Einwand gegen deren formalen Schematismus, oder die „Rastrierung", wie er die Vermessungstechnik der Geometer gerne nannte, basierte schließlich auf Erfahrungen mit neu entstandenen „Wohnsiedlungen ohne jeden dörflichen Kern"[85] vor den Toren Wiens, die in ihrer Trostlosigkeit viele schreckten: „Alles öde, alles nüchtern, grau in grau alles – das ist Favoriten"[86], lautete das Urteil über den 10. Wiener Stadtbezirk, den Sitte immer wieder als Beispiel des spekulationsbedingten Wohnelends erwähnt hat. (Dokument S. 212) Seine Abneigung gegen die Rastererschließung enthielt implizit Aspekte einer Sozialkritik, die mit der Ablehnung der Substandardwohnungen des 10. Bezirks Probleme der Pauperisierung aufgriff. Außerdem

kannte Sitte diese Parzellierungspraxis aus der unmittelbaren Anschauung seines Wiener Domizils in der Schellinggasse, das in den achtziger Jahren gleichfalls nach diesem Muster erschlossen und mit gleichartigen Hausblöcken enormen Ausmaßes bebaut worden war. An der Gleichförmigkeit des Wiener „Baublockrastrums" sogen sich die Augen des Kirchenbaumeisters, Malers und Pädagogen fest, das wegen des beispiellosen ästhetischen Mangels fortan Gegenstand seiner journalistischen Kritik wurde.

Den Angriff auf diese spekulationsorientierte Planungspraxis der Rastererschließung hat Sitte erstmals unter dem Namen seines Freundes Schembera in der Ausgabe vom 22. Januar 1885 des *Neuen Wiener Tagblatts* grundsätzlich gegen die Hygieniker gewendet. (Dokument S. 161ff) Vier Jahre vor der Veröffentlichung des *Städtebaubuches* wurden hier schon jene Argumente und Besonderheiten seines Denkens deutlich, die dem später erscheinenden Buch die ungeheuer große Aufmerksamkeit der Zeitgenossen sicherte. Theodor Fischer verdanken wir den Hinweis, daß der aufsehenerregende Erfolg des *Städtebaubuches* erst vor dem Hintergrund dieser herrschenden Planungspraxis verständlich wird. Und nur vor diesem Hintergrund erklärt sich dessen Brisanz, denn mit den Prinzipien des künstlerischen Städtebaus war in der Tat dieser kapitalistischen Planungstechnokratie mit ihrem miserablen Verelendungswohnbau gleichsam der Krieg erklärt worden. Sitte richtete sein in diesem Denkumfeld ungewöhnlich erscheinendes Programm gegen das „absolut Unkünstlerische des modernen Stadtbausystems" und wertete mit diesem Argument zugleich einen Berufsstand auf, der im privatwirtschaftlichen Spekulationsgeschäft des Stadtneubaus mehr und mehr Kompetenzen an die Ingenieure hatte abgeben müssen: „Nicht mehr die Architekten und Künstler sind es, welche heute die Anlagen der Städte bestimmen, sondern Ingenieure. Alle Achtung vor der Kunst des Meßtisches! Licht, Luft, Wasser fließen den modernen Städten so gut und so reichlich zu wie nie zuvor, und eine ungeheure Menge von Menschen und Wagen durcheilt die geräumigen Straßen einer modernen Stadt. Auch die Gesundheitsverhältnisse haben sich unter diesem Einflusse in den großen Städten wesentlich verbessert; aber das äußere Gepräge ist *nüchtern*, ja *geschmacklos* […]. Es kann dies auch gar nicht anders sein, denn die praktische Geometrie des Ingenieurs kennt nur Formeln und Berechnungen von Bedürfnissen des Verkehrs und so weiter, aber keinen Koeffizienten für ästhetische Wirkung, für das *Malerische* […]. Man braucht nicht auf die *Nüchternheit* amerikanischer Städte zu verweisen, alle unsere europäischen neueren Anlagen kranken an demselben Übel. Das eine Mal werden alle Straßen wie auf einem Schachbrett genau senkrecht zu einander herunterterrastrirt, was für die Arbeit der Parzellierung, Kanalisirung, Pflasterung und so weiter recht angezeigt sein mag aber in Natur *tödtlich langweilig* aussieht [...]. In jeder Gasse dieselbe Eintheilung, dieselbe Längendurchsicht, nirgends ein Punkt, an den sich die *Phantasie* anklammern könnte, nirgends *Merkzeichen*, an welchen die *Erinnerung* haftet, so daß selbst zur Orientirung diese Eintheilung sich höchst ungeschickt erweist, [...]." (Dokument S. 161f, Hervorh. K.W.) Dieses raumgebundene Gefühlspanorama aus Ennui, Tristesse und Identifikationsverlust hatte Baumeister in ähnlicher Weise, wenn auch als eine notwendige Mangelerscheinung der modernen Stadt, benannt. Bekannt waren dergleichen Argumente allerdings seit längerem, Camillo Sitte war in seinem Befund also keineswegs originell. Man kannte die Einwände aus dem Umkreis der sich als Wissensdisziplin etablierenden Volkskunde, die sich, mit einem romantisch gefärbten Volksbegriff gewappnet, neugierig beobachtend zunehmend der unmittelbaren Lebenswirklichkeit des eigenen Volkes, nicht länger seinen Mythen zuzuwenden begonnen hatte. Mit Wilhelm Heinrich Riehl war 1853 ein Autor ins Licht der Öffentlichkeit getreten, der die Lebensverhältnisse der Land- und Stadtbevölkerung wie die „öffentlichen Zustände" in den deutschen Landen aus der eigenen unmittelbaren Anschauung schilderte. Das Ergebnis seiner auf Fußwanderungen gemachten Beobachtungen veröffentlichte der für einige deutsche Zeitungen schreibende Journalist und spätere Professor für Staats- und Kameralwissenschaften an der Universität München in der auch in Schulen vielgelesenen *Naturgeschichte des Volkes als Grundlage einer deutschen Sozial-Politik*, die 1869 mit dem vierten Band abgeschlossen wurde. Der erste Band war unter dem Titel *Land und Leute* erschienen und befaßte sich im Konzept einer umfassenden „sozialen Ethnographie"[87] natürlich auch mit dem Verstädterungsprozeß, wie er in den Agglomerationen der europäischen Hauptstädte beispielhaft zu beobachten war. Vor allem im Siedlungsverband London entdeckte Riehl die entfalteste Form dieser Urbanisierungsdynamik. Für deren Charakteristik aus unüberschaubarer Größe und kultureller Vielfalt prägte er den Begriff der „Weltstadt". Seine Faszination für dieses Phänomen war unzweifelhaft, konzentrierte sich doch hier die Macht eines internationalen Produktions- und Handelskapitals mit dem ihm eigenen Wissenspotential, die diese Weltstädte gleichsam zu einer räumlichen „Encyclopädie"[88] der europäischen Zivilisation formten. Zugleich aber formulierte Riehl seine tiefe Abneigung gegen die negativen Folgeerscheinungen dieses urbanen Konzentrationsprozesses, wie sie sich im Pauperismus und beispielhaft in der Architektur eines „Kasernensystems des modernen großstädtischen Häuserbaues"[89] zeigten, das die landflüchtigen Arbeiter und Tagelöhner in einer ungekannten sozialen Vereinzelung auf engstem Raum vereinte. Die Masse dieser banalen Spekulationsbauten zeichne, wie er betonte, eine eintönige Gesichtslosigkeit aus, in der sich das Zeitalter der Massenkultur in seiner Glanzlosigkeit zu erkennen gebe. Vom Geist des verantwortungslosen Egoismus gezeichnet, identifizierte Riehl das Mietskasernensystem als typisches Produkt jener mit der Industrialisierung eingeleiteten Verdrängungsprozesse, die in der Maschinenware das Handwerksprodukt zu ersetzen begonnen hatten und in ihrem Gefolge die Vernichtung des „höheren, idealen [...] Künstlertums"[90] nach sich zogen. Seit der Londoner Weltausstellung 1851, wo er Josef Paxtons Kristallpalast gesehen hatte, registriert Riehl diesen Prozeß aufmerksam in der Entwicklung der neuesten Ingenieurarchitektur, in der er ein Menetekel erblickt. Denn schon im Erblühen der transparenten, flüchtigen Konstruktionen des Maschinenzeitalters sieht er dessen Untergang voraus. Riehl nahm damit vorweg, was Oswald Spenglers Kulturpessimismus 1917 vollendete, die Idee vom Untergang des Abendlandes und seiner Werte, der sich in der Weltstadtentwicklung und ihrer Architektur offenbarte. In einer Art Eschatologie hatte Riehl die letzten Sätze des ersten Kapitels von *Stadt und Land* gesetzt: „Aber es wird eine höhere und höchste Blütezeit des Industrialismus kommen und mit ihr und durch dieselbe wird die moderne Welt, die Welt der Großstädte zusammenbrechen, und diese Städte zusamt viel fabelhafteren Industriehallen, als diejenige war, welche wir geschaut, werden als Torsos (sic!) stehen bleiben, ‚auf dem Kopfe den Krahn', wie der Kölner Dom."[91] Camillo Sitte wird mit den Werken Riehls vertraut gewesen sein. Aufgrund des Verlustes seiner Privatbibliothek und seines Briefwechsels ist ein Nachweis bislang nicht möglich gewesen. Der Gedankenwelt des auch literarisch ambitionierten Münchner Professors wird er aber sicherlich begegnet sein, gehörte Riehl doch zu jenen erfolgreichen Autoren, die ihre Werke innerhalb kurzer Zeit in vielfacher Auflage auf den Markt bringen konnten und daher weithin bekannt waren. Zudem war Sitte in Vorbereitung seiner mehrbändigen Darlegung zu den „Weltanschauungs-Perioden"[92] ein aufmerksamer Leser der Publikationen zur Völkerpsychologie. Neben der eigenen Bibliothek konnte er die Bibliotheken der „Wiener Staatsgewerbeschule", des „Museums für Handel und Industrie" und, als Mitglied des „Wissenschaftlichen Clubs" wie des „Österreichischen Ingenieur- und Architektenvereins", auch deren reichhaltige Buchbestände nutzen. Die Wiener Staatsgewerbeschule jedenfalls besaß eine erstaunliche Sammlung an ethnographischer Literatur, u.a. die dreibändige *Ethnographie der österreichischen Monarchie* und die von Moritz Lazarus und Heyman Steinthal herausgegebene *Zeitschrift für Völkerpsychologie und Sprachwissenschaft*. Wenngleich Sitte auf Grund seiner Darwin-Lektüre und unter dem Einfluß des mit dem Kunsthistoriker Alois Riegl verabschiedeten zyklischen Geschichtsmodells der künstlerisch-kulturellen Blüte- und Verfallszeiten den Riehlschen Pessimismus keineswegs geteilt haben dürfte – sein Redebeitrag im Österreichischen Ingenieur- und Architektenverein zum Thema „Moderne in der Architektur und im Kunstgewerbe" (1899) ist dafür ein Beweis (Dokument S. 274ff) –, so argumentierte er doch im Rahmen dieser ethnographischen Kulturkritik. In der Geißelung der durch bloße Spekulationsinteressen formierten städtischen Einheitsbebauung teilte Camillo Sitte die kulturkritische Bestandsaufnahme der Moderne. Seine Zeitdiagnose aber ließ ihn nicht zu Ideologemen einer mystifizierten Agrarromantik Zuflucht nehmen, und ebensowenig richtete sich sein Eifer gegen die Formierung der Weltstadt. Im Gegenteil, er begrüßte das Wachstum Wiens zur Welthandelsmetropole mit gebührendem Patriotismus, forderte allerdings die grundsätzliche Revision der Planungspraxis eines, wie er es um 1890 sah, unzeitgemäßen hygienischen Städtebaus. (Dokumente S. 225ff)

Großstadt – Landschaft – Seelenheilung

Lange hat die Sitte-Rezeption übersehen, daß die Argumentionsstruktur des *Städtebaubuches* aus methodisch unterschiedlichen Perspektiven zusammengesetzt ist. Eine der ersten, die auf dessen Mehrschichtigkeit reagiert hat, war Françoise Choay, ihr folgte später Daniel Wieczorek. Choay hat im *Städtebaubuch* eine Ebene der beobachtenden Empirie entdeckt, die Sitte, wie wir sahen, den raumgebundenen Reiz-Reaktions-Analysen alter und neuer Plätze gleichsam im Selbstversuch zugrunde gelegt hatte. Sie findet sich in zahlreichen Beschreibungen der modernen städtischen Lebenswelt vor allem in den letzten Kapiteln des Buches und durchbricht in dieser Schilderung subjektiver Emotionen den Pragmatismus des Handbuchwissens konzeptionell. Choay nennt diese neue Sicht „kulturalistisch" und meint damit jenen besonderen Blickwinkel der Städtebautheorie, der den Transformationsprozeß der Städte im 19. Jahrhundert unter den Bedingungen der Industrialisierung nicht allein formal verzeichnet, sondern mit der Veränderung der Raumformen zugleich die Auswirkungen auf die Kultur des Zusammenlebens der Stadtbewohner deutet. In Ebenezer Howard und Raymond Unwin sieht die französische Stadthistorikerin die Nachfahren des mit Sitte geborenen Diskurses. Daniel Wieczorek hat diesen neuen Blickwinkel rezeptionsästhetisch mit dem des „Verbrauchers und Empfängers"[93] identifiziert. In der Tat: Das künstlerische Eingriffspotential Sittes zielte auf die psychophysische Empfindungsmodulation der Stadtbenutzer, die die Räume der Stadt alltäglich zu gebrauchen hatten. Die notwendige Sensibilität, die Raumformationen der Plätze und Straßen, deren Weiten und Regelmäßigkeiten oder Nähen und Verschlungenheiten des darin eingebetteten Verkehrs auch als individuelle Erfahrungszonen wahrzunehmen, verdankte Sitte dem Blick der Ethnologie oder Volkskunde, mithin einer Wissenschaft, die sich im Umfeld der Völkerpsychologie zunehmender Popularität erfreute. Dieses ethnologische Interesse an den Lebensformen der unterschiedlichen Volksgruppen im eigenen Land, das die Wiener Kunstgeschichte mit ihrem Forschungsschwerpunkt der Kunstindustrie der Völker begleitet hat, ist der Raummorphologie Sittes aus der Sicht der Großstadtforschung bereits eingewoben.[94] Im Feld der Beobachtung, die die Art und Weise, wie sich Großstadtbewohner durch die Räume ihrer Stadt bewegen, aufzeichnete, erschloß Sitte eine gleichsam urbane Psychogeographie der Lust- und Unlustempfindungen, mithin von Glücks- oder Angstgefühlen, die sich aus visuellen, akustischen und olfaktorischen Wahrnehmungselementen der Stadt zusammensetzen. Daß ihm der Anblick der unstrukturierten Leere der neuen städtischen Großräume mit der Einheitsbebauung eine geradezu körperlich empfundene Pein bereitet hat, wird in der bevorzugten Wortwahl spürbar, die in attributiver Charakterisierung zwischen „unerträglich, widerwärtig oder brutalem Effekt"[95] changiert. Weite, offene Räume verband er zudem mit militärischen Nutzungen, denen es per definitionem an bürgerlicher Zivilität mangelt.[96] Am Beispiel des „Ringstraßen-Corsos" mit der „dichten Menschenmenge" oder, wie er in Parenthese anmerkte, des großstädtischen „Verdauungsbummels"[97], hat er mit der Kategoriendyade von Lust und Unlust die unterschiedliche Benutzung der jeweiligen Straßenseiten in den einzelnen Segmenten der Ringstraße beschrieben, die aufgrund der jeweiligen Gefahren- oder Schutzpotentiale belebt waren oder unbenutzt blieben. So entzifferte er aus dem Habitus des Großstädters einen räumlichen Wohlfühlfaktor, der in das Konzept der künstlerischen Stadtraumgestaltung Eingang fand. Seine Vorschläge für die Platzgestaltungen im Bereich der Ringstraße (Votivkirche, Universität, Rathaus, Burgtheater und Parlamentsgebäude) sind exemplarisch für sein Gegenkonzept der geschlossenen Raumfiguren, das auch mit traditionellen Motiven wie der Arkade, kleinere Schutzräume im Großraum der Stadterweiterung einführte, um dem anwachsenden Verkehrsfluß und dessen Gefahren entgegenzuwirken. Sitte entdeckte, daß der moderne Stadtraum neue Ordnungsmodelle erzwang, die administrativ regelten, was seinem Verständnis nach zuvor der architektonisch definierte Stadtraum selbst geleistet hatte: „Im Inneren einer volkreichen Stadt hört [...] zu gewissen belebteren Tageszeiten die Möglichkeit eines ungestörten Verkehrs thatsächlich auf und muß behördlich eingeschritten werden, was zunächst durch Aufstellung eines Sicherheitswachmannes geschieht, welcher dann durch Commandiren den Verkehr nothdürftig in Fluss erhält. Für Fussgänger ist ein solcher Platz geradezu gefährlich, und um da wenigstens der äussersten Noth abzuhelfen, wird in der Mitte durch einen runden Fleck Trottoir eine kleine Rettungsinsel geschaffen, in deren Centrum als Leuchtthurm in den brandenden Wogen des Wagenmeeres ein schöner schlanker Gascandelaber emporragt."[98] (Diese Beschreibung deckt sich verblüffend mit solchen, die aus den zwanziger Jahren des 20. Jahrhunderts über den Potsdamer Platz in Berlin überliefert sind.) In solchen Stadträumen der Gefahr, die Sitte gerne am Beispiel der Häufigkeit von Straßenkreuzungen im Raster oder an Sternplätzen geschildert hat, spürt er das Anwachsen von Empfindungsdefekten der verunsicherten modernen Großstädter. Sie sind dem Stadtraum gleichsam als Psychogramm eingeprägt.

In der modernen Großstadt hatte man soeben neue Krankheitsbilder entdeckt, auf die Sitte in seinem Buch und in seinen Zeitungsbeiträgen mehrfach anspielt. Die Nervenheilkunde mußte nämlich inzwischen eine Symptomatik kurieren, die offensichtlich mit dem dynamisierten Lebensrhythmus des Großstädters in Verbindung stand und als Überreizung der Nerven gedeutet wurde. Der Berliner Professor für Geistes- und Nervenkrankheiten Carl Westphal hatte 1872 erstmals in der von ihm redigierten Zeitschrift *Archiv für Psychiatrie und Nervenkrankheiten* eine „neuropathische Erscheinung" beschrieben, die er Agoraphobie oder „Platzfurcht" nannte. Ein Patient, der von Beruf Handlungsreisender und eine heimatlose, entwurzelte, nomadische Existenz zu führen gezwungen war, hatte dem Arzt eine merkwürdige Irritation beim Überqueren von besonders großen Plätzen und Straßen beschrieben, die sich in Anfällen von Zittern und Herzklopfen sowie daraus folgenden Fluchtreaktionen zeigte. Diese „Platzangst" war also nicht dem Eindruck der räumlichen Enge entsprungen, sondern, umgekehrt, einer undefinierten Großräumigkeit. Nicht nur Riesenplätze, auch einförmige menschenleere Straßen

erzeugten Phobien dieser Art. Einen weiteren Fall neuropathischer Störungen schilderte Westphal am Beispiel eines Patienten, der den Berliner Dönhofplatz (heute zwischen Krausen- und Leipziger Straße) nur unter Mühen betreten konnte. Sitte hat diesen Bericht bis in die Wortwahl hinein benutzt, um seine Kritik an der Überdimensionierung und Einförmigkeit der modernen Stadträume vorzutragen. Selbst die Angaben des Patienten über die räumlichen, sinnlich wahrnehmbaren Korrektive haben in seinen künstlerischen Städtebau, der sich auf Überschaubarkeit und raumdefinierende Merkpunkte konzentrierte, Eingang gefunden. Westphal hatte berichtet: „Auf dem Dönhofplatz findet er (der Patient, K.W.), einmal in der Mitte an dem Candelaber in der Mitte angelangt, Beruhigung; [...] Plätze, welche mit Beeten oder anderen Gegenständen versehen sind, welche dem Blick einen *Anhaltspunkt* gewähren, überschreitet er leichter, und eine Unterbrechung der *monotonen Fläche* durch etwas Farbiges genügt oft schon, den Zustand weniger hervortreten zu lassen; ein grösserer Platz in der freien Natur ist leichter zu überschreiten als ein ebenso grosser von Häusern umgebener, weil die freie Natur im Ganzen erfrischend und wohlthätig auf ihn wirkt."[99]
Als Auslöser der Angstmotorik galt die anwachsende Hektik, unter der nicht nur Erwachsene litten, sondern die verstärkt auch bei Kindern in der Symptomatik der Nervosität beobachtet wurde. (Dokument S. 309ff) Das Phänomen der Agoraphobie oder „Straßenangst" analysierte Sigmund Freud 1909 erstmals in einer seiner *Zwei Kinderanalysen* als libidinöse Verlustangst bei Kindern. Seine Schülerin und Assistentin Helene Deutsch schenkte dem Phänomen der Raumangst 1928 wieder große Aufmerksamkeit, zu einem Zeitpunkt also, als diese Thematik in der europäischen Kulturdebatte als Folgererscheinung der fordistischen Arbeitsorganisation und der amerikanisierten Lebenszeiten („time is money") bereits zum Kaffeehausgespräch gehörte.[100]. Lange bevor das Thema als Signum des 20. Jahrhunderts verhandelt wurde, identifizierte man dieses psychopathologische Krankheitsbild schon mit dem neuen beschleunigten Lebensrhythmus, der Raumentgrenzung und Zunahme von audiovisuellen Reizen in der Großstadt; unter dem Begriff der „Neurasthenie" hielt es schließlich um 1880 Einzug in die Debatten über moderne Zivilisationskrankheiten.[101] Tatsächlich nahmen in diesen Jahren bereits Herz- und Kreislaufkrankheiten in den Mortalitätsstatistiken der Städte einen hohen Rang ein.[102] Mit Sittes Methodik der „subjektiven Beobachtung"[103] großstädtischer Raumnutzungen reagierte jetzt der Städtebaudiskurs dezidiert auf die soeben in der Nervenheilkunde entdeckte Beziehung zwischen

Körper, Seele und Umwelt. Sittes Konzept des künstlerischen Städtebaus muß als ein erster Versuch gewertet werden, die Großstadt unter gleichsam psychotherapeutischen Gesichtspunkten zu strukturieren. Im 20. Jahrhundert gehörte der Hinweis auf die Agoraphobie bereits zum festen Repertoire der Städtebaulehre, und für Theodor Fischer war es um 1920 geradezu selbstverständlich, Sternplätze unter dem Gesichtspunkt der Agoraphobie abzuhandeln.[104] Mit der anwachsenden hektisch nervösen Lebensführung entwickelte der Großstadtmensch neue Verhaltensformen, die Sitte vor allem in seinen Artikeln des *Neuen Wiener Tagblatts* teils amüsiert, teils kritisch, immer aber aufmerksam kommentierte. Der Journalist Sitte zeigte sich hier in besonderem Maße als Chronist moderner Gefühlslagen und Raumpraktiken. Ein Phänomen, das mit der Großstadthektik und der Menschenkonzentration unmittelbar in Verbindung stand, war die an Beliebtheit zunehmende Stadtflucht ins Grüne. Die Beschreibung dieses Freizeitverhaltens war in der zweiten Hälfte des 19. Jahrhunderts nicht ungewöhnlich, war es doch als Folgeerscheinung der Raumerschließung durch die neu entstandenen Eisenbahnen ein weithin diskutiertes Thema. In der Volkskunde hatte wiederum Riehl in seiner Aversion gegen die Großstadt auf Symptome aufmerksam gemacht, die er im Begriffspaar der „künstlichen und natürlichen Städte" zu beschreiben versuchte – eine Terminologie, die sich noch bei Sitte findet. Mit der „Widernatur der Groß- und Weltstädte"[105] entstand ein neues Natur- und Gesundungsbedürfnis des Stadtbewohners, das ein artifizielles Siedlungsgebilde produzierte, welches Riehl der „Laune und Mode unseres bedürfnisreichen überfeinerten Lebens"[106] zuordnete. „Hierher gehören namentlich die wie Pilze auftreibenden Badestädte, […] und jene seltsamen Touristenstädte in unsern schönen Gebirgs- und Flußthälern, wo sich rasch eine neue ‚Stadt' um ein paar große Gasthöfe anlagert, wie früher um eine Burg, ein Schloß oder ein Kloster. Unsere Bade-Industrie ist so breit über ihre natürliche Grundfläche hinausgewuchert, daß sie so lüderlich und unsicher wie nur möglich werden mußte […]. Stattliche Neubauten drängen sich in solchen Städten binnen wenigen Jahren zu großen neuen Straßen und Vierteln zusammen – allein sie sind mit dem Gelde auswärtiger Kapitalisten erbaut, und der Bürger, welcher darinnen haust, bleibt jenen fremden Geldmännern sein Lebtag leibeigen."[107] Daß die Bewohner der neuen Badestädte im Sommer als Bürger, im Frühling und Herbst als Bauern und im Winter als Tagelöhner ihr Leben organisierten, verbuchte Riehl weitsichtig als Phänomen der Auflösung des ehemaligen Stadt-Land-Gegensatzes und beschrieb darin zugleich den Sachverhalt der sich ausdifferenzierenden, aber auch entwertenden modernen Berufswelt. In deutlicher Ablehnung allerdings kommentierte er die sich neu formierenden feinen Verhaltensunterschiede zwischen Land- und Stadtbewohnern, denn die reieselustigen, landschaftskonsumierenden Wellness-Jünger aus der Großstadt umgab ein merkwürdiges Distanzgebahren, das ihm im Verhältnis zum Verhalten der naturverhafteten Landbewohnern als Arroganz erschien. Sah er die Bewohner dörflicher Verbände unter dem Primat der Gemeinschaft in einer gleichsam natürlichen Zuwendungskultur vereint, so die Städter als nur Reisende dem Land und dessen Bewohnern gegenüber als „blasiert"[108] und individualisiert an. Der ihnen eigene, mit der Eisenbahnreise gewachsene flüchtige Blick erschaute die Natur mit ästhetisierter, genußheischender Teilnahmslosigkeit und blieb, wie Riehl mißbilligend bemerkte, der im Eisenbahnbau vollzogenen technischen Landschaftsvernichtung gegenüber vollkommen indifferent. In den neunziger Jahren, als Sitte mit seinen pointierten Artikeln im *Neuen Wiener Tagblatt* um Einfluß auf die projektierte Generalregulierung Wiens kämpft, hatte sich dieses sonderbare Distanzgebaren der Blasiertheit als typisches Verhalten des modernen Städters bereits im alltäglichen Sprachgebrauch eingenistet. Auch Sitte benutzt den Begriff ganz selbstverständlich.[109] 1895 wandte sich der deutsche Soziologe Georg Simmel in einem Beitrag für die Wiener Wochenschrift *Die Zeit* gleichfalls dem Aspekt der „Alpenreise" „als Object der Völkerpsychologie"[110] zu und wenig später dem Phänomen der „Blasiertheit". Feinfühlig beschreibt er dieses eigenartige Benehmen jetzt als habituelle Notwendigkeit von Städtern, das sie wie ein „Schutzorgan gegen die Entwurzelung"[111] entwickelt hatten.

Auch Sitte registrierte die Bedeutung der touristischen Landschaftsaneignung und die Umnutzung der Landschaft in attraktive Ausflugsziele unter anderem am Beispiel des Waldviertels voller Interesse. (Dokumente S. 280ff) Doch anders als Riehl erschien ihm der neue Erwerbszweig der Sommerfrische und Badeferien keineswegs als zivilisatorisches Desaster. Eher kühl verzeichnete er diese Entwicklung als notwendigen Prozeß der mentalen Veränderungen des Großstadtmenschen, der im „endlosen, ununterbrochenen Häusermeer […], in welchem es gar keine Erholung der Athemwerkzeuge, des Gemüths, der Nerven, sowie mißAugen mehr gibt"[112], nach beruhigenden Ausgleichsräumen in der Natur suchen mußte.

Die besondere Reizung der Großstadtnerven durch Lärm und gesundheitsgefährdende Luftverschmutzung hatte bereits die Randwanderung der Wohlhabenden an die Peripherie Wiens in Gang gesetzt, so daß um 1890 im Wienerwald-Gürtel ein Villenzuwachs von nahezu „zweihundert Villen jährlich!"[113] festzustellen war. Wiewohl Sitte Verständnis für die Natursehnsucht der Großstädter zeigte, erkannte er doch in der ungeregelten Suburbanisierung die Gefahren einer Landschaftszersiedelung, die bis heute kein Korrektiv gefunden hat. Daß aber die Abwanderung der wohlhabenden Bevölkerung in die peripheren Umlandzonen Wiens ebenso wie die stadtflüchtige Freizeitkultur mit der Dynamik des modernen Stadtlebens und den großräumigen Dimensionen selbst in Verbindung stand, verbuchte Sitte als psychopathologisches Phänomen der Großstadt. Eine gegenläufige Strategie hat Sitte in dem 1901 erschienenen Artikel über das „Großstadt-Grün" immerhin zu entwerfen versucht. (Dokument S. 292ff) Der Initiator dieses Artikels, der in der soeben gegründeten Zeitung *Der Lotse. Hamburgische Wochenschrift für deutsche Kultur* erschien, war der Gründer und Direktor der Hamburger Kunsthalle Alfred Lichtwark. Das Programm des hanseatischen Kulturblatts war durch Carl Mönckeberg und Siegfried Heckscher entwickelt worden. Lichtwark hatte es als graue Eminenz begleitet und Anregungen für die Themen Kunst und Kultur geliefert. So fanden sich Texte der bedeutendsten Vertreter aus Ökonomie und Politik, wie die des Kathedersozialisten Gustav Schmoller, neben kleineren Übungen über „Die ästhetische Bedeutung des Gesichts" des Soziologen Georg Simmel. Eingestreut wurden die Werke zeitgenössischer Schriftsteller und Poeten wie Lou Andreas-Salome, Rainer Maria Rilke oder Paul Scheerbart. Schließlich berichteten Architekten und Kunstkritiker, wie der Hamburger Fritz Schumacher oder der Münchner Hermann Obrist, über neuere Tendenzen im Kunstgewerbe und in der Architektur. Lichtwarks Einfluß auf die Programmgestaltung der Zeitung ist seinem unter dem Titel „Wünsche" erschienen Beitrag zu entnehmen, der dem Editorial von Carl Mönckeberg im ersten Heft des ersten Jahrgangs 1900 unmittelbar folgte. Lichtwark hat darin zwei Themenkomplexe hervorgehoben, der sich die Zeitung künftig verstärkt zu widmen habe. Beide waren gleichermaßen mit der sich abzeichnenden Entwicklung der Hafenstadt Hamburg zur Weltstadt verbunden und betrafen zum einen die politisch administrative Dimension einer Großagglomeration, die unter dem Einfluß von Spekulationsinteressen die kommunalpolitischen Traditionen der hanseatischen Bürgerstadt zu verlieren drohte und zum anderen die damit in Zusammenhang stehenden Transformationen im „Leben und Wachstum der Großstadt".[114] Aufgabe der Zeitung sei daher die journalistische „Beobachtung" dieser Entwicklung sowie der Anstoß zu einer internationalen Debatte, die sich dem forcierten Wachstum des Stadtraumes unter dem Gesichtspunkt einer integrierten Grünraumpolitik zu widmen habe. Schon am 1. Oktober 1900 schrieb Mönckeberg an den in Paris weilenden Lichtwark, daß von „ Camillo Sitte [...] eine lange, schöne Arbeit eingetroffen"[115] sei, eben jene Analyse über das großstädtische Grün, die im Jahrgang 1901 veröffentlicht und der vierten Auflage des *Städtebausbuches* 1909 beigegeben wurde. In dieser Schrift führt Camillo Sitte seine neueren naturwissenschaftlichen und kulturbeobachtenden Studien erstmals in einem weiter gesteckten Rahmen zusammen, auch sie gibt einen kleinen Einblick in das Problemspektrum des geplanten zweiten Bandes des *Städtebaubuches*, den die Nachrufe einhellig als nahezu abgeschlossen beschrieben haben. (Dokumente S. 130ff)

Die Bedeutung von Parks und Grünräumen für die Gesundheit der Großstädter war ein allerorts vieldiskutiertes Thema, das der Architekt und k.k. Baurat Eugen Faßbender für Wien neu belebt hatte. Sein Projekt für den General-Regulierungsplan von 1893 hatte als Ausgleich für den Verlust des Linienwallerholungsgebietes bereits den Vorschlag enthalten, einen Grüngürtel „um die Peripherie der Vororte"[116] anzulegen, ein Konzept, das kurz nach Sittes Tod als „Wald- und Wiesengürtel" tatsächlich realisiert wurde. Sittes Argumentation für ein ästhetisch anspruchsvolles Durchgrünungsprogramm des Stadtraumes und die Integration des Wassers als malerisches Element verlegte demgegenüber das Erholungs- und Gesundungspotential von der Peripherie in die Kernstadt und orientierte sich am Konzept der differenzierten Stadtraumplanung. Seit längerem schon hatte Sitte mit Theodor Goecke über Varianten gestaffelter Bauten und die Graduation unterschiedlich definierter Straßen diskutiert. Sittes Plädoyer für eine gleichfalls differenzierte Verwendung des Großstadt-Grüns als hygienisch-sanitärer oder dekorativ-ästhetischer Maßnahme lag im Rahmen dieser auf Individuation angelegten Planungsdebatte zwischen Goecke und Sitte nahe. Dem „dekorativen Grün" wies Sitte eine repräsentative, attraktivitätssteigernde Qualität zur Belebung und Beruhigung der Sinne im äußeren Straßenbild zur Unterstützung der architektonischen Wirkung zu; das „sanitäre Grün" verbannte er in die Innenhöfe großer geschlossener Baublöcke, so daß die Gebrauchs- und Anschauungsqualitäten der Pflanzen deutlich voneinander getrennt auf private und öffentliche Funktionsbereiche verteilt wurden. Das Argument für die Präferenz des Schauwertes von Bäumen und Pflanzen in Straßen und Parks stützte Sitte auf jüngste Forschungsergebnisse von Botanikern, die nach der Untersuchung der erkrankten Ailanthus- oder Götterbäume auf der Ringstraße

Brief von Camillo Sitte an Alfred Lichtwark, 3. Januar 1902. Quelle: Hamburger Kunsthalle, Direktorenarchiv, Nachlaß Alfred Lichtwark, Foto: Elke Walford

inzwischen herausgefunden hatten, daß der behauptete Gesundungswert des Sauerstoffausstoßes der Pflanzen nicht annähernd so bedeutend sei, wie behauptet.[117] Sitte meint also gute, naturwissenschaftlich untermauerte Argumente gegenüber dem „Sauerstoffkultus"[118] der Hygieniker zu besitzen, wenn er demgegenüber die Bedeutung der Schauwertpsychologie des öffentlichen Grüns in den Vordergrund stellt und dessen Inszenierungen nach künstlerischen Grundsätzen progagiert.

Die Mannigfaltigkeit der Pflanzenpräsentation kannte Sitte aus der kleinen Publikation Lichtwarks zum modernen „Blumenkultus". Lichtwark hatte, fasziniert vom Reichtum der Blumen und Pflanzen im Stadtraum, eine urbane Sprache der Blumen entdeckt. Ihr waren ebenso nationalcharakteristische wie stadttypische Töne unterlegt, und selbstverständlich bildeten sie einen eigenen Sprachraum sozialer Differenzierungen. Vor allem das im städtischen Mietshaus verwendete „Blumenbrett und Blumengitter" hatten das Auge des Hamburger Kunsthistorikers als kleine „koloristische Kunstwerke" entzückt, da sie das „Straßenbild aufs Anmutigste"[119] belebten, ein Hinweis, den Sitte in seinem Artikel wohlwollend beherzigt hat. Allein, es blieb Adolf Loos vorbehalten, diese Praxis 1909 in die Wiener Fassadengestaltung des innerstädtischen Geschäftsviertels im ersten Bezirk einzuführen. Im Angesicht der als sakrosankt geltenden Hofburg zeigen die glatten, ungegliederten Wände des Michaelerhauses mit den vorgehängten Blumenkästen das Haus als das, was es ist: ein Mietshaus.

Mit der kulturalistischen Attitüde im Sinne Lichtwarks zielte Sittes Konzept des malerischen Großstadtgrüns jetzt auf den neuen Typus des nervenbelasteten Großstadtbewohners, dem im Stadtraum selbst und nicht nur im Naherholungsgebiet ein Ausgleichsterrain geboten werden sollte. Mit dem Blick auf den „Großstadtmelancholiker", diesen „teils eingebildeten, teils wirklichen Kranken [...der] an der Sehnsucht, am Heimweh nach der freien Natur" leide, begründet Sitte sein Konzept der eingestreuten, schön komponierten „Naturbilder", die in Gärten, Parks, Hof- und Balkonbegrünungen dem im „Getöse der Großstadt"[120] beunruhigten und gepeinigten Gemüt Linderung und Seelenheilung versprachen. Hatte das Sanitätsverständnis der Stadthygieniker dem Funktionieren der Physis gegolten, so erweitert Sittes Konzept des Großstadt-Grüns dieses Blickfeld um die Dimension der Psyche und versteht sich so als raumgewordene Psychotherapie.

Mittelpunkt Europas: Weltstadt Wien

Im letzten Jahrzehnt vor der Jahrhundertwende ergreift die Urbanisierungsdynamik des Industriezeitalters abermals den historisch gewachsenen Kern der Wiener Innenstadt, in dem Banken und Aktiengesellschaften, Kaufhäuser und Bürogebäude das Bild zu bestimmen beginnen. In den Jahren nach dem Börsenkrach während der Wiener Weltausstellung 1873 hat sich die Situation beruhigt, und die Phase des hochgründerzeitlichen „Ausbau[s] Wiens zum Finanz- und Organisationszentrum der Monarchie"[121] kann sich gleichsam im Fahrwasser einer konsolidierten Ökonomie vollziehen. Sitte ist Zeuge eines Prozesses, in dem die österreichische Hauptstadt zu einer Art „Global City" avancieren will, wie Riehl sie in London vor Augen gehabt hatte. Obwohl der Aspekt einer sinnvollen Erhaltung und maßvollen Vernichtung historischer Bauten, Straßenführungen und Plätze auf der Folie der Pariser Planungspraxis der „Grands Boulevards" des Baron Haussmann sich soeben ins kollektive Bewußtsein Europas einzuprägen beginnt, stellt sich die Problematik des nun einsetzenden Stadtumbaus für die Habsburger Residenzstadt unter nationalen Interessen des krisengeschüttelten Vielvölkerstaates neu. Anders als die Stadterweiterung im Zuge der Ringstraßenbebauung seit der Mitte des 19. Jahrhunderts, die auf den Trümmern der Befestigungsanlagen gleichsam auf unbebautem Terrain rücksichtslos vollzogen werden konnte, muß hier in einen dicht verbauten Raum eingegriffen werden, der vom Glanz der Monarchie und ihrer inzwischen gefährdeten Beständigkeit Zeugnis gibt. Es ist also an der Zeit, sich angesichts der anstehenden Veränderungen über den räumlichen Identitätskanon des alten Wien zu verständigen, diesen neu zu definieren, mithin ästhetische Normen zu schaffen, die den konservativen Erhaltungswillen mit der notwendigen Modernisierungsmotorik auch als politische Aussage zu vermitteln verstehen. In der reichhaltigen Publizistik Wiens ist der Kampf um derartige Normen und Verfahren hinlänglich dokumentiert, sie ist Bestandteil jener bürgerlichen Öffentlichkeit, die um 1900 die kommunale Autonomie zunehmend auf demokratische Willensbildungsprozesse gründet. (Dokumente S. 247ff)
Lange hat man übersehen, daß einer dieser Gründungstexte, Camillo Sittes Buch *Der Städte-Bau nach seinen künstlerischen Grundsätzen* vor dem Hintergrund dieser Wiener Modernisierungsdebatten verfaßt worden ist. Nur gut ein halbes Jahr vor, aber doch rechtzeitig zur Gründung „Großwiens" im Jahre 1890, die die Haupt- und Residenzstadt des österreichischen Reiches mit der Eingemeindung der vor dem Linienwall gelegenen

Vororte in nur zehn Jahren zu einer Stadt für 1,7 Millionen Einwohner machen wird, gibt Sitte im Untertitel seiner Veröffentlichung zu erkennen, daß er die vielerorts diskutierten Stadterweiterungs- und Umbaupläne der Innenstadt sowie die anstehenden infrastrukturellen Maßnahmen theoretisch und praktisch begleiten will. Er nennt sein Buch einen *Beitrag zur Lösung modernster Fragen der Architektur und monumentalen Plastik unter besonderer Beziehung auf Wien.* Die Schrift will also nicht nur allgemeine Prinzipien eines zeitgemäßen Städtebaus vorstellen, ihr Autor beansprucht vielmehr, die Wiener Verhältnisse zu kommentieren, mit dem Ziel, die seit langem geforderte und nun anstehende Generalstadtplanung zu beeinflussen. Kompetenz in dieser Sache traut sich Camillo Sitte schon seit langem zu, denn anders als in der Sitte-Literatur häufig zu lesen ist, beschäftigt den Gewerbeschuldirektor und Architekten diese „brennendste" aller „Zeitfragen", der Städtebau, seit der Ringstraßenplanung 1857 grundsätzlich. (Dokumente S. 154ff) Die Debatten um die „Preisgekrönten Entwürfe zur Erweiterung der inneren Stadt Wien" 1859, die durch seinen Mentor Rudolf von Eitelberger angestoßen worden waren, hat Sitte verfolgt, und einige seiner Thesen sind den Schriften Eitelbergers aus jenen Jahren unmittelbar verpflichtet.[122] Auch als stadträumlich planender Architekt hat er sich bereits während seiner Salzburger Jahre (1875–1883) zu profilieren versucht und kennt die Diskussionen im Österreichischen Ingenieur- und Architekten-Verein, die 1877 zu einer vielbeachteten Denkschrift geführt haben. Diese landesweit kursierende Schrift, die der verehrte Lehrer Sittes, Heinrich von Ferstel, verfaßt hat, ist der prägende Impuls seines städtebaulichen Konzeptes; hier ist vorweggenommen, was er zwölf Jahre nach der Denkschrift ausführlicher darlegen wird. (Dokument S. 187ff) Sittes künstlerischer Städtebau erscheint im Jahre 1889 also keineswegs zufällig auf dem Markt der Debatten, das Buch ist vielmehr sehr gut plaziert, um die Wiener Stadtentwicklung beeinflussen zu können und Leitlinien für die Ausarbeitung eines Generalbebauungsplanes zu benennen. Dieses Anliegen unterstreicht Sitte in den neunziger Jahren durch seine verstärkte journalistische Tätigkeit vor allem in einer der großen Wiener Tageszeitungen, die als *Neues Wiener Tagblatt. Demokratisches Organ* in Morgen-, zeitweilig auch in Abendausgaben erscheint. Mit äußerster Verve und spitzer Feder wird er in diesem letzten Jahrzehnt vor der Jahrhundertwende die Kernthesen seines Städtebaues an verschiedenen städtebaulichen Wettbewerben der Stadt Wien explizieren, um, dergestalt für seine Ideen werbend, gleichzeitig zur Professionalisierung der tagespolitisch orientierten Architekturkritik beizutragen.

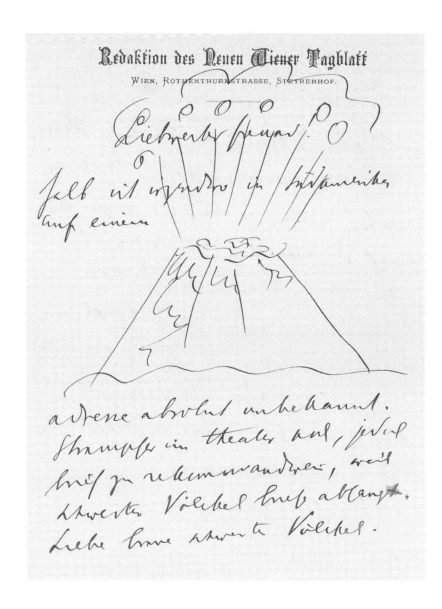

Brief V. K. Schembera an einen nicht genannten Adressaten, o.J. (Nennung von Victor Emil Selb, Herausgeber des Wiener Wochenblatts). Quelle: Karin Wilhelm

Daß Sitte das *Neue Wiener Tagblatt* als Forum nutzen kann, verdankt er seiner seit der Schulzeit bestehenden Freundschaft mit dem Redaktionsstabsmitglied Viktor Schembera. Seit Ende der sechziger Jahre gehört die Zeitung neben der *Neue Freie Presse* zu den führenden deutsch-liberalen Presseorganen der Monarchie, die als bürgernah und fortschrittlich gilt, und in der der Hoffnungsträger der Liberalen im Hause Habsburg, Kronprinz Rudolf, bis zu seinem Freitod im Jahre 1889 zuweilen veröffentlicht. Das erfolgreiche Konzept des langjährigen Eigentümers und „Vollblutjournalisten" [123] Moriz Szeps besteht aus einer attraktiven Mischung politischer Informationen und deren Kommentierung, einem umfangreichen Börsen- und Wirtschaftsteil, den Wiener Kommunal- und Gesellschaftsnachrichten und einem Fortsetzungsroman – der 1888 von einem gewissen Xaver Riedl stammt und *In zwei Weltstädten* heißt –, schließlich aufgrund eines großen Anzeigenteils für Arbeitsangebote, Wohnungen, Möbel, Häuser und Geschäfte ein breit gestreutes Massenpublikum erreicht. Daneben gibt es Lebenshilfe in Offerten für Bandwurmmittel oder gegen „geheime Krankheiten", wie Geschlechtskrankheiten im fin de siècle verschämt genannt werden, und selbst „Fettleibigkeit" wird in Annoncen als heilbar deklariert. Die Zeitung, schon bald zur auflagenstärksten der Monarchie avanciert, repräsentiert just jene bunte Mischung, die Karl Kraus in seiner *Fackel* dem Berliner Kollegen Maximilian Harden gegenüber als „zugemuthete Culturwidrigkeit" geißelt.[124]

Sittes Artikel, die er in den frühen siebziger Jahren noch unter dem Namen des Freundes Viktor Schembera veröffentlicht, erscheinen entweder als Beiträge „unter dem Strich", also im Feuilleton, oder im Lokalteil. Eingestreut zwischen Nachrichten aus dem Gemeinderat, der bereits zu Beginn der achtziger Jahre über die Auflassung der Linienwälle, die Regulierung und Schiffbarmachung der Donau und die Gewinnung eines neuen Stadtteils für 1500 Wohnhäuser diskutiert, der die Wienflußregulierung fordert, den Bau einer Stadtbahn und die Planung von Talsperren, plaziert neben Meldungen über die Forderung zur „Einführung einer Armensteuer" von einem Prozent für alle, die über 5000 Gulden jährlich besitzen[125], neben Berichten über Morde, Selbstmorde, Unruhen in der Wiener Arbeiterschaft und den anwachsenden Antisemitismus, über die Ausbreitung der Influenza in Wien, über Flecktyphus und die Aktivitäten der zahllosen Vereine der Stadt wie den „Wiener Wärmestuben- und Asylverein", den „Wiener Frauen-Erwerbsverein", dessen „Präsidentin Frau von Eitelberger" Nähstuben betreut, den „Wiener Verein für Stadtinteressen und Fremdenverkehr", kurz, eingebettet in die Berichterstattung über das urbane Leben der Stadt, wenden sich Sittes Beiträge an die Leserinnen und Leser des bürgerlich liberal gesonnenen Wien. Ab 1890 gilt seine Aufmerksamkeit ganz und gar dem zentralen Thema dieser Wiener Gesellschaftsschicht, der „große[n] Neugestaltung Wiens" und der „Herstellung eines Generalregulirungsplanes." (Dokument S. 208) Aus Anlaß der „Creirung von Gross-Wien" entwirft er am 4. Januar 1891 im Wissenschaftlichen Club in Wien seine Vision einer künftigen österreichischen Welthandelsmetropole, ein Thema, das in der Tagespresse jener Jahre häufig behandelt wird. Sitte teilt die Meinung, daß die Hauptstadt der Monarchie ihre geographische Lage als „Pforte zwischen dem Osten und Westen […], wie einst Venedig" (Dokument S. 206) unbedingt nutzen müsse, um im bereits vorliegenden Projekt eines durchlaufenden Eisenbahnstrangs zwischen England und Indien den intermediären Umschlagplatz für Waren aller Art zu bilden. Auf der Basis der Gestaltungskriterien seines *Städtebaubuches* schlägt er vor, die Entwicklung Wiens den bereits bestehenden Funktionentrennungen anzupassen, das Handelszentrum plaziert er in der Mitte einer neuen Donaustadt, die mit der Flußregulierung soeben entsteht und heute zur Blüte gereift ist, die Villen- und Industrieareale wachsen den Windrichtungen entsprechend dem Fluße folgend von einander entfernt, und monumentale Gebäude geben diesem neuen Wien der Zukunft das herrschaftliche Gesicht. Jetzt sollen breit angelegte Avenuen entstehen, große rechteckige Schmuckplätze, der Pariser Place de la Concorde ähnlich, und ein „Centralbahnhof" mit triumphbogenartigen Durchfahrten, der dem Charakter einer Weltverkehrsstadt von hoher wirtschaftlicher Effizienz, großmächtiger politischer Bedeutung und einmaliger Schönheit entspricht.[126] Diese Physiognomie der Stadt repräsentiert das „Culturweltsystem" nach österreichischer Lesart, die nichts mit mittelalterlicher Enge, aber viel mit der eigenen glorreichen Geschichte und dem soeben durch Albert Ilg für Wien wiederentdeckten mariatheresianischen Barock zu tun hat.[127] In diesem Kontext entschlüsselt sich uns auch die Bedeutung der Monumentenfrage, die ja in der *Städtebauschrift* eine wesentliche Rolle spielte. Denn nicht als Schmuck allein sind die Denkmäler und kleineren Skulpturengruppen, die Sitte häufig erwähnt, gedacht, sondern sie haben die historische Größe Österreichs ebenso wie dessen kulturelle Leistungen zu illustrieren. Sie sind Bestandteil eines narrativen Raumes, der den einzelnen Nutzungen entsprechend differenziert zu ordnen ist und der typologisch, stilistisch und eben bildhaft schmückend die pyramidale Schichtung der Wiener Gesellschaft zwischen Hofburg und peripherem Arbeiterviertel im Stadtraum zeigt. In Fragen des

Schmuckes und des Ornamentums denkt Sitte gleichsam arglos im Sinne der für ihn kanonischen Architekturtheorie des Vitruv und dessen Begriffs der „Angemessenheit", der die Architektur und deren Schmuck als zeichenhaftes Distinktionsprogramm inauguriert hatte. Dieses Bild der konkurrenzfähigen Welthandelsmetropole bestimmt fortan Sittes Stellungnahmen zu den großen Umbaumaßnahmen der Innenstadt. Sie betreffen die erste Konkurrenz für den Generalregulierungsplan 1892/1893, die zur Umsetzung der Regulierung des Stubenviertels führt, und dem in einem zweiten Anlauf des Dezenniums ein weiterer Vorschlag folgt. Sie umfassen die heftigen Debatten um das Projekt einer Avenue vom Tegetthoff-Monument zum Stefansdom in den Jahren 1895/1896 und nicht zuletzt die Diskussionen um die Gestaltung des Karlsplatzes mit der 1902 ausgeschriebenen Konkurrenz für ein Kaiser-Franz-Joseph-Museum, deren Jury Sitte angehört. (Dokumente S. 199ff; S. 247ff) Zu diesem Zeitpunkt sind die stadttechnischen Assanierungsmaßnahmen mit der 1873 fertiggestellten Hochquellenleitung zwar vorangeschritten, und seit 1870 versucht man mit der Donauregulierung die Überschwemmungsgefahr für die östlichen Stadtteile und die damit verbundene Seuchengefahr einzudämmen, aber der unregulierte Wienfluß bleibt ein hygienisches Risiko. Im Rahmen eines neuen innerstädtischen Verkehrskonzepts soll er jetzt eingewölbt werden. Sittes soeben mit seinem Buche am Firmament des Planerhimmels aufgegangener Stern wird im Zuge der um diese Projekte kontrovers geführten Debatten allmählich an Glanz verlieren – zumindest in Österreich. (Dokument S. 244ff) Ein anderer Name beginnt hingegen zu klingen, der Sittes Position in diesen Jahren nachhaltig erschüttert: der des Ober-Baurates Otto Wagner. Wagner übernimmt 1894 Carl von Hasenauers Professur für Baukunst an der Akademie der Bildenden Künste, um nun auch mit dem Gewicht seines Amtes als österreichischer Universitätsprofessor das Städtebaukonzept des Staatsgewerbeschuldirektors zu attackieren. Schon die im November 1892 international ausgeschriebene und hochdotierte Konkurrenz für den Generalregulierungsplan, den Wagner ein Jahr später zusammen mit dem Kölner Stadtbaumeister Joseph Stübben für sich entscheidet, nutzt der Ober-Baurat zu einer harschen Kritik am Prinzip des malerischen Städtebaus Sittescher Provenienz, den er bereits formalisiert und damit seiner Besonderheit beraubt. Die Ausstellung der Wettbewerbsprojekte im März 1894 gibt wiederum Sitte die Gelegenheit, um Wagners architektonische Gestik in einem außergewöhnlich langen Artikel im *Neuen Wiener Tagblatt* zu verhöhnen. Aber nicht nur Wagner, auch Stübben, dessen im

Avenue Tegethoff-Monument – St. Stefansdom, Wien, Projekt Alfred Riehl
a. Perspektive vom Donau-Kanal mit Blick auf den Stefansdom. Quelle: Zeitschrift des Österreichischen Ingenieur- und Architekten-Vereines 47 (1895), S. 163

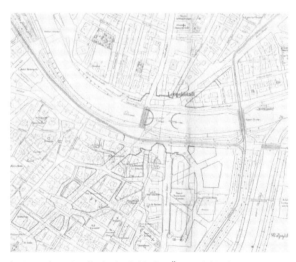

b. Lageplan. Quelle: Zeitschrift des Österreichischen Ingenieur- und Architekten-Vereines 47 (1895), S. 162

Handbuch der Architektur veröffentlichten Band *Der Städtebau (1890)* er kurz zuvor noch lobend erwähnt hat, wird nun mit Spott und Vorwürfen überzogen. Otto Wagners Projekt ist ihm zu dekorativ, Sitte nennt den Ober-Baurat einen „Wiener Zinspalast-Markart". Joseph Stübben zeiht er des Plagiats, denn nahezu alles sei „kompiliert" und aus dem Erweiterungsprojekt für München, das Karl Henrici im Oktober 1893 vorgelegt hatte, kopiert. (Dokument S. 239-241) Wagners Reaktion auf diese öffentliche Schmähung ist in einem kurzen Brief überliefert, den er offenbar aufgrund einer Nachfrage Stübbens an den Kölner Kollegen geschrieben hat: „Sie legen der Sache viel zu viel Bedeutung bei. C. Sitte gilt in Wien (auch beim *Neuen Wiener Tagblatt* selbst) als hohler Schwätzer."[128] Dieses vernichtende Urteil über Sitte wird fortan in Wien die Runde machen.

Wiewohl beide Reaktionen auf verletzte Eitelkeiten schließen lassen, besitzt der Konflikt einen handfesten sachlichen Hintergrund, denn Wagner vertritt gegenüber Sitte in nahezu allen Positionen ein diametrales Städtebaukonzept. Das sogenannte Malerische lehnt er zwar nicht grundsätzlich ab, ganz entschieden aber die von Sitte angeblich bevorzugte Lesart dieses Prinzips als Irregularität, die Wagner als Ausdruck eines überfälligen Traditionalismus bekämpft. Er pocht auf Ordnung durch Symmetrien. Auch der 1882 im Gemeinderat beschlossenen Abschaffung der „Winkelmärkte", die auf Grund der Verzehrungssteuer nur schleppend in Gang gekommen ist, entspricht Wagner in der Planung von Markthallen, Sitte wirbt dagegen explizit für den Verbleib der Märkte unter freiem Himmel in atriumgleichen Höfen, denn sein Verständnis der Öffentlichkeit bleibt an Anschaulichkeiten und direkte Kommunikationsformen gebunden. (Dokument S. 175) Schließlich hat es Otto Wagner im Erläuterungsbericht zum Generalregulierungsplan von 1893 an Deutlichkeit nicht fehlen lassen: „Unsere Zeit erfordert gebieterisch grosse Verkehrszüge; dass durch Eröffnung solcher hin und wieder ein trauter Winkel fallen muß, ist wohl selbstverständlich [...], ebenso lächerlich ist es, wegen jedes fallenden Schmutzwinkels, weil er ‚malerisch' ist ein Geschrei zu erheben."[129] Wagner, der seinen Entwurf unter dem Gottfried Semper verpflichteten Kennwort „Artis sola domina necessitas" (Nur eine Herrin kennt die Kunst: Notwendigkeit) einreicht, bekennt sich also eindeutig zum modernen Hygienekonzept. Sein Generalregulierungsplan folgt weitgehend dem Rastermodell, welches Sitte für veraltet hält und berücksichtigt selbstverständlich die „Einwölbung des Wienflusses", die Sitte ablehnt. (Dokument S. 233ff) Nebenbei deklariert Sitte die durch Wagner populär gewordene Rede vom „großen Zug" als modisch und attackiert damit den „destruktiven Charakter" (Walter Benjamin) der Platz schaffenden Moderne[130], wie er sich in Wagners Verlangen nach Freiraum etabliert. War ihm bewußt, daß Otto Wagner das „Militärische" als Zeichen der Moderne begrüßte?[131] Anders aber als man es vom „Troubadour […] der mittelalterlichen Lieder"[132], wie Sigfried Giedion Sitte später verächtlich nannte, erwartet, zeigt Sitte dem tabula-rasa-Prinzip gegenüber keineswegs Berührungsängste, ja fordert es sogar, wenn die Ausgestaltung seiner Heimatstadt auf machtdemonstrierende Formierung drängt. „Man scheut sich aus Liebe zum Alten und Gewohnten *tabula rasa* zu machen und einen neuen Bau auszuführen, […], so ist es für eine Großstadt am besten, im Großen zu arbeiten und hier hätten wir ein Beispiel, wo zum ersten Male in Wien im großen Stile gearbeitet wird, und schon deshalb begrüße ich das Project mit Freuden."[133] Dieses Plädoyer für die große „Avenue Tegetthoff-Monument-St.Stephan", die der Ingenieur Alfred Riehl um 1890 ins Gespräch gebracht hat, läßt an Eindeutigkeit keinen Zweifel zu. Als in den Jahren 1895/1896 das Projekt im Österreichischen Ingenieur- und Architekten-Verein zum heiß debattierten Thema wird, tritt er vehement für diesen Durchbruch von der Leopoldstadt zur Innenstadt ein. (Dokumente S. 255ff) Sein Kalkül ist allerdings auf den Ausgleich zwischen Erhaltung und Zerstörung bedacht, glaubt er doch durch wenige großzügige Radialstraßen, die mit geplanten zwanzig oder dreißig Metern Breite von seinen Kontrahenten nur belächelt werden, der notwendigen Kapitalisierung und Verwertbarkeit der inneren Stadträume Rechnung tragen zu können – doch nur, um in dieser räumlichen Konzentration zum Schutze der alten Innenstadtbebauung beizutragen. So finden wir Sitte an der Seite seiner Kunsthistorikerfreunde im „Wiener Alterthums-Verein" als Denkmalschützer, der für weitgehende Bauerhaltungen eintritt und sich zugleich im Sinne des Riehlschen Avenueprojekts für den Abriß mehrerer Gebäude ausspricht, darunter den der Griechischen Kirche des Theophil von Hansen. Für Sitte besteht in beiden Optionen kein Widerspruch, denn der Bewohner und fremde Gast in seinem neuen Wien erlebt die Stadt nicht nur in ihrer wirtschaftspolitischen Macht, sondern in der Atmosphäre des denkmalgepflegten Stadtraums in ihrer historisch legitimierten Größe, wie sie seiner Meinung nach der Habsburger Monarchie und dem österreichischen Volk zukommt. (Dokumente S. 212ff)

Mit dieser Auffassung bleibt Sitte während jener Jahre nicht allein. Dennoch gehört er, was seine Reputation betrifft, zu den Verlierern. Aber auch Otto Wagner kann sich mit seinem Generalregulierungsplan nur bedingt durchsetzen. 1896 wird Karl Mayreder einen neuen Versuch starten, eben-

Anlage zum Anschreiben an die „ständigen Mitarbeiter" der Zeitschrift „Der Städtebau",
o.D. [Anlage zum Brief vom 26. Aug. 1903]
Quelle: Hamburger Kunsthalle, Direktorenarchiv, Nachlaß Alfred Lichtwark, Foto: Elke Walford

falls mit nur mäßigem Erfolg. Enttäuscht vom Gang der Dinge, zieht sich Camillo Sitte 1896 aus dem Wiener Interessensgeflecht zurück – zu einem Zeitpunkt, da die Politik der Liberalen in Wien endgültig zu Ende geht, und jene Phase des sogenannten „Munizipalsozialismus" unter dem Bürgermeister und Antisemiten Karl Lueger beginnt, in deren Verlauf viele der privatwirtschaftlich betriebenen Serviceunternehmen wie Gas-, Elektizitäts- und Verkehrsbetriebe allmählich in kommunales Eigentum überführt werden. Auch das Netzwerk, in das Sitte seit Eitelberger eingebunden war, löst sich allmählich auf. Sein Kollege an der Staatsgewerbeschule Ferdinand Fellner von Felldegg räumt Sitte in der von ihm herausgegeben Zeitschrift *Der Architekt* nur noch bedingt Publikationsmöglichkeiten ein. Er veröffentlicht Sittes Projekt für eine Doppelvilla im damals gängigen Landhausstil und den romanisierenden Entwurf für die Marien-Kirche in Přivoz aus dem Jahre 1892. (Dokument S. 287ff) Der Text, den Sitte zur Riehl-Avenue der Redaktion offenbar 1895 übergeben hat, wird nicht mehr abgedruckt.[134] *Der Architekt* hat sich längst auf die Seite der Sezessionsarchitektur Otto Wagners und seiner Schule geschlagen, welche die konstruktiven Innovationen des Ingenieurzeitalters in eine neue antihistoristische Architektursymbolik umdeutet und Wagners rationales Stadtbild vertritt. Schon lobt der Wienreisende die Stadtbahnbauten Otto Wagners, „des ersten modernen Architekten Europas."[135]
In dieser Situation hat sich Camillo Sitte offenbar zunehmend dem deutschen Kulturraum zugewandt, in dem sein künstlerischer Städtebau so überaus geschätzt und doch mißverstanden wird. Karl Henrici in Aachen, Alfred Lichtwark in Hamburg, Theodor Goecke in Berlin, Hans Christian Nussbaum in Hannover werden jetzt zu Gesprächspartnern, mit denen er nach 1896 neue Wege geht und deren Bücher und Artikel, wie Nußbaums *Leitfaden der Hygiene* oder Alfred Abendroths *Der Landmesser im Städtebau* zu seinem Lesestoff gehören. (Dokument S. 323ff) Als Sitte um 1902/1903 plant, eine eigene Zeitung herauszugeben, gehören sie zum festen Mitarbeiterstab ebenso wie der Dresdner barockbegeisterte Kunsthistoriker Cornelius Gurlitt. In einer der ersten vorliegenden Autorenlisten (Dokument S. 75) taucht kein Österreicher auf. Später ist es sein Sohn Siegfried Sitte, der als einziger Vertreter der Donaumonarchie der Zeitung verbunden ist.

Individualisierungen: Großstadt und „kleine Leute"

Im Januar 1904 erscheint im Berliner Wasmuth-Verlag eine neue Zeitschrift: *Der Städtebau. Monatsschrift für die künstlerische Ausgestaltung der Städte nach ihren wirtschaftlichen gesundheitlichen und sozialen Grundsätzen.* Als Gründer und Herausgeber werden Theodor Goecke (Berlin) und der kurz zuvor verstorbene Camillo Sitte (Wien) genannt. Als sein theoretisches Vermächtnis druckt die Zeitung einen ausführlichen Artikel zum Thema „Enteignungsgesetz und Lageplan" ab – eine Auseinandersetzung mit Fragen des Für und Wider von Zwangsenteignungen, die Sitte dazu nutzt, um die Möglichkeiten der Vermittlung zwischen Gemeinwohl- und Individualinteressen zu diskutieren. (Dokument S. 320ff) Als Kind des politischen Liberalismus sind seine Präferenzen klar; sie wenden sich ebenso eindeutig gegen bürokratisch verfaßte Einheitslösungen wie gegen Positionen, die dem blanken Eigennutz dienen. Was ihm vorschwebt, ist eine ausgleichende Lösung oder das, was er die „sanfte Formulierung"[136] nennt und damit meint, daß Lagepläne die bestehenden Grundstücksgrenzen weitgehend respektieren müßten, weil nur auf diese Weise ein funktionierender Stadt- oder Siedlungsraum geschaffen werden könne, der die divergierenden Interessen zwischen der Stadtgemeinde und dem eigentumsbesitzenden Privatmann vermittelnd berücksichtigt. Die Argumente für derartige Lösungen bezeugen Sittes tiefe Abneigung gegen kommunale Zwangsmaßnahmen, die ihm zufolge auf Vernichtung individueller und traditioneller Werte zielen, die dem Raum seine Spuren der gleichsam natürlichen Wegeführungen entziehen und den handwerklich produzierenden Familienbetrieben mit der Enteignung die Subsistenzsicherung rauben. Schließlich werde derart die Garantie des Selbstbestimmungsprinzips angetastet, was dem Außerkraftsetzen eines der Leitprinzipien des politischen Liberalismus gleichkommt. Sittes Symbolraum der Stadt spricht dergestalt von der Ökonomie der „kleinen Leute"[137], die er als ehemaliges Vorstadtkind gut kennt, und für die Hausbesitz nicht allein soziales Kapital verkörpert, sondern das wirtschaftliche Überleben sicherstellt.

In diesem Artikel skizziert Sitte die Welt des kleinen Bürgers als differenzierte individuelle Wohn- und Lebensform, die im geschlossenen Verband der Straße durchaus dem „altstädtischen Straßenbild"[138] entsprechen dürfe. Die zur Straße gerichtete Fassadengestaltung soll zurückhaltend sein, eben so, wie man es von den traditionellen Vorstadthäusern kennt. Sein 1903 gegen die Sezession gerichteter Leitsatz, daß „als *reine* Kunst […] nur der

Kirchen- und Denkmalbau [gelte,...], das Warenlager, das Massenzinshaus, die ganze sogenannte landwirtschaftliche Baukunst, der Kasernenbau [...] mit reiner idealer Kunst [...]"[139] nichts zu tun habe, wird später als Argument des Wiener Modernisten Adolf Loos Berühmtheit erlangen, der mit Sitte im übrigen die Kritik an der Ästhetisierungsmanie der alltäglichen Gebrauchsgüter durch die Sezessionskünstler teilt. (Dokument S. 277ff) Nichts anderes meint auch Sittes Unterscheidung der Stadt in ein „Sonntags- und Werktagskleid", ein ästhetisches Differenzierungsmodell der Architektur, das in der deutschen Sitte-Rezeption vollkommen mißverstanden worden ist. Die unausgesprochene Negativfolie des im Enteignungsartikel angesprochenen Konzepts ist einerseits der architektonische Künstlersubjektivismus des Jugendstils, andererseits die Standardisierung der architektonischen Massenware, die Camillo Sitte stets mit Blick auf den 10. Wiener Bezirk als „Menschenmagazin" (Dokument S. 203; 209) geißelt, eine Charakterisierung des herrschenden Mitshausbaus, die er mit Theodor Goecke teilt. Goeckes Publikationen zum Berliner „Arbeiter-Miethshaus", zur „Wohnungsfrage und [zum] Bebauungsplan", in denen er ganz ähnlich wie Camillo Sitte über mögliche Alternativen zum spekulationsbedingten Mietskasernenelend zu Beginn der neunziger Jahre schreibt, dürften zu engeren Kontakten zwischen beiden geführt haben. Goecke ist seit 1891 in Berlin als Landesbauinspektor tätig und lehrt seit 1896 als Privatdozent an der Abteilung Gebäude- und Städtebaulehre mit besonderer Berücksichtigung der sozialen Bedürfnisse an der Technischen Hochschule zu Berlin.[140] Unter welchen Umständen sich Goecke und Sitte begegnet sind, ist bislang ungeklärt; daß sie füreinander Sympathie hegen konnten, lag nicht zuletzt daran, daß auch Goecke ein überzeugter Semperianer war, der mit der Auffassung: „Zu jeder Zeit noch hat die Architektur den Grundgedanken der Vergesellschaftung versteinert"[141], Sittes Stilverständnis entsprach. Zudem bringt Theodor Goecke für das Zeitungsprojekt all das mit, was sich der Kirchenbaumeister in diesen Jahren verstärkt zu erarbeiten beginnt, Erfahrungen im sogenannten sozialen Wohlfahrtsbau – zusammen mit Gustav Bluth kann Goecke 1897 die „Landesirrenanstalt", die Ruppiner Kliniken errichten, weitere sollten folgen –, im Arbeiter-Wohn- und Siedlungsbau, die er ab 1902 als Leiter der Hochbauabteilung des Landesbauamtes der Provinz Brandenburg realisiert und spezielle Kenntnisse in Fragen der Wirtschaftlichkeit sowie der Hygieneanforderungen. Der Berliner und der Wiener Baumeister treffen sich zudem in ihrer Kritik an der „Nüchternheit des Casernenstils"[142], der im Mietshausbau ebenso vorherrscht wie im Krankenhaus-, dem Schulbau und den Pflege- und Erziehungshäusern aller Art. Statt der Bauwerke wie „Actengestelle [...] und Fächerreihen" fordert Goecke „gastliche Häuser [...], die Bettstellen und Schulbänken, nicht Getreidesäcken und Packkisten Platz zu bieten haben".[143] Zwar wird der deutschliberal gesinnte Goecke seinen moralisch motivierten Einspruch gegen das hygienische Ordnungsmuster der Kasernierung nie systemtranszendierend formulieren, doch als moderner Veränderungswille manifestiert sich, was in der Forderung nach Entkasernierung räumliche Konsequenzen in der Grund- und Aufrißplanung der Gebäude zeitigt und im Anspruch auf die nutzungsorientierte Variabilität stadträumlicher Typologien gipfelt. Goecke wird im Krankenhausbau das Pavillonsystem einführen und zudem ein architektonisches Konzept verfolgen, das Sittes Angemessenheitsformel entspricht. Im Wohnungs- und Städtebau profiliert sich Goecke als Verfechter differenzierter Erschließungssysteme und Bebauungsweisen, die Sittes Vorstellungen nahekommen. Neben der Unterscheidung von Wohn- und Verkehrsstraßen fordert Goecke 1893 in einem Artikel die Staffelbauweise nicht nur im Verband einzelner Bebauungseinheiten, sondern auch zwischen städtischen Innen- und Außenbezirken – ein Planungsprinzip, das ihm zeitgemäß und daher modern erscheint. „Nichts liegt hier ferner, als die Krähwinkelei unserer Altvordern beschönigen oder gar zur Nachahmung empfehlen zu wollen. Es soll nichts preisgegeben werden von dem, was die weitgehendsten Rücksichten auf den Verkehr, auf die Ladengeschäfte u.s.w. erfordern; das Gute aber soll man nehmen, wo man es findet und es einzuverleiben suchen den modernen Errungenschaften. Wohnoasen in der Wüste des Verkehrs sind heute nur den oberen Zehntausend beschieden [...]. Der Bebauungsplan muß individualisiert werden, [...]."[144]

Mit dem Begriff Individualisierung hat Goecke eine Zauberformel des Wirtschaftliberalismus seiner Zeit aufgegriffen, der den positiv besetzten Begriff gegen den Sozialismus ins Feld zu führen gewohnt ist. Was Goecke allerdings mit dem Individualismus verbindet, ist nicht dessen laissez-faire-Variante im Sinne der Freihandelsapologeten. Vielmehr setzt er auf bürgerschaftliche Organisationsmodelle wie die „Zentralstelle für Arbeiter-Wohlfahrts-Einrichtungen"[145]. Das Eigentumsideal der „Arbeitervilla" lehnt er ebenso ab wie den schrankenlosen Individualismus, der, wie im Staatslexikon 1894 zu lesen ist, „die unbedingte und schrankenlose Autonomie und Freiheit des Individuums" proklamiert, eine Doktrin, die die besitzlosen und armen Arbeiter aber in die „entwürdigendste Knechtschaft"[146] hineinzwingt. Das Individualitätsprinzip, das Goecke anspricht,

ist das vom politischen Liberalismus geprägte idealistische Verständnis einer grundlegenden Menschenfreundlichkeit, unabhängig von Spekulationsinteressen und in differenzierten Stadt- und Siedlungsräumen organisiert. Neben dem großen Mietshaus soll auch die Eigentumsbildung in kleinen Familienhäusern ermöglicht werden. Das anstehende Problem des Städtebaues ist für Goecke daher die Schaffung von Organisationsformen für privatrechtliche und gemeinschaftsorientierte Nutzungsmodelle, denen er als Lösung in der englischen Gartenstadtidee näherkommt. 1912 wird er das Modell im Projekt für die Gartenstadt Riddagshausen in Braunschweig vortragen, die der „Sehnsucht des kleinen Mannes"[147] nach Heim und Garten entsprechen kann. Einem Studenten Theodor Goeckes ist es vorbehalten, diese Gedanken in der Weimarer Republik weiterzuführen; es ist Bruno Taut, den Goecke kurz vor seinem Tode als Baumeister der Zukunft vor Augen hat. (Dokument S. 333) Daß Taut, nach den Revolutionsereignissen 1918/1919 dem sozialistischen Volksbegriff verpflichtet, ab 1925 in Britz bei Berlin eine Siedlung um ein zentrales Hufeisen nach dem Prinzip des individualisierten Bebauungsplanes entwirft und damit auf eine Raumfigur zurückgreift, die bekanntermaßen Camillo Sitte als dem Barock zugehörige Platzform ungemein schätzte, erscheint nur auf den ersten Blick als Ironie der Geschichte. (Dokument S. 202) Ein zweites unsichtbares Band knüpft die Britzer Hufeisensiedlung an das Erbe der Romantik, denn die Berliner Vorstadtsiedlung ist noch der von Taut in den Kriegsjahren 1914/1918 geborenen Idee einer „Friedensstadt" verpflichtet, die nach Kriegsende als Symbol des internationalen Pazifismus auf die Weltfriedenspolitik des Völkerbundes setzen zu dürfen glaubt.
Die proletarisch-sozialdemokratische Variante dieser Bebauungsform hat Camillo Sitte gewiß nicht vor Augen gehabt. Dennoch denkt der österreichische Beamte in Organisationseinheiten von Genossenschaftsmodellen. Mit seinem Sohn Siegfried betreibt er 1902 im „Ersten Wiener Beamten-Bauverein (Genossenschaft mit beschränkter Haftung)" ein Siedlungsprojekt, für das Siegfried Sitte die Haus- und Wohnungstypen entwickelt. Camillo Sitte stellt sich inzwischen den Problemen der modernen Arbeitswelt, er konfrontiert sich der Realität der Frauenarbeit und setzt sich mit den sozialen Folgen der urbanen Individualisierung auseinander. Das vorgeschlagene Wohnkonzept entspricht der zunehmenden Erwerbsarbeit alleinstehender Frauen und Männer aus der bürgerlichen Mittelschicht in erstaunlichem Maße. Die Siedlungsmischung aus Eigenheimen, Doppel- und Mehrfamilienhäusern soll haustechnisch auf hohem Niveau ausgestattet sein, auch die Schwierigkeiten der hauswirt-

Kollektivausstellung der Polizeidirektionen auf der Dresdner Städte-Ausstellung 1903
Quelle: Robert Wuttke (Hg.): Die deutschen Städte. Geschildert nach den Ergebnissen der ersten Deutschen Städte-Ausstellung zu Dresden 1903. II. Band: Abbildungen. Leipzig 1904, S. 416

schaftlichen Versorgung arbeitender Einzelpersonen denkt er sich durch ein Hotel-Garni-System zu lösen, diese Idee wird Le Corbusier in seinen Servicehäusern weiterspinnen.[148] (Dokument S. 291f) Die Architektur bleibt ortsbezogen, so wie er und sein Sohn sie im Wiener Währinger Cottageviertel nach englischem Muster vor Augen haben, das nur knapp dreißig Jahre zuvor durch Rudolf von Eitelberger und Heinrich von Ferstel angeregt worden war. Die urbane Lebenswirklichkeit der „kleinen Leute" wird in überschaubaren, auf Gemeinschaftlichkeit hin organisierten Einheiten strukturiert, ein Konzept, das in Europa Zukunft hat.

Perspektivenwechsel

Zu Beginn des 20. Jahrhunderts tritt die Institutionalisierung einer gemeinsamen Interessensvertretung der deutschen Städte in ihre konstituierende Phase ein. Die verschiedenen Regionalverbände des schon in den sechziger Jahren des vergangenen Jahrhunderts konzipierten „Deutschen Städtetages" beschließen, sich anläßlich der vom 1. bis zum 3. September 1903 stattfindenden „Ersten Deutschen Städteausstellung" in der Hochburg der deutschen Hygienebewegung Dresden zu treffen. Das Resultat ist die Gründung des „Deutschen Städtetages", dem Städte mit einer Einwohnerzahl ab 20 000 beitreten können; als Großstadt gilt eine Stadt, darauf hat man sich geeinigt, die mindestens 100 000 Bewohner zählt. Der eingetragene Verein stellt sich die Aufgabe, „die Wohlfahrt der ihm angehörenden Gemeinwesen und ihre Bewohner zu pflegen, die gemeinschaftlichen Interessen der Städte zu wahren und die Kenntnis und Ausbildung der Verwaltungseinrichtungen untereinander zu fördern".[149] Die Fülle der Zuständigkeiten, die die Kommunen zu bewältigen haben, ist gleichzeitig in den großen Ausstellungshallen Dresdens anschaulich präsentiert. Sie umfassen das gesamte Verkehrs-, Straßen- und Vermessungswesen, die Fürsorge- und Gesundheitspolitik, das Polizeiwesen, die Stadtentwicklung und das Wohnungswesen, schließlich das Schulwesen und die Volksbildung. Die vom Industriellen und Erfinder des Odol-Mundwassers Karl August Lingner organisierte Sonderausstellung „Volkskrankheiten und ihre Bekämpfung" gilt als „Clou" und trägt der Industrieentwicklung Dresdens Rechnung, die durch die pharmazeutisch-chemischen Fabriken der Firma Franz Ludwig Gehes geprägt ist. Die Abteilung „Fürsorge der Gemeinde für öffentliche Kunst, Architektur, Malerei, Bildnerei, usw."[150] darf ihren Ausstellungswert in der zentralen Kuppelhalle mit der Wallotschen Wandelhalle prächtig demonstrieren. Die wirkliche Bedeutung aber mißt man unübersehbar den Leistungen der Städte in den technisch-administrativen Problemfeldern bei. So dominiert im städtischen Ausstellungspalast die Abteilung des Polizeiwesens, womit ein Ausstellungskonzept aufgegriffen wird, das schon 1898 in Wien und anläßlich der Weltausstellung in Paris 1900 umgesetzt worden war. (Dokument S. 314ff) Zwischen Information und Entertainment angesiedelt – der Fesselballon „Bussard Brillant" steigt zur besseren Geländeübersicht bis zu einer Höhe von nahezu 500 Metern auf –, ist die Städteausstellung eine Werbeveranstaltung für kommunale Belange und die Popularisierung der umfangreichen Aufgabenfelder ihrer Verwaltungsorgane. Der Ausstellung ist ein aufsehenerregender Erfolg beschieden. Viele Besucher, darunter auch Camillo Sitte, sind in Dresden zu Gast.

Daß er von dem wissenschaftlichen Vortragszyklus Kenntnis hatte, den in diesem Zusammenhang die Dresdener Gehe-Stiftung zum Thema „Die Großstadt" bereits im Winter 1902/03 abgehalten hatte, darf man annehmen. Die Vorträge werden vermutlich noch vor Sittes Tod im November 1903 veröffentlicht worden sein, so daß er – in Anbetracht der Vorbereitung eines zweiten Bandes zum *Städtebau nach wirtschaftlichen und sozialen Grundsätzen* ein aufmerksamer Leser vieler Publikationen zum Thema –, hätte nachlesen können, wovon er mündlich sicherlich unterrichtet gewesen sein wird.[151] Die Vortragsreihe dokumentiert mit ihren antithetischen Positionen eindrücklich den begrifflichen Horizont, der dem inzwischen sechzigjährigen Sitte geläufig ist und lassen Rückschlüsse auf das Sammlungsspektrum zu, das er in einer umfangreichen, leider verschollenen Zettelsammlung für den Ergänzungsband zum künstlerischen Städtebau zu diesem Zeitpunkt angelegt hat. (Dokumente S. 130ff) Die Dresdner Vortragsreihe wird von der deutschen akademischen Elite aus Volkswirtschaft, Geographie und Geschichte bestritten; auch ein Soziologe ist geladen, der Berliner Extraordinarius Georg Simmel. Anders als in der Großstadt Berlin, wo ihm die weibliche Hörerschaft in seinen Vorlesungen zu Füßen liegt, muß er auf diese Anhängerschaft in Dresden verzichten, denn Frauen haben satzungsgemäß zu den Vortragsreihen der Stiftung keinen Zutritt. Alle Redner sind gehalten, sich unter verschiedenen Gesichtspunkten mit dem Prozeß der „Urbanisierung" zu befassen, mit jener Entwicklung also, die die „Verstadtlichung der Kulturmenschheit"[152] ausgelöst hat. Neben Aspekten, die unter den Bedingungen des Weltmarktes zu ungleichzeitigen Wanderungsbewegungen zwischen Stadt und Land und damit zu kaum kalkulierbaren Wachstums- und Schrumpfungsprozessen von Städten und Regionen geführt haben, sind es die Umformungsprozesse städtischer Verwaltungseinheiten, die der angesehene Leipziger Ökonom Karl Bücher unter den Bedingungen der neu geschaffenen nationalstaatlichen Hoheitsrechte darstellt. Die moderne Großstadt, wie sie alle Referenten – außer Simmel – vorstellen, ist ein Gebilde, das aus Konzentrationsprozessen für Waren- und Innovationsproduktion entstanden ist, ein Zwitterwesen zwischen Reichtum und Armut, Ordnung und Anarchie, das einen hohen Grad an administrativer Intervention erfordert, um regierbar zu bleiben. „So stellen unsere modernen Städte einen neuen Typus dar [...], dem keine frühere Städteform in unserem Kulturkreise gleicht [...]. Aus dem Inneren einer rein sozialen Entwicklung sind die auf dem Untergrunde staatsbürgerlicher Freiheit erwachsen, und ihr Anspruch, beim Siegeszuge der modernen Kultur die Fahne vorauszutragen, gründet sich auf kein besiegeltes Pergament, sondern auf die Thatsachen der sozialen Auslese", führt Bücher aus. „Darin liegt eben die wunderbare Anziehungskraft der großen Bevölkerungsmittelpunkte der Gegenwart begründet, daß sie einer auf dem Boden der kapitalistischen Unternehmung und der freien Konkurrenz stehenden Wirtschaftsverfassung einen Kampfplatz bieten, der jedem hervorragenden Talent den höchsten Preis in Aussicht stellt."[153] Die kapitalistische Glücksschmiede Großstadt hat aber, und das begründet Büchers Großstadtkritik, eine negative Seite. Es formen und formieren sich in ihrem Inneren „die Elemente des Verfalls und der Zersetzung", die dem bürgerlichen „Gemeinsinn"[154] gefährlich werden können. Daß es sich dabei vorzugsweise um Sozialdemokraten und Sozialisten handelt, die, wie der Treitschke-Schüler und Heidelberger Historiker Dietrich Schäfer im letzten Vortrag langatmig darlegt, gerade in den europäischen Großstädten die politische Mehrheit bilden, entschlüsselt den Realitätsgehalt der Kampfplatzmetaphorik. Dieser Perspektive erscheint die Großstadt als ein Ort, an dem der Hobbesche Satz vom homo homini lupus Alltagserfahrung ist, und daher als ein Fall anzusehen, der eine weitgehende Sicherheitssicherung über administrative Kontrollmechanismen erfordert, zu der auch das kulturelle Geistesmilieu beizutragen hat.

In diesem Sinne dachte sich der Veranstalter sicherlich auch die Ausführungen Georg Simmels zum Thema „Die Großstädte und das Geistesleben", ein Wunsch, der unerfüllt geblieben ist. Denn anders als erwartet, gilt Simmels Betrachtung der Psychologie des großstädtischen Individuums und nicht jenen „geistigen Kollektivkräften", die als Verfestigungen und Formierungen des Geisteslebens in den Bildungs- und Wissensinstitutionen politisch wirksam sind. Der Veranstalter sieht sich aus diesem Anlaß später gezwungen, der Druckfassung der Vorträge einen eigenen Beitrag von

Theodor Petermann in diesem Sinne beizugeben. Was Simmel den Objektivierungen der Kulturinstitutionen entgegenstellt, sind Beobachtungen über Umgangs- und Verhaltensformen des großstädtischen Menschen im öffentlichen Raum. In ihren eigentümlichen Reaktions- und Aktionsmustern entstehen gesellschaftliche Beziehungsmuster, so Simmel, die in der Großstadt durch prägnante Verhaltensweisen konstituiert werden, etwa in jenem Distanzgebahren, das der einzelne Großstadtmensch seinen Mitmenschen und einer nervenzehrenden großstädtischen Umwelt gegenüber entfaltet. Die Form, in der es erscheint, nennt Simmel „Blasiertheit" und läßt unerwähnt, daß er nicht der erste ist, der dieses Phänomen beschreibt. Was ihn vordringlich nicht interessiert, ist die objektivierte, institutionalisierte Geistesverfassung der Großstadt. Sein Interesse gilt vielmehr der intellektuellen Praxis des Großstädters, die sich im Miteinander der Individuen im Großstadtraum zu erkennen gibt. Allerdings gehe es, betont Simmel im Gegensatz zum Wissenschaftsverständnis seiner Kollegen, nicht darum, diese „anzuklagen oder zu verzeihen", die wissenschaftliche Behandlung des großstädtischen Geisteslebens habe derartige Vergesellschaftungsprozesse allerdings „zu verstehen."[155]

Wie Simmel, so ist auch der Verfasser des *Städtebaubuches* mit städtischen Raumbeschreibungen, die in der Großstadt mehr sehen als eine Verwaltungsapparat zur Gewährleistung von Ordnung, Sicherheit und physischer Gesundheit, vertraut, ein Blickwinkel, den Simmel wie Sitte aus der kulturdiagnostischen Literatur ihrer Zeit entwickelten. So sind die Positionen des Städtebautheoretikers und des Soziologen nicht zufällig einander nahe, die im Hinblick auf den beiden gemeinsamen Bezugspunkt der Theorien Theodor Fechners noch an Intensität gewinnt.[156] In Georg Simmels 1898 verfaßter Analyse Roms meint man den Prinzipien des künstlerischen Städtebaus zu lauschen. Simmels Anschauung der Stadt Rom als Kunstwerk, die mit ihren Straßen, Plätzen und Bauten dem natürlichen Terrain folgt und reich an Assoziationspotentialen ist, die eine selbsttätige Verbindung der Vielfalt zur Einheit durch den „anschauenden Geist"[157] freizusetzen verstehen, beschreibt auf einzigartige Weise die Intentionen des künstlerischen Städtebaus.

Sittes Artikel über die Städteausstellung in Dresden, gibt über diesen Zusammenhang nur vermittelt Auskunft; er widmet sich der eher beiläufig präsentierten Dokumentation deutscher Stadtpläne. (Dokument S. 312ff) Doch das ist die Art, wie ein städtebauliches Verstehen operiert, das Pläne als eine Art Ideogramm anschaut, in dem die Lebensströme gleichsam formalisiert verzeichnet und daher interpretierbar sind.

Die wissenschaftliche Disziplin Städtebau wird im 20. Jahrhundert den hier skizzierten Wegen auf unterschiedliche Weise folgen. Der Städtebau der Moderne, der sich nach dem Ersten Weltkrieg etabliert, wendet sich allerdings zunehmend der in Dresden 1903 präsentierten Position der technokratisch-funktionalen Stadtformation zu, die abermals auf der ‚festivalisierten' Dresdener Internationalen Hygieneausstellung von 1911 dominiert. Erst die postmoderne Modernekritik hat den Faden, der dem künstlerischen Städtebau Camillo Sittes als Kulturdiagnostik eingewoben ist, wieder aufgenommen. Nach 1945 wird die Nähe, die im 19. Jahrhundert zwischen der städtebaulichen Theorie Sittes und dem Blick des Soziologen Simmel aufschien, eine neue Disziplin begründen helfen, den kritischen Urbanismus.[158] Dessen Diskurse werden die soziale Funktion des schönen Stadtbildes, die Stadt als Erinnerungsraum und urbane Psychogeographie, die vom zweckrationalen Denken schlicht als *faux frais* (überflüssige, unnötige Produktionskosten)[159] eliminiert worden waren, wieder aufgreifen und weiterentwickeln – auf unterschiedliche Weise und mit verschiedenen methodischen Rückbezügen auf Camillo Sitte.[160] Diese Möglichkeiten verschiedener Interpretationen durch den Städtebau der Postmoderne sind im *Städtebaubuch* selbst angelegt, denn die Tatsache, daß es sich hier nicht um einen homogen entworfenen Handbuchtext handelt, sondern, worauf der legendäre Chairman der School of Architecture of the Architectural Association (AA) in London Alvin S. Boyarski in seiner Dissertation über Camillo Sitte 1959 und später der Wiener Raumplanungsprofessor Rudolf Wurzer hingewiesen haben, ein eher schmales „book of essays", „eine geglückte Zusammenfassung von einzelnen Beiträgen."[161] Das Buch liefert, weil es für den unmittelbaren Umbau Wiens um 1890 geschrieben worden ist, eben kein konsistent entwickeltes Theoriekonzept, sondern *Bausteine* zu einem Theorieentwurf. Dieser Sachverhalt hat dazu geführt, daß Sittes *Städtebaubuch* gleichsam wie ein Steinbruch der Ideen benutzt wird. So kann ihm der anwendungsorientierte Leser die formalisierte Morphologie zur Rekonstruktion pseudomittelalterlicher Stadträume ebenso entnehmen wie die Methodik des Gestaltvergleichs, die eine Vielzahl neuartiger, gleichsam analoger Modelle ermöglicht. Es kann zur Legitimation der Konzepte für die europäische Stadt herangezogen werden – und zugleich für die Bewegung des „New Urbanism", der die amerikanische Kleinstadtformation mit dem in den Vereinigten Staaten tradierten Sitte-Verständnis des romantischen Mittelalterapologeten meint verknüpfen zu dürfen. Und es darf zu Recht als Pate für einen kulturalistisch argumentierenden Städtebau (kritischer Urbanismus) genannt werden,

dem es darum geht, die Stadt als ein vielschichtiges Interessensgeflecht zu beschreiben, das den gebauten Raum und die Besonderheit der Architektur mit sozialen Bewegungen und sozialpolitischen Körperschaften in Beziehung setzt. Zumeist finden sich Überschneidungen derartiger Sehweisen, sie alle aber orientieren sich an den durch Sitte aufgezeichneten Prozeß der modernen Transformation des öffentlichen Raums. Gleichermaßen rekurrieren sie auf seinen Gegenentwurf eines künstlerischen Städtebaus, der den Zerfall der historischen Lesbarkeit der Stadt mit der Bedeutung des Baudenkmals beantwortet hat, die räumliche Entsinnlichung mit dem Hinweis auf die individualpsychologische Relevanz des Wahrgenommenen betont und der Verlagerung des Politischen aus dem unmittelbaren Blickfeld der städtischen Bürgerschaft mit einem Rekurs auf das antike Forum „attischen Geistes"[162] entgegengetreten ist. So kann es kaum erstaunen, wenn der Soziologe Richard Sennett 1974 in seiner Untersuchung über den *Verfall und das Ende des öffentlichen Lebens. Die Tyrannei der Intimität* Sitte als Urbanisten der ersten Generation anführt, dem es um „die Schaffung oder Bewahrung von Gemeinschaftsterritorien innerhalb der Stadt"[163] gegangen sei. Erschreckt vor der Anonymität der modernen Großstadt habe der Wiener Architekt sein Gegenmodell konzipiert. Wenn Sennett auch die amerikanische Lesart Sittes als mittelalterbegeisterter Romantiker fälschlich fortschreibt, so trifft er doch präzise die Bedeutung, die Sitte in seinem Buch den Plätzen zugewiesen hat. Der humanistisch gebildete Autor des *Städtebaubuches* verbindet tatsächlich mit der Figur des Forumsplatzes den Anschauungswert der Civitas im Sinne des Aristoteles und meint symbolisch erhalten zu können, was sich zunehmend in die Räume der bürokratischen Systeme zurückzieht. Hannah Arendt hat die Verlagerung des Politischen und dessen Verlust an Anschaulichkeit im 18. und 19. Jahrhundert später als Okkupation dieser öffentlichen Räume durch die Gesellschaft beschrieben, ein Prozeß, den Sitte gerade gegenüber Otto Wagner als Privatisierung von einstmals gemeinschaftsbildenden Funktionen unter freiem Himmel empfunden hat.[164] So protokollierte er in seinem *Städtebaubuch* die Transformationsprozesse der modernen Stadt gleichsam als Berichterstatter der Verluste mit. Die postmoderne Kritik am Städtebau der Moderne, der pars pro toto mit Le Corbusier identifiziert wird, ist davon nicht unerheblich beeinflußt worden.[165]
Zu einer differenzierten Beurteilung des künstlerischen Städtebaues als Planungsmaßstab hat Alvin Boyarski 1959 wesentlich beigetragen. Nicht nur, daß er die in der amerikanischen Rezeption vorherrschende Beurteilung Camillo Sittes als „degenerate ‚Medievalist'"[166] korrigieren konnte,

auch die Andeutung der im *Städtebaubuch* angelegten interdisziplinären Vielschichtigkeit ist ihm zu verdanken. Daß diese Korrekturen nur unterschwellig durch seine Lehrtätigkeit an der AA in London wirksam geworden sind, liegt nicht zuletzt daran, daß seine Dissertation nicht auf dem Buchmarkt erschienen ist. Aber gewirkt hat sie! In vielen Stadttexten aus den siebziger Jahren des 20. Jahrhunderts ist Boyarskis Einfluß spürbar, der nicht zuletzt durch die an Sitte geschulte Analysetechnik der berühmt gewordenen „Chicago-Postcard-Vorträge"[167] übermittelt worden ist. Nach Jahren der Ignoranz, die durch Le Corbusiers Verdikt, Sittes Konzept sei veraltet, einsetzte – zwischen 1922 und 1965 gab es im deutschsprachigen Raum keine Neuauflage des *Städtebaubuches* –, und Sigfried Giedions Etikettierung hat Boyarski wieder darauf hingewiesen, daß dem Buch Sittes ein weites Wissenschaftsspektrum zugrunde gelegen habe. Sowohl die individualpsychologische Komponente des Stadtraumes, die auf der Basis der empirischen Wahrnehmungs- und Empfindungstheorien begründet worden ist, als auch die morphologische Sammlung stadträumlicher Figuren, die sich seiner sachlich verzeichnenden Beobachtungsgabe verdankte, hat dazu beigetragen, daß Boyarski in Camillo Sitte schließlich den Pragmatiker der Städtebautheorie meinte erkennen zu dürfen, den Antipoden Le Corbusiers. Boyarski teilt diesen Blick mit dem Kunsthistoriker Rudolf Wittkower, der bereits 1947 den utopisch-revolutionären Fortschrittsoptimismus Le Corbusiers als „pseudo-mechanistic twentieth-century romantic enthusiasm"[168] identifiziert hatte. Jetzt heißt der Romantiker nicht länger Camillo Sitte, sondern Le Corbusier! Denn anders als dieser, so Boyarski, habe Sitte den Städtebau nicht als ein Konzept zur Imagination der Stadt, *wie sie sein sollte*, betrachtet, sondern als das, *was sie ist*. Den Unterschied zwischen beiden Positionen verortet er im jeweiligen Geschichtsbild. Le Corbusier erscheint ihm als Vertreter revolutionärer Veränderungen idealistisch oder utopisch orientiert, Sitte dagegen als Evolutionär, der im Geiste Darwins den Gang der Geschichte pragmatisch zu verfolgen rät.
Mit dieser Lesart hat Boyarski die epistemologische Wende in der Städtebautheorie der zweiten Hälfte des 20. Jahrhunderts begleitet. Auch Rem Koolhaas hat ihr Tribut gezollt. In einem Erinnerungsbuch, das nach Boyarskis Tod 1990 entstanden ist, bekennt er den Einfluß, den dieser auf ihn gehabt habe.[169] Man findet diese Wirkung indirekt in seiner Stadtanalytik. Die Komplexität der Städte, wie jene im „Delirious New York" der liberalen Ära, muß auf der Basis gleichsam archäologischer Grabungen freigelegt werden, um sie mit ähnlicher Hartnäckigkeit zu entziffern, die an „Champollion, Schliemann, Darwin and Freud" zu studieren sei.[170] In

den Kapiteln über Le Corbusiers New York-Besuch im Jahre 1935 hat Koolhaas in *Delirious New York* den Antagonismus zwischen Camillo Sitte und Le Corbusier, wie ihn Boyarski expliziert hatte, weitergeschrieben. Der Vorschlag des Schweizers, Manhattans wildwüchsige Turmhausbebauung zu entflechten und unter Einbeziehung hygienischer Grundstandards mit noch höheren, glasklaren Hochhäusern seines eigenen kartesianischen Modells ein zweites Mal auf den Ruinen der alten Stadt zu erbauen, entschlüsselt Koolhaas als Zeichen der erinnerungslosen Stadt von „absoluter kultureller Leere"[171], eine Kritik, die der praktizierende Entwurfsarchitekt in Zeiten des Neoliberalismus später im Begriff der „Generic City" suspendieren wird.[172] Dem postmodernen Blick aus dem Jahre 1978 hat sich Le Corbusiers Modell einer modernen (Ideal)Stadt jedenfalls noch als Ideologem zu erkennen gegeben.

So gesehen kann Camillo Sittes *Städte-Bau nach künstlerischen Grundsätzen* in seiner Lust an der Bestandsaufnahme der „gewachsenen" Stadt mit der vom amerikanischen Pragmatismus geprägten Erkenntnisform in Zusammenhang gebracht werden. Aber Sittes Denkort und Handlungsraum ist vielschichtiger gewesen. Es empfiehlt sich, diese historische und lokale Einbindung seiner Schriften nicht aus den Augen zu verlieren.

1 Jacques Le Goff, Ludwig der Heilige, Stuttgart 2000, S. 12
2 Siehe dazu: Bobek/Lichtenberger, 1966, S. 30ff
3 Le Rider, Wien 1990, S. 30
4 Banik-Schweitzer hat die einzelnen Phasen der linearen Gebäudedemolierungen an den Hauptverkehrsachsen der Wiener Innenstadt herausgearbeitet und darauf hingewiesen, daß die alten Straßenführungen vielfach erhalten geblieben sind. So hat sich im Zentrum Wiens eine stadträumliche und soziale Mischung der Bewohnerstruktur erhalten, die die Innenstadt vor einer Verslumung bewahrte. In: Fehl/Rodríguez-Lores (Hg.), 1995, S. 127ff
5 Sitte, 1887, S. 3
6 Sitte (Heinrich), 1929, S. 133. Zu Franz Sitte siehe: Schmalhofer, 1997. Die Architektenfamilie Franz, Camillo und Siegfried Sitte hat Rudolf Wurzer in einem Aufsatz behandelt; vgl. Wurzer, in: Berichte zur Raumforschung u. Raumplanung 1989, S. 9ff
7 Sitte, 1887, S. 3
8 Sitte, 1887, S. 6
9 ebd.
10 Tietze, 1931, S. 388
11 ebd., S. 337
12 Sitte (Heinrich), 1929, S. 134
13 Habermas, 1985, S. 44
14 Novalis, 1984, S. 528
15 Schlegel, 1991, S. 321
16 ebd., S. 324

17 Wagner, Werke Bd. 6, S. 31. Richard Wagners Erlösungsmystik wird Friedrich Nietzsche 1888 als „Fall" behandeln und als Argument für seinen Bruch mit dem Komponisten anführen. Camillo Sitte hat Nietzsches Schriften zumindest vage gekannt; eine wesentliche Rolle haben sie in seinen Arbeiten nicht gespielt. Siehe dazu: Nietzsche, 1967, S. 291ff
18 Aufruf Erzherzog Ferdinand Max 27.2.1853, zit. nach: Wagner-Rieger (Hg.), 1974, Bd. 8, S. 4. Dieser Spendenaufruf war vom Bruder des Kaisers Erzherzog Ferdinand Max 1853 unterzeichnet worden.
19 Sitte (Franz), in: Institut f. Städtebau u. Raumplanung TU Wien, zit. nach: Schmalhofer, 1997, S. 157. Schmalhofer hat erstmals den Nachlaß Franz Sittes aufbereitet und einen Dokumententeil der Schriften Franz Sittes vorgelegt. Der Entwurf für die Votivkirche war für mindestens 5000 Besucher ausgelegt.
20 Sitte, 1887, S. 11
21 Sitte (Franz), zit. nach Schmalhofer, 1997, S. 131
22 ebd., S. 130
23 Mallgrave, Gottfried Semper, S. 337
24 Sitte, 1889, S. 127
25 Riegl, Wien, o.J., S. 4
26 Sitte (Franz), zit. nach Schmalhofer, 1997, S. 137
27 ebd., S. 138
28 ebd., S. 137
29 Sitte, Curriculum vitae, 1874, S. 1ff. Mein Dank gilt Frau Roswitha Lacina, die mich auf dieses Schriftstück aufmerksam gemacht hat.
30 ebd., S. 1ff
31 Bermbach, 1994, S. 227
32 Sitte, 1875, S. 15. Siehe dazu: Wunberg, in: Berner/Brix/Mantl (Hg.), 1986, S. 104ff
33 Sitte, 1875, S. 25
34 Mönninger, 1998, S. 91
35 ebd., S. 92
36 Habermas, 1985, S. 109
37 Sitte, 1875, S. 20
38 von Führich, o.J., S. 106
39 v. Eitelberger, 1871, S. 6f. Karl Marx hat Eitelbergers Frage nach der Möglichkeit einer friedvollen Konkurrenz, ein Postulat der Manchesterschule, beantwortet, indem er deren Vertreter des Irrtums zieh. Ihr „ Friedensevangelium [habe keine] tiefe philosophische Bedeutung. Es besagt bloß, daß die feudale Methode der Kriegführung durch die kaufmännische ersetzt werden soll – Kanonen durch Kapital." Marx, zit. nach: Geschichtliche Grundbegriffe, 1982, Bd. 3, S. 806
40 v. Eitelberger, 1871, S. 25
41 ebd., S. 26. Zum Verhältnis zwischen Eitelberger und Camillo Sitte gibt ein umfangreicher Briefwechsel im Nachlaß Rudolf Eitelbergers Aufschluß. Über seine kunsthistorischen Arbeiten berichtet Sitte u.a. in einem Brief an Albert Ilg vom 9. Januar 1888.
42 Riegl, 1928, S. 150
43 1882 war in Wien der *Wiener Verein für Stadtinteressen und Fremdenverkehr* gegründet worden, der den zur Weltausstellung 1873 erstmals in größerem Maße einsetzenden Tourismus planvoll organisierte. „Wenn selbst der Fremdenverkehr nicht die ungeheuren wirtschaftlichen Vorteile mit sich bringen würde, die er tatsächlich im Gefolge führt, so müßten dennoch alle Hebel in Bewegung gesetzt werden, ihn zu fördern. Da er durch

die unmittelbare Berührung der Kulturvölker[...]zu einem eminenten Kulturfaktor geworden ist." In: 25 Jahre Wiener Fremdenverkehr, 1907, S. 10
44 v. Eitelberger, 1871, S. 24
45 Siehe dazu: Hobsbawn, 2004, S. 122
46 Mayreder, in: Kortz (Hg.) 1905/06, Bd. 1, S. 65
47 Neue Freie Presse (NFP), Wien 29. Januar 1889 (Abendblatt), S. 1. Sitte hat diesen Vortrag im übrigen in einer Fußnote der Erstausgabe seines Städtebaubuches erwähnt und auf die Zustimmung seiner damaligen Zuhörerschaft hingewiesen.
48 W. Bode, Camillo Sittes Lehren über den Städtebau I, in: Bautechnische Zeitschrift. Illustrierte Wochenschrift über die Fortschritte im Bauwesen, Weimar 2. Januar 1904, 19. Jg., S. 1; Annonce in: Der Architekt, 1895, S. 48
49 Neue Freie Presse (NFP), Wien 26. Januar 1889 (Abendblatt), S. 1
50 Gasser (Hg.), 1991, S. 44. Hyrtl nahm mit diesem Verfahren Techniken auf, mit denen schon Künstler im Umkreis der Schule Jacques Louis Davids um 1800 experimentiert hatten.
51 Sitte, 1889, S. III
52 Daniel Wieczorek hat im Rückgriff auf Craseman/Collins darauf hingewiesen, daß es sich bei Sittes Zeichnungen keineswegs um „die getreue Wiedergabe der Wirklichkeit" der Platzfiguren handele. Schon George Collins habe auf Vereinfachungen in der Darstellung hingewiesen. Wieczorek sieht darin die Grundlage für Sittes Konzept der „generativen Regeln", 1989, S. 38
53 Siehe dazu: Rowe/Koetter, 1984, S. 109ff; Rosner, 2003; Die Zeichentechnik Sittes hat Rob Krier in seiner Stuttgart-Untersuchung übernommen. R. Krier, 1975.
54 Sitte, 1889, S. 145
55 Siehe dazu: Wilhelm, in: Musner/Wunberg/Lutter, 2001, S. 89ff
56 Sitte, 1889, S. 146, Hervorh. K.W. Hieraus zu folgern, Sitte habe damit dem gebauten Proletarierelend das Wort geredet, wie dies Gerhard Fehl u.a. getan haben, verkennt diesen ästhetischen Ansatz.
57 Winter, 1988, S. 45
58 Fechner, 1978, S. 8
59 ebd., S. 36
60 ebd., S. 89
61 Sitte, 1889, S. 1
62 Fechner, 1978, S. 53
63 Ein Beispiel dessen ist der 1940 veröffentlichte Band der Frankfurter Konferenz, De Rudder/Linke, 1940
64 Sombart, 1938, S. 298
65 Malthus, 1879, S. 6
66 Pfeil, 1950, S. 26. Das Buch ist eine Fundgrube, obgleich mit Distanz zu betrachten, da es noch durch die NS-Lesart des Themas beinflußt ist (wurde später überarbeitet).
67 Sombart 1938, S. 298. Bereits im Kapital hatte Marx über den ‚Pfaffen der englischen Hochkirche' und dessen ‚schülerhaft und oberflächlich' erdachtes ‚Populationsprinzip' geschrieben, daß es „langsam im 18. Jahrhundert herausgearbeitet [...], dann mitten in einer großen sozialen Krisis mit Pauken und Trompeten verkündet als das unfehlbare Gegengift gegen die Lehren von Condorcet u.a. [...] von der englischen Oligarchie als der große Austilger aller Gelüste nach menschlicher Fortentwicklung" jubelnd begrüßt worden war. Marx, MEW 1972, Bd. 23, S. 644
68 Malthus, 1879, S. 767

69 „[...] seitdem mehr Reinlichkeit unter den Menschen herrscht, die Städte besser gebaut werden und die Bodenproducte in Folge besserer Kenntnis der politischen Oekonomie gleichmäßiger vertheilt sind, sind Pesten, heftige Krankheiten und Nothstände sicherlich milder und seltener geworden." Ebd., S. 406
70 ebd., S. 400
71 Siehe dazu: Pircher, 2003, S.80ff
72 Elisabeth Pfeil hat darauf hingewiesen, daß die Entwicklung statistischer Methoden mit dem Verlust der Übersichtlichkeit im Raum der Großstadt Auschwung erhielt. Nichts war länger „durch den bloßen Augenschein" erfaßbar. In diesem Zusammenhang vollzog sich ein qualitativer Sprung, der zur Begriffsdefinition dessen führte, was eine Groß-, Mittel- oder Kleinstadt sei. „Ursprünglich war der Stadtbegriff ein öffentlich-rechtlicher, kein statistischer gewesen, und erst allmählich löste der statistische den staatsrechtlichen ab.", Pfeil, 1950, S.15. Als Folge des Überschaubarkeitsverlustes hat Hannah Arendt die zunehmende Bedeutung der Statistik zur Erfassung sozialer Prozesse beschrieben: „Auf dem gleichen Konformismus, den die Gesellschaft verlangt [...], beruht auch die Wissenschaft, die dem Entstehen der Gesellschaft auf dem Fuße folgte, nämlich die Nationalökonomie, deren wichtigstes wissenschaftliches Rüstzeug die Statistik ist, welche die Berechenbarkeit menschlicher Angelegenheiten bereits als selbstverständlich voraussetzt.", 2002, S. 53
73 Sitte, 1889, S. 137
74 ebd., S.138
75 Siehe dazu: Der Städtebau, Monatsschrift, Januar 1904, S. 2
76 v. Pettenkofer, Beziehungen der Luft [...], 1877, S. 39
77 v. Pettenkofer, Ueber den Werth [...], 1877, S. 39
78 ebd., S. 27
79 v. Pettenkofer, Ueber den hygienischen Werth von Planzen [...], S. 82
80 Baumeister, 1876, S. 18
81 Vgl., ebd., S. 98
82 Siehe dazu: Berndt, in: Die Alte Stadt, 1987, S. 140ff
83 Bobek und Lichtenberger haben darauf hingewiesen, daß die Bauordnungen aus den mittelalterlichen Feuerordnungen hervorgegangen sind und vor allem in der josefinischen Ära erweitert wurden. 1966, S. 45
84 Bauordnung für Wien/Niederösterreich, 1883, S. 2, Hervorh. K.W.
85 Czeike, in: Rausch (Hg.), 1983, S. 135
86 Maderthaner/Musner, 1999, S. 65
87 v. Altenbockum, 1994, S. 224
88 Riehl, 1861, S. 106. Die wesentlichen Passagen aus Riehls Buch hat Fritz Schumacher später in sein Lesebuch für Baumeister übernommen.
89 Riehl, 1861, S. 107
90 ebd., S. 108
91 ebd., S. 110. Riehl spielt mit dieser Passage auf den Weiterbau des Kölner Doms ab 1842 an, bei dem vor allem ein technisch hochmodernes Gerüstbausystem und Eisen zur Anwendung gekommen waren.
92 Dieses große Buchprojekt wird in den Nachrufen auf Sitte immer wieder erwähnt. Das Konzept befindet sich im Nachlaß Sittes an der TU Wien. Es ist abgedruckt in: M. Mönninger, 1998, S. 172. Zudem hat Sitte auch auf Johann Gottfried Herders *Ideen zur Philosophie der Geschichte der Menschheit* Bezug genommen.
93 Wieczorek, in: Berichte zur Raumforschung, 1989, S. 36. Siehe dazu: Choay, 1965

94 Siehe dazu: Riegl, 1978
95 Sitte, 1889, S. 158
96 Sitte selbst war nie zum Militärdienst verpflichtet worden, wie er schrieb: „...im regelmäßigen Wege." in: Curriculum vitae, Nachlaß TU Wien.
97 Sitte, 1889, S. 102
98 ebd., S. 102f
99 Westphal, in: Archiv f. Psychiatrie, S. 148 (Hervorhebung, K. W.)
100 Siehe dazu: Freud, Studienausgabe, 1969, Bd. 8, S. 9ff; Deutsch, in: Internationale Zeitschrift f. Psychoanalyse, 1928, S. 297ff
101 Siehe dazu: Radkau, in: Bittner (Hg.), 2001, S. 63ff. 1881 hatte sich in Wien bereits ein Verein gegründet, der sich als „Österreichische Gesellschaft für Gesundheitspflege" mit Gesundheitsrisiken des Großstadtlebens befaßte.
102 Witzler, 1995, S. 51
103 Altenbockum v., 1994, S. 80
104 Siehe dazu: Fischer, 1922, S. 26
105 Riehl, 1899, S. 102
106 ebd., S.100
107 ebd.
108 ebd., S. 79
109 Siehe dazu: Sitte, Ferstel, Hansen, Schmidt, in: Neues Wiener Tagblatt (NTW) 30. Januar 1892
110 Simmel, in: Gesamtausgabe, Bd. 5, S. 92
111 Simmel, in: Gesamtausgabe, Bd. 7, S. 117ff
112 Sitte, Vortragsmitschrift um 1895 in: Sitte-Archiv, Nr.233, S.1
113 Sitte, Wiener Villenzone, abgedruckt in: M. Mönninger, 1998, S. 206
114 Lichtwark, in: Der Lotse, 1. Jg., Heft 1, S. 6. Siehe dazu: Pieler, 1994
115 Brief von Carl Mönckeberg an Alfred Lichtwark (Paris Hotel Voltaire, Quai Voltaire), Hamburg 1. Oktober 1900, Hamburger Kunsthalle, Direktorenarchiv
116 Mollig/Reining/Wurzer, in: Wagner-Rieger (Hg.), 1980, Bd. III, S. 375. 1912 veröffentlichte Faßbender sein Buch über die *Grundzüge der modernen Städtebaukunde*, in welchem er sich explizit auf Sitte beruft. In der Bibliothek der TU Braunschweig befindet sich ein Exemplar, das viele korrigierende Anstreichungen spezifisch österreichischer Sprachwendungen enthält. Das Wort „Verbauung" ist stets in „Bebauung" geändert. Dieser kleine Hinweis ist ein ernst zu nehmendes Indiz für die in Deutschland herrschende Rezeption österreichischer Publikationen, die keinen Unterschied zwischen den beiden Kulturräumen macht und alles dem eigenen „Deutschtum" der Sprache unterzuordnen gewohnt ist. Diese Überheblichkeit hat bis heute zu Mißverständnissen in der Sitte-Forschung geführt.
117 Siehe dazu: Boehm, in: Außerordentl. Beilage, Monatsblätter Wissenschaftlicher Club in Wien, 1880, S. 25ff
118 Sitte, in: Der Lotse, 1. Jg., Bd. Oktober 1900 bis März 1901, S. 141. In diesem Zusammenhang plädiert Sitte u.a. für den Schutz von Naturdenkmalen.
119 Lichtwark, 1897, S. 46
120 Sitte, 1889, S. 142f
121 Bobek/Lichtenberger, 1966, S. 40
122 v. Eitelberger, (Wien 1859), Nachdruck Wien 1981, S. 5. Sittes Wertschätzung der aristotelischen Stadtauffassung ist durch v. Eitelbergers Vortrag zum Thema „Städteanlagen und Stadtbau", 1858, befördert worden.

123 Siehe dazu: Walter, 1994, S. 98ff
124 Kraus, Die Fackel, Nr. 2, Wien, Mitte April 1899, S. 9
125 Neues Wiener Tagblatt (NWT) 21. November1882, Nr. 321, S. 2
126 Um 1873 gab es das Projekt, einen Zentralbahnhof unmittelbar am Stephansplatz zu errichten. Siehe dazu: Das ungebaute Wien, 2000, S. 132ff. Der Baubeginn eines Zentralbahnhofes „ Bahnhof-Wien – Europa-Mitte" ist für 2007 unweit des Weltkulturerbes des Belvedere geplant worden. Im Wettbewerb setzten sich heuer die Architekten Hotz/Hofmann/Wimmer Zürich/Wien durch. Hier soll zudem ein neuer Stadtteil für 13 000 Einwohner mit 20 000 Arbeitsplätzen entstehen.
127 Albert Ilg publizierte 1895 eine bis heute lesenswerte Arbeit über Joh. B. Fischer v. Erlach (Vater).
128 Brief von Otto Wagner an Joseph Stübben vom 5. April 1894, in: Stadt-Archiv Köln, Nr.1
129 Wagner, Erläuterungsbericht zum Generalregulierungsplan, in: Graf (Hg.), 1994, S. 93
130 Siehe dazu: Benjamin, 1969
131 Wagner, 1914, S. 49
132 Giedion, 1992, S. 465
133 Sitte, Vortragsmitschrift um 1895, in: Sitte-Archiv, TU Wien, Institut für Städtebau, Inv. Nr. 233
134 ebd. Sitte erwähnt in diesem Vortrag einen Text, den er der „neuen Fachzeitschrift ‚Der Architekt' zur Publikation" übergeben habe. Ein solcher läßt sich aber in der Zeitschrift nicht finden.
135 Fred, Kunstreise eines Wieners nach Wien, in: Der Lotse, 11. Jg., 25. Januar 1902, Heft 17, S. 583
136 Sitte, Der Städtebau 1904, Heft 3, S. 37
137 ebd., Heft 1, S. 6
138 ebd., Heft 2, S. 18
139 Sitte, Sezession und Monumentalkunst, in: Neues Wiener Tagblatt (NWT) 5. Mai 1903. Der Ablehnung der Sezession unter diesen Gesichtspunkten ist es wohl auch geschuldet, daß bislang kein Beitrag von Sitte zur vielbeachteten Darmstädter Ausstellung von 1901 auf der Mathildenhöhe bekannt geworden ist.
140 Personalblatt in der Technischen Universität Berlin, Universitätsbibliothek
141 Goecke, 1895, S. 36
142 ebd., S. 47
143 ebd., S. 39
144 Goecke, 1893, S. 101
145 Goecke, 1892, S. 253
146 Geschichtliche Grundbegriffe, 2004, Bd. 3 , S. 804f
147 Lemke, 1986, S. 151
148 Zur Rezeption Sittes durch Le Corbusier siehe: Schnoor, 2002 und Brooks, 1982
149 Ziebell, 1956, S. 33
150 Lebius (Hg.), o.J. (1904), S. 3
151 Sitte und Goecke waren mit den Publikationen Karl Büchers u.a. vertraut. Sie haben mehrfach auf deren Veröffentlichungen im *Städtebau* hingewiesen.
152 Bücher, in: Jahrbuch Gehe-Stiftung 1903, S. 5
153 ebd., S. 29f
154 ebd., S. 30f
155 Simmel, Gesamtausgabe Bd. 7, 1995, S. 131

156 Ob Sitte mit Texten Simmels und seiner Methodik vertraut war, ist unklar, obgleich Simmel viele seiner Aufsätze in Wiener Zeitschriften publiziert hat. Siehe dazu: Frisby, 2000. Hannes Böhringer hat die Bedeutung von Fechners Atomenlehre und seiner Assoziationstheorie für den frühen Simmel beschrieben. Böhringer/Gründer, 1976, S. 105ff. Klaus Christian Köhnke hat in seiner Untersuchung zum „jungen Simmel" auf den Einfluß der Völkerpsychologie durch sein Studium bei Moritz Lazarus hingewiesen. Köhnke, 1996.
157 Simmel, Gesamtausgabe Bd. 5, 1992, S. 308
158 In diesem Zusammenhang sind vor allem französische Unrbanismuskritiker wie Françoise Choay, Henri Lefèbvre oder Michel de Certau zu nennen. Aber auch Richard Sennett kann in diesem Zusammenhang genannt werden.
159 Siehe dazu: Marx, MEW 1975, S. 343
160 Nan Ellin hat einige der unterschiedlichen Verzweigungen des postmodernen Städtebaus, die mit Sitte direkt oder indirekt in Verbindung stehen, beschrieben. Ellin, 1996. Allerdings steht eine Untersuchung zu diesem Thema unter der hier vorgelegten Sitte-Interpretation noch aus. Als Vertreter der jeweiligen Positionen sind Christopher Alexander auf der einen und die Brüder Rob und Leon Krier auf der anderen Seite zu nennen.
161 Boyarski, 1959, S. 111; R. Wurzer, 1989, S. 16
162 Sitte, 1889, S. 173. Gerhard Fehl hat diesen Aspekt aufgrund seines ideologiekritischen Übereifers vollkommen mißdeutet. Nicht nur, daß er Sittes Vorstellung eines Raumsymbols für den „Reichsgedanken" vom Parlamentsvorplatz auf das Kaiserforum transferiert und insinuiert, daß sich in dieser Idee bereits großdeutsches Gedankengut verpuppe, schlimmer ist, daß er die politisch wesentliche Bestimmung, die Sitte seinem österreichischen „Reichsforum" im „attischen Geist" als Zeichen der Volksherrschaft gegeben hat, schlicht unterschlägt. Fehl/Rodríguez-Lores, 1980, S. 177
163 Sennett, 1991, S. 371
164 Siehe dazu: Arendt, 2003, S. 33ff. Arendt hat diese Entwicklung treffend beschrieben: „Die große Blüte der Poesie und Musik von der Mitte des achtzehnten bis fast zum letzten Drittel des neunzehnten Jahrhunderts, die erstaunliche Entwicklung des Romans zu einer eigenständigen Kunstform, deren eigentümlicher Gehalt das Gesellschaftliche bildet, der gleichzeitige offenbare Niedergang der öffentlichen Kunstformen, namentlich der Architektur – all dies bezeugt, wie eng verwandt das Intime und das Gesellschaftliche einander sind." S. 50
165 Es sei hier vor allem auf Aldo Rossi, 1973, hingewiesen.
166 Boyarski, 1959, S. 111. Boyarskis Dissertation an der Cornell University hat in den sechziger Jahren den kontextualistischen Städtebau der Architekturfakultät dieser Universität stark beeinflußt.
167 Boyarski hat 1970 anhand einer beeindruckenden Sammlung alter Postkarten die Stadtentwicklung Chicagos aus images der Alltagskultur rekonstruiert und in Vorträgen mehrfach vorgestellt. Diesem Ansatz verdankt Kolhaas' New-York-Analyse viel. Siehe dazu: Boyarski, in: Middelton (ed.), S. 11ff
168 Wittkower, zit. nach: Boyarski, 1959, S. 62
169 Koolhaas in: R. Middelton (ed.), 1996, S. 85.
170 Koolhaas, 1995, S. 206
171 Koolhaas, 1978, S. 273
172 Wilhelm, in: Breuer (Hg.), 1998, S. 203ff

Eckgebäude Mahlerstraße/Schwarzenbergstraße, Wien 1, 2004. Foto: Johann Sauer

Detlef Jessen-Klingenberg
Camillo Sitte als „leidenschaftlicher Verehrer des Barock".
Zur Rezeption im Umfeld Werner Hegemanns

Wohl selten hat ein Fachbuch einen ähnlich überraschenden Erfolg wie Camillo Sittes *Der Städte-Bau nach seinen künstlerischen Grundsätzen* erzielen können. Weniger anerkannt ist demgegenüber, daß Sitte noch ein weiteres Mal ein Projekt der Öffentlichkeit übergab, dessen Thematik „sozusagen in der Luft"[1] lag; zu Beginn des 20. Jahrhunderts die Zeitschrift *Der Städtebau*, deren Gründung allein auf Sitte zurückging (Dokument S. 150ff).[2] Während die Zeitschrift aus wirtschaftlichen und politischen Gründen die Weimarer Republik nicht überlebte, ist Sittes *Städtebaubuch* bis in die Gegenwart fortgesetzt neu aufgelegt und in viele Sprachen übersetzt worden.

In Deutschland sind es bis heute noch immer vorwiegend die Nachwirkungen der kolportierten Interpretationsmuster der architektonischen Avantgarde, allen voran Le Corbusier, die die Rezeption von Camillo Sittes Theorie und Schriften geprägt haben. 1925 schrieb Le Corbusier zur Einleitung seines Buches *Städtebau*: „Man hat die Religion des Eselsweges ins Leben gerufen. Die Bewegung ging von Deutschland aus, war Folge einer Arbeit Camillo Sittes über den Städtebau, eines Werkes voller Willkürlichkeit: Verherrlichung der geschwungenen Linie und Scheinbeweis ihrer nicht zu überbietenden Schönheiten. […] Der Verfasser warf das bildlich Malerische und die Gesetze für die Lebensfähigkeit einer Stadt durcheinander."[3] Ein „jäher Absturz" folgte daraufhin dem „kometenhaften Aufstieg"[4] des Buches ab Mitte der zwanziger Jahre in Deutschland. In den darauffolgenden vier Jahrzehnten, der Zeit, die zwischen den Neuauflagen des *Städtebaubuches* von 1922 und 1965 lag, gab es nur wenige nennenswerte theoretische Auseinandersetzungen mit Camillo Sitte. Im Gegensatz dazu sind zeitgleich im englischen Sprachraum Sittes und Le Corbusiers Positionen diskutiert und gegeneinandergestellt worden. Bereits 1930 schrieb S. D. Adshead zu Le Corbusier: „He makes no allowance for the passions and weaknesses of humanity"[5], womit er bereits einen wesentlichen Punkt der Jahrzehnte später sich formierenden Kritik

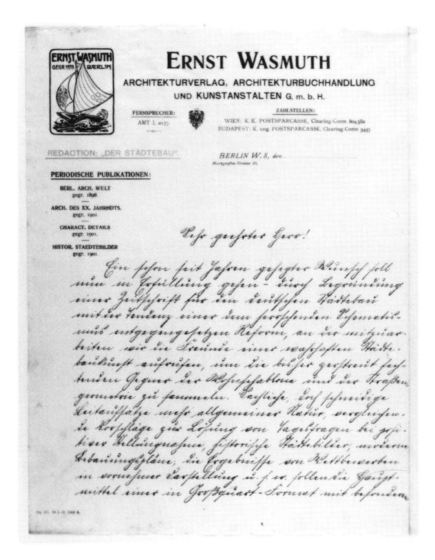

Camillo Sitte, Theodor Goecke (Redaction „Der Städtebau"): Anschreiben an die „ständigen Mitarbeiter" der Zeitschrift „Der Städtebau", o.D. [Anlage zum Brief vom 26. Aug. 1903], 3 Seiten. Quelle: Hamburger Kunsthalle, Direktorenarchiv, Nachlaß Alfred Lichtwark, Foto: Elke Walford

Titelbeilagen herausgegebenden, bei Ernst Wasmuth in Berlin und Wien zum ersten Male am 1. Januar 1904 erscheinenden Monatsschrift sein.

Indem wir Sie bitten, Ihren geschätzten Namen unter die Zahl der ständigen Mitarbeiter aufnehmen zu dürfen, überreichen wir Ihnen einstweilen in der Anlage den Vordruck des Titelblattes – für die Zeitschrift selbst kommt eine Zeichnung von Künstlerhand zur Verwendung – aus dem Sie gütigst ersehen wollen, welche Herren wir zur ständigen Mitarbeiterschaft aufgefordert haben.

Hochachtungsvoll

REDACTION „DER STÄDTEBAU".

Theodor Goecke

vorbehaltlich der endgiltigen
Vertragsschliessung mit dem Verlag

Camillo Sitte

an der Moderne formulierte und „Camillo Sitte's second American Revival"[6] einleitete. Diese Debatten erreichten aber nie Deutschland, obwohl wesentliche Impulse für die intensive amerikanische Sitte-Rezeption im zwanzigsten Jahrhundert von dort gekommen waren. In Werner Hegemann, „diesem ewigen Gegen-den-Strom-Schwimmer", wie Arnold Zweig ihn einmal genannt hat,[7] hatten Sittes Theorien einen späten „Verwandten im Geiste" und fast uneingeschränkten Fürsprecher von politisch progressiver Seite gefunden. Ein Disput mit Albert Erich Brinckmann über „künstlerischen Städtebau" bildete um 1910 den Ausgangspunkt seiner intensiven Beschäftigung mit Camillo Sittes Arbeit. Durch seinen langjährigen Aufenthalt in den USA in Folge des Ersten Weltkrieges konnte Hegemann Sittes Ideen Anfang der zwanziger Jahre in Amerika verbreiten, lange bevor das *Städtebaubuch* ins Englische übersetzt wurde. Nachdem er nach Europa zurückgekehrt war, gipfelte seine Verteidigung des Österreichers schließlich in einer lebhaft geführten Auseinandersetzung um den Wettbewerb zum Ulmer Münsterplatz im Jahre 1925. Die beiden von Hegemann herausgegebenen Zeitschriften *Wasmuths Monatshefte für Baukunst* und *Der Städtebau* wurden zum Sprachrohr von Architekten und Planern, die weder zu den Avantgardisten noch zu den Reaktionären zu zählen sind, sondern eine sozialpolitisch geprägte, pragmatische Auffassung vor dem Hintergrund der wirtschaftlichen und sozialen Spannungen der Weimarer Republik vertraten.

Posthume Rezeptionen in Deutschland und den USA

Bereits wenige Jahre nach Camillo Sittes Tod Ende 1903 setzte die von Kunsthistorikern und Stadtplanern der jüngeren Generation polarisierte Auseinandersetzung um die Bewertung seiner Städtebautheorie ein. In den Nachrufen waren die Urteile über Sitte zunächst sehr verhalten ausgefallen. Sittes Altersgenossen, ehemalige Gegner wie auch Anhänger, anerkannten die grundsätzliche Bedeutung seines Buches, scheuten sich jedoch darüber zu werten, wie sich dessen Leitsätze im praktischen Städtebau niedergeschlagen hätten. Josef Stübben hob hervor, daß das Buch „der Behandlung des Städtebau-Problems eine in manchen Beziehungen neue Grundlage gegeben und einen lebhaften Meinungsaustausch hervorgerufen, der nicht bloß in künstlerischer, sondern auch in praktischer Hinsicht klärend und nutzenstiftend gewirkt" habe. (Dokument S. 134) Auch der zwanzig Jahre jüngere Theodor Fischer, der in seinen Auffassungen zum

Städtebau wesentlich von Sitte geprägt worden war[8], hielt die Zeit für ein Urteil noch nicht für gekommen: „Wenn wir nun daran gehen, die Bewertung Sitte's im Gebiete des Städtebaues zu würdigen, so wäre es am Platze, des Längeren davon zu reden, welche Zustände vor dem Erscheinen seines Buches herrschten, damit die Gegensätze, das Charakteristische der Wirkung klar zutage treten. Gerade dafür aber, glaube ich, fehlt uns noch der nötige Abstand zur objektiven Betrachtung." (Dokument S. 138) Selbst Reinhard Baumeisters spätere Äußerungen zu Sitte zeigen keineswegs die grundsätzliche Ablehnung, die man ihm später zugeschrieben hat[9]: „Freilich trat […] unter den Nachfolgern Sittes die Gefahr ein, die künstlerische Auffassung als die allein maßgebliche anzusehen unter Geringschätzung von Verkehr, Hygiene usw."[10]

Zum Streitfall wurden erst die Äußerungen Albert Erich Brinckmanns zu Camillo Sitte. Brinckmann hatte in einem „städtebaulichen Exkurs"[11] eine Folge von Schriften zur Stadtbaugeschichte verfaßt. 1908 erschien *Platz und Monument*, 1911 folgte *Deutsche Stadtbaukunst in der Vergangenheit*. Brinckmann beabsichtigte, durch die historische Rückschau Anregungen für den praktischen Städtebau seiner Zeit zu geben. Er adaptierte jedoch nicht Camillo Sittes Methoden, wie in der amerikanischen Sitte-Rezeption später geschlossen wurde.[12] Er verzichtete sowohl auf systematische Lageplandarstellungen als auch auf eigene Skizzen: „Nichts", schreibt er, „wäre leichter gewesen, bestimmte Rezepte zu schreiben […]. Doch die Historie hat keine Berechtigung, dem Lebendigen für seine formale Äußerung Vorschriften zu machen, sie kann nur auf die Fülle der Möglichkeiten und ihre Gesetzmäßigkeiten hinweisen […]."[13]

Brinckmann favorisierte den Barock als diejenige Epoche, aus der für die Gegenwart zu lernen sei. „Bezeichnend ist die erneute Vorliebe für die Ausdrucksweise jener Zeit, in der das Gefühl für architektonische Strenge und für Rhythmus seine Abklärung fand: die Baukunst des achtzehnten Jahrhunderts. […] Die Gesinnung des achtzehnten Jahrhunderts wird uns mit neuem Mut erfüllen, das Verantwortungsgefühl wecken."[14]

In seiner ersten Veröffentlichung, *Platz und Monument*, übte Brinckmann folglich heftige Kritik an Sittes Städtebaukonzept: „Die Anregungen, die Sitte gab, werden überschätzt […]. Sie müssen sich um so eher eine Kritik, die bis jetzt ausblieb, gefallen lassen, als es Sitte nicht vergönnt war, die erfrischende Einseitigkeit seiner Anschauungen zur breiten und klaren Erkenntnis auszubauen. […] Man könnte Sitte den Romantiker unter den Stadtbauarchitekten nennen. Er bemüht sich vorzüglich um die mittelalterliche Stadt und urteilt hier mehr aus dem Gefühl heraus, als daß er sich um die Erkenntnis der architektonischen Logik bemüht. Dies schadet dem Resultat. Man bekommt einige Rezepte für den Stadtbau und wird entlassen, ohne ihn als künstlerische Äußerung tiefer aufgefaßt zu haben."[15] Zwei Jahre später, in *Stadtbaukunst in der Vergangenheit*, wiederholt Brinckmann diese ausführliche Kritik nicht. Er setzt Sitte nun vom Städtebau der 1890er Jahre ab, indem er lediglich auf die Wirkung verweist, die Sittes Buch im Kontext des Historismus in der Architektur des 19. Jahrhunderts gezeigt habe: „Die Diskrepanz zwischen Form und Formteilen war so ungeheuerlich, daß man darauf kommen mußte, für diese historisierende Architektur nun auch historisierende Planformen zu verwenden, zumindest ‚Motive' aus ihnen zu entnehmen. Der Einfluß des Wiener Architekten Camillo Sitte hat verhängnisvoll zur Rechtfertigung solchen Tuns gewirkt."[16]

Diese Äußerungen veranlaßten Werner Hegemann im selben Jahr zu einer Replik im Rahmen einer Rezension von Brinckmanns *Stadtbaukunst in der Vergangenheit*. Hegemann teilt die Begeisterung für den Städtebau des Barock und bespricht das Buch *Deutsche Stadtbaukunst in der Vergangenheit* entsprechend positiv. Ironisch und ganz gegen dessen Intentionen unterstellt er dem Autor jedoch, eine Verteidigungsschrift Sittes geschrieben zu haben: „Gegen die willkürlichen, geistlosen Entstellungen der Sitteschen Anregungen wurde schon des öfteren […] Verwahrung eingelegt; aber noch ist wohl kein Einspruch nerviger erhoben worden, als wie ihn Brinckmanns neuestes Buch darstellt. […] Auf Meister Camillo Sitte aber wollen wir nichts kommen lassen!"[17] Hegemann unterscheidet, wie vor ihm Brinckmann, zwischen Sitte und dessen „verständnislosen Nachbetern", für die Elbert Peets später den Begriff der „Sitte-Schule" einführte.[18] Darüber hinaus weist er auf die Inkonsistenz von Sittes Schriften hin, indem er hervorhebt, daß deren Wert „nicht an einzelnen Worten gemessen werden"[19] dürfe. Indem Hegemann ihn nicht als mittelalterlichen Romantiker, sondern als „leidenschaftlichen Verehrer des Barock"[20] herausstellt, bildet er eine Ausnahme im Kreis der Sitte-Rezipienten.

Als promovierter Nationalökonom hatte Hegemann über seinen Onkel Otto March zur Architektur und zum Städtebau gefunden. Sein Wissen über Architektur und Kunstgeschichte verdankte er zudem seiner bürgerlichen Bildung, die er vor allem in der autodidaktischen Arbeit zu seinen ersten städtebaulichen Publikationen, den Katalogen der Berliner Städtebauausstellung im Jahr 1910, vertieft hatte.

1913 verließ Hegemann Deutschland für eine Vortragsreise in die Vereinigten Staaten. Die Rückkehr wurde ihm während der anschließend angetretenen Weltreise durch den Kriegsausbruch 1914 unmöglich. Auf Umwegen kehrte er in die Vereinigten Staaten zurück, wo er zusammen mit dem amerikanischen Architekten Elbert Peets ein Stadtplanungsbüro gründete. Aus ihrer Zusammenarbeit ging 1922 das einflußreiche Werk *American Vitruvius. An Architect´s Handbook of Civic Art* hervor. Die Publikation war allein für Amerika konzipiert worden und fand im weiteren englischen Sprachraum Verbreitung, nicht jedoch in Deutschland.[21] Schon Raymond Unwin, dem Hegemann bis zu seinem Tod freundschaftlich verbunden blieb, hatte mit *Town Planning in Practice*[22] zur Popularisierung von Sittes Ideen im angelsächsischen Raum beigetragen. Unwin und Hegemann teilten die Einschätzung, daß es keinen Widerspruch in Sittes Theorie gebe: „Mag nun die Wichtigkeit der meisten Grundsätze, die Camillo Sitte von seinem Studium mittelalterlicher Städte hergeleitet hat, ebenso bedeutend sein wie die moderne deutsche Schule annimmt, so scheint es mir doch zuweit gegangen", schreibt Unwin, „diese Grundsätze als allein maßgebend betrachten zu wollen, auch scheint man nicht erkannt zu haben, wie weit es möglich ist, diesen Grundsätzen in Entwürfen, welche nach regelmäßigen Linien aufgebaut sind, gerecht zu werden."[23] Die Intention des *American Vitruvius* suchte eine Gegenposition zur „City Beautiful"-Bewegung zu sein, die sich in Folge der Weltausstellung 1893 in Chicago formiert hatte.[24] Deren bekanntestes Beispiel war Daniel H. Burnhams Plan für Chicago von 1909. Nach dem Vorbild der Haussmannschen Planungen für Paris sollte Chicago in ein „Paris by the lake" umgestaltet werden. Burnhams Plan bestand aus einem stringenten, von Diagonalstraßen durchzogenen Straßenraster. Wesentlich für die Planungen war der Ausbau der gesamten öffentlichen Infrastruktur.[25] Hegemann bescheinigte der „City-Beautiful"-Bewegung ästhetisches und wirtschaftliches Unvermögen.[26] Im Rückgriff auf Camillo Sitte versuchte er dem amerikanischen Städtebau demgegenüber eine andere Grundlage zu geben. Eine Synopse des *Städtebaubuches* unter der Überschrift „The Modern Revival of Civic Art"[27] bildete den Ausgangspunkt des *American Vitruvius*. Hier nimmt Hegemann seine Argumente aus dem Jahr 1911 wieder auf. Als Bilderatlas war dieses Buch als Werkzeug für Architekten und Planer gedacht. Es ging also nicht um eine erschöpfende Beurteilung von Sittes Theorie, sondern um deren Bedeutung für den Praktiker: „From this synopsis the American Architect can gather how much is still to be learned from Camillo Sitte and to what extent he must be judged as a son of his period."[28] Neben Sittes Grundsätzen zur Geschlossenheit von Platz- und Straßenräumen sowie deren Proportion geht es im ersten Kapitel um die Frage der Symmetrie und Achsialität. Hegemann hebt abermals Sittes Vorliebe für die Renaissance und die Architektur, die zwischen 1400 und 1800 entstanden ist, hervor. Als Illustration dient der Entwurf für die Wiener Ringstraße und der Vorschlag, den Vorplatz der Votivkirche symmetrisch anzulegen.

Mit dem *American Vitruvius* wurden Sittes Überlegungen ausführlicher als zuvor bei Unwin in Amerika zugänglich gemacht; bis dahin hatte man sich auf die französische Übersetzung von Camille Martin gestützt, die jedoch nicht der Originalausgabe entsprach. Martin hatte den Originaltext sehr frei übersetzt und den Bezug zu Wien weitgehend eliminiert, zudem ein neues Kapitel über Straßen angefügt.[29] So bekam der Aspekt der „krummen Straße" eine gegenüber der Originalschrift schiefe Bedeutung, und Hegemanns Darstellungen erhielt deswegen besonderes Gewicht in der Sitte-Rezeption. Alvin Boyarski hat dies in seiner Master-Abschlußarbeit später als „the first American Revival of Camillo Sitte"[30] bezeichnet.

Das erste Kapitel des *American Vitruvius* war allein von Hegemann verfaßt worden; Elbert Peets stimmte mit dessen Deutung von Sitte keineswegs überein. Beide Autoren haben diesen Vorbehalt in einer editorischen Notiz angemerkt: „Yet the authors have made every effort to make the text, both in form and in content, an expression of their common judgement, and it is only because complete coincidence of ideas is not to be expected in so a large a field, that the junior author is not to be held accountable for every detail of the opinion expressed in the chapters indicated. It is to the first chapter that this disclaimer is especially relevant."[31]

Fünf Jahre später hat Peets sein gegenteiliges Verständnis des *Städtebaubuches* dargelegt. Die Gründe für seine unterschiedliche Interpretation sind nicht, wie man vermutet hat, darin zu suchen, daß Peets sich im Gegensatz zu Hegemann auf die französische Übersetzung stützte[32], sie waren vielmehr in Sittes Werk selbst angelegt.[33] Peets stellt die Wirkungsgeschichte des *Städtebaubuches* in den Vordergrund und schreibt Sitte für die Städtebauentwicklung eine Wirkung zu, wie sie William Morris für die Architekturentwicklung gehabt hatte. Ähnlich Brinckmann behauptet er, daß mit Sitte das „Malerische" Einzug in den deutschen Städtebau gehalten hätte, womit er die additive Methode des Entwerfens „von Innen nach Außen" meint, die er als „Sitteschen Stil" bezeichnet.[34] Unter diesem Einfluß hätten die „designers of the Sitte school" Symmetrien vermieden: „Sitte found himself leader of an eager school of designers in the archaic mode. Could he have wished a better confirmation of his natural preference?" In Erwiderung auf Hegemann schließt Peets: „He bowed distantly to the Renaissance but gave his heart to Rothenburg."[35] Als Beleg nennt Peets mehrere Schemata für symmetrische Platzanlagen aus dem *Städtebaubuch* und stellt sie den unregelmäßigen Platzentwürfen für Marienberg gegenüber. Mit peinlicher Genauigkeit zählt er zudem die krummen und geraden Straßen in dem Plan und unterschlägt Přivoz als Gegenbeispiel einer symmetrischen Anlage. Auch die symmetrische Vorplatzgestaltung für die Wiener Votivkirche sucht er durch den Hinweis auf deren unregelmäßige Seitenplätze zu relativieren.

Wie bereits Sitte den *Städte-Bau nach seinen künstlerischen Grundsätzen* nicht als erschöpfend betrachtet hatte, war auch der *American Vitruvius* für Hegemann nicht das letzte Wort in Sachen Städtebau. Wenige Wochen nach der Machtübergabe an die Nationalsozialisten war er aus Deutschland über die Schweiz und Frankreich in die USA emigriert. Bis kurz vor seinem Tod im Frühjahr 1936 arbeitete er dort an einer Aktualisierung des Buches. Betrachtungen zur Städtebaukunst sollten darin um ökonomische, soziale und politische Aspekte ergänzt werden. Dieser Neubearbeitung des *American Vitruvius*, die unter dem Titel *City Planning – Housing* erscheinen sollte, wurden nunmehr zwei Textbände mit den Untertiteln *Historical and Sociological* sowie *Political Economy and Civic Art* vorangestellt. Erst als dritter Band folgte der Atlas zur Stadtbaukunst. Zumindest den ersten Band konnte Hegemann noch vor seinem Tod für die Veröffentlichung vorbereiten. Trotz der Weiterentwicklung und Erweiterung des *American Vitruvius* in *City Planning – Housing* war es bezeichnenderweise der *American Vitruvius*, der Ende der achtziger Jahre des zwanzigsten Jahrhunderts, versehen mit einem Vorwort von Leon Krier, eine Neuauflage erlebte. Krier schreibt darin dem Buch eine moralische Dimension zu, die keineswegs der Intention Hegemanns entsprach, wie spätere Äußerungen verdeutlichen.[36] Er war im Gegenteil bemüht, die Bedeutung der rein ästhetische Perspektive, aus welcher er Architektur und Städtebau betrachtet hatte, zu relativierten:[37] „The text and the 1200 illustrations of that large volume [The American Vitruvius] (published in 1922) were dedicated to civic art in its more restricted, i.e. exclusively esthetic sense. At the time of its publication the esthetic aspects of city planning seemed to demand, at least in America, primary attention", schreibt er 1936 zur Einleitung von *City-Planning – Housing*. "Since the recent breakdown of ‚permanent' prosperity", fährt er fort, "the previous preoccupation with Civic Art in its narrower sense requires a word of explanation on the part of an author who received some of his first training with the great sociologists Charles Gide, Simon N. Patten and Lujo Brentano, and who in his former and subsequent writings has emphasized the adequate solution of problems of social and political economy as preconditions of artistic possibilities and civic beauty. [...] The present volume approaches the problem of city planning from the more general premise that no city should be considered more beautiful than its most ugly and unsanitary tenement house. A chain is never stronger than its weakest link."[38]

Hegemanns Position als Architekturkritiker

Die wirtschaftliche und politische Lage stellte sich zur Zeit des Erscheinens des *American Vitruvius* in Deutschland vollkommen anders dar als in den USA. Die Auswirkungen für die Stadtplanung in Deutschland, die mit dem Ende des Ersten Weltkriegs einhergingen, sah Paul Wolf, Stadtbaurat von Hannover, in seinem 1919 erschienenen *Städtebau* zutreffend voraus: „Die zukünftige deutsche Stadt wird anders geartet sein als die des letzten halben Jahrhunderts. Die reichen Mittel der Zeit zwischen Reichsgründung und Weltkrieg werden uns nicht mehr zur Verfügung stehen. Wirtschaftliche und soziale Fragen werden künftig in erster Linie stadtbauliche Arbeit bestimmen."[39] Zur dadurch als überholt anzusehenden Literatur zum Städtebau rechnet Wolf aber überraschenderweise keineswegs Camillo Sittes *Städtebaubuch* oder die Stadtbaukunst im allgemeinen. „Das 1889 erschienene Sittesche Buch wurde lange Zeit nur von einigen wenigen Architekten richtig bewertet"[40], schreibt er, und sieht damit die Möglichkeit zu einer neuen Lesart des Buches. Übereinstimmend äußert sich Roman Heiligenthal 1921 in seiner Arbeit *Deutscher Städtebau*: „Die dem Wesen der Modernen Stadt wenig angepaßte einseitige Hinneigung zur mittelalterlichen Grundrißgestaltung lag Sitte fern, sie trat erst in den Werken seiner Schüler und Nachahmer zutage."[41] Äußerungen, aus denen weniger eine „höfliche indirekte Kritik"[42] als vielmehr eine Wertschätzung Camillo Sittes unter neuen Vorzeichen spricht.
1921, noch vor Erscheinen des *American Vitruvius*, kehrte Werner Hegemann nach Europa zurück. Als Schriftleiter stimmte er ab 1924 die beiden Zeitschriften *Wasmuths Monatshefte für Baukunst* und *Der Städtebau* (ab 1930 vereint zu *Wasmuths Monatshefte für Baukunst und Städtebau*) deutlich auf eine sozialpolitisch-pragmatischen Linie ein, wie auch Paul Wolf sie vertrat. Mit den Erfahrungen seiner langjährigen Amerika-Aufenthalte hatte Hegemann sich die angelsächsisch geprägte Streitkultur angeeignet, die er in seiner publizistischen Tätigkeit in Deutschland

ausgiebig weiterpflegte. Seine Kritik richtete sich in erster Linie gegen moderne Architekten wie Bruno Taut, Ernst May oder Theo van Doesburg. Nach fast zehnjähriger Abwesenheit war er mit den Positionen der Avantgarde in Deutschland weniger gut vertraut. Deren Repräsentanten betrachteten ihn nach anfänglicher Aufgeschlossenheit und einigen publizistischen Schlagabtauschen als Gegner. Schließlich fiel Hegemann bei den modernen Architekten in Deutschland endgültig in Ungnade. Die Architektenvereinigung „Ring" boykottierte ab 1926 die von ihm herausgegebenen Zeitschriften, was angesichts der ähnlichen sozialpolitischen Ausrichtung der Kontrahenten verwundern mag. Ihr Dissens beruhte allerdings auf einer grundsätzlichen Haltung: Hegemann war kein „Funktionalist". Ähnlich wie Camillo Sitte sah auch Hegemann in sozialen und wirtschaftlichen Fragen nicht die alleinigen entwurfsleitenden Bedingungen, deren Beantwortung allerdings als Vorbedingung für das künstlerisch architektonische Gestalten. Auf der Grundlage dieser Verknüpfung von künstlerischer Gestaltung und wirtschaftlich-sozialer Intervention hat Hegemann als Architekturkritiker beide Problemfelder wie schon im *American Vitruvius* bis zu einem gewissen Grade getrennt betrachtet. So erklärt sich auch seine anfängliche Wertschätzung für die Architektur Paul-Schultze-Naumburgs oder Paul Schmitthenners, von denen er sich erst Anfang der dreißiger Jahre aus politischen Gründen distanziert. Den „dritten Weg", den er zwischen Tradition und Avantgarde sucht, erläutert er selbst so: „[Es] ist zu bemerken, daß wir sicher nicht ein Verharren im Alten empfehlen, daß wir aber die Eroberung der ‚Neuen Form' nicht ohne eine feste Operationsbasis unternehmen wollen. Dreiviertel von der heute ‚modern' sein wollenden Architektur ist haltlose Narretei, dreiviertel von dem, was die ‚Retrospektiven' auftischen, kommt von Leuten, die nichts gelernt haben und die von den stolzen Höhen wirklich baumeisterlichen Könnens [...] in haltlosen Dilettantismus zurücksanken. Der Weg zur neuen Baukunst muß zwischen diesen Klippen gefunden werden."[43] In diesem Sinne plädiert Hegemann für die Rückbesinnung auf die Zeit „um 1800": „Die jugendlichen Architektur-Schwärmer, die vor dreißig Jahren stürmisch das ‚Hintersichlassen der dekorativen Geste von gestern' forderten, sind heute meist zu Männern herangereift, die begriffen, daß auch herbste Strenge und unerbittlichste Sparsamkeit den wahren Baumeister nicht von der Verwendung von Formen und ‚dekorativen Gesten' entheben, daß die einfachste ‚Geste' die beste ist, und daß sich unter den ‚Gesten' zwar nicht von gestern, aber unter denen von vorgestern sehr viel Brauchbares und Entwicklungsfähiges findet, vieles, was einfacher, sicherer, gediegener, und vor allem auch vom Standpunkt des Städtebauers beurteilt, wünschenswerter ist als die ‚modischen Gesten des Tages'", als „die hysterischen Sternchen und Zickzacks des Expressionismus oder die Neueinführung exotischer Formen aus Japan, Mexiko oder aus den tropischen Träumen unserer Jüngsten."[44] Hegemanns Plädoyer für diese „Einfachheit" der Zeit um 1800, die er sowohl in der Architektur als auch im Städtebau in strenger geometrischer Komposition ausgedrückt sieht, begründet sich also wirtschaftlich wie ästhetisch. Eben dies veranlaßt ihn, Sittes Wertschätzung für barocke und achsialsymmetrische Anlagen auch in Deutschland wieder zu beleben. Auf dieses Konzept stützt Hegemann 1925 seine Besprechungen des Wettbewerbs zum Ulmer Münsterplatz, die einer Rehabilitation Sittes gleichkommen.

Der Wettbewerb zum Ulmer Münsterplatz 1924/1925

Zu Josef Stübbens achtzigstem Geburtstag im Jahr 1925 erschien in der Zeitschrift *Der Städtebau* eine harsche und spöttische Kritik über den Altmeister des deutschen Städtebaus, der in anderen Zeitschriften eine ausschließlich positive Würdigung seines Lebenswerkes erfuhr.[45] Hermann Jansen, der diesen kritischen Artikel verfaßte, urteilte zur gleichzeitig erschienen Neuauflage von Stübbens *Städtebau*: „Erwünscht wäre es gewesen, wenn das vorliegende Werk, das glücklicherweise einer geläuterten Auffassung längst hat weichen müssen, in gebührender Vergessenheit geblieben wäre [...]. Wir bedauern das Neuerscheinen des Werkes sowohl im Interesse des Herausgebers wie im Interesse des Ansehens deutscher Geistesarbeit."[46] Nicht ohne die ihm eigene Ironie schildert Werner Hegemann im Anschluß an Jansens Rezension eine vielfach kolportierte Anekdote zu Sittes Verhältnis zu Stübben: „Ein Vorwurf, den der verstorbene Mitbegründer dieser Zeitschrift, Theodor Goecke, verschiedentlich gegen Geheimrat Stübben erhoben hat, kleidete sich in die Versicherung, Stübben habe 1889 wesentliche Teile der ersten Auflage des hier besprochenen Buches (sie erschien 1890) einstampfen und unter weitgehender Benutzung des 1889 erschienenen Buches von Camillo Sitte schnell umgeändert, neu drucken lassen. Diese Fähigkeit Stübbens, von anderen, auch wenn sie ihn nicht liebten, zu lernen, scheint einen erstaunlichen Triumph im Brünner Wettbewerb von 1901 gefeiert zu haben, in welchem Stübben so gut auf die Gedanken seines im Preisgericht sitzenden Gegners Camillo Sitte einzugehen verstanden haben soll, daß Sitte den Wettbewerbsentwurf Stübbens angeblich für die Arbeit eines Sitteschülers hielt, und ihr einen Preis sicherte. Ich habe mich immer gesträubt, einen von Camillo Sitte preisgekrönten Städtebauer, in diesem Falle also Herrn Stübben, für einen so minderwertigen Stadtbaukünstler zu halten, wie Stübbens Gegner in ihm sehen zu müssen glauben."[47] Fast im Wortlaut stimmte Hegemanns abschließendes Urteil mit dem überein, was Camillo Sitte 1894 über Stübben im Zusammenhang mit dessen neben dem Otto Wagners erstplaziertem Entwurf eines Generalregulierungsplans für Wien geäußert hatte. (Dokument S. 240)

Im selben Jahr war ein städtebaulicher Wettbewerb zur Bebauung des Ulmer Münstervorplatzes entschieden worden. Dieser war Teil einer der längsten Planungsgeschichten im zwanzigsten Jahrhundert, die erst mit dem von Richard Meier Ende der achtziger Jahre erbauten Stadthaus ihren Abschluß gefunden hat. Zwischen 1870 und 1880 war das Ulmer Münster dem Geist der Zeit entsprechend „freigelegt" worden, eine Praxis, die eine wesentliche Kritik Sittes am Städtebau seiner Zeit war. Durch den Abriß des Barfüßerklosters vor dem Westportal war ein im Verhältnis zum Maßstab der Altstadt großer und zudem unregelmäßig geformter Vorplatz geschaffen worden. Im Jahr 1906 wurde ein erster Wettbewerb zur städtebaulichen Lösung dieses Problems ausgelobt. Geradezu paradigmatisch bot sich jetzt der Fall des Ulmer Münsterplatzes an, um auf Camillo Sittes Städtebauprinzipien zur Einbindung von Monumentalbauten, auf sein „verbessertes modernes System" zurückzugreifen. Schon im *American Vitruvius* hatte Hegemann diesen Bezug zu Sitte hergestellt, indem er die Lagepläne zweier gegensätzlicher Beiträge zu diesem ersten Wettbewerb gegenübergestellt hatte, eine Arbeit, die den status quo ante weitgehend wiederherstellte, und eine zweite, die nunmehr einen symmetrischen Vorhof faßte und die von Hegemann als den Grundsätzen Camillo Sittes und seines Entwurfs für die Wiener Votivkirche entsprechend hervorgehoben wurde.[48] Bei der Auslobung des ersten Wettbewerbs war als Ziel formuliert worden, die Umgebung des Ulmer Münsters „in einer dem praktischen Bedürfnis und den Forderungen des Schönheitssinnes entsprechenden Weise auszugestalten"[49]. Theodor Fischer, Mitglied des damaligen Preisgerichts, führte aus: „Früher waren von dem wissenschaftlichen Zergliedern der geschichtlichen Bauwerke auch die Baumeister beeinflußt, man vergaß darüber oft das lebendige, warme künstlerische Empfinden."[50] In Ulm war es keineswegs unumstritten, welche Art der Vorplatzgestaltung „den Forderungen des Schönheitssinnes" entsprach. Die Ausführung einer der prämierten Wettbewerbsarbeiten scheiterte schließlich an diesem Dissens.

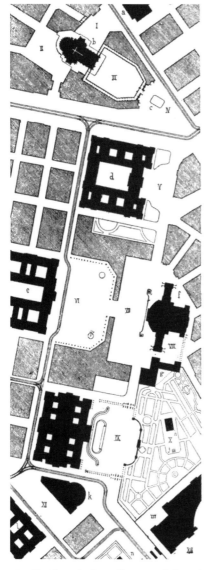

Erklärung des Planes.

A. *Plätze.*

I., II., IV. Neue Plätze bei der Votivkirche.
III. Atrium der Votivkirche.
V. Universitätsplatz.
VI. Rathhausplatz.
VII. Grosser Theaterplatz.
VIII. Kleiner Theaterplatz.
IX. Vorplatz zum Parlamentshaus.
X. Gartenplatz.
XI. Platz vor dem Justizpalast.
XII. Neuer Burgplatz.

B. *Gebäude.*

a. Chemisches Laboratorium.
b. Votivkirche.
c. Platz für ein grosses Monument.
d. Universität.
e. Rathhaus.
f. Burgtheater.
g. Projectirter Tract zum Burgtheater.
h. Theseustempel.
j. Für das Goethe-Denkmal in Aussicht genommener Platz.
k. Noch unbestimmter Neubau.
l. Justizpalast.
m. Neuer Hofburg-Tract.
n. Projectirter Triumphbogen.

Camillo Sitte: Stadtregulirung nach künstlerischen Grundsätzen am Beispiel der Wiener Ringstraße, Gesamtplan. Quelle: Camillo Sitte: Der Städte-Bau nach seinen künstlerischen Grundsätzen. Wien 1889, S. 171

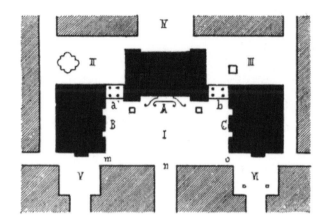

a. Camillo Sitte: Situations-Skizze einer Platzgestaltung (Forum)
   Quelle: Camillo Sitte: Der Städte-Bau nach seinen künstlerischen Grundsätzen.
   Wien 1889, S. 147
b. Erdgeschoß des Hochschulforums der TU Braunschweig (Entwurf),
   Architekt: Friedrich Wilhelm Kraemer, 1961-1964. Quelle: Wolfgang Schneider (Hg.):
   Die Technische Hochschule Braunschweig. Berlin 1963, S. 101,
   Bildbearbeitung: cand. arch. Stefan Egert

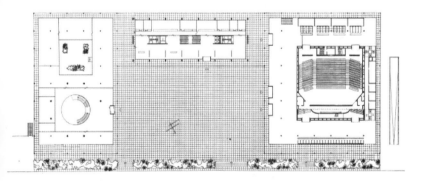

In der Auslobung des zweiten Wettbewerbs wurde im Jahr 1924 statt des Aspektes der Schönheit die Berücksichtigung wirtschaftlicher Belange hervorgehoben. Darunter wurde in erster Linie die wirtschaftliche Nutzungsmöglichkeit der entworfenen Gebäude verstanden, deren Nutzung allerdings vorab nicht definiert war. Dem Preisgericht gehörten als Fachpreisrichter neben lokalen Bauräten wiederum Theodor Fischer, sowie German Bestelmeyer, Paul Bonatz und Hermann Jansen an. Fast 500 Arbeiten wurden eingereicht. Das Preisgericht äußerte sich zum Gesamteindruck des Ergebnisses so: „Es muß zwar mit Bedauern festgestellt werden, daß die Arbeitslosigkeit die starke Teilnahme mitveranlaßt hat, aber es ist doch sicher auch der der Architektenschaft innewohnende Sinn hier lebendig gewesen, um sich bei einer Arbeit zu betätigen, die eines der kostbarsten Baudenkmale auf deutschem Boden betraf."[51] Ähnlich wie 1906 teilten die Mitglieder des Preisgerichts die Ergebnisse des Wettbewerbs in symmetrische und unsymmetrische Lösungen, wie es der abschließenden Stellungnahme zu entnehmen ist: „Bedauerlich wirkte […], daß so große Unklarheit darüber herrscht, wo die strengen Methoden der Achsialität und Symmetrie am Platze sind und wo nicht."[52] Keine der symmetrischen Arbeiten wurde prämiert, gewürdigt wurden vielmehr solche, die mit neu positionierten Baukörpern auf dem Platz des ehemaligen Klosters einen neuen Platzabschluß definierten. Zugleich jedoch wies das Preisgericht die Ansprüche der Ulmer Einwohnerschaft nach „romantischer Kleinstadtpoesie" oder nach einem freien frontalen Blick auf die Westfront des Münsters zurück.

In der Fach- und Lokalpresse wurde das Ergebnis des Wettbewerbs einhellig abgelehnt, allerdings aus verschiedenen Motiven. Drei wesentliche Positionen lassen sich neben der des Preisgerichts ausmachen, die die ideologischen Verhärtungen und Polarisierungen der Architekturdebatten im Deutschland der Weimarer Republik erkennen lassen.[53] Zum einen der „kleinstädtische Romantiker". Albert Hofmann sah als Chronist der Bauwelt durch die Freilegung des Münsters „den harmonischen Organismus eines wundersamen Stadtgebildes zerstört"[54] und sprach sich dafür aus, „den Zustand, wie er etwa in der Mitte des neunzehnten Jahrhunderts bestand, wieder herzustellen."[55] Hofmann trauerte der „köstlichen, ungemein malerischen Baugruppe des Barfüßer-Kirchleins mit Kloster"[56] nach. Sein Appell lautete: „Das Gemütvolle trete wieder als Grundsatz des Fortschrittes in der Baukunst hervor, nachdem es lange Zeit in stiller Resignation verharren mußte."[57] Die zweite Position der „Modernen" vertrat der Architekturkritiker Heinrich de Fries. Er sah den Wettbewerb als eine

„Plattform, auf der die Abwehr einer Vergangenheit und der Siegeswille des Zukünftigen miteinander in die Schranken treten"[58]. Für ihn war die Juryentscheidung ein „Urteil nach rein optisch-ästhetischen Momenten auf der Basis historischer Erfahrung und Gewöhnung"[59] und dementsprechend übte er heftige Kritik an Theodor Fischer: „Wir kennen die Vorzüge von Prof. Theodor Fischer [...], wir wissen auch, wie sehr er einer neuzeitlichen, um nicht zu sagen zukünftigen Aufgabe, nicht gewachsen sein kann. [...] Die Wurzeln seines Wesens führen ins Mittelalter zurück und wir können ihm und anderen dahin kaum folgen, daß, was alt ist, auch nun eben darum für gut und nachahmenswert zu halten."[60] De Fries' Fazit lautete: „Baut einen seiner Aufgabe entsprechenden, lebendigen und mühelos funktionierenden Platz, dann ergibt sich die architektonische Haltung der Ränder und sonstiger Baukörper beinahe von selbst. Aber eine solche Funktion kann nicht entstehen, ehe nicht der Platz aufhört, eine Sonntagsangelegenheit zu sein [...]."[61]
Werner Hegemann widmet dem Wettbewerb ein ganzes Heft der Zeitschrift *Der Städtebau*. Zu den gegensätzlichen Positionen bemerkt er: „[Es] stehen sich bereits die Auffassungen so scharf gegenüber, daß ein Ausgleich fast unmöglich und es darum das Beste ist, die widerspruchsvollen Urteile nur nebeneinanderzustellen, damit sich jeder seinen eigenen Vers darauf machen kann."[62] In Übereinstimmung mit Camillo Sitte – „... die wenigen Hauptplätze und Hauptstraßen sollen aber im Sonntagskleide erscheinen"[63] – erwidert Hegemann auf de Fries: „Wenn einmal in der Welt aus rein künstlerischer Freude heraus ein Turm von 161 m Höhe gebaut wurde, dann ist seinem gewaltigen künstlerischen Dasein zu dienen die weitaus wichtigste ‚Funktion' jedes Platzes, der ihm vorgelegt werden darf. Dagegen werden sich die von 1900 datierenden Liebhaber ‚ungezwungener Gemütlichkeit' ebenso vergeblich wehren wie die heute jungen Verächter rein künstlerischer Aufgaben."[64] Hegemann begrüßt deshalb die „Freilegung", da so die Möglichkeit, einen „Tiefenplatz" nach Camillo Sittes Grundsätzen anzulegen, geschaffen worden sei. Bezeichnenderweise bildete er im gleichen Heft Zeichnungen von Hugh Ferris ab, um dem Ulmer Münster als höchstem Gebäude Europas „verwandte und doch so andersartige Probleme" Amerikas zu dokumentieren.[65] Das Städtebauheft zum Wettbewerb hatte Hegemann mit einem Aufsatz zu „krystallischen Form gotischer Kirchen und ihrer Vorplätze" eröffnet. Im wesentlichen wiederholt Hegemann hier seinen Argumentationsgang von 1911 bzw. 1922: „Nichts erlaubt uns zu zweifeln, daß die Kirchenbaumeister der Gotik wie die Baumeister aller anderen Zeiten, die in Baufragen

ernst genommen werden, den innigen Wunsch verspürten, mit der kristallinischen Symmetrie ihrer Kirchpläne auch die Umgebung ihrer stolzen Bauwerke beseelen zu durchdringen."[66] Als Beleg dafür, daß die Kirchenvorplätze regelmäßig gedacht worden waren, führt er die regelmäßigen Anlagen der Kreuzgänge an. „Ein innerer Widerspruch zwischen den späteren und früheren Zeiten, zwischen den Absichten der Stadtbaukunst von Hellas und Rom oder von Gotik und Renaissance besteht nicht, sondern im Gegenteil, die spätere Zeit vermochte, dank größerer wirtschaftlicher Mittel, die Träume der Frühzeit zu verwirklichen."[67] In diesem Sinn stellt er Sittes Votivkirchenvorplatz und die symmetrischen Anlagen der Kirchenvorplatzentwürfe aus dem *Städtebaubuch* den Arbeiten Fischers – u.a. aus Worms und Stuttgart – gegenüber. An seine früheren Ausführungen zu Sitte anknüpfend, erläutert Hegemann: „Dieser Nachweis zeigt, daß Sitte, wenn er auch mit manchen der romantischen Sünder jener dunklen Zeit befreundet war, dennoch in zahlreichen gedruckten Äußerungen und veröffentlichten Entwürfen schon für die großen städtebaulichen Gedanken der Ordnung und Achsenbildung eingetreten ist [...], und daß nicht Sitte, sondern höchstens seine mißverstehenden Nachbeter für die romantische Verwilderung verantwortlich sind, die so viele deutsche Städtebaupläne aus den Jahren 1890–1910 heute durchaus ungenießbar macht. Nachdem dieser Nachweis geführt war, blieb es unbestimmt, wer in erster Linie für das städtebauliche Unwesen von 1890–1910 verantwortlich sei."[68] Im Urteil des Preisgericht sieht Hegemann die Frage beantwortet: Theodor Fischer bzw. die „Fischerschule". Die namentliche Nennung der weiteren Mitglieder wie Hermann Jansen oder Paul Bonatz vermeidet er wohl deswegen, weil er mit beiden gut befreundet war. Sein Fazit lautet: „[...] es ist darum wichtig, festzustellen, daß der Geist Camillo Sittes, des anerkannten Wiederentdeckers der Stadtbaukunst, nicht auf seiten des Preisgerichtes, sondern auf seiten der getadelten Teilnehmer am Wettbewerb gestanden hat."[69]
Parallel zum Ulmer Wettbewerb bezieht sich Hegemann auch in *Wasmuths Monatsheften* im selben Jahr auf Camillo Sitte: „Man ist in Deutschland noch der Zeit nahe, wo die (ihren Meister mißverstehenden) Schüler Camillo Sittes nicht nur kleine, sondern sogar große Stadtpläne in ein Spiel von romantischen Zufällen aufzulösen sich bemühten, wo man die heute wieder geschätzten Pläne von Karlsruhe und Mannheim ablehnte und wo man die köstlichen Pläne für kleine Siedlungen wie Ludwigslust oder die klaren Dorfgrundrisse Friedrichs des Großen weder kannte noch würdigte. Noch heute sind in Amerika die fruchtbarsten Städtebauer nicht

etwa die Architekten, die auch dort in strengen Formen denken, sondern die sogenannten ‚Landschaftsarchitekten' mit dem Ideal des neuenglischen Dorfes und seinen aus alten Kuhpfaden erwachsenen Straßen und seinen zufällig um den Gemeindeanger gruppierenden Häusern. Daß der entgegengesetzte Standpunkt [...] der richtige ist, das ist heute nach dem Wirken des barockbegeisterten Camillo Sitte und den Erfolgen der Schultze-Naumburg, Brinckmann, Ostendorf und Paul Wolf so selbstverständlich, daß es in Deutschland der Erörterung nicht mehr bedarf."[70] Hegemanns Begriff der neuenglischen „Kuhpfade" führte – bildlich gesprochen – direkt zu Le Corbusiers „Eselsweg", eine Äußerung die ebenfalls aus dem Jahre 1925 stammt. Statt aber die Theorie Camillo Sittes mit dem „Eselsweg" zu identifizieren, stellt Hegemann dieser Metapher den „Kuhpfad" gegenüber. Historisch durchgesetzt hat sich das plakativ einleuchtende Bild Le Corbusiers.

Hegemanns Interpretation des *Städtebaubuches* ist dagegen nach Le Corbusiers *Urbanisme* in den weiteren Auseinandersetzungen in Deutschland nahezu spurlos untergegangen; allerdings hat er selbst den argumentativen Faden nicht wieder aufgenommen.[71] In Amerika hingegen bildete sein *American Vitruvius* die Grundlage für eine im Laufe des 20. Jahrhunderts während Debatte um Camillo Sitte, die vor allem in den vierziger und fünfziger Jahren an Aktualität gewann, wie Alvin Boyarski gezeigt hat. In Deutschland deutete erst Wolfgang Pehnt die Ablehnung Sittes durch Le Corbusier in diesem Zusammenhang überzeugend als Fehlinterpretation.[72]

1 Sitte, 1909, Vorwort zur dritten Auflage
2 Theodor Goecke war als zweiter Begründer der Zeitschrift spätestens 1928 nicht mehr auf dem Titelblatt aufgeführt.
3 Le Corbusier, 1926, S.9
4 Mönninger, 1998, S. 10
5 Adshead, 1930, S. 94
6 Boyarski 1959, S. 78ff
7 Arnold Zweig an Hermann Kesten 19. Jan. 1948, in: Kesten 1964, S. 330
8 Nerdinger, 1988, S. 24
9 Fehl, 1980, S. 47
10 Baumeister, 1914, S. 376, zit. nach Fehl, 1980, S. 47
11 Oechslin, 1985, S. X
12 etwa von Boyarski, 1959, S. 49, in der Folge auch Collins, 1986, S. 96
13 Brinckmann, 1923, Vorwort zur ersten Auflage
14 Brinckmann, 1911, S. 159f
15 Brinckmann, 1923, S.205
16 Brinckmann, 1911, S. 159

17 Hegemann, 1911, S. 105f
18 Peets, 1927, S. 252
19 Hegemann, 1911, S. 106
20 ebd., S. 105
21 Bei Crasemann Collins (1988, S. xvii) wird der *American Vitruvius* dagegen etwas unpräzise in den Kontext der sich in Europa formierenden Moderne gestellt.
22 1909, deutsch: Grundlagen des Städtebaus 1910, zur Unwins Beziehung zu Deutschland siehe Miller 1982, S.321
23 Unwin 1910, S. 67
24 Hegemann 1936, S. xii
25 Zukowsky 1987, S. 109ff
26 Hegemann 1936, S. xii
27 siehe dazu auch Crasemann Collins, 1988, S. XVII
28 Hegemann/Peets 1922, S. 9
29 Erst 1945 wurde die erste englische Übersetzung veröffentlicht, zur Übersetzung durch Martin und deren Rezeption in Amerika siehe Collins, 1965, S. 63ff
30 Boyarski 1959, S. 44
31 Hegemann/Peets 1922, Foreword, zum Streit Hegemann und Peets siehe auch Boyarski, 1959, S. 44ff
32 siehe Collins, 1986, S. 106, Collins 1965, S.91, Boyarski, S. XY
33 Peets verwendet in seinem Aufsatz Zitate aus dem Deutschen, wie z.b. „Natur und den Alten" (S. 250), die nahelegen, daß er die Originalfassung gekannt haben muß.
34 Peets, 1927, S. 249
35 ebd., S. 255
36 Krier, 1988, S. v
37 u.a. Kuhnert, 1980, S. 32, weist auf die Bedingungen hin, unter denen andere Theoretiker in Opposition zur Moderne in ihrer Propagierung einer Autonomie der Architektur wieder aktuell wurden.
38 Hegemann 1936, S. xif
39 Wolf 1919, S. VII
40 ebd., S. 64
41 Heiligenthal 1921, S. 84
42 Wurzer 1992, S. 8
43 Hegemann, in: Wasmuths Monatshefte für Baukunst 1926, S. 311
44 Hegemann, Weimarer Bauhaus und ägyptische Baukunst, in: Wasmuths Monatshefte für Baukunst 1924, S. 84f
45 siehe z.B. Bauwelt 1925, Heft 7, S. 124
46 Jansen 1925, S. 26
47 Hegemann, Anm. zur Rezension, in: Städtebau 1925, S. 26
48 Hegemann/Peets, 1922, S. 22
49 zit. nach Hofmann, 1925, S. 127
50 in Süddeutsche Bauzeitung 1905, zit. nach Hofmann, 1925, S. 131
51 zit. nach Bausteine Nr. 1/1925, S. 7
52 ebd., S. 7
53 60 Jahre später scheinen die Nuancen dieser Auseinandersetzungen in keiner Weise mehr darstellbar, siehe Herzog, 1987.
54 Hofmann, 1925, S. 125
55 ebd., S. 126

56 ebd., S. 127
57 ebd., S. 129
58 de Fries, 1925, S. 3
59 ebd., S. 11
60 ebd., S. 8
61 ebd., S. 11
62 Hegemann, Camillo Sitte und die „Fischerschule", in: Städtebau 1925, S. 42f
63 Sitte, 1889, S. 98
64 Hegemann, die krystalline Form gotischer Kirchen, in: Städtebau 1925, S. 38
65 Städtebau 1925, S. 65
66 Hegemann, die krystalline Form gotischer Kirchen, in: Städtebau 1925, S. 30
67 ebd., S. 36
68 Hegemann, Camillo Sitte und die „Fischerschule", in: Städtebau 1925, S.40
69 ebd., S. 42
70 Hegemann, Sverre Petersen, in: Wasmuths Monatshefte für Baukunst 1925, S. 54f
71 Julius Posener (1979, S. 244f) verweist kurz auf die Interpretation Sittes durch Hegemann.
72 Pehnt, 1993, S. 21

„Gewerbeschule", ehemals Allgemeinbildendes Schulzentrum, Ansicht Hegelgasse, Wien 1, 2004. Foto: Johann Sauer

Bibliographie zu den beiden vorstehenden Texten

Aufsätze, die im Dokumententeil aufgeführt sind, sind in dieser Bibliographie nicht eigens verzeichnet. Auf sie ist im Text gesondert verwiesen.

Abendroth, Alfred: Der Landmesser im Städtebau. Berlin 1901
Adshead, S.D.: Camillo Sitte and Le Corbusier. In: Town Planning Review, Bd. XIV 1930, Nr. 2, November, S. 85ff
Altenbockum, Jasper v.: Wilhelm Heinrich Riehl 1823–1897. Münstersche Historische Forschungen, Bd.6. Köln/Weimar/Wien 1994
Alexander, Christopher: Eine Muster-Sprache. A Pattern Language. Städte, Gebäude, Konstruktion. Wien 1995 (Erstausg. New York 1977)
Arendt, Hannah: Vita activa oder Vom tätigen Leben. München 2002 (Erstausg. Chicago 1958)
Aristoteles: Politik. Schriften zur Staatstheorie. Stuttgart 1993
Aulinger, Barbara: Die Gesellschaft als Kunstwerk. Fiktion und Methode bei Georg Simmel. Studien zur Moderne 7. Wien 1999
Banik-Schweitzer, Renate: „Zugleich ist auch bei der Stadterweiterung die Regulierung der inneren Stadt im Auge zu behalten." Wiener Altstadt und Ringstraße im Tertiärisierungsprozeß des 19. Jahrhunderts. In: Gerhard Fehl; Juan Rodríguez-Lores (Hg.): Stadtumbau. Die planmäßige Erneuerung europäischer Großstädte zwischen Wiener Kongress und Weimarer Republik. Basel/Berlin/Boston 1995, S. 127ff
Baumeister, Reinhard: Stadt-Erweiterungen in technischer, baupolizeilicher und wirthschaftlicher Beziehung. Berlin 1876
Bauordnung für die k.k. Reichshaupt- und Residenzstadt Wien. Gesetz vom 17. Jänner 1883. Niederösterreichisches Landesgesetz. u. V.Bl. Nr. 35
Benjamin, Walter: Der destruktive Charakter. In: ders.: Illuminationen. ausgewählte Schriften. Frankfurt 1969 (1931), S. 310ff
Bermbach, Udo: Der Wahn des Gesamtkunstwerks. Richard Wagners politisch-ästhetische Utopie. Frankfurt a.M. 1994
Berndt, Heide: Hygienebewegung des 19. Jahrhunderts als vergessenes Thema von Stadt- und Architektursoziologie. In: Die Alte Stadt. Zeitschrift f. Stadtgeschichte, Stadtsoziologie und Denkmalpflege, 14. Jg. 1987, S. 140ff
Bobek, Hans; Lichtenberger, Elisabeth: Wien. Bauliche Gestalt und Entwicklung seit der Mitte des 19. Jahrhunderts. Graz/Köln 1966
Böhringer, Hannes: Spuren von spekulativem Atomismus in Simmels formaler Soziologie. In: Böhringer, Hannes; Gründer, Karlfried (Hg.): Ästhetik und Soziologie um die Jahrhundertwende: Georg Simmel. Studien zur Philosophie und Literatur des neunzehnten Jahrhunderts, Bd. 27. Frankfurt a. M. 1976
Boyarski, Alvin Simon: Camillo Sitte: „City Builder". A Thesis Presented to the Faculty of the Graduate School of Cornell University for the Degree of Master of Regional Planning. September 1959 [unveröffentlicht]

Brinckmann, A[bert] E[rich]: Deutsche Stadtbaukunst in der Vergangenheit. Frankfurt a.M. 1911
Brinckmann, A[bert] E[rich]: Platz und Monument als künstlerisches Formproblem. Berlin 1923 (3. Aufl., Erstausg. 1908)
Brooks, H. Allen: Jeanneret and Sitte: Le Corbusier's earliest Ideas on Urban Design. In: Helen Searing (ed.): In Search of Modern Architecture. A Tribute to Henry-Russell Hitchock. Cambridge/Mass./London 1982, S. 278ff
Bücher, Karl: Die wirtschaftlichen Aufgaben der modernen Stadtgemeinde. Vortrag. Leipzig 1898
Choay, Françoise: L'Urbanisme. Utopies et Réalités. Paris 1965
Choay, Françoise: Das architektonische Erbe, eine Allegorie. Geschichte und Theorie der Baudenkmale. Braunschweig/Wiesbaden 1997
Collins, George R.; Christiane Crasemann Collins: Camillo Sitte reappraised. In: Roger Kain (Hg.): Planning for Conservation. London 1981, S. 63ff
Collins, George R.; Christiane Crasemann Collins: Camillo Sitte and the Birth of Modern City Planning. Columbia University Studies in Art History and Archaeology, No. 3. London 1965, erweiterte Ausgabe: New York 1986 (Rizzoli essays on architecture No. 1)
Crasemann Collins, Christiane: Hegemann and Peets. Cartographers of an Imaginary Atlas. In: Hegemann, Werner; Peets, Elbert: The American Vitruvius. An Architects' Handbook of Civic Art. Braunschweig/Wiesbaden 1988, S. xiiff
Curdes, Gerhard; Oemichen, Renate: Künstlerischer Städtebau um die Jahrhundertwende. Der Beitrag von Karl Henrici. Köln/München 1981
Czeike, Felix: Probleme Wiens in der Ringstraßenära. In: Wilhelm Rausch (Hg.): Die Städte Mitteleuropas im 19. Jahrhundert. Linz 1983
Czeike, Felix (Hg.): Wien in der liberalen Ära. Forschungen und Beiträge zur Wiener Stadtgeschichte 1. Sonderreihe der Wiener Geschichtsblätter, Verein für Geschichte der Stadt Wien. Wien 1978
Darwin, Charles: Die Entstehung der Arten durch natürliche Zuchtwahl (Nachwort: E. Zwierlein). Stuttgart 1963
Das ungebaute Wien. Projekte für die Metropole 1800–2000. Ausstellung d. Historischen Museums der Stadt Wien. Wien 2000
Der Münsterplatz in Ulm und seine zukünftige Gestaltung, eine städtebauliche Zukunftsaufgabe. In Gemeinschaft mit dem Bunde Deutscher Architekten und dem Deutschen Werkbunde hg. v. H. de Fries. „Bausteine" Nr. 1/1925
Die Großstadt. Vorträge und Aufsätze zur Städteausstellung. Jahrbuch der Gehe-Stiftung zu Dresden. Hg. v. Th. Petermann. Bd. IX. Dresden 1903
Deutsch, Helene: Zur Genese der Platzangst. In: Internationale Zeitschrift für Psychoanalyse. Hg. v. Sigmund Freud, Bd. 14, Heft 3. Wien 1928, S. 297ff
Eckardt, Georg (Hg.): Völkerpsychologie – Versuch einer Neuentdeckung. Texte von Lazarus, Steinthal und Wundt. Weinheim 1997
Eitelberger v. Edelberg, Rudolf: Die österreichische Kunst-Industrie und die heutige Weltlage. Vortrag gehalten im k.k. Österreichischen Museum am 27.10.1870. Wien 1871
Eitelberger v. Edelberg, Rudolf: Die Preisgekrönten Entwürfe zur Erweiterung der inneren Stadt Wien. Wien 1859 (Nachdruck 1981)
Eitelberger v. Edelberg, Rudolf: Städteanlagen und Stadtbauten. Ein Vortrag gehalten am 10. März 1858. Wien 1858
Ellin, Nan: Postmodern Urbanism. New York 1999

Faßbender, Eugen: Grundzüge der modernen Städtebaukunde. Leipzig/Wien 1912
Fechner, Gustav Theodor: Elemente der Psychophysik, 2 Bde. Leipzig 1860
Fechner, Gustav Theodor: Vorschule der Ästhetik. Zwei Bde. in einem Bd. Hildesheim/New York 1978, (Nachdruck 1871 u. 1925)
Fehl, Gerhard; Rodriguez-Lores, Juan (Hg.): Städtebau um die Jahrhundertwende. Materialien zur Entstehung der Disziplin Städtebau. Köln 1980
Fehl, Gerhard: Stadtbaukunst contra Stadtplanung. Zur Auseinandersetzung Camillo Sittes mit Reinhard Baumeister. In: Stadtbauwelt, Nr. 65, 28. März 1980, S. 37ff (Bauwelt, Jg. 71 1980, Heft 12, S. 451ff)
Fehl, Gerhard: Kleinstadt, Steildach, Volksgemeinschaft. Zum ‚reaktionären Modernismus' in Bau- und Stadtbaukunst. Braunschweig/Wiesbaden 1995
Fehl, Gerhard; Juan Rodriguez-Lores (Hg.): Stadtumbau. Die planmäßige Erneuerung europäischer Großstädte zwischen Wiener Kongress und Weimarer Republik. Basel/Berlin/Boston 1995
Fischer, Theodor: Sechs Vorträge über Stadtbaukunst. München/Berlin 1922
Foucault, Michel: Was ist Kritik? Berlin 1992
Foucault, Michel: Archäologie des Wissens. Frankfurt a. M. 1997
Freud, Sigmund: Zwei Kinderneurosen. Sigmund Freud - Studienausgabe Bd. VIII. Frankfurt a. M. 1969
Frisby, David: Georg Simmels Großstadt: eine Interpretation. In: L. Musner/ G. Wunberg/ Ch. Lutter (Hg.): Cultural Turn. Zur Geschichte der Kulturwissenschaften. Wien 2001, S. 65ff
Frisby, David: Cityscapes of Modernity. Critical Explorations. Cambridge 2001
Frisby, David (Hg.): Georg Simmel in Wien. Texte und Kontexte aus dem Wien der Jahrhundertwende. Wien 2000
Führich v. Josef: Lebenserinnerungen. Höchst-Bregenz o.J.
25 Jahre Wiener Fremdenverkehr. Festschrift anläßlich des 25jährigen Bestands-Jubiläums des Wiener Vereins für Stadtinteressen und Fremdenverkehr. Wien 1907
Gasser, Rudolf-Josef (Hg.): Der Anatom Josef Hyrtl 1810–1894. Wien/München/Bern 1991
Geddes, Patrick: Cities in Evolution. An Introduction of the Town Planning Movement and the Study of the City. London 1915
Geschichtliche Grundbegriffe. Studienausgabe Bd. 3. Stuttgart 2004
Giedion, Sigfried: Raum, Zeit, Architektur. Die Entstehung einer neuen Tradition. Zürich/München/London 1992 (Erstausg. Cambridge/Mass.1941)
Goecke Theodor: Das Berliner Arbeiter-Mietshaus. Eine bautechnisch-soziale Studie. In: Deutsche Bauzeitung 24 (1890), S. 501ff
Goecke, Theodor: Schon wieder die Arbeiter-Wohnfrage. In: Deutsche Bauzeitung, 26. Jg. 1892, S. 253ff
Goecke, Theodor: Verkehrsstraße und Wohnstraße. In: Preußische Jahrbücher, 73.Bd. 1893, S. 85ff
Goecke, Theodor: Wohnungsfrage und Bebauungsplan. In: Blätter für soziale Praxis in Gemeinde, Vereinen und Privatleben, III. Halbjahr, Nr. 59. Frankfurt a. M. 1894
Goecke, Theodor: Fortschritte auf dem Gebiet der Architektur. Die Architektur sozialer Wohlfahrts-Anstalten. Ergänzungshefte zum Handbuch der Architektur Nr. 6. Darmstadt 1895
Graf, Otto Antonia: Otto Wagner. Das Werk des Architekten, zwei Bde. Wien/Köln/Weimar 1994
Gurlitt, Cornelius: Über Baukunst. In: Richard Muther (Hg.): Die Kunst. Berlin o.J.

Habermas, Jürgen: Der philosophische Diskurs der Moderne. Zwölf Vorlesungen. Frankfurt a. M. 1985

Hegemann, Werner: Brinckmann über deutsche Stadtbaukunst in der Vergangenheit. In: Der Städtebau, 8. Jg. 1911, S. 105f

Hegemann, Werner; Peets, Elbert: The American Vitruvius. An Architects' Handbook of Civic Art. Braunschweig/Wiesbaden 1988 (Erstausg. New York 1922)

Hegemann, Werner: Weimarer Bauhaus und ägyptische Baukunst. In: Wasmuths Monatshefte für Baukunst, 8. Jg. 1924, S. 69ff

Hegemann, Werner: Ideenwettbewerb zur Verbauung der Prinz-Albrecht-Gärten in Berlin. In: Wasmuths Monatshefte für Baukunst, 8. Jg. 1924, S. 197ff

Hegemann, Werner: [Anmerkung zur Rezension von] Stübben, J., Der Städtebau, 3. Auflage Leipzig 1924. In: Der Städtebau, 20. Jg. 1925, Heft 1/2, S. 26f

Hegemann, Werner: Die krystalline Form gotischer Kirchen und ihrer Vorplätze. In: Der Städtebau, 20. Jg. 1925, S. 29ff

Hegemann, Werner: Camillo Sitte und die „Fischerschule". In: Der Städtebau, 20. Jg. 1925, S. 39ff

Hegemann, Werner: Sverre Pedersen. Ein Stadtbaumeister des zwanzigsten Jahrhunderts. In: Wasmuths Monatshefte für Baukunst, 9. Jg. 1925, S. 49ff

Hegemann, Werner: City Planning. Housing. With a Preface by R. M. MacIver. First Volume of Text: Historical and Sociological. New York 1936

Heiligenthal, Roman: Deutscher Städtebau. Ein Handbuch für Architekten/Ingenieure/Verwaltungsbeamte und Volkswirte. Heidelberg 1921

Herder, Johann Gottfried: Ideen zur Philosophie der Geschichte, zwei Bde. Berlin/Weimar 1965

Herzog, Hans-Michael: Ulm – zuviel Platz vor dem Münster. In: Bauwelt, 87. Jg. 1987, Heft 19, S. 678ff

Hobsbawm, Eric J.: Nationen und Nationalismus. Mythos und Realität seit 1780. Frankfurt a. M. 2004

Hofmann, Albert: Die Wiederherstellung des Münsterplatzes in Ulm. In: Bauwelt, 16. Jg. 1925, Heft 7, S. 125ff

Ilg, Albert: Leben und Werke Joh. Bernh. Fischer's von Erlach des Vaters. Die Fischer von Erlach Bd. 1. Wien 1895

Jansen, Hermann: [Rezension zu. Stübben, J., Der Städtebau, 3. Auflage Leipzig 1924]. In: Der Städtebau, 20. Jg. 1925, Heft 1/2, S. 26

Karnau, Oliver: Hermann Josef Stübben. Städtebau 1876–1930. Braunschweig/Wiesbaden 1996

Kesten, Hermann (Hg.): Deutsche Literatur im Exil. Briefe europäischer Autoren 1933–1949. München 1964

Kobuch, Agatha: Die Gehe-Stiftung in Dresden und ihre Bedeutung für die Förderung von Bildung und Wissenschaft. In: Dresdner Hefte. Beiträge zur Kulturgeschichte 20, 7. Jg. 1989, Heft 5, S. 49ff

Köhnke, Klaus Christian: Der junge Simmel in Theoriebeziehungen und sozialen Bewegungen. Frankfurt a. M. 1996

Koolhaas, Rem: Delirious New York. Ein retroaktives Manifest für Manhattan. Aachen 1999 (Erstausg. New York 1978)

Koolhaas, Rem: The Terrifying Beauty of the Twentieth Century. In: Rem Koolhaas, Bruce Mau (Hg.), S,M,L,XL. Rotterdam/New York 1995, S. 206ff

Koolhaas, Rem: Atlanta. In: Robin Middelton: The Idea of the City. London/Cambridge/ Mass. 1996, S.84ff
Krier, Leon: Preface. In: Werner Hegemann; Elbert Peets: The American Vitruvius. An Architects' Handbook of Civic Art. Braunschweig/Wiesbaden 1988, S. vf
Krier, Rob: Stadtraum in Theorie und Praxis an Beispielen der Innenstadt Stuttgart. Stuttgart 1975
Krier, Rob: Town Spaces. Contemporary Interpretations in Traditional Urbanism, Basel 2003
Kuhnert, Nikolaus: Zur Konstruktionsproblematik des städtischen Raumes. In: arch+ 50, April 1980, S. 28ff
Lebius, Rudolf: Was lehrt die I. Deutsche Städte-Ausstellung, Dresden 1903? Leipzig 1903
Le Corbusier: Städtebau. Übersetzt und herausgegeben von Hans Hildebrandt. Stuttgart 1926 (Orig. frz.: Urbanisme 1925)
Lemke, Gundela: Der vergebliche Kampf um eine Gartenstadt bei Braunschweig – Zum nicht realisierten Projekt von Theodor Goecke. In: F. Bollerey/ G. Fehl/ K. Hartmann (Hg.): Im Grünen wohnen – im Blauen planen. Ein Lesebuch zur Gartenstadt mit Beiträgen und Zeitdokumenten, Bd. 12 Stadt/Planung/Geschichte. Aachen 1986, S. 148ff
Le Rider, Jacques: Das Ende der Illusion. Zur Kritik der Moderne, Wien 1990
Lichtwark, Alfred: Blumenkultus. Wilde Blumen. Dresden 1897
Loos, Adolf: Ins Leere gesprochen. Wien 1981 (Erstausg. 1921)
Loos, Adolf: Trotzdem. Wien 1982 (Erstausg.1931)
Loos, Adolf: Die Potemkinsche Stadt. Verschollene Schriften 1897–1933. Hg. v. Adolf Opel. Wien 1983
Maderthaner, Wolfgang; Musner, Lutz: Die Anarchie der Vorstadt. Das andere Wien um 1900. Frankfurt a.M./New York 1999
Maertens, Hermann: Optisches Maass für den Städte-Bau. Bonn 1890
Mallgrave, Harry Francis: Gottfried Semper. Ein Architekt des 19. Jahrhunderts. Zürich 2001
Malthus, Thomas Robert: Versuch über das Bevölkerungsgesetz oder eine Betrachtung über seine Folgen für das menschliche Glück in der Vergangenheit und Gegenwart. Bibliothek der Volkswirtschaftslehre und Gesellschaftswissenschaft. Berlin 1879
Marx, Karl: Das Kapital. Kritik der politischen Ökonomie, Erster Band. MEW, Bd. 23. Berlin 1972
Marx, Karl: Die Chartristen. MEW, Bd. 8. Berlin 1975, S. 342ff
Mayreder, Karl: Stadtentwicklung. In: Paul Kortz (Hg. Österr. Ing. und. Arch.-Verein), Wien am Anfang des XX. Jahrhunderts. Ein Führer in technischer und künstlerischer Hinsicht, zwei Bde, Bd. 1. Wien 1905
Middleton, Robin (Ed.): The Idea of the City. London/Cambridge,Mass. 1996
Miller, Mervin: Der rationale Enthusiast – Raymond Unwin als Bewunderer des deutschen Städtebaus. In: Stadtbauwelt Nr. 75, 24. September 1982, S. 319ff (Bauwelt, 73. Jg. 1982, Heft 36, S. 1513ff)
Mönninger, Michael: Vom Ornament zum Nationalkunstwerk. Zur Kunst- und Architekturtheorie Camillo Sittes. Braunschweig/Wiesbaden 1998
Nerdinger, Winfried: Theodor Fischer. Architekt und Städtebauer Berlin 1988
Nietzsche, Friedrich: Der Fall Wagner. Ein Musikanten-Problem, Bd. 2. In: F. Nietzsche Werke, zwei Bde., München/Wien 1978, S. 289ff
Noever, Peter (Hg.): Kunst und Industrie. Die Anfänge des Museums für angewandte Kunst in Wien. Wien 2000

Novalis (F. v. Hardenberg): Werke in einem Band. München/Wien 1981
Nussbaum, H. Chr.: Leitfaden der Hygiene für Techniker, Verwaltungsbeamte und Studierende dieser Fächer. München/Berlin 1902
Nussbaum, H. Chr.: Die Hygiene des Städtebaus. Leipzig 1907
Oechslin, Werner: Einleitung zum Reprint von: A[lbert] E[rich] Brinckmann: Deutsche Stadtbaukunst in der Vergangenheit. Braunschweig/Wiesbaden 1985, S. V–XVI (Erstausg. 1921)
Peets, Elbert: Famous Town Planners II – Camillo Sitte. In: The Town Planning Review, Bd. XII, Nr. 4, Dez. 1927, S. 249ff
Pehnt, Wolfgang: Immer geradeaus. Der gerade Weg in der modernen Architektur. In: Daidalos, Nr. 47, 1993, S. 18ff
Pettenkofer, Max v.: Beziehung der Luft zu Kleidung, Wohnung und Boden. Populäre Vorträge, 1. Heft. Braunschweig 1877
Pettenkofer, Max v.: Ueber den Werth der Gesundheit für eine Stadt. Populäre Vorträge, 2. Heft. Braunschweig 1877
Pettenkofer, Max v.: Ueber den hygienischen Werth von Pflanzen und Pflanzungen im Zimmer und im Freien. Populäre Vorträge, 3. Heft. Braunschweig 1877
Pevsner, Nikolaus: A Pioneer of Town-Planning. In: The Architectural Review. Vol. 100, No. 600, Dec. 1946, S. 186
Pfeil, Elisabeth: Großstadtforschung. Veröffentlichung der Akademie für Raumforschung und Landesplanung, Bd. 19. Bremen 1950
Pieler, Peter Hubertus: ‚Mit uns zieht die neue Zeit.' Der Verleger Alfred Janßen und die Reformbewegung. Bibliothemata Bd. 9. Herzberg 1994
Pircher, Wolfgang: Von der Population zum Volk. Biopolitik und Volkszählung in Österreich. In: Martin Stingelin (Hg.): Biopolitik und Rassismus. Frankfurt a. M. 2003
Posener, Julius: Berlin auf dem Wege zu einer neuen Architektur. Das Zeitalter Wilhelms II. München 1979
Radkau, Joachim: Zur Kultur der Nervosität. Amerikanisierung als deutsches Nervenproblem. In: Regina Bittner (Hg.): Urbane Paradiese. Zur Kulturgeschichte modernen Vergnügens. Frankfurt a. M./New York 2001, S. 6ff
Reiterer, Gabriele: Augensinn. Zu Raum und Wahrnehmung in Camillo Sittes Städtebau. Salzburg/München 2003
Riegl, Alois: Der moderne Denkmalkultus. Sein Wesen und seine Entstehung (1903). In: Gesammelte Aufsätze. Augsburg/Wien 1928, S. 144ff
Riegl, Alois: Volkskunst, Hausfleiß und Hausindustrie, Mittenwald 1978 (Nachdruck der Ausgabe von 1894)
Riegl, Alois: Salzburgs Stellung in der Kunstgeschichte, Wien o.J.
Riehl, Wilhelm Heinrich: Die Naturgeschichte des Volkes. Vier Bde. (erster Bd.: Land und Leute) Stuttgart 1899 (10. Aufl.; Erstausg. 1853ff)
Rodriguez-Lores, Juan: „Gerade oder krumme Straßen?" Von den irrationalen Ursprüngen des modernen Städtebaues. In: Gerhard Fehl, Juan Rodriguez-Lores (Hg.): Stadterweiterungen 1800–1875. Von den Anfängen des modernen Städtebaues in Deutschland. Hamburg 1983, S. 101ff
Rosner, Ursa: Studienbeginn Architektur. Objektive und subjektive Methoden in der Moderne. Dissertation TU Graz 2003 (unveröffentlicht)
Rowe, Colin; Koetter, Fred: Collage City. Basel/Boston/Stuttgart 1984. (Erstausg. Cambridge. Mass/London 1978)

Rudder, B. de; Linke, F. (Hg.): Biologie in der Großstadt. 4. Frankfurter Konferenz für medizinisch-naturwissenschaftliche Zusammenarbeit. Dresden/Leipzig 1940
Schindler, Herbert: Nazarener. Romantischer Geist und christliche Kunst im 19. Jahrhundert. Regensburg 1982
Schlegel, Friedrich: Der Historiker als rückwärts gekehrter Prophet. Leipzig 1991
Schmalhofer, Elisabeth: Der Architekt Franz Sitte 1818–1879. Künstler und Träumer. Diplomarbeit an der Geisteswissenschaftlichen Fakultät der Universität Wien. Wien 1997 (unveröffentlicht)
Schnoor, Christoph: La Construction des Villes. Charles-Edouard Jeannerets erstes städtebauliches Traktat von 1910/11. Berlin 2003
Schorske, Carl E.: Wien. Geist und Gesellschaft im Fin de Siècle. München/Zürich 1994
Schumacher, Fritz (Hg.): Lesebuch für Baumeister. Äußerungen über Architektur und Städtebau. Braunschweig 1977 (Erstausg. Berlin 1941)
Sell, Friedrich: Die Tragödie des deutschen Liberalismus. Stuttgart 1953
Semsroth Klaus; Michael Mönninger; Christiane Crasemann Collins (Hg.). Camillo Sitte Gesamtausgabe. Schriften und Projekte. Wien/Köln/Weimar 2003ff (Bd. 3 bisher erschienen)
Sennett, Richard: Verfall und Ende des öffentlichen Lebens. Die Tyrannei der Intimität. Frankfurt a. M. 1991 (Erstausg. New York 1974)
Simmel, Georg: Gesamtausgabe, 20 Bde. Frankfurt a. M. 1999ff
Sitte, Camillo: Curriculum vitae, 1874. In: Haus- Hof- und Staatsarchiv Wien ad 12510/74
Sitte, Camillo: Richard Wagner und die deutsche Kunst. Separat-Abdruck aus dem 2. Jahres-Berichte des Wiener Akademischen Wagner-Vereins. Wien 1875. In: Sitte-Archiv, TU Wien, Institut für Städtebau, Raumplanung und Raumordnung, Inv. Nr. 133
Sitte, Camillo: Die neuere kirchliche Architektur in Oesterreich und Ungarn. In: Oesterreich-ungarische Revue III, 1887, S. 65ff
Sitte, Camillo: Der Städte-Bau nach seinen künstlerischen Grundsätzen. Ein Beitrag zur Lösung modernster Fragen der Architektur und monumentalen Plastik unter besonderer Beziehung auf Wien. Wien 1889
Sitte, Camillo: Ferstel, Hansen, Schmidt. In: Neues Wiener Tagblatt, 30. Januar 1892 (26. Jg. Nr. 30), S. 1f
Sitte, Camillo: Über Wiener Stadtbauangelegenheiten. Vortragsmitschrift um 1895. In: Sitte-Archiv, TU Wien, Institut für Städtebau, Raumplanung und Raumordnung, Inv. Nr. 233
Sitte, Camillo: Das bautechnische Laboratorium an der k.k. Staats-Gewerbeschule Wien, I. Bezirk. In: Supplement zum Centralblatt für das gewerbliche Unterrichtswesen in Oesterreich, Bd. 15. Wien 1896
Sitte, Camillo: Erklärungen zu dem Lageplan für Reichenberg. Reichenberg 1901. Sitte-Archiv, TU Wien. Inv. Nr. 241
Sitte, Camillo: Die Ergebnisse der Vorconcurrenz zu dem Baue des Kaiser Franz Joseph-Museums der Stadt Wien. Wien 1902. In: Sitte-Archiv, TU Wien, Institut für Städtebau, Raumplanung und Raumordnung, Inv. Nr. 260
Sitte, Heinrich: Camillo Sitte 1843–1903. In: Neue Österreichische Biographie 1815–1918. Bd. 6. Wien 1929, S. 132ff
Sitte, Siegfried: Das Wirtschaftsbild. Hg. Institut f. Städtebau u. Raumplanung Wien, Bd. 27. Wien 1997 (Erstausg. 1924)
Sombart, Werner: Vom Menschen. Versuch einer geisteswissenschaftlichen Anthropologie. Berlin 1938

Stevens, Herbert W.: On Reading Sitte. In: Journal of the American Institute of Planners, Vol. XII, No.3; July/Aug./Sept. 1946, S. 30ff

Stübben, Joseph: Der Städtebau. In: Handbuch der Architektur, 9. Halbband. Braunschweig/ Wiesbaden 1980 (Erstausg. 1890)

Tietze, Hans: Wien. Kultur, Kunst, Geschichte. Wien/Leipzig 1931

Unwin, Raymond: Grundlagen des Städtebaues. Eine Anleitung zum Entwerfen städtebaulicher Anlagen. Berlin 1910

Ven, Cornelius van de: Ideas of Space. In: Architectural Association Quaterly, Vol. 9, 1977, No. 2/3

Vitruv, Marcus Pollio: Zehn Bücher über Architektur. Baden-Baden 1983

Vogt, Olav: Theodor Goecke. Provinzialkonservator in Brandenburg 1908 bis 1919. In: Brandenburgische Denkmalpflege, Jg. 4 1995, Heft 2, S. 47ff

Wagner, Otto: Moderne Architektur. Wien 1896 (erw. Neuauflage: Die Baukunst unserer Zeit. Wien 1914)

Wagner, Richard: Dichtungen und Schriften. Jubiläumsausgabe in 10 Bänden. Reformschriften, Bd. 6. Frankfurt a. M. 1983

Wagner-Rieger, Renate (Hg.): Die Wiener Ringstraße. Bild einer Epoche. 11 Bde. Wiesbaden 1969–1979

Walter, Edith: Österreichische Tageszeitungen der Jahrhundertwende. Ideologischer Anspruch und ökonomische Erfordernisse. Wien/Köln/Weimar 1994

Westphal, C.(arl): Die Agoraphobie, eine neuropathische Erscheinung. In: Archiv f. Psychiatrie und Nervenkrankheiten. Hg. v. B. Gudden/ E. Leyden/ L. Meyer/ C. Westphal, 3. Bd., Berlin 1872, S. 138ff

Westphal, C[arl]: Nachtrag zu dem Aufsatze ‚Über Agoraphobie',. In: Archiv f. Psychiatrie und Nervenkrankheiten, Hg. v. B. Gudden/ E. Leyden/ L. Meyer/ C. Westphal, 3. Bd., Berlin 1872, S. 219ff

Wieczorek, Rudolf: Camillo Sittes ‚Städtebau' in neuer Sicht. In: Berichte zur Raumforschung und Raumplanung 33. Jg. 1989, Heft 3–5, S. 35ff

Wilhelm, Karin: Die Stadt ohne Eigenschaften – wider die Propaganda einer globalen Amnesie. In: Gerda Breuer (Hg.): Neue Stadträume zwischen Musealisierung, Medialisierung und Gestaltlosigkeit. Frankfurt a. M./Basel 1998, S. 203ff

Wilhelm, Karin: Zur Architekturtheorie der Wiener Moderne. In: Karl Acham (Hg.): Geschichte der Österreichischen Humanwissenschaften, Bd. 5. Wien 2003, S. 445ff

Wilhelm, Karin: Städtebautheorie als Kulturtheorie. Camillo Sittes ‚Der Städtebau nach seinen künstlerischen Grundsätzen'. In: Lutz Musner/Gotthard Wunberg/Christina Lutter (Hg.), Cultural Turn. Zur Geschichte der Kulturwissenschaften. Wien 2001, S. 89ff

Winter, Helmut: Zum Wandel der Schönheitsvorstellungen im modernen Städtebau: Die Bedeutung psychologischer Theorien für das architektonische Denken. Berichte zur Orts-, Regional- und Landesplanung Nr. 65. Zürich 1988

Witzler, Beate: Großstadt und Hygiene. Kommunale Gesundheitspolitik in der Epoche der Urbanisierung. MedGG Beihefte 5. Stuttgart 1995

Wolf, Paul: Städtebau. Das Formproblem der Stadt in Vergangenheit und Zukunft. Leipzig 1919

Wunberg, Gotthart: Österreichische Literatur und allgemeiner zeitgenössischer Monismus um die Jahrhundertwende. In: P. Berner/ E. Brix/ W. Mantl (Hg.): Wien um 1900. Aufbruch in die Moderne. München 1986

Wurzer, Ralph G: Camillo Sitte and America. A Study of the Reception of Sittes Ideas in American Planning Literature. A Thesis presented for the Master of Sience, University of Tennessee, Knoxville 1988

Wurzer, Rudolf: Franz, Camillo und Siegfried Sitte. Ein langer Weg von der Architektur zur Stadtplanung. In: Berichte zur Raumforschung und Raumplanung, 33. Jg. 1989, Heft 3–5, S. 9ff

Wurzer, Rudolf: Camillo Sittes Hauptwerk „Städte-Bau nach seinen künstlerischen Grundsätzen". Anlaß, Vorbilder, Auswirkungen. In: Die Alte Stadt, 19. Jg. 1992, Heft 1, S. 1ff

Wuttke, Robert (Hg.): Die deutschen Städte. Geschildert nach den Ergebnissen der ersten Deutschen Städte-Ausstellung zu Dresden 1903. Zwei Bde. Leipzig 1904

Zeuchner, Gerd: Camillo Sitte. In: Architektur der DDR, 27. Jg. 1978, S. 698ff

Ziebill, Otto: Geschichte des deutschen Städtetages. Fünfzig Jahre deutsche Kommunalpolitik. Stuttgart 1955

Zukowsky, John (Hg.): Chicago-Architektur 1872–1922 Die Entstehung der kosmopolitischen Architektur des 20. Jahrhunderts. München 1987

Zweig, Stefan: Die Welt von Gestern. Erinnerungen eines Europäers. Frankfurt a. M. 2000 (Erstausg. 1944)

Periodika:

Allgemeine Bauzeitung, Wien, 1836ff
Der Architekt, Wien, 1895ff
Baugewerks-Zeitung, Berlin, 1869ff
Der Baumeister, München, 1902ff
Bautechnische Zeitschrift, Berlin/München, 1877ff
Berichte und Mitteilungen des Alterthums-Vereines zu Wien
Berichte zur Raumforschung und Raumplanung, Wien, 1965ff
Chicago Record-Herald
Chronik des Wiener Goethe-Vereins, 1886ff
Deutsche Bauhütte. Zentralblatt für deutsche Bauwirtschaft, Hannover, 1897ff
Deutsche Bauzeitung, Berlin, 1868ff
Die Fackel, Wien, 1899ff
Der Lotse. Hamburgische Wochenschrift für deutsche Kultur, 1900–1901
Monatsblätter des Wissenschaftlichen Club in Wien, 1880ff
Neue Freie Presse, Wien (NFP)
Neues Wiener Tagblatt, Wien (NWT)
Oesterreich-ungarische Revue, Wien, 1886ff
Österreichische Wochenschrift für den öffentlichen Baudienst, Wien, 1901ff
Preußische Jahrbücher, Berlin, 1858ff
Der Städtebau, Berlin, 1904ff
Süddeutsche Bauzeitung, München, 1891ff
Town Planning Review, Liverpool, 1910ff
Wasmuths Monatshefte für Baukunst, Berlin, 1914ff
Westfälische Zeitung, Bielefelder Tageblatt
Wochenschrift des Österreichischen Ingenieur- und Architekten-Vereines, Wien, 1876ff
Zeitschrift des Österreichischen Ingenieur- und Architekten-Vereines, Wien, 1865ff
Zeitschrift für Transportwesen und Straßenbau, Berlin, 1884ff
Zeitschrift für Vermessungswesen, Stuttgart, 1872ff
Zentralblatt der Bauverwaltung, Berlin, 1881ff

Franziskanerplatz, Wien 1, 2004. Foto: Johann Sauer

Dokumente

Editorische Notiz

Aus den nachgelassenen Schriften, Aufsätzen und Vorträgen Camillo Sittes werden seine wichtigsten Arbeiten zum Städtebau in Auszügen dokumentiert. Der Dokumentation sind außerdem Texte weiterer Autoren beigefügt, die die darin angesprochenen biographischen, thematischen und historischen Zusammenhänge vertiefen. Orthographie und Interpunktion der vorliegenden Fassungen entsprechen in jeder Hinsicht den Originaldokumenten. Hervorhebungen im Originaltext (Sperrungen etc.) wurden in der Transkription kursiviert. Unterschiedliche Schreibweisen von Namen (z.b. „Kamillo" statt „Camillo") wurden nicht vereinheitlicht.

Biographische Nachrufe und Korrespondenzen

Karl Henrici
Camillo Sitte, † 16. November 1903 130

Karl Henrici
Kamillo Sitte als Begründer einer neuen Richtung im Städtebau 132

J[oseph] Stübben
Camillo Sitte † 134

Othmar v. Leixner
Camillo Sitte 135

Julius Koch
Kamillo Sitte † 16. November 1903 137

Theodor Fischer
Camillo Sitte 138

George E. Hooker
Cammillo [sic!] Sitte – City builder 140

F. Feldegg
Kamillo Sitte. Gedenkrede zum 80. Geburtstage. 143

N. N.
V. K. Schembera. 146

H.
Theodor Goecke † 147

Brief Camillo Sitte an Alfred Lichtwark, 26. August 1903 149

Brief Alfred Lichtwark an Camillo Sitte 29. August 1903 149

Brief Camillo Sitte an Alfred Lichtwark, 1. September 1903 150

Kondolenzschreiben Alfred Lichtwarks zu Sittes Tod, 19. November 1903 153

Karl Henrici
Camillo Sitte, † 16. November 1903
Der Städtebau 1 (1904), Heft 3, S. 33–34

Von einem Gehirnschlag getroffen, hat Camillo Sitte am 16. November 1903 sein Leben ausgehaucht. […]
Sein rastloser Geist kannte keine Schranken und kein Stillstehen, seine Fantasie keine Grenzen, über die hinauszustreben sie nicht fortwährend in Bewegung gewesen wäre.
Und doch war es ein bestimmtes Ziel, welches ihm vorschwebte, und in unermüdlichem Ringen und in fast übermenschlicher Arbeit hat er ein großes Lebenswerk daran gesetzt, um es zu erreichen. Als ein tief tragisches Geschick ist es zu beklagen, daß kurz vor der Ernte dessen, was in seinem umfassenden Geiste bis zu naher Vollendung herrangereift war, der Lebensfaden abriß. […]
Eine Vision, die ihm schon in jüngeren Jahren im Geiste ein von jeglichem Gebrauchszweck losgelöstes, rein künstlerisches Nationaldenkmal erstehen ließ, rein national im Grundgedanken, rein national in der Durchbildung und verklärt zusammenfassend und darstellend, was jemals dem deutschen Geist künstlerisch entsprungen, – diese Vision war es, die ihn wachend und schlafend nicht verließ, und an der, wie an einem Faden, sein ganzes Lebenswerk hing. Sein Lebenswerk war die Vorbereitung zur Verwirklichung dieser Vision, und wie ernst er es damit nahm, bekundet das enorme Studienmaterial, welches er wohlgeordnet in seinem Geiste aufgespeichert und in Sammlungen, Notizen und Auszügen, Skizzen und Entwürfen zusammengetragen hat. Es umfaßt archäologische, anatomi-

sche, physiognomische, ornamentale, perspektivische, musiktheoretische usw. Studien, deren jede von einer ebenso durchdringenden und zerlegenden wie schöpferischen Gedankenarbeit Zeugnis ablegt.

Ein phänomenales Gedächtnis half ihm den gewaltigen Stoff als lebendiges Wissen im Geiste festzuhalten und jederzeit davon Gebrauch zu machen.

[...]

Alle jene Studien waren nahezu abgeschlossen, sie sollten den Inhalt eines 7 Bände* fassenden literarischen Werkes bilden, von welchem Teile (u. a. Einleitungen zu einzelnen Kapiteln) bereits geschrieben sind. Daß es ein Werk von höchster Bedeutung geworden wäre, wird niemand bezweifeln, der das Glück gehabt hat, intimen Darlegungen Sittes zu lauschen, mit denen er vertrauten Freunden den Einblick in die reiche Welt seiner überraschenden und doch überzeugenden Erkenntnisse gewährte, und sie in den Kreis seiner lodernden Empfindungen und sprühenden Gedanken mit faszinierender Beredsamkeit hineinzog.

Sein bahnbrechendes Buch, „Der Städtebau nach seinen künstlerischen Grundsätzen", mit welchem Sitte sich zuerst in Deutschland weitestgehenden und wohlverdienten Ruhm erworben hat, sowie ungezählte Druckschriften und kleinere Aufsätze kunstgewerblichen, städtebaulichen, kunstgeschichtlichen, pädagogischen usw. Inhaltes bedeuten im Grunde nur Späne, die nebenbei von der Hauptarbeit abgefallen sind. [...]

Neben alledem betätigte er sich auch in ziemlich ausgedehnter Weise als praktischer Architekt, als Maler und sogar als Bildhauer, obwohl er sich naturgemäß in diesen Richtungen, bei der anderweitigen gewaltigen Inanspruchnahme seiner Zeit, selbst Beschränkungen auferlegen mußte. Einige Kirchen in Wien, Temezvar, Oderfurt-Priooz [sic!], die sämtlich auch von seiner Hand den farbigen Schmuck erhielten, dürften als seine Hauptwerke aufzuführen sein.

Bemerkenswert ist, daß Sitte an der Mechitaristenkirche in Wien schon im Jahre 1871 – vielleicht als der erste Architekt des vorigen Jahrhunderts – sich in Formen und im Geiste der deutschen Renaissance bewegt hat.

[...]

Zu einem zweiten Bande seines Buches, welcher den Titel „*Der Städtebau nach wissenschaftlichen und sozialen Grundsätzen*" tragen, und von sei-

---

* In den Nachrufen auf Camillo Sitte wird das geplante Werk stets als siebenbändig beschrieben. Sitte hatte offenbar eine achtbändige Ausgabe geplant. In einem Brief an Ferdinand v. Feldegg (6. Dezember 1899) hat er diesen Systementwurf in dieser Weise abgelegt (siehe: Mönninger, 1998, S. 198ff)

nem Sohn, dem Architekten Siegfried Sitte, herausgegeben werden wird, ist das Material fast fertig zusammengetragen. […]

Karl Henrici
Kamillo Sitte als Begründer einer neuen Richtung im Städtebau
Zeitschrift des Österr. Ingenieur- und Architekten-Vereines 56 (1904), Nr. 10, 4. März, S. 157–158

[…] Es möge mir nicht als Unbescheidenheit ausgelegt werden, wenn ich erwähne, daß für mich das Erscheinen des Buches eine der glücklichsten Episoden in meinem Berufsleben bedeutete. Ich war gerade mit dem Wettbewerbs-Entwurfe zur Stadterweiterung von Dessau beschäftigt und hatte ihn zum Absenden fast fertig gestellt, als mir das Buch in die Hände fiel. Da ward es mir, als ob Schuppen von meinen Augen genommen würden, und in klaren Umrissen stand vor meinen Augen das Bild einer neuen Stadt, nach dem ich im Dunkeln vergeblich gesucht hatte. Ohne Besinnen verwarf ich den fast fertigen Plan, und nun wissend, was ich sollte und wollte, vermochte ich, von Begeisterung beflügelt, rasch einen neuen Plan aufzustellen, in welchem ganz unmittelbar und zum erstenmal der Versuch gemacht wurde, die von *Sitte* aufgestellten Grundsätze in die Praxis zu übersetzen. Es gereichte mir zur größten Genugtuung, mit dieser Arbeit nicht nur *Sittes* lebhafte Anerkennung, sondern auch das Mittel zur Anknüpfung eines intimen Freundschaftsverhältnisses mit ihm zu finden. *Sitte* hat uns erlöst von unsicherem Experimentieren und Tappen nach Schönheitswirkungen in den Raumgebilden von Straßen und Plätzen, er hat einen Wegweiser aufgestellt, und zwar mitten in den Weg auf dem wir blindlings weiterwursteln, und auf ein Ziel deutend, welches in fast entgegengesetzter Richtung aufgestellt dastand, als in der, die wir bisher verfolgt hatten. […]
Nun zeigte *Sitte*, daß an allen Orten, wo nur die Seele gefangen genommen wird durch die malerische Schönheit eines Stadtgebildes, immer dieselben Pointen vorliegen, immer die gleichen Regeln befolgt worden sind, daß diese Schönheit also an die Befolgung ganz bestimmter Grundsätze gebunden ist. Sein guter Genius führte ihn auf den glücklichen Gedanken, die Wirkung der durch ihre malerische Schönheit berühmten alten Stadtbilder zu analysieren, sie in ihre Elemente und Faktoren zu zerlegen, und siehe da: es fand sich, daß die Alten sehr wohl wußten, was sie taten und

daß die Grundsätze, nach denen sie verfuhren, vor allem der Natur und dem gesunden Menschenverstände entsprungen und deshalb verblüffend einfach, folgerichtig und überzeugend praktisch waren. Der Vergleich der Gepflogenheiten der Neuzeit mit ihnen aber ergab, daß diese sich nicht auf die von der Natur gegebenen Notwendigkeiten, sondern vielmehr auf Reflexionen und Abstraktionen und namentlich auf eine schulhafte Übung in der Anwendung technischer Hilfsmittel, nämlich auf die manuelle zeichnerische Arbeitsweise des Technikers am Reißbrett gründete. In dem von *Sitte* aufgerichteten Spiegel erkannte man, daß den modernen Städtebauern die Fähigkeit abhanden gekommen war, in die Natur hinein zu dichten, und daß bei ihnen Gewalttätigkeit und Willkür an die Stelle der pietätvollen Anschmiegung an die gegebenen Verhältnisse getreten war. *Sitte* zeigte ferner an geeigneten Beispielen, daß es nur einer Maßstabänderung bedürfe, um unter den gewandelten Lebens- und Verkehrsbedingungen die alten Schönheitsregeln wieder in ihre Rechte einzusetzen und sie mit bestem praktischem wie künstlerischem Erfolge auch heute wieder zur Anwendung zu bringen. [...]
So ist namentlich sein im Jahre 1894 aufgestellter Stadterweiterungsplan für Olmütz anzuführen, mit welchem er in wirtschaftlicher und hygienischer Hinsicht eine hochbedeutsame Neutat vollbracht hat. Sie besteht darin, daß er der Tiefenbemessung der Baublöcke ganz bestimmte Grenzen zog; denn auf Grund sorgsamer Prüfung der Raumbedürfnisse des Wohnungsanbaues schnitt er die Baublockfiguren möglichst genau auf diese zu, so daß die ungesunde Überbauung des Hinterlandes mit Hintergebäuden sich von selbst verbot. Die Bebauung eines Blockes gestaltet sich dadurch zwingender Weise zu einem geschlossenen Kranze von Häusern, der einen zusammenhängenden, reichlich Licht und Luft spendenden und dabei zug- und staubfreien Raum einschließt. Wertvoll an diesem Grundsatze ist besonders, daß er viele Maßregeln und Gesetze, die dem bauenden Publikum unliebsame und schwer durchzuführende Beschränkungen in dem Benützungsrechte des Grundeigentums auferlegen, überflüssig macht. [...]

J[osef] Stübben
Camillo Sitte †
Zentralblatt der Bauverwaltung 23 (1903), Nr. 95, 28. November, S. 600

Der über die Grenzen Oesterreichs rühmlichst bekannte Architekt Camillo Sitte, k. k. Regierungsrat und Direktor der Staatsgewerbeschule in Wien, ist am 16. d. M. im Alter von 60 Jahren infolge eines Schlaganfalls gestorben. – Als geborener Wiener genoß er seine künstlerische und wissenschaftliche Ausbildung an der Technischen Hochschule und an der Universität der österreichischen Hauptstadt und widmete sich zunächst dem Kunstgewerbe und der Kunstgeschichte. Er beteiligte sich bei den Arbeiten des „Oesterreichischen Museums für Kunst und Industrie" und der „Zentralkommission für die Erforschung der historischen und Kunstdenkmäler", wirkte aber auch als schaffender Architekt. […]
Sittes wesentliche Bedeutung liegt indes einerseits auf dem Felde des gewerblichen und kunstgewerblichen Unterrichts, anderseits auf literarischem Gebiete. In letzterer Hinsicht verdanken wir ihm Schriften „über österreichische Bauern-Majoliken", über „neue kirchliche Architektur in Oesterreich", über zahlreiche künstlerische Tagesfragen in der Wiener politischen und Fachpresse, vor allem aber seine bedeutendste, im Jahre 1889 erschienene Schrift: „Der Städtebau nach seinen künstlerischen Grundsätzen". […] Sein Werk über den künstlerischen Städtebau hat einen außerordentlich großen Erfolg gehabt; es hat der Behandlung des Städtebau-Problems eine in manchen Beziehungen neue Grundlage gegeben und einen lebhaften Meinungsaustausch hervorgerufen, der nicht bloß in künstlerischer sondern auch in praktischer Hinsicht klärend und nutzenstiftend gewirkt hat. Es mag in besonderen Verhältnissen begründet liegen, daß Sittes Wirken im eigenen Vaterlande trotz mancher lebhafter Anerkennung doch im allgemeinen, wie die Wettbewerbe um die „Stadtregulierungspläne" von Wien und Brünn zeigten, weniger Einfluß ausübte, als in Deutschland, wo die Städtebaufragen verbreiteter sind und mehr in die Erscheinung treten. Auch scheinen seine Anregungen infolge der französischen Uebersetzung seines Buches in Frankreich seit kurzem einen günstigen Boden zu finden.

Othmar v. Leixner
Camillo Sitte
Der Baumeister 2 (1904), Heft 4, Januar, S. 44–46

[...] Die Vielseitigkeit seines Studiums, sein vorzügliches Zeichentalent, der innige Verkehr mit den hervorragendsten Lehrern seiner Zeit, vereint mit einer übermenschlichen Arbeitskraft, mit einer gigantischen Phantasie lassen uns Sittes vielseitiges Schaffen erklärlich erscheinen. Sittes grösste Bedeutung liegt auf dem Gebiete des Städtebaues, bahnbrechend ist er auf diesem Gebiete vorangeschritten. Im Jahre 1889 erschien der erste Band seines Werkes: „Der Städtebau nach seinen künstlerischen Grundsätzen", ein Buch, das in wenigen Wochen vollständig vergriffen war. Die deutsche Fachwelt ist es, die zuerst Sittes Anregungen aufnimmt, den deutschen Künstlern müssen wir den Dank aussprechen, Sitte erkannt und gewürdigt zu haben. Voriges Jahr erschien die französische Ausgabe, durch den Architekten Camillo Martin besorgt, derzeit befindet sich die englische Ausgabe durch den amerikanischen Kunstschriftsteller E. Hoocker [sic!] in Vorbereitung. Sitte verlangt den Städtebau vom künstlerischen Standpunkt gelöst, das technische Problem hat seiner Ansicht nach an zweite Stelle zu rücken. Er führt uns zurück in vergangene Zeiten, in vergangene Kunstperioden, das Altertum, Mittelalter und die Renaissance ersteht vor uns mit ihren künstlerisch unerreichten Stadtbildern. Hauptsächlich ist es die Platzfrage, der er seine Aufmerksamkeit schenkt, er zeigt uns die hehren Platzbilder der Antike, das Forum romanum, die Agora von Athen und die Akropolis von Athen, um uns den Städtebau der klassischen Kunst vor Augen zu führen. Weiter führt er uns durch Italien und Deutschland, um auch hier die besten Platzbilder herauszusuchen, auf ihre künstlerische Eigenart aufmerksam zu machen, Anregungen zu bringen. Besonderen Wert legt er auf die Aufstellung der Monumente, die herrlichen Werke der Antike, die mächtigen Beispiele des Colleone in Venedig, Gattamelata in Padua u.a.m., führt er uns vor Augen, um uns zu zeigen, wie die grössten Kunstepochen ihre Monumente aufgestellt. Heute kann man ruhig behaupten, dass Sittes Buch auf die gesamte deutsche Städtebauliteratur einen gewaltigen Einfluss ausgeübt hat. [...] Die australische Regierung trat an ihn mit dem ehrenvollen Anerbieten heran, drei Jahre in ihren Dienst zu treten, um die Bebauungspläne von Adelaide, Melbourne und Sydney auszuarbeiten. In Angelegenheit einer Denkmalsaufstellung wird er nach St. Francisco eingeladen, um die Platzfrage zu entscheiden, auch bei der Wahl des Platzes für das Bismarckdenkmal in Hamburg ist

Sitte entscheidend aufgetreten. Die letzte Zeit beschäftigte er sich mit dem zweiten Teil seines Städtebaues betitelt: „Der Städtebau nach seinen wirtschaftlichen Grundsätzen". Ein grosses Exzerptmaterial war bereits angesammelt, viele Nächte hatte er in letzter Zeit dieser Arbeit geopfert. Hoffen wir, dass sein Sohn Siegfried Sitte das Buch vollendet. Als seine letzte Schöpfung auf diesem Gebiete erscheint die Gründung des bei Wasmuth in Berlin ab Januar 1904 erscheinenden Monatsblattes „Der Städtebau," ein Journal, das alle Fragen des Städtebaues behandeln soll. Die heurigen Ferien benützte er dazu, in Deutschland die Mitarbeiterliste aufzustellen, sie bildet wohl die schönste Ehrung für den Meister, erste Fachleute stellten sich unter seine Fahne. [...]
Alle diese Arbeiten bilden aber nur den Bruchteil seiner Lebensarbeit. Ein grosses siebenbändiges Werk, das im Excerpt komplett, sollte der Mitwelt Sittes weit ausgreifendes Wissen zeigen. Die verschiedensten Fragen auf prähistorischem, philosophischem, physiologischem und psychologischem Gebiete wurden von ihm in eingehendster Weise bearbeitet. Die ersten zwei Bände waren der Entstehung der Grundformen der altgriechischen Baukunst und Ornamentik und der Wurzel der etruskisch-römischen Baukunst gewidmet. Der dritte Band sollte eine Geschichte des perspektivischen Zeichnens behandeln, hier hätten wir Gelegenheit gehabt, Sitte als gründlichsten Kenner der Quatrocentisten kennen zu lernen. Der vierte und fünfte Band sollte mythologische und völkerpsychologische Fragen behandeln, der sechste Band die physiologischen und psychologischen Ursachen der Weltanschauung bringen, der siebente Band endlich hätte das deutsche Kunstwerk der Zukunft zum Gegenstande gehabt. In ca. 300 Kasetten ist das Excerptmaterial für dies Werk aufgestapelt, der Umfang desselben lässt uns allein schon Sittes gewaltiges Wissen schätzen. Sitte war ein gründlicher Kenner der Vitruvlitteratur, ein vorzüglicher Kunstanatom, war er doch drei Semester Schüler des berühmten Hyrtl, äusserst interessant sind auch seine Arbeiten über künstlerische Schrift. Auf allen Gebieten, wo er je gearbeitet, studierte er mit grösster Genauigkeit, an Belesenheit dürfte ihm wohl niemand nachgekommen sein. [...]

Julius Koch
Kamillo Sitte † 16. November 1903
Zeitschrift des österreichischen Ingenieur- und Architekten-Vereines 55 (1903), Nr. 50, 11. Dezember, S. 671

So, wie ihm das Wesen alles, die äußerliche Zufälligkeit nichts galt, so sei Sitte hier als Künstler und Gelehrter gewürdigt und von seinem Lebensgang und seiner Stellung nur erwähnt, daß er am 17. April 1843 in Wien, als Sohn des Architekten Franz Sitte geboren, hier seine Lehrzeit am Polytechnikum und an der Universität verbrachte, sich dann durch weite Reisen fertigbildet hat, Direktor der Salzburger und später der Wiener Staats-Gewerbeschule wurde und als Titular-Regierungsrat und Ritter des Ordens der eisernen Krone III. Klasse zu Wien verstarb. [...]
Dem Verfasser vermochte, gleich vielen anderen, die oft betonte Übereinstimmung von Architektur und Musik nie recht verständlich zu werden, aber bei Sitte gab es zwischen diesen keine Grenzen, er empfand musikalisch und schuf als bildender Künstler, und er dachte wie die italienischen Meister des XV. Jahrhunderts, die in Baukunst, wie in Malerei und Bildnerei ein zusammengehöriges Ganzes selbst und allein zu schaffen strebten. Nicht ein Türband, nicht ein Freskobild, nicht ein Lusterweibchen durfte in seinen Schöpfungen aus fremder Hand sein.
Sitte war in allem Germane und rankte sich im Geiste an den großen Gestalten Richard Wagners empor, er war ein Held Siegfried und kämpfte, gleich diesem, mit den Urmächten, mit der Mißform, wohl auch mit der Mißgunst mancher seiner Zeitgenossen. Sittes Waffen waren nie rastender Arbeitseifer und nie versagende Beredsamkeit und Schlagfertigkeit. [...]
Die Errichtung eines Turmes am öden Meeresstrande, eines mächtigen Werkes, das den fliegenden Holländer Wagners baulich verkörpern sollte, das Sitte nach jeder künstlerischen Richtung allein erstellen wollte, für dessen Erbauung er in germanischen Ländern durch Vorträge und Schaustellungen großartige Beträge zu erlangen hoffte, das war sein ideales Ziel, für dessen künstlerisches Erreichen er all die Studien über Bauformen, Maltechnik, Perspektive und so vieles andere angestellt hat. Vielleicht ist es nicht wolgetan, wenn ich dieses nun leider begrabene Vorhaben der Nüchternheit unserer Zeitgenossen preisgebe, aber begeisterungsfähige Künstlerseelen werden sich daran erbauen, daß es heute noch so hochgestimmte Idealmenschen gibt, wie Sitte es in so hervorragender Weise war.

Wenn er auch nur wenigen Einblick in sein poetisches Weben und Wesen gewährte, so war er verschwenderisch in Mitteilungen, welche seine Kunstgenüssen zu fördern und zu belehren vermochten. [...] Hoffentlich bewährt sich an ihnen nicht die alte Regel, daß keine Last so schwer drückt, als Dankbarkeit und aus Dankesschuldnern sich leicht Widersacher und Feinde entwickeln.
Wenn es auch während seiner Lebensdauer den Anschein hatte, als gäbe es manchen, der solchen Gemütsregungen nicht ganz fremd geblieben, so wird sein Tod klärend auf jene wirken, deren Urteil über den genialen Mann durch Gegenströmungen getrübt war.

Theodor Fischer
Camillo Sitte
Deutsche Bauzeitung 38 (1904), Nr. 6, 20. Januar, S. 33–34

[...] Wenn wir nun daran gehen, die Bewertung Sitte's im Gebiete des Städtebaues zu würdigen, so wäre es am Platze, des Längeren davon zu reden, welche Zustände vor dem Erscheinen seines Buches herrschten, damit die Gegensätze, das Charakteristische der Wirkung klar zutage treten. Gerade dafür aber, glaube ich, fehlt uns noch der nötige Abstand zur objektiven Betrachtung. Es ist mehr das sichere Gefühl, etwas erstaunlich Wichtiges miterlebt zu haben, das uns beherrscht, als die klare Erkenntnis, worin die Notwendigkeit einer so schlagenden Wirkung gelegen haben mag. Wenn ich dies ausspreche, so ist allerdings die Einschränkung notwendig, daß für die Näherstehenden das Wirken Sitte's Perspektiven auf künstlerische Möglichkeiten eröffnet hat, die sehr weit abliegen von der heutigen Art des offiziellen Architekturbetriebes. Das alles will Zeit haben und die Zeit ist's auch, deren immer neu befruchtendem und Blüten und Früchte bringendem Weben Sitte mehr Verdienst an dem, was er erreicht hat, zuschrieb, als seinem Geiste selbst.
„Wenn die Not am größten...." Daß die Not des Städtebaues in den 70er und 80er Jahren immer mehr gewachsen war, können wir heute wohl schon sagen, ohne die Objektivität zu verleugnen. Man hatte das wohl erkannt und strengte allen Witz an, um einen Ausweg zu finden; man fand auch einen Weg. Leider war es aber kein Ausweg, sondern ein Holzweg, und dieser hieß: die Wissenschaftlichkeit. In Kurzem wurde ein mächtiges Gebäude von Systemen aller Art errichtet. Alles war vertreten, Naturwissenschaft, Technik, Volkswirtschaft – fehlte leider das *Herz*, das alle

diese todten Systeme mit warmem Blute hätte erfüllen können; es fehlte die *Kunst*, oder nennen wir's anders, es fehlte das *natürliche Gefühl*. Man möchte freilich zaudern, natürliches Gefühl und Kunst, Baukunst im Besonderen, heute in einem Atem zu nennen. Das gehört eben auch zu den Perspektiven, in denen eine Baukunst ohne Examina und die Last des offiziellen Betriebes zu ahnen ist. [...]
Sollte man daraus, daß außer in Bayern und in Hessen, soweit ich unterrichtet bin, in keinem Bundesstaat dem Architekten, der hier vor allem zu sprechen hätte, ein maßgebender Einfluß auf die Bebauungspläne eingeräumt wird, sollte man daraus schließen, daß der „Städtebau" auch zu den Büchern gehört, die viel gelobt aber wenig gelesen werden? Die Schlußvignette im Buche Camillo Sitte's ist eine geflügelte Schnecke; vermutlich von seiner eigenen Hand, denn diese gemütliche und überlegene Art der Satyre sähe ihm ähnlich. Er kannte wohl die Welt und erwartete von ihr und in Sonderheit von dem seines untadelhaften Beharrungs-Vermögens frohen Teil der Welt, der sich mit kleinen und großen Titeln ausstaffiert, nicht mehr, als ein kluger Mann erwarten kann. Von Resignation aber war Sitte gleichwohl himmelweit entfernt. [...] Nach dem „Städtebau", der, wie ich hier beiläufig bemerken will, 1902 in einer französischen Uebersetzung von Camille Marten [sic!] in Genf erschienen ist und deren englische Ausgabe George Hooker in Chicago vorbereitet, war Größeres nicht mehr erschienen; aber aus einer Reihe von kleinen Arbeiten konnte man ersehen, daß in der Gedankenwerkstatt Sitte's kein Säumen war. Ein Artikel der Hamburger Zeitschrift „Der Lotse" (1901) mit dem Titel „Großstadtgrün" brachte eine willkommene Ergänzung zu dem Buche, und von seinen Studien außerhalb des engeren Gebietes des Städtebaues legen kleinere Arbeiten Zeugnis ab, wie die interessante Broschüre über „Farbenharmonie" (Selbstverlag) und eine ganze Reihe von Vorträgen und Zeitungsartikeln, welche die verschiedensten Gegenstände umfaßten. Einige Titel geben einen Begriff davon, wie weit Sitte die Grenzen seines Nachdenkens steckte: „Richard Wagner und die deutsche Jugend", „Ueber österreichische Bauernmajoliken", „Ueber die neue kirchliche Architektur in Oesterreich" u. a. m. Es geht kaum an, von einem fast übermäßig groß angelegten literarischen Plan zu sprechen, ohne genauere Kenntnis des vorhandenen Materiales zu haben, als sie mir zur Verfügung steht. Immerhin wäre es aber eine Unterlassungssünde, davon ganz zu schweigen, daß Camillo Sitte sich mit der Herausgabe eines „Siebenteiligen Kunsttheoretischen Werkes" trug, das wohl als eine Nachfolge von Semper's „Stil" aufgefaßt war. Darinnen wollte er das Ergebnis all' seiner Studien nieder-

legen. Aus dem in über 200 Kassetten wohl geordneten Notizenmaterial, dem auch einzelne schon ausgearbeitete Kapitel und viele Dispositionen angehören, wird wohl nur ein ganz Eingeweihter eine lebendige Vorstellung des gigantischen Planes erwecken können. [...]
In diesen Tagen hat Camillo Sitte noch einmal zu uns gesprochen im ersten Heft der neuen Zeitschrift „Der Städtebau", die er, wie eingangs erwähnt, vor seinem Tode in Gemeinschaft mit Landesbrt. Th. Göcke in Berlin gegründet hatte. Der Artikel mit der Ueberschrift „Enteignungsgesetz und Lageplan" ist erst zur Hälfte erschienen, aber schon jetzt ist darin eine erlösende Tat zu erkennen. Ich fühlte es als eine Freude ganz besonderer Art, daß der verstorbene Meister darin mit ebenso viel sachlicher Ruhe als Entschiedenheit gegen die Kleingläubigen auftritt, die, weil sie sich in eine Sackgasse verlaufen haben, nun nach der Polizei rufen, die die Wände durchbrechen soll, um ihnen den Ausgang frei zu machen. Je weniger ein Bebauungsplan wert ist, desto mehr bedarf er der Enteignungsgesetze. In unserem Streben nach natürlich-vernünftigen Plänen wäre ein leicht in Bewegung zu setzender Enteignungsapparat nur eine neue Hemmung, schwerer noch als die anderen, die noch immer die Bauordnungen schmücken, wie die „tunlichste Geradführung", das Einhalten der Baulinien u. a. m. Die Freiheit, welche Enteignungsgesetze dem Bauplan-Entwerfer verschaffen, ist trügerisch. [...]

George E. Hooker
Cammillo Sitte – City builder
Chicago Record-Herald, 15. Januar 1904, S. 6

Travelers usually concur in regarding Munich as a peculiarly attractive example of a modern or largely modern town. They recall its opera and its fine orchestra, its stained glass products and its enticing art stores. They remember its central "Marien Platz." closed in by interesting buildings, its old and pictured gate towers, its graceful street and sky lines.
With the exception of Berlin, Munich showed the largest percentage of growth of day German city during the last century. From 40,000 people in 1800, it has increased to more than half a million now. Its accomplishments in the way of public beauty are therefore a lesson to all cities which plead rapid growth as an excuse for crudeness.
The "Munich school of planning cities" is now spoken of in some technical circles of Europe. By this phrase is meant in particular a new spirit and

practice in laying out city streets. This new spirit has, within the last few years, spread widely among the Teutons and has found its clearest official expression in Munich. It is to be traced more than to any other source, however, to a remarkable citizen of Vienna, Cammillo [sic!] Sitte. His father, an architect, schemed out, in the '50s, a new street plan for Vienna. Young Sitte chose the profession of his father, but at the immature age of 17 he determined, under the influence of Wagner's musical productions, that as his main life-work he would write a history of architecture. He adhered to this resolve, and so absorbing did the undertaking prove, that for a considerable part of his life he neighter read newspapers nor novels, nor attended theaters or operas. He had instead read and made excerpts from absolutely all the literature in Europe on his subject, and had studied the contents of all the museums.

As an aside, however – a sort of second enthusiasm – he had taken up the study of the frame work of cities, and as the modern urban movement swept on his interest in this subject became very keen. He always approached it from the standpoint of one who believed that cities should have aesthetic and spiritual quality. He accordingly set himself to explain the charm of those cities or parts of cities of earlier days which people now love so well to visit or swell in. He sought to discover wherein their attraction lay and to what extent the same or a corresponding attraction could be realized in the new modern city.

His study of towns, especially of medieval cities, was encyclopedic in scope, and there is an agreeable suggestion not only of practical sense and thoroughness but also of good living in the following programme, which he followed on visiting strange town. Alighting at the station, he would bit the cabman drive immediately to the central square. There he would ask for the leading book store, and there he would inquire for three things, namely: First, the best tower from which to view the city; second, the best map of the city, and third, the hotel where one could eat the best dinners. Then, having cut the map into small squares, easily handled in the wind, he would betake himself to the outlook tower, and there spend several hours analyzing the plan of the town. Later he would study in detail and make sketches of the cathedral square, the market place and perhaps other capital points in the city's organization.

In 1889, after their years of such observations, he wrote a book on the subject. It was entitled "The Building of Cities According to Artistic Principles." It is a small book, containing but 180 pages, and it was written at seventeen night sittings. It has, however, done more than any other single influce to inaugurate in Germany and Austria the new movement – of which and "Munich school" is an expression – in the planning of cities. The book is well furnished with sketches and plates illustrating from fact the leading idea set forth.

It deals mainly not with the business functions of cities – the placing of lines of rapid transit and the distribution of trade and industry – but with residential area, and especially with public buildings, squares, monuments and the possible beauty of line in streets and cornice. It deals mainly with what may be called the inspirational feature of cities.

The scorn bestowed upon the "chess board" plan of a city is only one of the items in which Sitte takes issue with current practice. Indeed, he discredits "geometrical schemes" in general for streets, on the ground that they are both monotonous and impractical. He says that "circles" and star points on which the traffic of many streets coverge – of which Paris has many marked examples – are a mistake from the standpoint of public convenience; that monuments, instead of being "planted in the exact geometrical center" of squares or ornamental "circles" – where traffic would go if it could – should be placed on the unused spaces at the sides; that the chief pre-requisite for a pleasing city square is not that should have broad streets leading out of it in four or half a score directions, but that it should, as near as practicable, present the appearance of being closed in on all sides; that monumental buildings should following earlier practice, be attached to adjacent buildings and "hang together with them." instead of standing out free on all sides and so requiring mere repetition of expensive facade effects. He holds that in many cases small parks might well be laid out in the middle of large blocks, where they would be agreebly sheltered by the complete girdle of houses. He says also that we give too much space to streets, thus increasing the exposure to wind and dust and the hot sun, and that there would be a great gain if many streets could be narrowed and the opening spaces in the interior of the blocks be correspondingly enlarged. He really summons that present back to the spirit and the unerring taste of the middle ages.

Not only has the book gone to its fourth edition and been recently translated into French, but it has made an impression upon the whole practice of Germany and Austria in their work of reconstructing old or laying out new portions of towns. In no important "city plan" office, for example, in these countries would one find to-day the hard and fast thoughtless "geometrical scheme" being applied to street planning. Instead one would find in many of these offices a new idealism directed to production of habitable and interesting as well as commercially convenient cities. A few days ago the deathe of Cammillo Sitte was announced. The text for a new book on the history of laying out cities had just left his hands. His history of architecture had not been written. The carefully gather data for it filled long series of files, and he was to have begun the writing this year. Whether his son – also an architect – will bring to fruition his father's work remains to be seen.

Anm.
Die vorliegende Fassung beruht auf einer Abschrift, die Olivia Chen, Research Specialist der Chicago Historical Society am 12.10.2004 dankenswerterweise vom Originalartikel aus dem Bestand der Chicago Historical Society angefertigt hat, nachdem über fast ein Jahr Anfragen nach einer Kopie an zahllose Ausleihverbünde und Bibliotheken in Europa und den USA vergeblich bzw. unbeantwortet geblieben waren.

F. Feldegg
Kamillo Sitte. Gedenkrede zum 80. Geburtstage
Gehalten im Festsaale des „Österr. Ingenieur und Architekten-Vereines" am 15. April l. J.
Zeitschrift des Österreichischen Ingenieur- und Architekten-Vereines 75 (1923), Heft 21/22, 1. Juni, S. 125–127

[…] Ist so also freilich Sittes gigantisches Bestreben, einen – wie er das selbst gesagt hat – Eckpfeiler in der Literatur zu setzen, der Ästhetik, Altertumsforschung und Philosophie in sich geborgen hätte, nicht in Erfüllung gegangen, so war es ihm doch vergönnt, auf einem einzelnen, keineswegs engen, sondern im Gegenteil an sich ebenfalls recht weiten Gebiete erfolgreich, ja bahnbrechend zu wirken: Auf dem Gebiete des künstlerischen Städtebaues. Schon i. J. 1898 [sic!], also zu einer Zeit, als es noch nicht einmal einen klaren kunstwissenschaftlichen Begriff „Städtebau" gegeben hat – Sitte selbst sagt darüber: „Nicht einmal in der jeden kleinsten Kram behandelnden modernen Kunstgeschichte wurde dem Städtebau ein bescheidenes Plätzchen vergönnt, während doch Buchbindern, Zinngießern und Kostümschneidern bereits Raum neben Phidias und Michelangelo gewährt wurde" –, also schon damals hat Sitte in seinem inhaltsreichen Buche: „Der Städtebau nach seinen künstlerischen Grundsätzen" mit dem ganzen Schwung seiner Persönlichkeit als Allererster das Thema behandelt, ja das Problem als solches aufgerollt. „Er hat," wie *H. v.*

Berlepsch treffend sagt, „den Stein ins Rollen gebracht. Was er zuerst und allein erstrebt, dafür sind heute an mehr als einer technischen Hochschule Lehrstühle errichtet." Sittes in jenen Tagen im Verein mit Theodor *Göcke* gegründete Zeitschrift „Der Städtebau" besteht noch heute als eines der angesehensten deutschen Fachblätter und trägt auf dem Umschlagsblatte, wie es sich gebührt, noch heute Sittes Namen als das ihres Begründers. Ein zweiter Band des „Städtebaues", der die Frage vom wirtschaftlichen Standpunkte aus lösen sollte, war von Sitte wohl in Angriff genommen worden, gelangte aber nicht mehr zur Ausführung. Dagegen hat Sitte die Stadtbaupläne der Städte Olmütz, Laibach, Mähr. Ostrau, Marienberg, Oderfurth und Teschen, sowie einen Parzellierungsplan für Konstantinopel nach seinen Grundsätzen auszuarbeiten noch Gelegenheit gehabt. Sein Stern war im Aufstieg, Berufungen nach Amerika, ja selbst nach Australien waren im Anzuge. Und auch Sittes engere und weitere Heimat begann ihm zu huldigen. So ist nicht nur in Wien eine Gasse nach ihm benannt, sondern auch in mehr als einer reichsdeutschen Stadt. Seine Berufung als Juror war alsbald zur Regel geworden, wenn es sich um städtebauliche Anlagen handelte, so in München, Mainz, Hamburg, Hannover. [...] Und so wird denn Sitte einer der Unvergessenen bleiben, dessen Andenken wir Deutsche, wir Österreicher, wir Wiener hochhalten müssen, da er es war, dem wir in der Geschichte der Kunst, genauer, in einem ihrer modernen Brennpunkte – und das ist der Städtebau – den ersten Anstoß verdanken, zumal einen Anstoß, der uns vor allen andern Nationen der Weltkultur ein wertvolles Primat sichert. Indem der neuzeitliche Städtebau immerdar geknüpft bleiben wird an Sittes Namen, wird er auch geknüpft bleiben an den Namen Wien: denn Sitte war unser, war Wiener und war es mit ganzer Seele.

Aber Sittes Bild wäre unvollständig gezeichnet, wenn es nur aus dem Gesichtswinkel seiner engeren fachlichen Bedeutung entworfen würde. Eine Kraftnatur, wie die seine, konnte sich darin nicht erschöpfen. Betrachtete er doch selbst seine grundlegende Arbeit über den Städtebau lediglich als einen kleinen Teil, als ein sozusagen gelegentliches Nebenprodukt seines aufs Universelle gerichteten Gesamtstrebens: „Meine Arbeiten", schrieb er mir daraufbezüglich einmal, „sind, wie Sie wissen, stets nur Hilfsarbeiten meiner national-künstlerischen Arbeit." Diese Arbeit aber war ein monumentales Bauwerk, der „Holländerturm", der, am Gestade eines der deutschen Meere errichtet, nicht bloß ein Sinnbild nationalen Fühlens, sondern zugleich auch ein Gesamtwerk deutscher bildender Kunst sein sollte – gleichsam ein Gegenstück zu Richard Wagners dich-

terisch-musikalischem Gesamtkunstwerk auf dem Gebiete der bildenden Künste. […]
Es war Sittes tiefste Überzeugung, daß in der Kunst nur die wissenschaftliche, besonders die historische Beherrschung des Gegenstandes ausschlaggebend ist; es war seine Überzeugung, daß die reflektive Durchdringung des Stoffes allein zum wahren Kunstwerk führt. „Für unmöglich halte ich es," schreibt er in einem Briefe vom 19. Mai 1900, „daß man Kunst und Weltanschauung wie die blinde Henne das Weizenkörnchen, auch ohne zu der kleinen Schar von Wissenden zu gehören, finden kann, – so im dummen Geniedusel des Unbewußten." Es war auch nicht minder Sittes Überzeugung, daß in der Kunst das nationale Moment von entscheidender Bedeutung sei. Aller Kosmopolitismus war ihm ein Greuel, er war durchaus deutsch-national gesinnt. Die Franzosen z. B., so sagte er, verstehe er nicht, wolle er gar nicht verstehen und auch nicht gelten lassen. Als sein „Städtebau" in französischer Übersetzung erschienen war und das vortrefflich ausgestattete Buch vor ihm lag, da schüttelte er den Kopf und sagte: „Mein Buch liest sich, wie ich mit Bedauern sehe, besser im Französischen als im Deutschen." Und dieses Bekenntnis tat ihm im Innersten wehe. Und mir schrieb er gelegentlich einmal: „Eines noch vorläufig, bitte mir's aber nicht übel zu nehmen. Ich habe Ihren Artikel gleich auch in französischer Übersetzung gelesen. Der Eindruck war verblüffend. Französisch kam mir alles in der Ordnung vor – aber mich selbst kalt lassend, denn es ist ja französisch und geht uns Deutsche nichts an. Und mit dem Grundgedanken meines Lebenswerkes, daß jede tiefere Empfindung subjektive und daher jedes höhere Geistesstreben, besonders in der Kunst, nur national sein kann und auch muß, werde ich stehen oder fallen." Dieser tiefe nationale Sinn durchsetzte Sittes Wesen so sehr, daß er nicht bloß in der Kunst, sondern auch in der Wissenschaft, ja selbst in der Ethik das Postulat der nationalen Eigenart aufstellte. […]
Nein! Sitte war im tiefsten Grunde kein Reaktionär in der Kunst, wenn er auch die Mängel, Irrungen, Schwächen und Entartungen, die der Moderne wie jeder neuen Dichtung zunächst anhaften, vielleicht temperamentvoller als manch andrer zurückgewiesen hat. Sittes Geist hatte eben ein Janusgesicht. Wohl blickte es zurück bis in die entfernteste Vergangenheit, aber es blickte zugleich auch in die Zukunft. […]

N.N.
V. K. Schembera
Neues Wiener Tagblatt, 5. Dezember 1891 (25. Jg.)

Mit unserem Kollegen, V. K. *Schembera*, dessen Tod wir im gestrigen Abendblatt anzeigen mußten, ist einer der tüchtigsten Journalisten und, man darf sagen, einer der ausgeprägtesten Persönlichkeiten unserer Stadt dahingeschieden. Geboren zu Olmütz am 4. März 1841, ist er nach kurzen jugendlichen Irrfahrten, die ihn in das Lager der czechischen Poeten und in dasjenige der polnischen Aufständischen von 1863 führten, zunächst als Mitarbeiter in den „Wanderer" […] eingetreten. […]
Im Jahre 1870 trat Schembera in den Verband des „Neuen Wiener Tagblatt" ein, wo er sich vorzugsweise der Berichterstattung über Kunst und Literatur widmete. Er war einer der ersten und leidenschaftlichsten Vorkämpfer für die Richard Wagner'sche Musik; im Hause des großen Komponisten war er ein allezeit gern gesehener Gast. Mit Kürnberger eng befreundet, hätte er gern der Aufgabe, dessen Nachlaß zu sammeln und herauszugeben, sich unterzogen, wenn das Werk nicht an der Theilnahmslosigkeit des Publikums gescheitert wäre. Die vertrauteste Freundschaft verband ihn auch mit Anzengruber, dessen Werke er mit Bettelheim und Chiavacci herauszugeben unternommen und für dessen Denkmal zu sammeln er noch bis kurz vor seinem Tode bemüht war. […]
Im Hassen wohl stärker als im Lieben, durch sein überschäumendes Temperament nicht selten in Konflikte gerathend, die ihm vielleicht alsbald leid thaten, führte er eine Feder, die Jedermann kannte, Viele fürchteten. Und so leidenschaftlich war die Hingebung an seinen journalistischen Beruf, daß er noch am Tage vor seinem Hinscheiden, während er sich unter den furchtbarsten Schmerzen auf seinem Lager wand, immer wieder in die Klage ausbrach: „Ich kann nicht mehr schreiben." Dabei schien ihn die hünenhafte Bildung seines Körpers, durch die er allein schon, wie auch durch seinen auffallend schönen, von reichem blonden Haar und Bart umrahmten Kopf, eine fast jedem Wiener bekannte Persönlichkeit war, überallhin eher zu berufen als an den Schreibtisch. Sein schlagfertiger Witz, seine dichterische Improvisationsgabe, seine Kenntniß der öffentlichen Verhältnisse und Persönlichkeiten waren es schließlich, die ihn als Nachfolger Anzengruber's in der Leitung des „Figaro" empfahlen, welche ihm während seiner letzten Lebensjahre anvertraut war. […] Ein streibarer Journalist, eine machtvolle und interessante Persönlichkeit, läßt er durch

seinen Tod eine Lücke unter seinen Berufsgenossen, die nicht so bald ausgefüllt werden wird.

H.
Theodor Goecke †
Deutsche Bauzeitung 53 (1919), Nr. 51, 25. Juni, S. 286–287

Wie wir schon kurz mitteilten, ist am Nachmittag des 15. Juni in Berlin nach mehrstündiger Bewußtlosigkeit der Landesbaurat der Provinz Brandenburg, Geh. Baurat Theodor Goecke, unerwartet gestorben [...].
Fr. Ed. Theodor Goecke war am 19. Mai 1850 in Emmerich am Rhein als Sohn des Steuerrates Emil Alexander Goecke geboren und machte seine fachlichen Studien nach dem erfolgreichen Besuch des Realgymnasiums in Düsseldorf, seit 1876 an den technischen Hochschulen in Berlin und Aachen, 1879 wurde er Regierungs-Bauführer und 1885 Regierungs-Baumeister. 1883 war er Assistent an der Technischen Hochschule zu Aachen. Seit 1891 war er darauf als Privatarchitekt in Duisburg tätig, ging aber bald nach Berlin, wo er 1896 zum Landesbauinspektor der Provinz Brandenburg gewählt wurde. Damit trat er in die Hochbau-Tätigkeit der Provinz ein. Im Jahr 1902 wurde er als Privatdozent für Städtebau in den Lehrerkreis der Technischen Hochschule in Charlottenburg aufgenommen und wurde bald darauf Dozent mit festem Lehrauftrag. Das Jahr 1903 brachte ihm die Ernennung zum Landesbaurat der Provinz Brandenburg; er erhielt damit die Grundlage für die Tätigkeit seiner zweiten, der wichtigeren Lebenshälfte. 1908 wurde Goecke Provinzial-Konservator der Provinz Brandenburg und zugleich Schriftleiter des Verzeichnisses der Kunst- und geschichtlichen Denkmäler dieses wichtigen Gebietes der preußischen Monarchie. 1912 erfolgte seine Ernennung zum Geheimen Baurat.
Die Tätigkeit Goecke's läßt sich in drei deutlich getrennte Teile zerlegen: zunächst in die ausführende Bautätigkeit für die Provinz Brandenburg. In dieser entstanden nach seinen Entwürfen eine große Reihe von *Hochbauten* der verschiedensten Art wie das Ständehaus in Lübben, zahlreiche Kranken- und Irrenanstaltsbauten, darunter die auch von uns veröffentlichte Hebammen-Lehranstalt in Neukölln. Kleinwohnungsbauten usw. Es waren nicht in erster Linie künstlerische Vorzüge, welche diese Werke auszeichneten; die Tätigkeit des Verstorbenen war mehr von verstandesmäßigen Erwägungen als von lebhafter und phantasievoller Kunstauffassung getragen. Die sind daher auch in der Anlage und in allem Technischen

vortrefflich, im Künstlerischen erreichen sie nur das nach der heutigen Anschauung Notwendige.

Weitaus bedeutender und von großem Einfluß auf die Stadt- und Siedelungs-Entwicklung unserer Tage waren seine Arbeiten für den zweiten Teil seines Tätigkeitsgebietes, für den *Städtebau*. Dieser war ihm nicht nur pflichtmäßige Berufsarbeit, es war ein Stück seiner eigensten inneren Empfindung. Schon früh trat er mit Arbeiten auf diesem Gebiet, zunächst literarischen, hervor. Bereits 1893 veröffentlichte er in den „Preußischen Jahrbüchern" einen Aufsatz „Verkehrsstraße und Wohnstraße" und stellte damit einen bahnbrechenden Grundsatz für den Städtebau unserer Tage auf. Er begründete ferner als Herausgeber gemeinsam mit Camillo *Sitte* in Wien, der aber bald darauf starb, die Monatsschrift „Der Städtebau", die sich schnell großes Ansehen erwarb, wenn sie auch nicht alle Wünsche erfüllte, die namentlich an die künstlerischen Grundlagen für den Städtebau der Gegenwart gestellt werden müssen. Auch in der Leitung dieser Zeitschrift überwog das Verstandesmäßige, das seine gesamte Tätigkeit beherrschte. In Vorbereitung ist von ihm ein „Handbuch der Städtebaukunst", das wohl eine bedeutende Arbeit geworden wäre, wenn es ihm beschieden gewesen wäre, dieses Werk zu vollenden. Goecke gehörte mit zu den drei Anregern, das gesamte Gebiet von *Groß-Berlin* einer *einheitlichen Bebauung* zuzuführen und einen organischen Bebauungsplan. auf dem Wege eines allgemeinen Wettbewerbes herbei zu führen. An den Vorarbeiten für diesen Wettbewerb, an der weiteren Durchführung, sowie an der in seinem Gefolge veranstalteten Städtebau-Ausstellung des Jahres 1910 war er in hervorragendem Maß und mit seinem entwickelten kritischen Vermögen beteiligt. Zahlreich sind die gelegentlichen, in Zeitschriften zerstreuten Veröffentlichungen, die Goecke sowohl den grundlegenden wie auch den Tagesfragen des Städtebaues widmete. Auch die Praxis des Städtebaues wurde von ihm eifrig gepflegt. Zahlreiche Bebauungspläne entstanden durch ihn, die seine große Befähigung für dieses Gebiet im besten Licht zeigen.

Das dritte Gebiet der Tätigkeit des Verstorbenen ist in erster Linie ausgezeichnet durch die Herausgabe des *Verzeichnisses der Kunstdenkmäler der Provinz Brandenburg*, das sich, was Anlage und Durchführung anbelangt, den besten Werken anreiht, die über die Kunstdenkmäler in der gesamten Kulturwelt erschienen sind. […]

Brief Camillo Sitte an Alfred Lichtwark, 26. August 1903
Hamburger Kunsthalle, Direktorenarchiv
Westerland auf Silt, Maybachgasse N: 11, 26/VIII 1903

Hochgeehrter Freund!
Aus dem Beiliegende [sic!] sehen Sie, was ich jüngst angezettelt habe. Meine jetzige Bitte gilt zunächst dahin mir gütigst hierher zu schreiben oder zu telegraphieren, ob Sie gegenwärtig in Hamburg sind u. es daher angeht, daß ich mich auf der Rückreise in Hamburg aufhalte um Ihnen persönlich alles Nähere mitzutheilen, denn ich hege die Hoffnung, daß es uns gelingt auch Ihre Mithülfe an dem gerade jetzt wichtigem Werk zu gewinnen.
Ihr umfassendes Wissen und ihre geradezu hinreißende plastische Darstellungskunst darf uns nicht fehlen. So hoffe ich denn auf Ihre Zustimmung u. auf frohe Zusammenkunft in Hamburg.
Am 2ten Spt. früh möchte ich von hier weg, käme um 3'52 Nachm in Hamburg an u. müßte am 4ten mit dem 11 Uhr Zug nach Berlin, wo wir die entscheidende Gründungs: u. Kontrakt: Konferenz haben.
In der besten Hoffnung und steter hochachtungsvollsten Verehrung
Camillo Sitte

Brief Alfred Lichtwark an Camillo Sitte 29. August 1903
Hamburger Kunsthalle, Direktorenarchiv
29. VIII. 03 Herrn Geheimrath Camillo Sitte, hochwohlgeboren

Hochverehrter Freund,
zu meinem allergrößten Leidwesen kann ich Mittwoch nicht mehr hier sein. Ich habe eine Verschiebung versucht, aber es ließ sich nicht machen, und so muß ich diesmal auf die Freude verzichten, Sie in Hamburg zu begrüßen. Es thut uns allen furchtbar leid, auch besonders meinen Damen, die mit Begeisterung der unerschöpflichen Anregung Ihrer Gegenwart denken.
Was Ihren Plan anlangt, so gratuliere ich von Herzen. Es ist genau, was wir brauchen. Wir hätten es längst haben sollen. Und wir müssen es aus Ihrer Hand haben. Denn Sie sind doch der Erzeuger aller jungen Kräfte, die auf dem Gebiete des Städtebaus denken und zu schaffen beginnen.
Es versteht sich ganz von selbst, daß ich dabei bin, wenn Sie mich haben wollen, und daß ich thue, was in meinen Kräften steht,

Es freut mich allein der Gedanke, daß nun alle, die Ihnen in einer Stunde der Entscheidung die Richtung ihrer Entwicklung danken, sich nun um Sie schaaren können. Sie werden staunen, wie viele es sind. Ein Trost, Sie noch so jung und frisch zu wissen, daß Sie das erleben als ein Leitender, als Generalfeldmarschall der Jugend. In der Kultur, wo andere von der Jugend bekämpft oder zum alten Eisen geworfen werden, nun ihr auf dem Schild getragen werden, das ist wohl das schönste Menschen- und Ma....
Ich trage mit!
Von meinen Damen und von mir die herzlichsten Grüße!
In herzlicher Verehrung der Ihrige

Lichtwark

Brief Camillo Sitte an Alfred Lichtwark, 1. September 1903
Hamburger Kunsthalle, Direktorenarchiv
Westerland, 1. IX. 1903

Hochgeehrter Freund!
Herrlich! Herrlich!
Daß Sie mitthuen, habe ich mit Bestimtheit erhofft; daß Sie aber mit solcher elementarer Begeisterung mitthuen freut mich in einer Weise, daß ich keine Worte finde es auszudrücken. Und Sie haben Recht, wie immer wenn Sie über einer solche Sache Ihr Urtheil fällen, die Gründung einer großen deutschen Städtebau-Zeitschrift ist wirklich eine Sache zum Begeistern. Wie unendlich gern säße ich Ihnen jetzt gerne gegenüber um Aug in Aug gerade mit Ihnen die Freunde an dem bevorstehenden Gelingen eines so wichtigen so dringend zeitgemäßen Werkes auszutauschen.
Der Städtebau ist ja die Vereinigung aller bildenden Künste zu einer großen architektonischen Symphonie; der Städtebau ist der denkbar stärkste Ausdruck wahren ächten Bürgerstolzes, die Geburtsstätte tiefer Heimatsliebe; der Städtebau ist die Grundlage, auf welcher sich das geistige u. physische Wohlbefinden der heute bereits in überwiegender Mehrzahl bereits in Städten beisammenwohnenden modernen Menschen aufbaut; der Städtebau hat die Aufgabe den Verkehr zu regeln, die Gesundheit zu schützen, die Arbeitskraft zu stärken, sozialen Frieden zu fördern, wahrer großer Volkskunst eine Städte der Bethätigung vorzubereiten der Städtebau ist eine Kunst, der Städtebau ist eine Wissenschaft. Und diese hehre volksthümliche, ja geradezu von Staats wegen wichtige Kunst, diese in alle

Brief von Camillo Sitte an Alfred Lichtwark 1. September 1903 (Auszug)
Quelle: Hamburger Kunsthalle, Direktorenarchiv, Nachlaß Alfred Lichtwark,
Foto: Elke Walford

Lebensfasern menschlichen Thuns u. Treibens eingreifende Wissenschaft hatte bisher nicht einmal ein Journal! Das ist geradezu verblüffend, eine derartig handgreifliche Lücke, daß ich fast überzeugt bin, daß, wenn meine Studien mich nicht geradezu mit der Nase darauf gestoßen hätten, binnen wenigen Monaten irgend ein anderer diese Gründung vorgenommen hätte; habe also wieder nur den Ruhm des zufällig Ersten. Auf etwas anderes aber bin ich, wie ich glaube, mit Recht stolz u. das darf ich Ihnen sagen, weil es entschieden zur Sache gehört. Als mir diese Idee vor etwa einem halben Jahr beim Schreibtisch in der Nacht einfiel, flammte es mir wie ein Feuerschwall im Hirn auf von all den plötzlich auftauchenden zahllosen Perspektiven, die sich daranknüpfen. Aber nur Eines blieb stehen: die Überzeugung, daß das nicht so leicht gut u. richtig ins Leben zu rufen sein wird, wie es auf den ersten Blick aussieht. Das Ende dieser Erwägungen war der grundsätzliche Verzicht auf eigene alleinige Herausgabe u. Redaktion, auf Wien oder München als Verlagsort etc. Das Werk mußte wenn es voll und ganz gelingen sollte alle deuschen Männer von Bedeutung, Künstler, Gelehrte, Ästhetiker, Statistiker, Sozialpolitiker, Praktiker u. Theoretiker aller Art umfassen u. zwar sowohl alle Norddeutschen wie auch alle Süddeutschen und da haben wir schon den ersten Stein des Anstoßes: den künstlerischen Antagonismus von Berlin u. München. Natürlich entschloß ich mich für Berlin, denn Berlin ist Hauptstadt aller echten ehrlichen deutschen soweit die deutsche Zunge reicht und da gab es nun einen Herausgeber zu finden, was in denkbarst bester Weise in der Person von Goecke gelang, der das Ganze ebenfalls sofort in seiner Tragweite erkannte und mit wahrer Begeisterung erfaßte. Meine feste Überzeugung ist nun, daß wir beide vor der Öffentlichkeit als untrennbare Einheit aufgefaßt werden müssen, ohne jedwedem Vortritt von mir u. deshalb erscheint auch Goecke's Name am Titelblatt an erster Stelle, was Goecke selbst in Anbetracht dessen, daß die Idee von mir stammt durchaus nicht zugeben wollte und nur der Umstand, daß die alphabetische Ordnung das fordere, brachte ihn endlich zum Nachgeben. Jetzt heißt es nur noch die Münchner zu gewinnen trotzdem daß der Sitz des Unternehmens in Berlin liegt aber auch das ist schon halbwegs gelungen und so hoffe ich denn das Fundament tragfähig gelegt zu haben. Der Verlagskontakt, den ich hier in Muh? ausarbeitete wird das Übrige dazu thun. <u>Die ständigen Mitarbeiter</u> sind darin als eine Art Reichstag gedacht, die über alle wichtigsten Fragen parlamentarisch oder durch Schiedsgericht entscheiden etc. Damit jede Vergewaltigung der Grundidee infolge einer egoistischen Tendenz auf Decennien hinaus ausgeschlossen ist. Ebenso habe ich einen detailirten Feldzugsplan ausgearbeitet über die Art der Bekanntmachung in den Blättern etc. u. den ganzen Vertrieb. Bitte also daher gütigst mit Bekanntmachung auch Selbst noch zu warten bis ich Ihnen das alles unterbreiten kann. Mit der Bitte an Ihre hochgeehrten Damen meine ehrerbietigsten Empfehlungen auszurichten in herzlichster treuer Verehrung Camillo Sitte

Kondolenzschreiben Alfred Lichtwarks, 19. November 1903
Hamburger Kunsthalle, Direktorenarchiv
den 19.XI.1903
Frau Camillo Sitte
hochwohlgeboren

Hochverehrte Frau,
die Nachricht vom Hinscheiden Ihres Herrn Gemahls hat mir eine schmerzliche Ueberraschung bereitet. Ich habe ihn so jugendlich und kernig in der Erinnerung, daß ich ihn um diese seltenen Eigenschaften hätte beneiden mögen, wenn nicht der Anblick dieser hellen Lebenslust und Lebenskunst immer wieder eine herzliche Bewunderung für ihren Träger erweckt hätte. Dieser Eindruck war in Hamburg ganz allgemein. Noch heute spricht man mit Begeisterung von seinen Vorträgen, die seinen zahlreichen Verehrern seine persönliche Bekanntschaft vermittelt haben. Ich wüßte nicht, daß in der langen Reihe von Jahren ein anderer lebhafter gefesselt oder dauernder angeregt hätte.
Camillo Sitte ist jung gestorben. Von dem Schatz, den er als Gabe besaß und als Wissen errungen, hatte er nur einen kleinen Theil ausgemünzt. Freilich war es lauter Gold.
Seine Studien über den Städtebau haben über den nächsten Zweck hinaus die Anschauungen revolutioniert.
Gestatten Sie, meine gnädigste Frau, daß ich Ihnen den Schmerz des Verehrers und Freundes ausdrücke, daß eine solche Kraft uns vor der Zeit entrissen werden mußte, und wollen Sie gütigst Ihren Herrn Söhnen meine herzliche Theilnahme aussprechen.
In vollkommenster Hochachtung
ergebenst

Prof. Lichtwark

Künstlerischer Städtebau: Formen idealer Raumbeherrschung

[Camillo] S[itte]
Gottfried Semper 154

V.K. Schembera, [Camillo Sitte]
Eine Handschrift Gottfried Semper's. Ein Beitrag zur Baugeschichte Wiens 157

V.K. Schembera, [Camillo Sitte]
Gottfried Semper's Ideen über Städteanlagen. 161

Camillo Sitte
Die Kunst des Städtebauens 164

Camillo Sitte
Die Parcellierung und die Monumentalbauten von Přivoz 167

H.R.
Camillo Sitte über Städtebau. 172

Camillo Sitte
Der Städtebau nach seinen künstlerischen Grundsätzen.
Vortrag des Herrn Geheimrats Camillo Sitte, Direktor der K.K. Staatsgewerbeschule
in Wien, gehalten am 2. Februar d. J. im Saale der „Eintracht" 177

Werner Hegemann
[Rezension zu A. E. Brinckmann: Deutsche Stadtbaukunst in der Vergangenheit] . . 183

[Camillo] S[itte]
Gottfried Semper
Neues Wiener Abendblatt, 29. November 1873 (6. Jg. Nr. 327), S. 2–3

Wenigen Männern ist es gegönnt, gleich Semper bei ihrem siebenzigsten Geburtstage auf ein so thatenreiches Leben zurückblicken zu können und dabei noch immer, mitten im regsten Schaffen begriffen, an der Spitze ihrer Zeit zu stehen.
Das herrliche Werk seiner jüngeren Jahre, das Dresdner Theater, baut er selbst von Neuem in neuer Gestalt auf, indem er die Leitung seinem Sohne überlassen. Zugleich wird in Darmstadt ein neues großes Theater nach seinen Plänen errichtet. Er selbst aber legt da Hand an, wo seine eigenste Thätigkeit es scheint bewirken zu können, der Nachwelt die größten und schönsten Werke zu hinterlassen. Mit Stolz können wir es aussprechen, daß es unser Wien ist, dem sich nunmehr der Meister zugewendet hat, um hier das bedeutendste der zahlreichen architektonischen Werke, den

Bau der Burg mit den Museen und des Burgtheaters mit eigener Hand zu leiten. [...]
Auch in seinem eigenen Leben und reichen Schaffen nehmen diese Projekte, welche hier zur Ausführung gelangen sollen, eine hervorragende Stelle ein, noch ist es aber nicht das Bedeutendste, das Semper zu leisten vermochte. Unvergänglicher und größer als alle Werke, die er als Architekt, als Künstler hervorgebracht, werden stets diejenigen ewigen Errungenschaften bleiben, die er unserer und allen folgenden Zeiten als Theoretiker gesichert hat. Die Theorie ist zwar gerade gegenwärtig im Allgemeinen nicht sehr im Ansehen und doch ist es die Theorie, welche bewußt oder unbewußt in irgend einer Weise allem Schaffen zu Grunde liegt. Was für den Steinmetz oder Baumeister der Plan der Architekten ist, der ihm vorschreibt, was er ausarbeiten soll, das ist wieder für den Architekten die Theorie seiner Kunst, die ihm vorschreibt, wie er Pläne fertigen soll. Allerdings sind zu einer solchen wichtigen Theorie nicht Handbücher moderner Aesthetik geeignet, sondern eine solche Theorie muß unmittelbarer Ausfluß unumstößlicher Naturgesetze sein. Eine solche ist es aber, an deren Ausbau Semper den allerhervorragendsten Antheil genommen hat. Seine Vorschriften sind auch alsbald als wiedergefundene Naturgesetze erkannt worden und es gereicht diese Anerkennung ihrer Giltigkeit allen Gebieten künstlerischer und kunsttechnischer Thätigkeit zum größten eigenen Vortheil.
Gegenwärtig kann man kein Gebäude sehen, kein Industrieprodukt, an dem sich künstlerisches Streben kundgibt, ohne daß man leicht wahrnehmen könnte, wie der Verfertiger in der That auf demjenigen Wege sich befindet, den Semper in seinem, im wahrsten und vollsten Sinne des Wortes epomachenden [sic!] Buch über den Styl, ihm als den allein naturgemäßen und daher allein richtigen vorgezeichnet hat. Begegnet man aber dennoch an öffentlichen Werken irgend einem Verstoß gegen Semper's Theorie, so kann man sicher sein, daß die öffentliche Rüge in allen möglichen Kritiken nicht ausbleibt. Die Kunstkritik hat eben die von Semper aufgestellten Grundsätze als ewig giltige Naturgesetze erkannt und bewahrt sie als solche neben wenigen anderen als dasjenige, welches ihrem eigenen Schalten und Walten zur Richtschnur dient. Das große Kunstgesetz, welches Semper aufgefunden, lautet: Der Künstler darf nicht Formen bilden, welche dem Material und der Technik, in welcher er arbebeitet [sic!], widersprechen.
So einfach dies sich anhört, so ist es doch gleichfalls ein Ei des Kolumbus. Es könnte leicht nach dieser Regel eine Kunst *vor* und *nach* Semper unter-

schieden werden, denn so alltäglich es gegenwärtig ist, bei öffentlichen und privaten Besprechungen über Kunstgegenstände, in gedruckten Kritiken oder auf Kunstschulen gehaltenen Vorlesungen immer und immer hervorgehoben zu finden, daß es ganz widersinnig und unschön sei, in warmer, weicher Wolle bei einem Teppich kalte, harte Steintäfelung nachzuahmen, oder in sprödem Glas geschnitztes Holzwerk, oder in Eisen und Stahl weiches Lederzeug nachzuäffen; so allgemein es gegenwärtig schon ist, derlei Kunststücklein in ihrer ganzen barbarischen Geschmacklosigkeit zu empfinden, so ist dies doch einzig ein Gedanke Semper's, der sich gegenwärtig allgemeine Anerkennung errungen, vor Semper jedoch eine unbekannte Sache gewesen.

Es verhält sich hiemit gerade so, wie mit dem einfachen Grundgedanken Lessing's, den er in seinem Laocoon ausführte. Die Poesie, stellt Handlungen dar, die Malerei Körper. Wie einfach und doch welche Fülle von Anwendungen in der Praxis! Derlei Sätze sind denn in der That Bereicherungen des Wissens und Könnens in seiner umfassendsten Allgemeinheit. Keine Schulansichten und Modeartikel, sondern, einmal erkannt, von unvergänglicher Wirkung, gerade so wie Gesetze der Mathematik oder Mechanik. Aus solchen Regeln besteht denn die wahre Theorie der Kunst, die wahre Aesthetik und diese Theorie ist eben nicht grau, wie unser vielverehrter Dichter meinte, der aber eben auch keinen Laocoon geschrieben hatte.

Es ist aber gegenwärtig noch Gebrauch, alles künstlerische Schaffen als Werk des alleinseligmachenden Genies zu betrachten und die Theorie geringzuschätzen. Zu allen Zeiten, in welchen aber die Kunst blühte, gab es auch eine große gewissenhaft aufgebaute Theorie und die größten Künstler aller Zeiten waren immer auch die größten Theoretiker. Zu diesen größten Künstlern gehört denn auch Gottfried Semper. Er wirkte in Theorie und Praxis immer auf architektonischem Gebiete, was er aber hier im Ganzen und im Detail alles Neues und Großes geleistet, könnte nimmermehr in dem engen Rahmen einer kurzen Besprechung auch nur in Umrissen ausgeführt werden. [...]

V. K. Schembera [Camillo Sitte]
Eine Handschrift Gottfried Semper's. Ein Beitrag zur Baugeschichte Wiens
Neues Wiener Tagblatt, 9. Januar 1885 (19. Jg. Nr. 9), S. 1–2; 10. Januar 1885 (19. Jg. Nr. 10), S. 1–3

Unsere Zeit ist reich an einem schier unüberzählbaren Heer von Künstlern: Malern, Bildhauern, Architekten, Künstlern aller Art, großen und kleinen und in allen Stylarten, aber merkwürdig arm an großen Kunstwerken, an Kunstwerken, die etwas bedeuten, von denen sich reden ließe wie von Werken der alten Meister, als Bereicherungen des künstlerischen Könnens überhaupt. Wenn man so die zahllosen Baulichkeiten, die allenthalben in den letzten Dezennien entstanden sind, mustert und sich bei jedem einzelnen Stücke denkt, ob es in hundert Jahren auch noch merkwürdig sein wird, ob damit etwas Neues geschaffen worden, das eine Lücke ausfüllte und für den Fortschritt in der Kunstgeschichte unentbehrlich ist, dann wird einem trübe zu Muthe, ein Stück nach dem andern wandert zur Seite; Abklatsch und Nachahmung, recht gute Schulwaare, vortrefflich gemacht, sauber durchstudirt, aber nicht *so* beschaffen, daß es unentbehrlich zum Verständniß der Kunstentwicklung. So schlimm es mit den Werken steht, so steht es auch mit den Meistern. Wird der Stempel wahrer Kunst verlangt, dann bleiben nur wenige Auserwählte zurück. Unter den Wenigen Einer der größten des Jahrhunderts, *Gottfried Semper*, der leidenschaftliche Meister, der wenig Verstandene, aber Vielgequälte, der nun friedlich ausruht von des Lebens Kämpfen unter den dunklen Zypressen nächst der Pyramide des Cestius zu Rom. [...]
Warum wird nun Gottfried Semper mit Recht der erste Baukünstler unseres Jahrhunderts genannt? Weil er selbst gegen den Genius unserer Zeit, der zu armseliger Spezialisirung drängt, das große Ganze der Kunst in Vergangenheit und Gegenwart suchte, weil er bei jedem seiner Werke nicht blos die Lösung eines speziellen Baues suchte, sondern in Allem sich die Frage vorlegte: Was ist Kunst? Was ist die Kunst unserer Zeit? So wurden alle seine Bauführungen und alle seine theoretischen Arbeiten ein einziges untrennbares Ganze; so wurde jedes Einzelne seiner Kunstwerke immer ein Versuch, diese allgemeinen Fragen in einem besonderen Beispiele zu lösen, seine sämmtlichen historischen, und ästhetischen Arbeiten sind aber die Studien dazu. [...] In der zweiten Form durchlief sein Schaffen schrittweise eine Reihe von Varianten in logischer Folge, wie sie am deutlichsten an seinen Theaterkonzeptionen hervortritt. Am ersten

Dresdner Theater noch bescheidene Anwendung der Rustika, am neuen Baue dagegen ein kraftstrotzendes Ueberfluthen dieser Motive über den ganzen Bau. An seinem Wiener Burgtheater aber ist die Rustika einerseits an Kraft noch mehr gesteigert, andererseits aber zurückgedrängt auf das Untergeschoß und im Gleichgewichte erhalten durch die mächtigen, stark ausladenden Pilaster, welche das große Hauptgebälk tragen. Eine echt Semper'sche Idee! Das Ganze fügt sich geradezu dem Ideengange seines ganzen Lebens organisch an und zeigt den Meister auf der Höhe seiner Schaffenskraft, eine Höhe, von der aus er wohl mit berechtigtem Stolze jene kühnen Worte über die moderne Kunst aussprechen konnte, die ihm so vielfach übel genommen wurden. Sie seien hieher gesetzt: „Gedrängt von ihren Gläubigern hilft sich die halbbankerotte Architektur durchs Papier und bringt zweierlei Sorten in Umlauf, um sich wieder zu erholen; die erste Sorte sind die Durand'schen Assignaten (D. Précis des lecons d'architecture), die zweite Papiersorte, die der allgemeinen Ideennoth nicht minder zustatten kommt, ist das durchsichtige Oelpapier. Durch dieses Zaubermittel sind wir unumschränkte Meister über alte, mittlere und neue Zeit." Eine andere Stelle charakterisirt unsere moderne Plastik nur zu richtig also: „Auch sie geht schon lange auf dem Markt, nicht um dort an das Volk zu reden, sondern um sich feil zu bieten. Wen ergreift nicht Trauer und Wehmuth bei Betretung jenes Marktes, der mit lieblichen nacktem und verschleiertem Sklavengestalten aus Marmor angefüllt ist. Sah man nicht deutlich, daß sie sich der Züge ihrer hohen Abkunft schämten? Und sie buhlten in ihrer Erniedrigung so verführerisch nach einem Käufer!" Der Welt so unverblümt die Wahrheit ins Gesicht zu sagen, ist indeß nicht zeitgemäß. Solchen Charakteren, die nicht bereit sind, in die allgemeine Verschwommenheit miteinzustimmen, weicht man heutzutage lieber aus. Und so kam es, daß in den Nachrufen an den dahingegangenen großen Meister recht rührend über seine „scharfkantigen Eigenthümlichkeiten" geklagt wurde, über seinen kühnen Willen, „die Zeit nach seinen Ideen zwingen zu wollen" und über seine Heftigkeit, die das Gewollte unruhig antizipirend, ebenso ein Temperamentsfehler, wie eine Kraftäußerung des Temperaments gewesen sei. So war man denn darüber einig, — in gewissen Kreisen — daß an allen Konflikten nur der Meister selbst die Schuld trage, mit seiner Unverträglichkeit und seiner „Reizbarkeit, wo sein starkes Streben durch die gegebenen Bedingungen nicht hindurch konnte." Daß es eine edle, höhere Pflicht des Volkes ist, von den wenigen außerordentlichen Genien, welche seine geistige Größe ausmachen,

sich auch eine außerordentliche Energie und Begeisterung für ihre Werke gefallen zu lassen, *das* ist natürlich zuviel verlangt! [...]
Mit dem vierundzwanzigsten Dezember des Jahre 1857 beginnt die neue Aera der Wiener Architektur, mit dem Tage, an welchem der Kaiser die Auflassung der Festungswälle dekretirte. Eine Reihe von kunstgeschichtlich und nicht allein lokal bedeutungsvollen Bauten wurde in den von Ludwig Förster entworfenen Stadterweiterungsplan eingestellt. Zu den hervorragendsten dieser öffentlichen Monumentalbauten gehören die Hofmuseen. Bekanntlich wurden im Jahre 1865 die Architekten Hansen, Ferstel, Löhr und Hasenauer zur Ausarbeitung von Plänen für dieselben aufgefordert. Diese beschränkte Konkurrenz blieb erfolglos; zwei der Architekten entschlossen sich indeß zur Umarbeitung ihrer Entwürfe, Löhr und Hasenauer. Gottfried Semper, der damals noch als Professor am Polytechnikum in Zürich wirkte, wurde, als der größte zeitgenössische Architekt, vom Kaiser am dreizehnten April des Jahres 1869 zum Schiedsrichter ernannt. Im Hinblick auf die hohe Bedeutung der Aufgabe und bei der peinlichen Gewissenhaftigkeit, die ihm eigen war — er betonte gesprächsweise oftmals diesen Umstand besonderer Gewissenhaftigkeit — beeilte sich Gottfried Semper nicht mit dem Urtheilsspruche; man weiß, wie maßgebend es in seinen Folgen gewesen und daß Gottfried Semper den kaiserlichen Auftrag erhielt, ein neues Projekt ausarbeiten, das er zum Theile in Zürich, zum Theile in Dresden in den Jahren 1869 und 1870 entwarf. Im September 1871 übersiedelte er definitiv nach Wien. Mir steht glücklicherweise manches werthvolle Matetiale aus Gottfried Semper's schriftstellerischem Schaffen zur Verfügung und ich will aus dem Schatze ein Stück des obenerwähnten, noch nie publizirten Gutachtens herausgreifen, leider nur ein Stück, da der Raum für das Ganze mangelt. Das Gutachten sagt [...]: [...]
Projekt Hasenauer. Gesammtanlage. Der Künstler betont mit Recht, daß die kaiserliche Residenz als das Hauptmoment der ganzen Anlage zu betrachten sei; aber wie schon in den vorausgeschickten allgemeinen Bemerkungen angeführt worden ist, leistet er diesem Prinzipe keine Folge, da die vielen und bedeutenden Vorsprünge der beiden Gebäude gleichsam Koulissen bilden, hinter denen sich ihre Hauptpartien für den Blick von der kais. Hofburg aus verstecken. [...]
Der Unterzeichnete [...] gesteht [...], daß er nicht ohne Zögern das Resultat seiner Prüfungsarbeiten außer Händen gibt, die ihn schließlich nicht dahin geführt haben, mit rechter, voller Ueberzeugung eines von beiden Projekten zur Ausführung empfehlen zu können. Es sei ihm gestattet, den

Bericht über seine Arbeiten mit einigen allgemeinen Betrachtungen [...] einzuleiten [...].

Ad 1: Gesammtanlage. Das Programm schreibt vor, daß die Museen zu beiden Seiten des Platzes zwischen dem äußeren Burgthore und dem k. k. Hofstallgebäude errichtet werden sollen, deren eines die Sammlungen für Kunst, das andere jene für die naturwissenschaftlichen Fächer enthalten wird. Beide Gebäudemassen sollen der Symmetrie halber gleich lang, breit und hoch und auch in ihrer äußern architektonischen Ausstattung übereinstimmend gehalten werden. Der Unterzeichnete würde die ihm gewordene gemessene Instruktion überschreiten, wollte er diesen Paragraphen des Programmes von Neuem zum Gegenstande individueller Meinungsäußerung machen; nur das Eine erlaubt er sich dazu zu bemerken, daß, wie immer der Platz bebaut werde oder werden könne, doch dabei das Hauptaugenmerk dahin zu richten ist, daß die kaiserliche Hofburg der beherrschende Zentralpunkt der Gesammtanlage bleibe oder werde, alles Uebrige sich ersterer unterordne und auf sie beziehe. Schon aus diesem Grunde würde Unterzeichneter die Pavillon-Architektur Hasenauer's mit ihren vielfachen und starken Vorsprüngen und Rücklagen, gegen welche sich auch andere zweckliche Bedenken erheben lassen, nicht billigen können, da von dem größten Theile der Hofburg gesehen, die Façaden sich nicht entwickeln können und die unteren Partien der Kuppel (der einen wenigstens) sich verstecken würden. Die beiden Kuppeln selbst schließen die Voraussetzung in sich, daß die Hofburg künftig einen noch höhern und reicheren Kuppelbau als Aufsatz erhalte, weil sonst durch sie dem vorhin betonten Grundsatze der Subordination zu nahe getreten wird. Die Kuppel ist überhaupt nach der unmaßgeblichen Ansicht des Unterzeichneten eine bauliche Form, die den Dualismus nicht verträgt, sondern vereinzelt, oder in der Gruppirung, um eine mächtigere Einheit derselben Gattung aufzutreten hat. [...] Die zunächst liegende Folgerung, die der Unterzeichnete aus diesen Betrachtungen zu ziehen sich erlaubt, ist die, daß es wünschenswerth sei, sich von dem künftigen Zusammenwirken der großartigen Gesammtanlage, wobei die kaiserliche Hofburg das Hauptmoment zu bilden hat, eine klare Idee zu verschaffen, ehe man den Bau der beiden Museen nach irgend einem außer diesem Zusammenhang erdachten Plane in Angriff nimmt. Dabei sind allgemeine Situationspläne, wie der Hasenauer's nicht genügend. Der disponible Raum zwischen der Hofburg und dem kaiserlichen Hofstallgebäude einerseits und den beiden Häuserfronten, die den Platz seitwärts einschließen anderseits, ist von so großer Ausdehnung, daß er durch seine Weite den Architekten in

Verlegenheit setzt, ihn zwingt, möglichst große Verhältnisse zu wählen und namentlich alles kleinliche Detail zu vermeiden. Vieles Kleine, was nebeneinander gereiht und übereinander gethürmt wird, macht zusammen noch nichts Großes und eignet sich am allerwenigsten für so weitläufige Umgebungen. Diese moderne Vorliebe für möglichst weite Plätze und Straßen verschuldet es zum Theil, daß unsere Monumente, selbst großartig gedachte, nicht die erwartete Wirkung machen, sowie umgekehrt die architektonischen Meisterwerke Italiens zum Theile ihre virtuelle Größe dem Umstande verdanken, daß ihre Umgebung beschränkt ist. Es ergibt sich hieraus als nächste praktische Folgerung, daß man der Weite des Platzes zu lieb die innere Zweckmäßigkeit der Museen nicht beeinträchtigen darf, daß man namentlich wegen des Staubes und des Reflexlichtes, auch wegen des Straßenlärms sich bei der Anlage der Museen von den beiden Häuserfronten der verlängerten Mariahilferstraße und der entgegengesetzten verlängerten Burgstraße möglichst entfernt zu halten hat, was Hofrat v. Löhr bei der neuesten Umarbeitung seines Situationsplanes sehr richtig erkannte. Was die Verschiedenheit der Terrainhöhen von sechs bis acht Fuß auf 99 Klafter betrifft, so hält Unterzeichneter sie für unwesentlich. Ein für das Auge unmerklich ansteigendes Terrain hat den Vortheil, daß es durch perspektivische Wirkung ein am Ende desselben Befindliches größer erscheinen läßt, als es ist. Dagegen hat die Auskunft des Ausgleichens dieser Verschiedenheiten der Terrainhöhen durch die Anlage schöner Treppen und Terassen als Abschluß des freien Platzes wenigstens die gleiche Berechtigung.
Es ist ein Torso blos, was hier geboten, aber man ersieht daran schon die ganze Art und Weise der hohen Auffassung Gottfried Semper's. [...]

V. K. Schembera [Camillo Sitte]
Gottfried Sempers Ideen über Städteanlagen
Neues Wiener Tagblatt, 22. Januar 1885 (19. Jg. Nr. 22), S. 1–2

Das Städtebauen liegt in unseren Tagen in Bezug auf Kunstgeschmack wohl sehr im Argen. Es ist der Geist der Maschine der Genius, welcher die Erde mit eisernem Schienennetz umspannte, der auf diesem Gebiete herrscht. Nicht mehr die Architekten und Künstler sind es, welche heute die Anlagen der Städte bestimmen, sondern Ingenieure. Alle Achtung vor der Kunst des Meßtisches! Licht, Luft, Wasser fließen den modernen Städten so gut und so reichlich zu wie nie zuvor, und eine ungeheure

Menge von Menschen und Wagen durcheilt die geräumigen Straßen einer modernen Stadt. Auch die Gesundheitsverhältnisse haben sich unter diesem Einflusse in den großen Städten wesentlich verbessert; aber das äußere Gepräge ist nüchtern, ja geschmacklos und ohne jeden künstlerischen Werth. Es kann dies auch gar nicht anders sein, denn die praktische Geometrie des Ingenieurs kennt nur Formeln und Berechnungen von Bedürfnissen des Verkehres und so weiter, aber keinen Koeffizienten für ästhetische Wirkung, für das Malerische und dergleichen. Man braucht nicht auf die Nüchternheit amerikanischer Städte zu verweisen, alle unsere europäischen neueren Anlagen kranken an demselben Uebel. Das eine Mal werden alle Straßen wie auf einem Schachbrett genau senkrecht zu einander herunterrastrirt, was für die Arbeit der Parzellirung, Kanalisirung, Pflasterung und so weiter recht angezeigt sein mag aber in Natur tödtlich langweilig aussieht; das andere Mal wird in der Mitte ein Rondeau angelegt, von dem aus strahlenförmig die Straßen ausgehen wie die Fäden eines Spinnennetzes. Am Plane sieht das recht nett aus, Lineal und Zirkel haben da nach Herzenslust gewirthschaftet, aber in der Wirklichkeit, wie jämmerlich präsentirt sich das! In jeder Gasse dieselbe Eintheilung, dieselbe Längendurchsicht, nirgends ein Punkt, an den sich die Phantasie anklammern könnte, nirgends Merkzeichen, an welchen die Erinnerung haftet, so daß selbst zur Orientirung diese Einteilung sich höchst ungeschickt erweist, denn in Wirklichkeit hat man ja das schöne geometrische Bild des Stadtplanes nie im Auge, es wäre denn von einem Luftballon herab. Ein naher Verwandter zu diesem Spinnennetzplan ist der Plan mit den Ringen, den Ringstraßen. Was dabei herauskommt, darüber könnten wir Wiener leider eine lange Geschichte erzählen. Aber am deutlichsten vielleicht springt das absolut Unkünstlerische des modernen Stadtbausystems in die Augen in Italien. Dort, wo die neue Ingenieurkunst sich knapp neben den herrlichsten antiken und Renaissance-Anlagen angesiedelt hat, dort ist das neue Städtebausystem geradezu unerträglich, eine ästhetische Qual. Wer hätte das nicht empfunden, der auch nur einmal im Leben den Markusplatz und die Piazzetta geschaut, oder zu Florenz vom Palazzo Vecchio her über die Signoria zum Domplatz, und von da in die modernen Stadttheile gegen Porta San Gallo gegangen ist! Welche Herrlichkeit entfaltet eine alte Platz-Anlage, und welche frostige Langweile dehnt sich durch unsere modernen Ingenieurstraßen! Der Unterschied ist genau derselbe, wie zwischen dem farbenprächtigen, schwungvollen Renaissance-Kostüm und zwischen Zylinder und Frack. Staunenswerth ist dabei aber, daß unsere modernen Architekten in Allem und Jedem beflissen sind, die

Formen der alten Bauten getreulich nachzuahmen, den Platzbau selbst jedoch, die Stadtanlage als solche, gänzlich preisgeben und willig ohne Schwertstreich den Ingenieuren überließen, die sich um die künstlerische Seite dieser großen Frage grundsätzlich nicht kümmerten. War es Mangel an Interesse, oder Mangel an Verständniß, oder lediglich die mißliche Frucht der modernen Arbeitstheilung? Sicher ist, daß unsere herrlichsten Bauten und darunter auch unsere Wiener Monumentalbauten lange nicht so wirken, wie es sein könnte, wenn sie besser situirt wären. Frappirend ist hierbei der weitere Umstand, daß gerade in Architektenkreisen für den malerischen Zusammenbau mehrerer Gebäude gar keine Begeisterung vorhanden ist. Jeder will sein Wert allein vor sich sehen und zeigen, möglichst isolirt, und ja nirgends verdeckt, nicht einmal durch ein klein wenig Baumschlag oder Strauchwerk.

Der Einzige, der mit vollem Bewußtsein im großen Style hierin anders dachte, als es Mode ist, war *Gottfried Semper*. Auch da schloß er sich an die Antike an, auch da vertrat er theoretisch und praktisch seine Idee und suchte ihr durch baukünstlerische Konzeptionen ebenso wie durch Wort und Schrift Eingang in der Mitwelt zu verschaffen. Dies sollte ihm aber ebensowenig gelingen, wie die Einführung der antiken Bühne. So haben wir denn wieder nur sein Gedankenwerk vor uns und seine Ausführung seiner herrlichen Konzeptionen. Als Gottfried Semper das erste Mal an die große Aufgabe schritt, ein *modernes Forum* zu errichten, war er noch ein jugendlicher Künstler von dreißig Jahren; Dresden aber, dem diese Anlage bestimmt war, besäße heute einen der schönsten Plätze der Welt und unstreitig die schönste moderne Anlage, wenn seine Ideen ausgeführt worden wären. [...] Diese verschiedenartigen Baufragen, welche nun Gottfried Semper zu einer einzigen organisch zusammenschweißte, waren: Die Beseitigung des sogenannten italienischen Dörfchens, einer verrufenen Häuschen- und Hüttenmasse zwischen dem Zwinger und der Elbe, welche schon lange in Stadtkreisen ventilirt wurde; ferner die Erbauung eines neuen Theaters statt des alten, schon vielfach beanstandeten, dann noch die Errichtung eines Museums für die bis dahin nur schlecht untergebrachte Gemäldegalerie und schließlich die Erbauung einer Orangerie, für welche das Hofbau-Amt sogar schon Vorhebungen und Pläne in petto hatte, allerdings für einen ganz anderen Platz. Gerade dieser Umstand, daß hiemit unter den Kranz der Neubauten, welche Gottfried Semper für seinen forumartigen Platz brauchte, einer einbezogen war, der schon in Vorbereitung stand, sollte dem Gelingen des Ganzen verderblich werden. Die Idee Semper's war nun: Nach Wegräumung des italienischen Dörf-

chens, wodurch der Zwinger bloßgelegt war und zwischen diesem flottestem Bauwerk Dresdens und der Elbe ein großer freier Raum entstand, sollte dieser mächtige Platz so mit Bauwerken eingeschlossen werden, daß die Längenachse desselben von der Mitte des Zwingers senkrecht bis zur Elbe hinabging, links sollte an den Zwinger die Orangerie und das neue Theater stoßen, rechts die neue Bildergalerie und die alte katholische Kirche dem Theater also gegenüber. Der ganze Platz sollte überhaupt wie ein antikes Forum, mit Monumenten und Bildwerken allerart passend angefüllt werden und hiezu durch Ausstellung des obenerwähnten Denkmals der Anfang gemacht werden. An der Elbe aber sollten zwei hohe freie Säulen stehen, wie in Venedig an der Piazzetta, und sehr schön gezierte Flaggenstangen und dergleichen Schmuck noch mehr. Der Erfolg dieser ganz unerwarteten Proposition war ein durchschlagender. Besonders bei Hof wurde die Großartigkeit der Idee erkannt und geschätzt. […]
So wie aber Gottfried Semper am Anfange seiner Laufbahn dieses Forum konzipirte, so war es ihm am Ende seines Lebens noch beschieden, ein gleiches zu ersinnen für Wien. Es ist merkwürdig, daß hierin neuerdings Dresden und Wien, wie beim Theaterbau, zwei gleiche Konzeptionen Semper's erhielten und diese Gleichheit ist in dem zweiten Falle ebenso in die Augen springend. Denkt man sich an der Stelle der Elbe bei der Dresdener Anlage die Wiener Lastenstraße, so hat man in beiden Fällen das gleiche Projekt. Vollkommen identisch. […]

Camillo Sitte
Die Kunst des Städtebauens
Neues Wiener Tagblatt, 5. März 1891 (25. Jg. Nr. 63), S. 2–3

Wenn man einen Unterschied macht zwischen alten und neuen Stadtanlagen und die historisch wie von selbst aus dem Boden gewachsenen Altstädte mit dem Unterscheidungsnamen „Naturstädte" bezeichnen würde, so weiß Jeder, was er sich dabei zu denken hat. Diese Stadt ist eben wahrhaft ein Stück lebendige Natur, wie Berg und Wald, wo die lieben Thierlein alle ihre erbgesessenen Nester haben; sie ist ein Stück Geschichte, wie ein alter Dom, dessen Mauern, Denksteine, Statuen und Bilder den Beschauer zurückversetzen in längst entschwundene Zeiten; sie ist ein großes Familienhaus, das als liebes, treu gehütetes Vermächtnis von Generation zu Generation sich vererbt hat.

In entschiedenem Gegensatz hiezu nach Form und Entstehungsweise befindet sich dasjenige, was man eine „moderne Stadt" nennt, wobei sich aber Wort und Sinn nicht ganz genau decken, denn das, was man dabei denkt, nämlich eine Stadt mit *„schönen geraden"* Straßen, die sich schön rechtwinklig schneiden; mit schön gleich großen Häusern, wie es in allen Reisehandbüchern hervorgehoben wird, das hat es zu allen Zeiten gegeben, auch schon im Alterthume, nur war es damals eine Ausnahme, während es heute die Regel ist. Eine einzig dastehende Ausnahme in der Geschichte des altgriechischen Städtebaues war der schachbrettartige Verbauungsplan für das neue Alexandrien mit durchaus parallelen ostwärts und parallelen nordwärts gehenden Straßen, was sich in den Rekonstruktionen genau so ausnimmt, als ob dieser Plan nach dem Muster von Mannheim abgeguckt wäre. Gleiche Ursachen, gleiche Wirkungen. Alexander der Große war eben in der That bereits ein Städteerbauer im Sinne des neunzehnten Jahrhunderts nach Christi und nicht im Style altgriechischer Kunst. Rasch sollte alles gehen, sehr rasch, und womöglich sollte er die Erweiterung des altegyptischen Rhakotis zum meerbeherrschenden Alexandrien noch bei Lebzeiten erschauen.

Es scheint aber in der Natur des menschlichen Denkvermögens begründet zu sein, daß alle derartigen Erstlingsversuche einer Beherrschung der Natur durch Lineal und Zirkel schachbrettartig, rechtwinklig ausfallen. Ueberall, wo das Städtebauen hastig, in großem Umfange und somit nach vorgefaßtem Plan in Angriff genommen wurde, verfiel man zunächst auf dasselbe Rezept. Spuren davon wurden schon nachgewiesen selbst an den ältesten Großstädten Mesopotamiens und der alten Reiche am Nil. Selbst wenn man älteste Stadtpläne und Burgenpläne, sowie älteste Versuche von Situationsplänen und Landkarten daraufhin betrachtet, bemerkt man leicht, wie da alles rechtwinkelig dargestellt ist oder wenigstens der rechtwinkeligen Darstellung sich nähert, was in der Natur in scheinbar unentwirrbarer Unregelmäßigkeit nach allen Richtungen auseinanderläuft. Man denke an die ältesten Karten der Mittelmeerländer; wie schön senkrecht da Italien und die Adria nach Süden streben und nun gar alles übrige kleinere Detail nach wenigen großen Hauptrichtungen des Vorstellens da aufgezeichnet erscheint, ganz anders, als es in Wirklichkeit sich verhält.

Mit geradezu elementarer Gewalt, zwingend wie ein Naturgesetz, treten diese rechtwinkeligen Schemata zutage, wenn es sich um Parzellirungen großen Styls, als gewaltige Neuschöpfungen handelt, welche an die menschliche Schaffenskraft plötzlich mit neuen Aufgaben herantreten. Das Rechtwinkelschema erscheint in diesem Falle wie der Ausfluß eines Naturdenkprozesses, eine Form, in der die Weltseele denkt; überall die gleichen Erscheinungen, als ob es gar nicht anders gemacht werden könnte. Die großartigste Parzellirung dieser Art ist die Staateneintheilung von Nordamerika nach Breiten- und Längengraden, welche ebenso wie die ähnlichen Grenzbestimmungen in Zentralafrika auch deutlich das Wesen dieses Vorganges enthüllt. Der Vorgang besagt, daß man hier Flüsse und Berge noch nicht genau genug kennt, daß man noch nicht weiß, wie sich Leben und Verkehr hier entwickeln werden und somit in vollständiger Unkenntnis und äußerster Rathlosigkeit nichts Anderes vermöge, als das Rechtwinkelschema des Denk- (oder Rede- ?) Apparates an Stelle der noch unergründlichen Naturform zu setzen. Dieselben Verhältnisse erzeugten in neuerer Zeit massenhaft die modernen sprichwörtlich langweiligen Städteanlagen. Der Mangel eines Programms ist der Urboden, aus welchem zu allen Zeiten das Schachbrettmuster des Verbauungsplanes hervorgewachsen ist. Noch niemals aber ist das Unnatürliche, Poesielose, Unzweckmäßige dieser harten, gedankenlosen Schablone so deutlich empfunden worden, wie in unserer Zeit, theils weil es an so massenhaften abschreckenden Beispielen fehlte, theils weil in früheren Zeiten auch bei planmäßigen Stadtanlagen immer noch Naturgefühl, Kunstsinn und alle Tradition ein Wörtlein mitredeten. So zum Beispiel leistete geradezu künstlerisch Großartiges die Barocke in planmäßigen Anlagen bedeutendster Art. Eine gewisse Frostigkeit weht aber durch all' den aufgethürmten Pomp und Theaterkram von Perspektiven, Durchblicken, künstlichen Fernsichten, geradlinig beschnittenem Baum- und Strauchwerk u. dgl. m., obwohl jeder Beschauer die Größe der Konzeption fühlt und sich der Wirkung derselben auf sein Gemüth nicht entziehen kann.

Sollten wir an dem getheilten Eindruck nicht zum Theil selbst Schuld sein? Gewiß haben die Zeitgenossen der barocken Meister ihren Werken eine anders geartete Empfänglichkeit entgegengebracht und sie daher voll und ganz genossen, während für uns ständig ein fremder Rest übrig bleibt, der mit unserer Art des Empfindens nicht mehr in Harmonie gesetzt werden kann. Wir bewundern die Prospekte der gestutzten Baumreihen und die durchdachte Gesammtanlage des barocken Parkes, wie lieben aber das nicht mehr. Unser Herz hängt weit mehr an der reinen Natur und der sogenannte englische Park ist es, der unserer Empfindung mehr entspricht und überall bei Neuanlagen bevorzugt wird.

Aehnlich verhält es sich auch bei Stadtanlagen. Das geometrische Häuserkastenwerk wird allerdings weder bewundert noch geliebt, weil es ja weder den Anforderungen der Kunst, noch denen der Natur, sondern nur der Reißschiene entspricht; wohl aber werden allenthalben villenartige Anlagen mit Vorgärten gepflegt und gelobt. Es ist dies der *Naturalismus des Städtebauens*, entsprechend der Gesamtrichtung unseres derzeitigen Dichtens und Trachtens.

Man kann aber Millionenstädte nicht lediglich aus Villen und Vorgärten aufbauen; auch das Motiv der Avenue oder der Ringstraße allein reicht zur Gliederung so gewaltiger Körper nicht aus. Da betreten wir denn beim Städtebau neuestens denselben Weg, der schon vor Dezennien zur Auffrischung des architektonischen Schaffens gewählt wurde, den Weg des historischen Studiums der Meisterwerke der Vergangenheit, um uns zunächst wieder in den Besitz aller der Schätze verloren gegangenen Wissens und Könnens zu setzen, das, wie in einem aufgeschlagenen Lehrbuche des Städtebaues, vor uns liegt in zahllosen Beispielen aus Alterthum, Mittelalter und Neuzeit. Eine große Aufgabe, die wir aber, einmal erkannt, nicht mehr von uns weisen können. Heute geht es schlechterdings nicht mehr an, die Bebauungsfläche einer Stadterweiterung ohne Rücksicht auf Natur und Kunst einfach am Reißbrett zu tranchiren, wie man eine Wurst aufschnittelt. Heute muß höheren Anforderungen Rechnung getragen werden, weil sie bereits gestellt sind. Heute gilt nicht einmal die Ausrede mehr: „das gehe nicht anders", weil bereits eine Literatur hierüber vorliegt und sich stets mehrende Versuche nach praktischen Lösungen dieser das allgemeine Interesse fesselnden Frage. [...]
[Die] bereits zahlreichen Aufträge von Stadtgemeinden direkt an bewährte Architekten und das Hervortreten der Konkurrenz zur Erlangung von Stadtplänen gerechnet, sieht man deutlich, daß wir an einem Wendepunkt in der Methodik des Städtebauens angelangt sind. [...]

Camillo Sitte
Die Parcellierung und die Monumentalbauten von Přívoz
Der Architekt 1 (1895), S. 33–35

Gering an Umfang zwar ist diese Parcellierung eines vorher freien ebenen Feldes, aber trotzdem interessant wegen mannigfacher Anforderungen theils praktischer, theils ästhetischer Natur [...].
Die besonderen Bedingungen für die vorliegende Parcellierung waren:
1. Die Anlage eines möglichst großen Marktplatzes von gegen 10 000 m² Fläche zur Abhaltung großer Viehmärkte, also eines Platzes größter Dimension. Solche übergroße Plätze sind im allgemeinen nicht günstig für

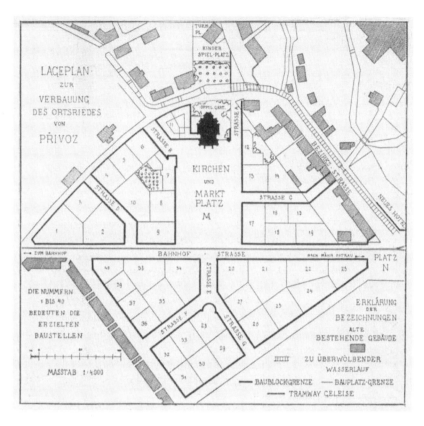

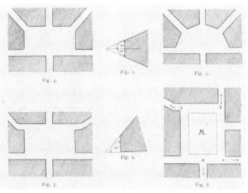

a. Camillo Sitte: Lageplan zur Verbauung des Ortsriedes von Přivoz.
Quelle: Der Architekt 1 (1895), S. 33

b. Camillo Sitte: Schemata zur Straßeneinmündung an Plätzen
Quelle: Der Architekt 1 (1895), S. 34

ihre eigene und die Wirkung der sie umgebenden Gebäude. In einer freien Gegend, wo das Auge an weite Acker- und Wiesenflächen gewöhnt ist, wird aber diese Weite nicht so empfunden, wie in gebirgigen Gegenden, weshalb auch z. B. die ungewöhnliche Größe der Plätze in den Städten und Märkten der ungarischen Ebene nicht bloß nicht auffällt, sondern dort geradezu natürlich erscheint; so auch hier.

2. Günstige Bauplätze zu gewinnen für den Bau der neuen Marienkirche und eines neuen Rathhauses.

3. Günstige Privatbauplätze von der landesüblichen Größe von 90–150m^2 Fläche in möglichst großer Zahl und mit günstiger Gassenfront.

4. Die möglichst organische Eingliederung der bereits vorhandenen Bahnhofstraße. [...]

Bei Verfassung [...] drehte sich immer wieder alles um die Sanierung des durch die Trace der Bahnhofstraße bereits Verdorbenen und liegt somit wieder eines der zahllosen Beispiele vor, aus denen man sehen kann, wie ungeschickt und widernatürlich es ist, bei solchen Tracenbestimmungen einfach die Reißschiene anzulegen an den Ausgangs- und Endpunkt des Verkehres und nun ohne Rücksicht auf die Bodenverhältnisse und die bereits vorhandene Bebauung desselben einen geraden Strich zu ziehen. Durch diese bei den Geometern der ganzen Welt beliebten Linien, welche so recht deutlich zeigen, dass die Herren Feldmesser nicht selber bauen können und daher nicht zu wissen scheinen, wie unpraktisch, unschön und kostspielig sich die Verbauung spitzer Außenwinkel gestaltet, entstehen in allen modernen Lageplänen die vielen Dreiecksflächen, die so schwer schön und zweckmäßig zu verbauen sind.

Auch hier wurde der von Natur aus zu günstigster Verbauung wie geschaffene Platz durch die Bahnhofstraße in zwei Dreiecke zerlegt, also in die denkbar ungünstigsten Formen. Die Verlegung des Kirchen- und Marktplatzes, in das nördliche Dreieck, und zwar senkrecht mit der Längenachse auf die Bahnhofstraße in die Mitte der Anlage ergab sich wie von selbst; da nur dieses nördliche Dreieck mit den Straßen A, B und C auf bereits vorhandene wichtige Verkehrslinien stößt, deren Vermittlung unter einander und mit der Bahnhofstraße eben der große central gelegene Marktplatz übernehmen kann; während das südliche Dreieck wegen seiner Verkehrslosigkeit sich zu möglichst vollständiger dichter Verbauung eignet. Durch diese Annahme ergibt sich wieder die Lage der Kirche im Hintergrunde des Platzbildes [...] von der belebten Bahnhofstraße aus gesehen.

Zur schönen Einbindung in die Platzwand ist es wieder unerlässlich, die Kirche mindestens auf einer Seite einzubauen und nicht rings herum frei stehen zu lassen, was überhaupt in jeder Beziehung ein Fehler moderner Anlagen ist und von den alten Meistern nicht bevorzugt wurde. Die Gebäude, welche da naturgemäß anstoßen sollen, sind: Pfarrhaus und Schule, von welchen beiden aus es auch wünschenswert ist, unmittelbar in die Kirche gelangen zu können, besonders bei schlechtem Wetter und im Winter. Auf der entgegengesetzten Seite gegen die Straße A wurde eine kleine Parkanlage angenommen [...].

Gerade hier alles Baum- und Buschwerk zu einer geschlossenen Gruppe zu vereinen, statt es etwa in Alleeform kostspielig und zweckwidrig in den Straßen zu verzetteln, bietet noch den Vortheil einer gerade an dieser Stelle besonders malerischen Wirkung und endlich noch die Möglichkeit, an der Ecke der Straße A einen Brunnen mit monumentaler Ausgestaltung gegen den Platz und mit langer Viehtränke in der Straße anzubringen, durch welche gerade die großen Viehtriebe zu den Märkten hereinkommen.

Zur Einrahmung dieser Bildwirkung im Platzhintergrund dient die Verbauung der Baustelle Nr. 7 mit einem Erkerbau als Einkehrgasthof oder in anderer hervorragender Weise und die Aufstellung des projectirten neuen Rathhauses auf der entgegengesetzten Seite.

Das nach Westen liegende Blockdreieck wurde durch die Gasse D absichtlich nicht symmetrisch mit dem anderen gegen die Bezirksstraße liegenden Dreiecke untertheilt; damit eben nicht langweilige Symmetrie entstünde, damit der Platz eine anders gegliederte linke und rechte Längswand bekommt, damit eben die Baustellen 7, 8 und 9 eine längere geschlossene Wand geben.

Der Fluchtenbruch in den Straßen C und D ist nöthig zur Herstellung rechtwinkeliger Ecken an den beiderseitigen Straßenmündungen; ebenso der Bruch der Straße B. Ein schiefwinkeliges Ausmünden, nur damit diese Straßen linealgerecht durchlaufen, wäre hochgradig hässlich und gäbe obendrein schlecht verbaubare Ecken; während so besonders die Straße B noch den Vortheil bietet, dass dort die Platzwand perspectivisch geschlossen bleibt. Wem diese Brüche dennoch sonderbar vorkommen, der möge bedenken, dass sie eben die Folge der ungeschickten Durchquerung des schönen Baufeldes durch die Bahnhofstraße sind und dass sich gegen sie eigentlich gar nichts einwenden lässt, als, dass derlei momentan eben nicht Mode ist. Es wäre entschieden zulässig gewesen, den Bruch durch stete Krümmung dieser Straßen zu vermeiden, da bei einem Krümmungsradius der Bauflucht von über 60 m eine Schädigung der Zimmerformen und der Hauptmauerconstruction nach gewöhnlichem Ziegelverband und Schließenlegungen etc. nicht mehr eintritt; aber so etwas gienge erst recht gegen den Genius der modernen Linealgerechtigkeit. Die noch schwächeren Krümmungen der Baustellen 1, 3–6 und 11 wurden trotz dieses Bedenkens nach der vorhandenen Naturlinie beibehalten, weil hier der Krümmungsradius sogar über 140 und über 2000 m beträgt und somit die stetige sanfte Krümmung in der Ausführung zweifellos besser wirken wird, als einige zu schwache und daher undeutliche Brüche.

Die Zertheilung des südlichen Dreiecks durch die Straßen E, F und G ergab sich so nach der Absicht, spitze Winkel bei den Eckhäusern zu vermeiden, weil diese immer schlecht aussehen und schlecht zu verbauen sind. Als besonderer Gewinn ergab sich dabei in dem vorliegenden Falle noch die Möglichkeit, die Straße E mit der Platzachse und der Fernsicht auf die Kirche in Verband zu bringen, wodurch noch eine hervorragend begünstigte Baustelle Nr. 28 für ein vornehmeres Patricierhaus erübrigte.

Ebenfalls zur Beseitigung der spitzen Baublockecken, die nach Möglichkeit vermieden werden sollten, wurden die Abstumpfungen der Ecken an den Baustellen 23 und 40 vorgenommen, um wenigstens an der Hauptstraße rechtwinkelige Ecken zu erhalten. Die eine dieser Eckparcellen ist bereits verbaut und sieht vorzüglich aus bei gleichzeitig bester Grundrisslösung. Hiemit ist endgiltig durch den praktischen Erfolg erwiesen, dass die bisher allgemein beliebten gleichwinkeligen Abschrägungen wie in Fig. 1, die bloß am Plane gut aussehen, aber immer Schlecht in der Naturausführung, grundsätzlich zu verwerfen sind und dafür die Lösung von Fig. 2 vorzuziehen sei. Auf sogenannte Verkehrsplätze angewendet, besagt die hier gemachte Erfahrung, dass die Lösung von Fig. 4 der von Fig. 3 vorzuziehen ist; noch besser wäre die Lösung nach Fig. 5, aber am besten wäre es, solche Plätze, auf welche von allen Seiten der Windrose Straßenzüge münden, überhaupt zu vermeiden, und zwar *aus rein verkehrstechnischer Rücksicht*, welche eine Auflösung des Verkehres verlangt, aber nicht ein Zusammenführen desselben auf einen einzigen Punkt, so dass dort ein unlösbarer Knäuel entsteht.

Es ist die für den Přívoz'schen Marktplatz construierte Einbindung der sechs Straßen, wie auf den ersten Blick zu ersehen, nur eine Variante des in Fig. 5 schließlich erreichten Schemas, und zwar mit Seitwärtsrückung von Straße b, damit sie nicht in gerader Verlängerung von d bleibt und somit zur Durchquerung der Platzmitte durch den Verkehr nöthigt, was sehr schlecht wäre, wegen der dann unvermeidlichen Kreuzungen der Wagenbahnen. Wird dagegen die in Fig. 6 durch Punktierung eingeschlossene Platzmitte M vom durchlaufenden Wagenverkehre freigehalten; so kann von jeder der sechs Straßen ein Wagen in jede beliebige der fünf anderen gelangen, ohne Fahrbahnkreuzung mit bloßer einmaliger Einbindung in die laufende Wagenreihe und einmaliger Ausschaltung, was ohne Verkehrsstörung möglich ist. Es zeigt sich also an diesem Beispiele, dass dasjenige, was die reinen Verkehrstechniker geistreicherweise „Verkehrsplatz" nennen, gerade von dieser Centralisation des Verkehres künstlich gereinigt werden muss, um da den Verkehr möglich zu machen. Endlich aus den Pfeilrichtungen in Fig. 6 ist noch zu ersehen, dass auch das Schema des sogenannten Turbinenplatzes*) einverleibt wurde, soweit es nach den hier vorliegenden Bedingungen möglich war. [...]

*) Siehe C. Sitte, »Der Städtebau nach seinen künstlerischen Grundsätzen«, 2. Auflage. S. 150 und 151 [und Abb. S. 39 in diesem Band].

H.R.
Camillo Sitte über Städtebau
Deutsche Bauhütte 4 (1900), Nr. 2, 11. Januar, S. 18–19

Im Münchener Architekten- und Ingenieur-Verein sprach in der letzten Versammlung über Städtebau Regierungsrat Camillo Sitte aus Wien vor einem überaus zahlreichen Auditorium, das aus den namhaftesten Münchener Fachgenossen, Künstlern und Vertretern der Stadt sich zusammensetzte. In einer von liebenswürdigem Humor durchwebten, überaus lebendigen und fesselnden Darstellungsweise führte Regierungsrat Sitte seine Hörer – im Geiste – in sein Atelier, um da an verschiedenen Projekten, die er ausgeführt, die Prinzipien zu erläutern, deren Beachtung für den Städtebauer von Wichtigkeit ist. Zuerst erzählte uns der Vortragende, wie er nach Salzburg gerufen worden sei, als dort die Gersbachregulierung mit Verlegung der Rignerbrücke geplant gewesen sei. Sitte demonstrierte den Salzburgern, die Gersbachregulierung sei doch etwas nebensächlich, da könne man gleich mehrere der schwebenden Projekte zusammenfassen, und entwarf einen Plan, wie man das projektierte Künstlerhaus, das Museum der Kunstgewerbeschule in einem grossen monumentalen Gebäudekomplex vereinigen und die Brücke gerade auf diesen Platz hinführen könne. Als er diese Ideen entwickelt hatte, war der Erfolg bei den Interessenten ein helles Gelächter. Inzwischen ist das Künstlerhaus gebaut worden, und zwar in einer Wasserwüste, die Kunstgewerbeschule hat man an einen Platz gestellt, wo sie Niemand findet, für das Museum wird vor-

aussichtlich ein ebensolcher ausfindig gemacht werden, und die Brücke mündet nun so, dass sie nirgends hinführt. Das ist auf der ganzen Welt so. Nirgends findet man das einheitliche Zusammenfassen grosser Ideen, wie es in der Antike bei den Griechen gang und gäbe war, Alles wird verzettelt, die Denkmäler werden in den Städten schön gleichmässig von einander verteilt, damit keiner den anderen beisst und bei jedem grösseren Projekt existiert eine ausführende Gesellschaft, ein Komite, deren oberstes Prinzip ist, „dass ihnen Keiner was dreinreden darf."
Nach dieser Introduktion kam Redner auf verschiedene Lagepläne zu sprechen, die er für Teschen, Mährisch-Ostrau, Olmütz und andere Städte entworfen. Als sehr praktikabel habe es sich erwiesen, Stadtparke und Kinderspielplätze in die Mitte grosser Häuserblocks zu verlegen, wofür die in Wien bestehenden alten Parke – Esterhazy-Schwarzenberg- und Lichtenstein-Park, – die heute mitten in den Stadtzentren, von Häusern umfriedigt, dem öffentlichen Verkehr freigegeben sind, ein sprechendes Zeugnis sind. Diese alten Vorbilder wären in der Neuzeit mit Erfolg zu kopiren. Nicht nur das Zinserträgnis solcher Häuser, deren Bewohner rings in's Grüne sehen, wäre sehr gut, auch den Besuchern derartiger Anlagen böten die Häuser Schutz vor Wind und Staub, die Kinder sind gesichert vor Unfällen durch Ueberfahrenwerden und durch entsprechende Läden in den Erdgeschossen der Häuser, durch Anlage von Kiosken, einer gedeckten Gartenhalle usw. kann für alle möglichen menschlichen Bedürfnisse gesorgt werden. Dass durch breite Thorwege auf mehreren Seiten genügender Zutritt zu solchen Quadraten geschaffen werden muss, ist selbstverständlich. – Die Anlage sogenannter amerikanischer Squares auf Flächen, auf denen ein Bebauungsblock ausbleiben musste, hat jene Annehmlichkeiten nicht für sich – Staub und Wind, sowie Strassenlärm, das Fehlen aller Bequemlichkeiten verleiden dem Ruhebedürftigen das Verweilen an diesen Stätten, während in Wien in Parkanlagen, die von solchen Häuserquadraten umgeben sind, im Sommer kaum ein Plätzchen auf einer Bank zu haben ist.
Der Planbefund von Alt-Wien zeigt noch einen grossen hygienischen Vorzug in ähnlicher Weise, nämlich zahlreiche Blockbauten, in deren Innenraum die gemeinschaftlichen Gärten zusammengelegt sind. Die Bewohner solcher Häuser haben stets den erfrischenden Blick in's Grüne, und eine inmitten von all' dem Staub und Gestank erstaunlich gute Luft. Der Fremde nimmt äusserlich diese gesunden Quartiere nicht wahr, von denen bisher an 80 Proz. in der Wiener Altstadt bestanden haben. Aber mehr und mehr fallen diese Gärten der Spekulation, der Geldgier zum Opfer. Lei-

der taugen in dieser Richtung *alle unsere Bauordnungen* nicht viel und so kann es kommen, dass man in Oesterreich gegenwärtig Häuserkomplexe bauen darf, die nur 16 Prozent Gesamthof haben. Auf die Einzelhöfe sollen daran allerdings mindestens 8 Prozent entfallen. Es entstehen dann eine Reihe enger Lichtschächte, in welche die Fenster der Dienstbotenkammern und der Aborte ausmünden. Man muss unsere armen Dienstboten bewundern und bedauern, dass sie nach angestrengter Tagesarbeit aus solchen Quellen sich Erholung schöpfen können oder müssen. Hier kann übrigens der Städtebauer erfolgreich einsetzen, indem er in der Planierung neuer Bauviertel die Strassen so anlegt – nicht unter 32 Meter und nicht über 43 Meter Breite, – dass bei den Häuserblocks grössere Hofräume herauskommen müssen, wie dies Redner in Olmütz glatt erreicht hat.

Der Städtebauer darf überhaupt nicht bloss mit dem Lineal arbeiten, er hat viele Umstände zu berücksichtigen, vor Allem die von der Natur gegebenen, Flussläufe, Windrichtungen, Terrainverhältnisse, dann die Eigentumsgrenzen, die voraussichtliche Entwicklung der Stadt etc. etc. Wie der gute Architekt beim Bau eines Hauses genau vorher berechnet, welche Räume Speise- oder Schlafzimmer sein sollen, und nicht der Partei diese Wahl überlässt, hat der Städtebauer auch mit den Häuser-Silhouetten zu operieren, und auf die Art der Bewohner Rücksicht zu nehmen.

Redner hob hervor, wie er sich auf Grund mühevoller Vergleichungen ein *Block-Schema* für 6 Typen, nämlich für Zinspartien mit etwa 100 Mk. jährlich, mit 150, 300 Mk. usw. bis zur 6. Kategorie mit über 2000 Mk. Jahresmiete geschaffen habe. Redner stellte dabei fest, dass nach statistischen Ziffern, die er sich, soweit dies einem Privaten möglich, verschaffte, wohl in ganz Europa die Zahl der Mietwohner, welche die höchsten, über 2000 und 3000 Mk. betragenden Mieten bezahlt, nur etwa 1 Proz. ausmacht, während für den niedersten Zinssatz 30 bis 33 Proz. in Betracht kommen.

Eine im Jahre 1890 in Berlin anlässlich des Jubiläums der Stadtbahn erschienene Festschrift giebt über dieses Kapitel interessante Aufschlüsse. Im Jahre 1860 machten die in billigster Miete Wohnenden 33 Proz. aus, während die Gesamtsumme der Mieten über 2000 Mk. etwa 4 1/2 Millionen betrug. Bis zum Jahre 1890 war der vorgenannte Prozentsatz auf 7 gesunken, die Summe der hohen Mieten auf 97 Mill. gestiegen, dabei betrug 1860 die Kopfzahl in den billigsten Wohnungen 11 1/2 – in Wirklichkeit bis zu 17 und 19 Köpfen – 1890 nur mehr 5 Köpfe. Das ist ein Fortschritt des Nationalwohlstandes und eine Gesundung hygienischer Verhältnisse, wie sie wohl in der ganzen Welt beispiellos dasteht.

Sitte erklärte auch, dass es bei Neuschaffung von *Arbeiterwohnungen* eine sittliche und soziale Forderung sei, dass jede solche Wohnung mindestens drei Piecen haben müsse, damit das getrennte Schlafen der Ehegatten von den Kindern beziehungsweise der männlichen und weiblichen Familienmitglieder ermöglicht sei – ohnedem müsse das Familienglück, die Erziehung der Kinder schwer leiden.

Unter Anderem besprach Redner die Markthallenfrage, die jetzt in ganz Europa brennend geworden sei. Bisher waren die Marktweiber unter offenen Ständen, das passte ihnen sehr gut und war auch sehr malerisch, aber, das moderne Europa kann nicht mehr mit ansehen, dass es die Marktfrauen friert und dass Staubwolken von der Strasse über ihre Produkte hinziehen, was ja von der hygienischen Seite gewiss seine Bedenken hat. Man hat darum zu dem System der Markthallen gegriffen, aber damit nichts Wünschenswertes erreicht; nachdem alle die zum Markt gebrachten Produkte einen sehr hohen Prozentsatz an Wasser haben, das verdunstet, so entwickelt sich in den Markthallen ein Gerüchechaos, gegen das auch die stärkste Ventilation machtlos ist. In der Markthalle riecht „Alles nach Allem", ein Nachteil, zu dem sich noch der gesellt, dass durch die teueren Platzmieten eben auch die Preise der Artikel erhöht werden. Auch hier schlägt Redner vor, in dem inneren quadratischen Raum grosser Häuserblocks Markthallen in der Weise anzubringen, dass anlehnend an die Häuser eine gedeckte Halle geschaffen würde, ähnlich wie sie bei Bahnhöfen verwendet werden, und dass in das Erdgeschoss der betreffenden Häuser Läden für jene Geschäfte und Betriebe eingerichtet würden, denen verschliessbare Räume vonnöten sind. Die sogenannten fliegenden Stände hätten in der, als Wandelgang benutzbaren, Vorhalle Platz. Auf dem grossen freien Platz in der Mitte wäre dann ein Brunnenbassin zum Tränken der Tiere, zum Waschen der Gemüse und eine kleine Anlage einzurichten. Die Einfahrt in das Quadrat könnte durch einen grossen Thorbogen mit einer breiten Passage für Fuhrwerk, und breiten Durchgängen für Fussgänger erfolgen, im ersten Stock dieses Portikus könnte man gleich das Marktkommissariat unterbringen. In der Form denkt sich der Redner einen derartigen Markt einem römischen Atrium ähnlich. Allerdings hat die Durchführung eines solchen Projektes nicht zu unterschätzende finanzielle Schwierigkeiten. Entweder müsste man auf die betreffenden Häuser Servitute legen, damit sie immer ihrer Bestimmung erhalten bleiben oder es müssten die Städteverwaltungen selbst solche Häuserkränze bauen. Der Redner schlug für Olmütz zuerst eine solche Marktanlage vor, man fand sie sehr hübsch, getraute sich aber nicht sie zu machen, denn die Sache sei „zu neu". Dagegen wird ein derartiges Projekt Sittes in Mährisch-Ostrau in einigen Jahren zur Ausführung kommen. Es würde natürlich viel zu weit führen alle die interessanten Mitteilungen, die Sitte brachte, wiederzugeben. Nur Einiges sei noch erwähnt. Die Aufnahme grosser Häuserblöcke in neue Lagepläne hält Redner auch deshalb für sehr angezeigt, weil sie sich sehr leicht aufschliessen und in einzelne Parzellen zerschneiden lassen.

Die Entwicklung der meisten Städte zeigt, dass sie schalenförmig ansetzen, und zwar in der Weise, dass Bahnhofsanlagen, Industriestätten, Lagerplätze u. s. w. immer in einer Breite-Entwicklung sich als Sperrklötze für die weitere Ausdehnung der Stadt erweisen, während die Bahnlinien pfeilförmig in die Stadt dringen sollen – wie dies z. B. bei unserem Münchner Zentralbahnhof der Fall – und ebenso Stadtparke, grosse Gebäude-Anlagen als Längskeile in die Stadt sich schieben sollen.

In der Strassenanlage muss auf Radialverbindungen Bedacht genommen werden; Ringstrassen haben nur für die Innenstadt Wert, nach aussen nehmen sie an Wert ab und die Kosten für ihre Erhaltung steigen unverhältnismässig. Wäre das Ringstrassensystem richtig, dann brauchte man, wie Redner glossierend meinte, nur ein grosses Schneckengewinde anzulegen, dann hätte man eine Strasse, die überall hinführt. Sehr treffend charakterisiert Redner auch die in neuerer Zeit gebauten keilförmigen, vorne schmal zulaufenden – meist zwischen zwei Strassen gestellten – Häuser, in die man unten ein Kaféhaus legen kann, was man aber oben hinein thut, das „weiss kein Mensch nicht".

Der Vortrag wurde mit reichem Beifall aufgenommen und in der anschliessenden Diskussion von Architekt von Thiersch, wie Ingenieur Heilmann der Wunsch ausgesprochen, dass nach dem Vorbilde Aachens die Hochschulen das Kapitel Städtebau und Städte-Erweiterung aufnehmen möchten.

Camillo Sitte
Der Städtebau nach seinen künstlerischen Grundsätzen
Vortrag des Herrn Geheimrats Camillo Sitte, Direktor der K. K. Staatsgewerbeschule in Wien, über den Städtebau nach seinen künstlerischen Grundsätzen, gehalten am 2. Februar d. J. im Saale der „Eintracht".
Westfälische Zeitung, Bielefelder Tageblatt 6. März 1901 (91. Jg. Nr. 55), S. 1–2

Hochansehnliche Versammlung, geehrte Damen und Herren: Das heutige Thema des Städtebaues erscheint deshalb so ganz besonders interessant, weil sich seit 10 Jahren in allen deutschen Landen, besonders im deutschen Reiche eine neue große Schule herausgebildet hat, welche die Durchbildung des Städtebaues nach künstlerischen Gesichtspunkten verfolgt. Wegen des schnellen Anwachsens der Städte in den letzten 50 Jahren mußten überall Lagepläne mit großer Hast verfertigt werden, und es ist erklärlich, wenn dieselben so ausgefallen sind, daß niemand recht zufrieden ist. Schon in den ältesten Zeiten, in denen man angefangen Städte künstlich nach vorgefaßten Plänen zu bauen, traten dieselben Erscheinungen wie heute zu Tage. Auch in der griechischen und italienischen Antike haben wir den Unterschied zwischen natürlichen und Kunstanlagen. Die natürlichen Städteanlagen sind überall schön, zweckensprechend und gut und die künstlichen sind im ersten Anlauf schlecht. Ein mustergiltiges Beispiel einer natürlichen, künstlerisch vollendeten Anlage giebt uns Athen mit seiner Akropolis, auf der sämtliche Kunstwerke vereinigt wurden, seinen künstlerisch geschmückten Stadtplätzen und seinen bescheidenen einfachen Wohnhäusern. Dasselbe Bild zeigt das alte Rom; auf dem Forum alles vereinigt, was Rom an Kunstschätzen besaß, die Stadt durchzogen von einigen Hauptstraßen mit reichen, ganz besonders ausgeschmückten Pälästen, aber die Masse des Volkes in einfachen Häusern lebend, die keinen Anspruch auf künstlerische Vollendung machten. Es war ein Zustand in diesen antiken Städten Rom und Athen, den wir heute noch in Konstantinopel sehen. In Konstantinopel hat man so herrliche Straßen, Pälaste und Moscheen, daß man sich nicht satt sehen kann, aber die Häuser, in der die Masse des Volkes lebt, sind von einer ungemeinen Dürftigkeit. So war es in der Antike. Aber auch in der Antike hat man angefangen Städte planmäßig anzulegen, und so ist Alexandrien planmäßig angelegt worden, so sind neue Viertel in Rom und eine große Anzahl Städte in Kleinasien angelegt worden, die dasselbe unendlich langweilige Schachbrettmuster zeigen, wie z. B. Mannheim und die amerikanischen Städte. Mir sagte ein Reisender, daß er froh sei, aus Mannheim heraus zu sein, und daß er nicht begreife, daß Schiller dort 5 Tage habe zubringen und in einer solchen Stadt habe dichten und künstlerisch empfinden können.

Ein zweites System, welches in neuerer Zeit unter dem Druck des Reißbrettes und der Reißschiene entstand, ist das Fächer- oder Ringstraßen-System; auch das kann sich der Natur nicht angliedern und hat seine vielfachen argen Fehler. Man hat versucht, diese beiden Systeme zu vereinigen und ist auf das Diagonal-System gekommen, wobei bis zu 8 Straßen auf einem runden Platze zusammenlaufen und dort einen Verkehrsplatz bilden, sogenannt, weil dort der Verkehr sich konzentriert. Wenn man indessen nur eine einzige Straße in eine andere einmünden läßt, entsteht schon durch die sich kreuzenden Wagen eine Störung des Verkehrs, welche sich erheblich verschlimmert, wenn noch mehrere Straßen an gleicher Stelle münden. So findet man z. B., daß bei 2 Straßen 16 Kreuzungen, bei 3 Straßen 30 Kreuzungen, bei 4 Straßen 80 Kreuzungen, bei 5–6 Straßen in die Hunderte von Wegkreuzungen der Fuhrwerke und Passanten entstehen können, wodurch dann der Verkehr einfach auf solchen Verkehrsplätzen unmöglich ist. Um wenigstens der äußersten Not abzuhelfen, wird in der Mitte durch einen runden Fleck, Bürgersteig, eine kleine Rettungsinsel geschaffen. in deren Zentrum als Leuchtturm in den brandenden Wogen des Wagenmeeres ein schöner, blanker Gaskandelaber emporragt. Diese Rettungsinsel mit der Gaslaterne ist die großartigste Erfindung des modernen Städtebaues.

Ich weiß nicht recht, ob das ernst gemeint ist, aber da hat jemand vorgeschlagen, dieses Diagonalsystem noch zu verbessern und eine einzige Spiralstraße anzulegen, von der man in die ganze Stadt kommen könnte. Es ist unglaublich, daß solche Dinge noch übertroffen werden; ich habe es nicht gesehen, aber aus Broschüren gelesen, daß in Amerika noch ein System verwertet wird, bei welchem die Straßen als regelmäßige Sechsecke aneinander gereiht ein Maximum von Hausfronten bei einem Minimum von Höfen ergeben.

Das sind die geometrischen Systeme, die bei uns abgethan werden müssen. Wir dürfen den Städtebau nicht mehr als Reißschienensache betrachten, sondern als künstlerische Aufgabe. Die Vertreter der alten geometrischen Systeme haben eine ganze Reihe von Schlagwörtern, eins dieser Schlagwörter heißt der große Zug, der durch eine Stadt gehen muß. Unter diesem Zug versteht man eine große Straße, die von der einen Seite der Stadt zur anderen gehen muß. So hat man bei uns in Wien reguliert und mit großen Geldmitteln eine derartige Straße geschaffen und einen prachtvollen Platz mit herrlichem alten Brunnen, sowie das alte Rathaus mit seinen wertvollen Fresken dafür geopfert. Ein Überschreiten dieser Straße ist aber an Kreuzungspunkten des Wagenverkehrs überhaupt unmöglich und man hat einen Wachtposten hingestellt, der von 11–2 Uhr den Verkehr ordnen und überwachen muß. Das ist das Ergebnis der Verkehrstechnik, daß eine Straße mit großen Opfern geschaffen und nachher der Verkehr wieder polizeilich verboten wird. Ein Ingenieur hat berechnet, daß unsere Regulierungen rund 30 000 000 Gulden an Grunderwerb und 30 000 000 an 18jähriger Steuerfreiheit kosten, und wenn diese 60 000 000 ausgegeben sind, kann man nicht mehr ruhig gehen und schlafen! Ich selbst wohnte in einer kleinen engen Gasse, und da war es wunderbar, wir konnten in der warmen Zeit bei offenem Fenster schlafen; aber das Haus mußte abgebrochen werden. Jetzt darf man vor Wind und Staub kein Fenster öffnen, und man kann des Morgens mit den Fingern im Staube schreiben.

Ein zweites Schlagwort ist die Freilegung sämtlicher Denkmäler. Die alten Kirchen sind mit Anbauten mannigfacher Art umgeben. Die Freilegung des Kölner Doms hat Millionen gekostet und was ist dadurch erreicht? Daß der Kölner Dom jetzt um die Hälfte kleiner aussieht, es wäre zweifellos für Köln das gescheiteste, wenn es den Domplatz wieder zubaute. Ein weiteres Lieblingsmotiv der geometrischen Schule ist der an die Stelle eines Häuserblocks gelegte, mit spärlichen Baumanlagen bepflanzte Erholungsplatz oder Square. Wie kann in einer solchen von Straßenlärm umgebenen verstaubten Anlage von Erholung die Rede sein!

Die Antike kennt keine Verkehrsplätze, sondern sie betrachtet den Platz als das, was er ist, als Versammlungsraum des Volkes. Umgeben von den prächtigen öffentlichen Gebäuden und Tempeln, waren an den Seiten Reiterstatuen, Bildsäulen und Brunnen aufgestellt. Was für einen herrlichen Anblick muß dies gewährt haben. Wir befolgen eine ähnliche Regel ja auch in unseren bürgerlichen Wohnungen; die Bilder, Familienportraits, kostbaren Möbel und Kunstgegenstände verteilt man nicht auf die ganze Wohnung, das eine hier, das andere dahin, sondern man vereinigt sie im gemeinschaftlichen Salon. Es ist ganz naturgemäß, daß auf einem Platze die Denkmäler an den Seiten stehen müssen, nur so kommen sie zur Geltung und nur so ist man in der Lage, viele Denkmäler auf einen Platz zu stellen und die Wirkung des Platzes au steigern.

Handgreiflich tritt die Freihaltung der Mitte des Platzes beim römischen Forum in Erscheinung, wer das nicht merkt, merkt überhaupt nichts. Sogar im Vitruv kann man es lesen, daß die Mitte nicht den Statuen, sondern den Gladiatoren gehörte. Von Monumentalaufstellungen dieser Art ist eine der lehrreichsten die des Reiterbildes des Gattamelata von Donatello vor St. Antonio zu Padua. Diese merkwürdige, total unmoderne Aufstellung kann gar nicht eindringlich genug dem Studium empfohlen werden. Zunächst ist man frappiert wegen des groben Verstoßes gegen unsere ewig gleiche, einzig moderne Mittenplatzwahl. Hierauf merkt man die vortreffliche Wirkung des Monuments an dieser sonderbaren Stelle, und endlich überzeugt man sich, daß, im Mittelpunkt des Platzes aufgestellt, die Wirkung nicht entfernt so groß sein könnte. Die Wegrückung aus der Mitte aber einmal zugegeben, folgt alles übrige, auch die Herausdrehung auf die Straße von selbst.

Zu der antiken Regel, die Monumente am Rande der Plätze herum zu stellen, gesellt sich also die, weitere echt mittelalterliche und mehr nordische Monumente, besonders aber Marktbrunnen auf den toten Punkten des Platzverkehrs aufzustellen. Wie häufig gegen diese Regeln gefehlt wird, mögen einige Beispiele erläutern.

In einer Stadt stand in einer Ecke des Platzes ein alter Brunnen, dies störte die symmetriebedürftigen Leute und man stellte ihn in die Mitte. Nun konnte niemand des Verkehrs halber an den Brunnen kommen, so daß alles unzufrieden war, und man den Brunnen wieder auf den alten Platz setzen mußte.

Vielleicht das drastische Beispiel moderner Verkehrtheit bildet die Geschichte des Davidkolosses von Michelangelo, welche zu Florenz, der Heimat und hohen Schule alter monumentaler Pracht, sich ereignete. Dort stand das riesige Marmorbild an der Steinwand des Palazzo vecchio links neben dem Haupteingange auf der von Michelangelo selbst gewählten Stelle. Keine moderne Komission würde diesen Platz gewählt haben, dafür könnte man getrost sein Haupt zum Pfand setzen; die öffentliche Meinung würde den Vorschlag dieses anscheinend geringfügigsten und schlechtesten Platzes entweder für Scherz oder Wahnwitz halten. Michelangelo wählte ihn aber, und Michelangelo soll einiges von solchen Dingen verstanden haben. Dort stand das Bildnis von 1504–1873. Alle jene, welche das merkwürdige Meisterwerk an dieser merkwürdigen Stelle noch gesehen haben, geben Zeugnis von der ungeheuren Wirkung, welche es gerade hier auszuüben vermochte. Im Gegensatz zur verhältnismäßigen Beschränktheit des Platzes und leicht vergleichbar mit den vorbeigehenden Menschen schien das Riesenbild noch in seinen Abmessungen zu wachsen; die dunkle, einförmige und doch kräftige Quadermauer des Palastes gab einen Hintergrund, wie er zur Hervorhebung aller Linien des Körpers nicht besser hätte ersonnen werden können.

Seither steht der David in einem Saale der Akademie unter Gipsgüssen, Photographien und Kohledrucken nach Werken Michelangelo. Es gehört eine besondere Vorbereitung dazu, alle die Empfindung ertötenden Momente eines solchen Kunstwerkes, Museum genannt, zu überwinden, um endlich zu einem Genuß des erhabenen Werkes sich durchzuarbeiten. Damit war dem kunsterleuchteten Zeitgeiste aber noch nicht Genüge gethan. David wurde auch in Bronze gegossen in der Größe des Originals und auf weitem Ringplatz haarscharf im Zentrum des Zirkelschlages außerhalb Florenz auf hohem Postament aufgestellt; voran eine schöne Aussicht, rückwärts Kaffeehäuser, seitlich ein Wagenstandplatz, querdurch ein Korso, ringsherum Bädeckerrauschen. Hier wirkt das Standbild gar nicht, und man kann oft die Meinung verfechten hören, daß die Figur nicht viel über Lebensgröße sein könnte. Michelangelo hat es also doch besser verstanden, seine Figur aufzustellen, und die Alten haben dies durchweg besser verstanden als wir heutzutage.

Aber nicht bloß den Monumenten und Brunnen gegenüber gilt die Regel der Freihaltung der Platzmitte, sondern auch in bezug auf Gebäude, besonders Kirchen, welche gleichfalls heute fast ausnahmslos in die Mitte der Plätze gestellt werden, ganz entgegen der älteren Gepflogenheit. Rom hat gegen 300 Kirchen, wovon nur 2 in der Mitte des Platzes freistehen, nämlich die neue protestantische und die englische Kirche. Die anderen Kirchen stehen entweder an Platzrändern oder sind an 2 oder 3 Seiten eingebaut. Wir scheinen es gar nicht anders für möglich zu halten, als daß jede neue Kirche mitten auf ihren Bauplatz gestellt wird, damit sie rings herum freiliegt. Diese Aufstellung hat aber nur Nachteile und keinen einzigen Vorteil. Für das Bauwerk ist diese Aufstellung die ungünstigste, weil die Wirkung sich nirgends konzentriert, sondern rings herum gleichmäßig zersplittert. So ein freigelegtes Bauwerk bleibt ewig eine Torte auf dem Präsentierteller. Eine derartige Aufstellung zwingt ferner dazu, mit großen Kosten ringsherum die langen Fassaden architektonisch auszuführen. Wenn man durch teilweises Einbauen das alles sparen würde, so könnten alle unsere bei Kirchen übrig bleibenden Hauptfassaden von oben bis unten aus Marmor ausgeführt werden und es bliebe Geld zu figuralem Schmucke übrig. Das wäre denn doch ganz etwas anderes, als die monotone Herumführung derselben, vielleicht wegen Sparens dürftiger Gesimse rings herum in endlosem Umgang. Am allerschlechtesten kommt aber bei dieser Anordnung der Platz selbst weg, von welchem in den meisten Fällen nichts übrig bleibt als eine bestenfalls etwas breitere Straße rings herum; die Benennung als Platz wirkt dann nahezu komisch.

Aber nicht nur ist uns das Gefühl für richtige Aufstellung der Denkmäler, Brunnen und Kirchen und das Empfinden für die Gewinnung schöner Plätze abhanden gekommen, sondern wir haben es auch verlernt, die Erweiterungen der Städte naturgemäß und schön zu bewirken. Es schnürt einem das Herz zusammen, wenn man sieht wie Florenz und Rom durch Nachahmung pariser Theatereffekte ruiniert werden, wie Athen eine bayrische Stadt geworden ist, wie man versucht hat, Berlin und München griechisch zu machen; wie auch Wien den verschiedensten fremden Einwirkungen unterworfen wurde. Nur Hamburg und manche der anderen Hansastädte sind sich selbst treu geblieben, an ihnen sind alle äußeren Einflüsse, wie an einem wasserdichten Ölrock abgetropft.

Allgemein müssen wir wieder dazu kommen, uns frei zu machen von dem Zwang der Reißschine und künstlerisch schaffen in voller Freiheit. Hier haben 2 Männer bahnbringend gewirkt: Henrici in Aachen und Goeke in Berlin. Ihre Bestrebungen gehen darauf hinaus, die Forderungen großstädtischer Verkehrsbedürfnisse mit dem Verlangen nach stillen Wohnplätzen für arbeitsame sowie ruhebedürftige Menschen zu verbinden. Sie unterscheiden zwischen Verkehrsstraßen und Wohnstraßen. Die Wohnstraßen sind mit einer Breite von 10 m hinlänglich bemessen, und ihre winkelige Aneinanderfügung wird das beste Mittel sein, sie dem durchgehenden Verkehr zu versperren. Bei den Baublöcken in diesen Wohnstraßen wird es durch geeignete Baupolizeivorschriften oder durch geeignete Abmessung der Blocktiefen zu erstreben sein, große […] Höfe und Gärten zu erzielen, in denen Menschen Ruhe und Erholung finden können. Wir müssen uns wieder befreien von der Unsitte, den nicht bewohnten Repräsentationsräumen die einzige licht- und luftbringende Front einzuräumen und die Schlafzimmer nach hinten hinaus an enge, übelriechende Höfe, die kein Sonnenstrahl erreicht, zu bannen.

Auch die Markthalle, diesen Liebling der geometrischen Baukunst, sollte man nicht als üblichen Glas- und Eisenkäfig ausbilden, in welchem die zusammengepferchten Lebensmittel einen widerlichen Geruch nach allem und jedem annehmen, sondern als offene einen Platz umschließende Halle.

Bei wirklicher Vertiefung in die einzelnen Aufgaben wird es möglich sein, trotz weitgehendster Rücksichtnahme auf die Forderungen des neueren Bauwesens, der Hygiene [sic!] und des Verkehrs auch beim modernen Städtebau künstlerische Lösungen zu finden. Und man sollte meinen, daß gerade bei Städteanlagen die Kunst voll und ganz am Platze sei, denn dieses Kunstwerk ist es vor allem, das bildend auf die große Menge der

Bevölkerung täglich und stündlich einwirkt, während Theater und Konzerte doch nur den bemittelteren Klassen zugänglich sind. Jede kleinste Stadtgemeinde könnte sich eines prächtigen originellen Platzes erfreuen, wenn alle belangreichen Bauten und alle Monumente wie zu einer Ausstellung vereinigt und wohlgeordnet aneinander gefügt wären. Hier in *Bielefeld ist noch nichts verdorben*, und es handelt sich darum, daß es so fortgeht. Insbesondere ist in den Lageplänen und Entwürfen, welche die beabsichtigte Zusammenlegung des *Rathauses* und *Theaters* darstellen, gegen keinen einzigen künstlerischen Grundsatz; verstoßen und ich freue mich, dieses hier aussprechen zu dürfen. Es ist eine große Freude, wenn wieder eine aufstrebende Stadt für diese neue künstlerische Richtung, welche ausschließlich deutscher Kulturarbeit entsprossen ist, gewonnen wird.

Wenn alles nach den vorliegenden Plänen ausgeführt wird, werden Sie einen Platz schaffen, zu vergleichen mit einer großen Symphonie in der alle Einzelheiten schön für sich, doch nur in ihrer Gesamtheit die höchste Wirkung erstreben. Ich gratuliere zu diesen Plänen. Sie werden der Stadt zu Stolz und Zierde gereichen. Ich würde mich unendlich freuen, sie in einigen Jahren verwirklicht zu sehen.

Werner Hegemann
[Rezension zu A. E. Brinckmann: Deutsche Stadtbaukunst in der Vergangenheit]
Der Städtebau 8 (1911), Heft 9, S. 105–106

[…] Das einst so reiche Erbteil klarer Vorstellungen über künstlerische Wirkungen im Städtebau hat uns der Rationalismus seit dem Ende des 18. Jahrhunderts schwer vernachlässigt, und in den dann folgenden gewaltigen politischen Kämpfen und wirtschaftlichen Verschiebungen und bei dem katastrophenähnlich sich vollziehenden Wachstum unserer Städte ist der köstliche Nibelungenhort großenteils – abhanden gekommen. Vergessen war die im Laufe der Jahrhunderte errungene Erfahrung der alten Baumeister und ihr tiefer Einblick in die Gestaltungsfähigkeit des unbedeckten Raumes. Verklungen das ehrgeizige, verführerische Spiel, private und öffentliche Bauten als Material, als Bausteine zu nutzen zur Gestaltung und Gliederung weihevoller Festsäle oder bunter Schaubühnen mit dem funkelnden, aber so schwer richtig zu fassenden Himmel als Dach. […] All das war verloren. Wohl staunte man die gewaltige Wirkung der alten

Leistungen noch an, aber über ihre Ursachen war man sich unklar, dachte man nicht nach, und bei Neubauten waltete der herztötendste Schematismus und erzeugte ödeste, würdelose Langeweile. Der erste, der die alten Quellen feuriger Lava wieder aufdeckte, aus denen die städtebaulichen Meisterschöpfungen der Gotik und des Barocks einst gegossen wurden, war Camillo Sitte mit seinem unübertrefflichen Werke über den „Städtebau nach seinen künstlerischen Grundsätzen". [...] Dieses Buch hätte dem geistlosen Schematismus, der die belanglose Reißbrettsymmetrie für das A und O moderner Stadtpläne hielt, den Todesstoß gebracht, wenn nicht, ach, dieser geistlose Schematismus, plötzlich vors Messer gestellt, unerwartet gerade genug Geist bewiesen hätte, um sich das verwirkte Leben zu retten — indem er nämlich unverzüglich nach Lektüre des Sitte'schen Buches mit fliegenden Fahnen aus dem Lager der Symmetrie, der geistlosen Regelmäßigkeit, ins Lager der geistlosen Unregelmäßigkeit, der „erzwungenen Ungezwungenheit" (wie Sitte es nannte) überging. Während Sitte (ein Freund Albert Ilgs, des Neu-Entdeckers eines der größten Meister des Barockstils, Fischers von Erlach) ein leidenschaftlicher Verehrer des Barocks war und immer aufs neue voller Bewunderung von den „barokken Meistern" und den „gewaltigen und künstlerischen Effekten ihrer geradlinigen und rechtwinkligen Anlagen", von der „ganz neuen Welt des Städtebaus in der Barocke" sprach und das „große barocke Muster" für den Städtebau empfahl, während Sitte sich in seinen eigenen Stadtplanentwürfen (z. B. Olmütz, Marienberg) von krummer Romantik gänzlich frei gehalten hatte, fand er, trotz alledem, unaufmerksame Verehrer im Lager der Schematiker, die ihn zum Apostel der Unregelmäßigkeit ausriefen. Wieso? Weil er nachgewiesen hatte, daß Reißbrettsymmetrie keine unerläßliche Vorbedingung der Stadtbaukunst ist, weil er gezeigt hatte, daß die romanischen und gotischen Künstler es verstanden, das Auge über eine auf dem Reißbrett bestehende Unregelmäßigkeit in Wirklichkeit geschickt wegzutäuschen, so daß „sie gar nicht schadet, weil sie eben nicht bemerkt wird". Ja, er fand schematische Verehrer, die unter seiner Ägide zwar nicht mehr schachbrettartige Stadtpläne herunterliniierten, aber noch albernere irregewordene Schachbretter durcheinander wackeln lassen zu dürfen glaubten, und die sich künftig von der Qualität eines Planes durch einen schnellen Blick überzeugen wollten einfach durch die Feststellung, daß auch ja jede gerade Linie und jede symmetrische Platzanlage vermieden worden war, und daß alle Plätze „geschlossen", am liebsten zugebaut, seien. Und das unter Berufung auf Camillo Sitte, dessen Ansprüche an „Geschlossenheit" durch den wahrlich nicht „geschlossenen" Platz di S.

Dominico in Modena befriedigt wurden, weil dort dem Beschauer des den Platz beherrschenden Gebäudes keine klaffenden Löcher sichtbar sind; auf Camillo Sitte, der die Abgeschlossenheit der prächtigen Säulenhöfe der Universität und anderer Wiener Monumentalgebäude beklagt und die Forderung aufstellt, solche „geschlossene" Plätze im Sinne „der alten Barockmeister" auf einer Seite offen zu lassen, damit sie der Bevölkerung wirklich zugute kommen (siehe „Der Städtebau" IV. Aufl., S. 49, 84 u. 94). Gegen die willkürlichen, geistlosen Entstellungen der Sitteschen Anregungen wurde schon des öfteren von Praktikern und Theoretikern des Städtebaues Verwahrung eingelegt; aber noch ist wohl kein Einspruch nerviger erhoben worden, als wie ihn Brinckmanns neuestes Buch darstellt. Meister Camillo Sitte hat geschrieben, daß „eine detaillierte Würdigung dessen, was allein die barocken Meister unter den verschiedenen Vorbedingungen zielbewußt auf dem Gebiete des künstlerischen Städtebaues geleistet haben, genügen würde, um Bände zu füllen". Ein solcher Band hat uns heute dringend notgetan. Niemand hätte ihn feiner und anschaulicher schreiben können, als Brinckmann mit seiner „Deutschen Stadtbaukunst in der Vergangenheit". Der romantischen Laune, der schematischen Unregelmäßigkeit, stellt er den gehaltenen Ernst, den auch bei bescheidenen Mitteln großen Stil entgegen. [...]
Was wäre nicht zu loben? Nur eins! Aber auch das wird verschwinden, wenn Brinckmann erst zum Genusse des großen Erfolges gekommen sein wird, den sein neues Buch ihm in womöglich noch höherem Maße bringen wird, als seine frühere Schrift „Platz und Monument". Er wird es dann nicht mehr für nötig halten, sich den gefährlichen Luxus einer Attacke gegen Camillo Sitte zu leisten, und wäre es auch nur in der gegen früher – in „Platz und Monument" – schon stark gemilderten Form seiner letzten Schrift. Auf Meister Camillo Sitte aber wollen wir nichts kommen lassen! Nicht nur weil der alte Recke tot ist, der sich sonst so gut zu wehren verstanden hätte, sondern mehr noch, weil er *auch* ein großer Förderer unserer architektonischen Kultur war, der zur richtigen Stunde das richtige Wort gefunden hat, und der nicht für die Fehler verständnisloser Nachbeter verantwortlich zu machen ist — und vor allem, weil er aus einem großen leidenschaftlichen Herzen heraus geschrieben und uns goldene Weisheit gegeben hat, deren Wert nicht an einzelnen Worten gemessen werden darf.

Weltstadt Wien: Formierung alter und neuer Attraktionen

[Heinrich Ritter von Ferstel]
Denkschrift über die künftige bauliche Entwicklung Wiens. Verfasst vom österreichischen Ingenieur- und Architekten-Vereine aus Anlass der Berathungen über die Verfassung eines General-Baulinienplanes für Wien und Umgebung. 187

Camillo Sitte
Das Wien der Zukunft. Festrede, gehalten am 4. Jänner 1891 im Wissenschaftlichen Club aus Anlass der Creirung von Gross-Wien 199

Camillo Sitte
Die neue Stadterweiterung. 208

Camillo Sitte
Stadterweiterung und Fremdenverkehr. 212

Camillo Sitte
Station Wien. 216

Kamillo Sitte
Die Ausweidung Wiens 220

Friedrich Schlögl
Alt-Wien – Ein Abschied! 225

Camillo Sitte
Neu-Wien – Ein Willkomm. 227

Camillo Sitte
Der Wille des Stadtbauamtes. 229

Camillo Sitte
Das Wien der Zukunft. Zur Ausstellung der Regulirungsprojekte 233

Camillo Sitte
Thurm-Freiheit. 243

Camillo Sitte
Hochgeehrter Herr Redakteur! [Brief an die Redaktion des Neues Wiener Tagblatt zu einem angefragten Artikel über die Regulirungspläne]. 244

Karl Mayreder
Mittheilungen über den General-Regulirungsplan von Wien. Vortrag, gehalten von Prof. Karl Mayreder in der Vollversammlung [des Österreichischen Ingenieur- und Architekten-Vereines] vom 28, März 1896 247

Discussion über den General-Regulirungsplan von Wien, abgehalten am 1. April 1896, 7. April 1896, 15. April 1896. 253

Theodor Goecke
Städtebau und Denkmalpflege. 266

Paul Weber
Ungesunde Altertümelei im Städtebau 268

[Heinrich Ritter von Ferstel]
Denkschrift über die künftige bauliche Entwicklung Wiens
Verfasst vom österreichischen Ingenieur- und Architekten-Vereine aus Anlass der Berathungen über die Verfassung eines General-Baulinienplanes für Wien und Umgebung.
Wochenschrift des Österreichischen Ingenieur- und Architekten-Vereines 2 (1877), Nr. 8, 24. Februar, S. 65–75

Der österr. Ingenieur- und Architekten-Verein hat schon wiederholt Gelegenheit gehabt, auf den empfindlichen Mangel eines General-Baulinien-Planes für Wien und Umgebung hinzuweisen.

Ueber specielle Anregung hat der Verein aus seiner Mitte ein Comité bestellt, welches die Beschaffung eines solchen Planes zu erörtern hatte. Die vorliegende Denkschrift ist das Ergebniss dieser Berathungen und der Verein hofft mit derselben zu überzeugen, dass die richtige Lösung dieser Aufgabe für Wien eine Lebensfrage ist, womit auch die Ausführlichkeit, mit welcher auf die einzelnen, dabei berührten Fragen eingegangen wird, ihre Rechtfertigung finden dürfte. […]

Die Geschichte der baulichen Entwicklung Wiens liefert den Beweis, daß nur die von den jeweiligen Wällen begrenzte (sogenannte innere) Stadt eine, von gleichartigen Rücksichten bedingte Entwicklung erfahren hat, ebenso auch, dass die fortschreitende Erweiterung im organischen Anschlusse an das Bestehende erfolgte, dass hingegen alle übrigen, ausserhalb dieses verhältnissmässig kleinen Centrums liegenden Stadttheile aus ganz verschiedenartigen Rücksichten, zum grossen Theile mehr zufällig entstanden sind, und daher einer auf das grosse Ganze gerichteten planmässigen Grundlage entbehren.

Die Erklärung liegt nahe.

Die innere Stadt konnte, trotz ihrer wiederholten Erweiterung, aus fortificatorischen Rücksichten doch nur eine beschränkte Ausdehnung erlangen, und dem gesteigerten Raumbedürfniss wurde durch dichteres Verbauen und namentlich durch vergrösserte Haushöhe entprochen.

Mit dem Wechsel der Zeiten ist soviel von der alten Kaiserstadt verloren gegangen, dass man sich nur beiläufig noch das Bild der sich allmälig verändernden alten Anlage vergegenwärtigen kann. […]

Die Linienwälle bilden die Grenze der gegenwärtigen Stadt Wien, aber die Bevölkerung hat ihre Wohnstätten schon weit über diese politischen Grenzmarken hinaus verbreitet. Diese der jüngsten Zeit angehörige Gründung der Vororte, welche eine nach Hunderttausend zählende Bevölke-

rung beherbergen, gibt aber das erdenklich traurigste Bild einer Stadterweiterung, und verdüstert sehr die Hoffnung auf die Zukunft unserer Stadt. [...]
Da, wo Raum in unbegrenzter Ausdehnung und von niedrigstem Platzwerthe zur Verfügung stand, war das eigentliche Terrain für die Stadterweiterung, und an dieser Stelle, wo die sanften Abdachungen der die Vororte begrenzenden, wald- und rebenbepflanzten Hügel beginnen, mussten Anlagen entstehen, welche durch die Vortheile der freien Natur und anmuthigen Umgebung Ersatz für die Nähe des Centrums der Stadt gewähren können. So wurde an anderen Orten die Stadterweiterung aufgefasst, und ein Besuch der meisten Städte Deutschlands, Frankreichs und Englands, und zwar gerade der grösseren, belehrt darüber, dass überall dort, wo der Raum zur Verfügung stand, also grösstentheils an der Peripherie der alten Stadt, die schönsten Stadttheile entstanden sind, und dass hiebei alle jene Bedingungen an Comfort, Gesundheit und Wohnlichkeit in weit höherem Grade berücksichtigt wurden, als dies in den zumeist dicht verbauten älteren Stadttheilen möglich ist.
Im Gegensatze zu diesen, von dem natürlichen Selbsterhaltungstriebe, wenn nicht schon von höheren Rücksichten vorgezeichneten Grundsätzen hat sich an den Grenzen unserer Stadt eine Erweiterung vollzogen, welche an Planlosigkeit, räumlicher Beschränktheit, sowie an Geschmacklosigkeit Alles weit hinter sich zurücklässt, was in dieser Hinsicht, sowohl bei uns als anderwärts, geleistet wurde. Und das konnte geschehen zu einer Zeit, wo Wien seine Ringstrasse baute, und mit diesem Unternehmen der mustergiltigen Umgestaltung einer Stadt in Concurrenz mit den ersten Städten der Welt trat. [...]
Selbst das wohlwollendste Urtheil über den heutigen Plan der Stadt Wien wird das Factum nicht übersehen können, dass – wenn man die Ringstrasse ausnimmt – den Anforderungen, welche man an die Hauptverkehrsstrassen und Communicationen überhaupt, an zweckmässige, dem Wohnbedürfnisse entsprechende Parzellirung, ferner, in Bezug auf Anlage von öffentlichen Plätzen, Gärten und sonstigen der Gesundheit und Schönheit dienlichen öffentlichen Anlagen zu stellen berechtigt ist, durch den bestehenden Stadtplan nur im geringsten Maasse entsprochen wird. [...]
Wer aber diese Mängel im wohlverstandenen Interesse der Zukunft unserer Stadt wirklich erkennt, der wird auch der Ansicht beipflichten, dass eine gedeihliche Entwicklung von Wien nicht durch Regulirung einiger, und sei es auch der wichtigsten der bestehenden Strassenzüge zu erreichen sei, sondern dass die Umgestaltung der heutigen Stadt Wien zu einer, allen Anfor-

derungen an Zweckmässigkeit, Gesundheit und Schönheit entsprechenden Grossstadt im Verlaufe ihrer künftigen Entwicklung nur auf Grundlage eines wohldurchdachten Planes, nur mit Zugrundelegung neuer, aber den heutigen Anforderungen entsprechender Zielpuncte erfolgen kann.
Der Ausdruck General-Baulinien-Plan scheint demnach für das grosse Unternehmen, welches hier angeregt werden soll, nicht erschöpfend. Durch diesen Namen wird man stets nur an örtliche Verbesserungen erinnert, woraus jene Vernachlässigung des Ganzen, welche der bisherigen Entwicklung unserer Stadt so schädlich war, resultirt.
Die Aufgabe, zu welcher hiermit angeregt werden soll, ergibt sich, wenn sie ihrem hohen Zwecke genügen soll, *als die Verfassung eines Planes, welcher in seiner letzten Durchführung jenes gesunde, wohnliche und schöne Wien heute schon in seinen Grundzügen feststellt*, das den modernen Anforderungen an die vermehrten und veränderten Verkehrsmittel, an eine gründliche Lösung der Wohnungsfrage, und das in gleicher Weise den ästhetischen Anforderungen entspricht, jenes Wien, welches heute schon theilweise eine solche Umstaltung erfahren hätte, wenn bereits vor zwei Decennien diese Aufgabe unternommen worden wäre, die sich nun aber um so dringender darstellt, als es sich nicht blos um zeitgemässe Umstaltung und Verschmelzung des Bestehenden, sondern auch fortwährend noch um Erweiterung und Vergrösserung handeln wird. [...]
Nicht ein General-Baulinien-Plan, sondern ein *General-Stadt-Plan*, ein die gegenwärtigen Grenzen eben so wie die künftige Entwicklung der Stadt umfassender Stadt-Erweiterungs- oder Stadt-Regulirungs-Plan im grossen Style ist die Aufgabe, welche mit zwingender Gewalt ihre Forderungen stellt und der man ernstlich Rechnung tragen muss.
Zwei grossartige Unternehmungen sind in letzterer Zeit durchgeführt worden, welche beinahe ausschliesslich unserer Stadt zu Gute kommen und ihr die Grundlagen für die künftige segensreichste Entfaltung gegeben haben. Die Wasserversorgung und die Donau-Regulirung. Zögernden Schrittes nur ist man den Forderungen gefolgt, aber sobald die Ueberzeugung von der Erspriesslichkeit und Unvermeidlichkeit derselben Raum gewonnen hat, wurden diese Unternehmungen auch rückhaltslos und im unvergleichlich grossartigen Sinne durchgeführt. Die Vertretung der Stadt und des Landes sowie die Regierung haben sich damit unvergängliche Denkmäler gesetzt. *Die Regulirung unserer Stadt ist gewiss nicht weniger wichtig und dringend, als die Regulirung des Stromes, an dem sich diese entfaltete.* Nicht nur die Existenz-Bedingungen und die Wohlfahrt einer Million von Menschen sind davon abhängig und die Entfaltung hundert

bildungsfähiger Keime ist dadurch bedingt, sondern auch die Entwicklung des Lebens eines ganzen grossen Reiches, das hier die stärksten und wichtigsten seiner Lebensfäden vereinigt, steht damit im engsten Zusammenhange. [...]

Communicationen.

[...] Die Strasse hat in der modernen Stadt und besonders in der Grossstadt eine andere Bedeutung als ehedem. Sobald fortificatorische Rücksichten ausser Betracht kommen, tritt der ungehinderte Verkehr in den Vordergrund. Aber nicht nur der gesteigerte Verkehr, sondern besonders auch die Verkehrsmittel stellen neue Anforderungen. Private und öffentliche Fuhrwerke, Pferde- und Dampfbahnen bedingen Dimensionen und Anordnungen, wie sie bei uns noch grösstentheils mangeln. Mannigfache Rücksichten fordern aber dazu auf, gerade solche Verkehrsmittel möglichst zu befördern, denn nur diese vermögen in grossen Städten den Unterschied von Entfernungen auszugleichen, *und die Erreichung dieses Zieles ist eines der wesentlichsten Merkmale einer Grossstadt.* [...]
Noch andere Rücksichten wird die Anlage von Schienenwegen für Dampfbahnen zum Local-Verkehr, für Gürtelbahnen, sowie das Verbinden oder Hereinziehen, bestehender Bahnen mehr nach dem Centrum der Stadt bedingen.
Die durch Gründung der Donaustadt in Aussicht gestellte Entwicklung unserer Stadt längs des Stromes wird ebenso wie zahlreiche andere den Handel und das öffentliche Leben berührende Fragen, die Nothwendigkeit neuer und vermehrter Verkehrswege und Communicationsmittel hervorrufen. [...]
Hiefür sollte vor Allem *die Qualität und die Höhe der Häuser maassgebend sein.* Diese wichtige Wechselbeziehung hat in unseren Baugesetzen bisher leider nicht Ausdruck gefunden, und doch *beruht sowohl die Schönheit als auch die Zweckmässigkeit einer Stadtanlage ganz wesentlich auf der, durch Zweck und Charakter bedingten Verschiedenheit in den Dimensionen der Strassen.* Unsere alles nivellirenden Baugesetze haben durch vollständiges Ignoriren der unendlich verschiedenartigen Bedürfnisse, sowohl rücksichtlich des Verkehres, als auch des Wohnbedürfnisses eine Uniformität geschaffen, welche sich in demselben Maasse für den Verkehr unzweckmässig erweist als sie die Monotonie unseres chablonenartigen Hausbaues begünstigt. [...]

Die Hauptverkehrsadern sind mit geringer Ausnahme unzureichend breit für den lebhaften Verkehr und die normale Strassenbreite ist auch ungenügend für die gesetzlich zulässige Höhe unserer Wohnhäuser. Dagegen fordert das Bedürfniss in Grossstädten eine grosse Mannigfaltigkeit im Wohnhausbau, welche zu einer Sonderung nach Wohn- und Berufs-Quartieren drängt, für welche unter Umständen weit geringere Strassenbreiten genügen können, als sie unsere Baugesetze fordern. [...]
Wenn unsere älteren Stadttheile zuweilen Mangel an Strassen-Verbindungen haben, so verfällt man in neuester Zeit häufig in den entgegengesetzten Fehler.
Die Zertheilung grösserer Grund-Complexe durch zu viele Strassen, in kleine, grösstentheils quadratische Baublöcke gestattet keine günstige Verbauung und führt zu jener übergrossen Ausnützung des Baugrundes, die ein charakteristisches Merkmal der jüngsten Wiener Bau-Periode ist. Natürlich wird der Baugrund um so kostbarer, je mehr Raum der Strassengrund absorbirt, und Bauherr wie Gemeinde leiden gleichmässig unter solchen falschen Maximen.
Nicht geringere Opfer erwachsen den Bauwerbern wie den Gemeinden durch das Vorurtheil, dass die Strassen durchwegs geradlinig sein müssen. Es kann keine Frage sein, dass geradlinige Strassen am günstigsten für den Verkehr sind, und dass man ohne bestimmte Veranlassung von der geraden Richtung nicht abgehen wird. *Aber in alten Stadttheilen, ferner zur Erlangung einer kürzesten Verkehrslinie oder auch deshalb, um grossen Steigungen auszuweichen, wird es häufig viel zweckdienlicher sein, die Strassenzüge in gebrochenen Linien oder Curven anzulegen, als sich auf eine gerade Strasse zu steifen, und ästhetische Bedenken, welche in solchen Fällen zumeist vorgeschützt werden, stehen einem solchen Beginnen gewiss nicht in dem Weg.*
Niveau-Unterschiede sind auf die Gestaltung eines Stadtplanes von ganz wesentlichem Einflüsse, aber sie bieten nur dann ernstliche Hindernisse, wenn man unbekümmert um dieselben die Strassenzüge festsetzt und sich dann erst mit dem Niveau abfinden muss.
[...] Welche steilen Strassen finden sich in diesem auf flachen, kaum merklichen Hügeln erbauten Wien, im Vergleich zu den sanft ansteigenden trefflichen Strassenzügen zahlreicher, auf steilstem Terrain erbauter italienischer Bergstädte. Aber dort hat man die Niveau-Unterschiede nicht als ein Hinderniss, sondern gerade als ein Motiv zur pittoresken und abwechselnden Gestaltung der Stadtanlage angesehen. *Aus der Noth eine Tugend machen, ist hier, wie in so vielen Fällen, die Aufgabe der Kunst*, und dass

die Anlage einer Stadt eine künstlerische Aufgabe ist, und auch als solche aufgefasst werden soll, darüber belehrt am besten der Vergleich verschiedener Stadtanlagen, sowie die Kenntniss der Motive, welche bei deren Entwicklung in den Vordergrund gestellt wurden. [...]

Die Wohnungsfrage.

[...] Wenn aber berücksichtigt wird, welch' hoher Percentsatz des gesammten Nationalvermögens, und des Einkommens jedes Einzelnen dem Wohnen gewidmet werden muss, ferner wie die Existenz grosser Industrien, zahlreicher Gewerbe und der gesammten Kunstindustrie beinahe ganz von der Art und Weise abhängig ist, wie in Grossstädten das Bedürfniss des Wohnens aufgefasst wird, so dürfte sich diese Frage wohl der besonderen Aufmerksamkeit des Staates und der Gemeinden empfehlen. Dass aber vollständige Klarheit über die Wohnungsfrage der Ausbildung eines Stadtplanes vorausgehen müsse, dürfte leicht zu beweisen sein. [...] Geschäftsviertel, die Quartiere der Vornehmen, das Miethhaus in seiner verschiedenartigen Ausbildung, Bezirke, welche vorzüglich bestimmten Berufsarbeiten gewidmet sind, endlich das Familienhaus; jede dieser Kategorien stellt an die Art der Parzellirung und Verbauung, an Verkehrswege und Umgebung ganz bestimmte Anforderungen, und in einem guten Stadtplane soll, wenn auch durchaus keine scharfe Sonderung nach dem verschiedenartigen Bedürfnisse möglich und wünschenswert ist, für jede derselben in der geeigneten Weise vorgesorgt werden.
[...] Der Einfluss, den die neue Zeit auf die Ausbildung des Wiener Stadtplanes genommen hat, *bekundet sich durch eine vollständig uniforme Behandlung, womit also die Thatsache verschiedenartiger Bedürfnisse weggeleugnet ist.* Ueberall ein Netz von gleichartigen, zumeist parallelen und senkrechten Strassen, woraus auch ganz gleichförmige kleine Baublöcke resultiren, die naturgemäss zur dichten Verbauung führen. Nirgends Rücksicht auf grössere Luft-Reservoirs – Plätze, Gärten – ausser, dass irgend eine dieser uniformen Parzellen (ein Tropfen im Häusermeere) unverbaut bleiben soll. Darf es da Wunder nehmen, dass schon dicht an unseren Hügelketten dieselben hohen Zins-Casernen entstehen, welche ihre Berechtigung doch nur da haben können, wo der hohe Grundwerth zum Höhenbau nöthigt. Die Vortheile, welche dem Bewohner jener ländlichen Zins-Casernen durch die Entfernung von der Stadt hätten geboten werden können, sind ihm durch die dichte Verbauung entzogen worden,

dagegen steigert dieselbe schwerfällige und kostspielige Bauweise, wie es eben das Bauen in Städten mit sich bringt, auch die Miethe des Landbewohners, und doch hat der Platz da draussen noch keinen Werth, denn es fehlt die Communication, welche denselben werthvoll machen könnte.
[...]
Es ist eine irrige Voraussetzung, dass der Einzelne für die ihm am geeignetsten erscheinende Art des Wohnens zu sorgen habe, und dass somit die Erkenntniss besserer Principien sich selbst Bahn brechen müsse. Zahllose Rücksichten, Gewohnheiten und Vorurtheile stehen einer besseren Entwicklung unseres Wohnungswesen hindernd in dem Wege und überall, wo man eine Wendung zum Besseren wahrnimmt, da lassen sich die Einflüsse städtischer Gemeindeverwaltungen oder auch des Staates nachweisen. Wie aber aus dieser Betrachtung hervorgeht, so liegt in der rücksichtslosen Weise, mit welcher bei Parzellirung vorgegangen wird, ein directes Hinderniss zur Entwicklung anderer Wohnungsquartiere, und somit trifft der Vorwurf zunächst jene Behörden, welchen die Verfassung oder Begutachtung der Parzellirungspläne obliegt. [...]
Nebst den für Feststellung des Stadtplanes in erster Linie maassgebenden Rücksichten für Verkehr und Wohnbedürfniss, bestehen aber noch zahlreiche andere, welche durch staatliche und communale Interessen, durch das grossstädtische Leben, durch Rücksichtnahme auf Gesundheit und Schönheit sich einer besonderen Beachtung empfehlen.
Hierher gehören die öffentlichen Plätze und verschiedenartige Anlagen, für Errichtung öffentlicher Bauwerke, öffentliche Gärten und gartenbepflanzte Plätze, öffentliche und monumentale Brunnen, Öffentliche Bäder und Schwimmschulen, Vergnügungsplätze, Spitäler – endlich die Begräbnissplätze. [...]

Oeffentliche Plätze.

In dem Vordergründe steht das Bedürfnis nach öffentlichen Plätzen, zur Regelung des Strassenverkehres, zur Entfaltung des grossstädtischen Lebens und zur Anlage öffentlicher Bauwerke und Monumente. Sowohl die Städteanlagen der antiken Völker als auch jene des Mittelalters können in dieser Richtung als maassgebend gelten. Auch die alte Stadt Wien kann uns, was öffentliche Plätze anbelangt, welche bei späterer Entwicklung unserer Stadt arg vernachlässigt wurden, noch als Vorbild dienen. Selbst die Stadterweiterung hat auf die Anlage öffentlicher Plätze nur die geringste Rücksicht genommen, was vielleicht in der irrigen Auffassung, dass die breite Ringstrasse Ersatz für Plätze bieten könnte, seine Erklärung findet. Wenn in letzter Stunde das kaiserliche Geschenk der Stadterweiterung nicht durch die Widmung des Paradeplatzes ergänzt worden wäre, so hätten die ausgedehnten Stadterweiterungsgründe nicht einmal der Anlage unserer wichtigsten monumentalen Bauwerke Raum bieten können. [...]

Oeffentliche Gärten.

[...] Der Garten ist ein Stück freier Natur, welches durch Pflege und Mitwirkung der Kunst nicht nur ein ausgezeichneter Schmuck, sondern für den Grossstädter eine ganz unentbehrliche Lebensbedingung ist.
Der Bevölkerungs-Zuwachs einer Stadt bedingt theils eine Erweiterung der Stadt nach Aussen, theils dichtere Verbauung im Innern. Aus Gesundheitsrücksichten muss darauf geachtet werden, dass stets ein gewisses Verhältniss von der verbauten zu der unverbauten Raumfläche eingehalten werde; ein Verhältnis, welches durch Erfahrung und durch Vergleich mit anderen Städten, sowie mit den dort waltenden Sanitäts-Zuständen festgestellt werden kann.
Die zulässige Dichtigkeit der Verbauung, wobei namentlich die Haushöhe, respective die Einwohnerschaft in Betracht kommt, ist einer der maassgebendsten Factoren für die Feststellung eines Stadt-Planes, worüber sogar gesetzliche Bestimmungen erfolgen müssen.
In Städten, wo sich das Wohnbedürfniss vollkommen ausgebildet hat, und wo der Bewohner auf die Wahl des Platzes sowie auf den Bau seines Hauses selbst Einfluss nimmt, erledigt sich diese Frage von selbst; anders hingegen da, wo der Wohnhausbau beinahe ausschliesslich der Speculation überantwortet ist. In solchen Städten – und Wien behauptet in dieser Hinsicht den ersten Platz – wird bei stetigem Wachsthum der Dichtigkeits-Coëfficient bald eine solche Höhe erreicht haben, dass dem Gesundheitszustand die ernstlichsten Gefahren drohen, wenn nicht durch das Gesetz eine Maximalgrenze der Verbauung vorgezeichnet wird. [...]
Die Glacis sind verbaut, eine namhafte Anzahl jener mit den Herrensitzen verbundenen Parks sind verschwunden und ihre Stelle nehmen dicht gedrängte Miethscasernen von schwindelnder Höhe oder Bahnhöfe ein. Die Hausgärten in den Vorstädten verschwinden rapid, und die niedrigen Familienhäuser in den entlegensten Bezirken werden gleichfalls von hohen Zinshäusern verdrängt. Heute dürfte Wien in seiner Verbauung im

Durchschnitte schon an jener Dichtigkeitsgrenze angelangt sein, welche ungestraft nicht überschritten werden kann. […]
Ein erschreckendes Bild von der Zukunft Wiens entrollt sich unseren Augen bei dem Gedanken, dass bei fortdauernder Bevölkerungs-Zunahme die bauliche Veränderung Wiens nach ähnlichen Grundsätzen wie in den letzten zwei Decennien fortschreiten würde. Für die ewige Dauer der noch bestehenden grossen Privatgärten ist keine Garantie und nach den jüngsten Erfahrungen sogar wenig Hoffnung vorhanden; die – heute noch eine respectable Grundfläche behauptenden – Hausgärten in den Vorstädten dürften in den Mappen unseres Stadtbauamtes kaum mehr existiren und sind selbstverständlich überall sofort geopfert, wo sich eine bauliche Umstaltung vollzieht. Durch die Vergrösserung unserer Stadt nach Süden und Westen ist der Prater der Mitte derselben noch mehr entrückt, er ist ausserdem verkleinert worden und liegt an der Ostgrenze der Stadt, also entgegen der herrschenden Windströmung, wodurch sich sein gesundheitsfördernder Einfluss wesentlich verringert.
Die eigentliche Luftquelle von Wien – die vom Kahlenberge bis zum Wienerberge sich hinziehende Hügelkette – ist durch die dichtgedrängten Häusermassen der Vororte in unheilvollster Weise abgesperrt. […]
Für den Riesenleib einer Grossstadt gehören weite Lungen. Kleine baumbepflanzte Plätze oder Strassen, und wäre ihre Zahl noch so gross, können dafür nicht genügen, das Bedürfniss verlangt grosse parkähnliche Gärten, deren Grundfläche in Proportion zu den verbauten Theilen steht, und welche auch nach Maassgabe dieser Verbauung zu vertheilen sein werden. […]

Brunnen, Monumente. Allgemeine ästhetische Rücksichten.

Die Hochquellenleitung muss zur Umstaltung unseres Brunnen-Systems führen. Die zwangweise Einführung des Trinkwassers in die Wohnhäuser macht die zahlreichen unschönen Auslaufbrunnen entbehrlich, welche durch wenige, aber an geeigneter Stelle und in monumentaler Weise ausgeführte *öffentliche Brunnen* ersetzt werden müssen, und für welche die reichen Wassermassen der Hochquellenleitung die geeignetsten Mittel bieten können. Das lebendige, erfrischende Element des Wassers wurde zu allen Zeiten als ein bevorzugtes Mittel zum Schmucke der Städte ausersehen – Italien ging darin voran und leistete Grossartiges. Die Städte aller anderen Culturländer folgten diesem Beispiele.

Das alte Wien der inneren Stadt kann auch in dieser Hinsicht als Vorbild dienen [...].
Oeffentliche Denkmäler sind bisher die schwächste Seite der Grossstadt Wien. An Zahl verhältnissmässig geringe, ist die künstlerische Gestaltung derselben, sowie die Wahl der Plätze, nur wenig gelungen. Wenn aber der Eifer berücksichtigt wird, welcher sich kundgibt, um das in dieser Hinsicht Versäumte nachzuholen, so kann man nicht ohne Besorgnis der Entwicklung dieser monumentalen Fragen entgegen sehen.
Ein öffentliches Denkmal ist sowohl durch die in demselben enthaltenen ethischen Momente als auch durch die aufzuwendenden Kunstmittel die *höchste monumentale Bethätigung eines Volkes*. [...]
Obgleich gegenwärtig eine Anzahl tüchtiger künstlerischer Kräfte zur Verfügung steht, welche Gewähr für die Lösung der bevorstehenden monumentalen Aufgaben bieten könnte, so bestehen hingegen in der vollständigen Unklarheit über die Platzfrage noch ernstliche Besorgnisse, und aus dieser Anarchie kann eben wieder nur der künftige Stadtplan retten, welcher der Ausbildung dieser monumentalen Seite desselben die grösste Sorgfalt zuwenden muss. [...]
Im Verlaufe dieser Schrift wurde nicht versäumt, auf die mannigfachen künstlerischen Aufgaben, welche die Ausbildung des Stadtplanes mit sich bringt, hinzuweisen. Aber solche ergeben sich nicht nur bei der Lösung einzelner Probleme; *die Verfassung des Stadtplanes in seiner Gesammtheit, sowie im Einzelnen ist eine eminent künstlerische Aufgabe.*
Stadtpläne und Stadterweiterungen werden nicht mit dem Cirkel und Lineal vollführt, dazu gehören, wie zu jeder künstlerischen Aufgabe in erster Reihe Ideen, und in zweiter Reihe das vollste Verständniss für die Bedingungen einer Grossstadt und für die Forderungen des modernen Lebens – vorzüglich aber auch ausgebildetes Raumgefühl und Formenverständniss.
Mit welcher Ehrfurcht erfüllt der Besuch einer schönen alten Stadt, und welche Befriedigung gewährt es, zu sehen, in welchem Grade und mit welchen Mitteln den Bedürfnissen jener Zeiten nach jeder Richtung entsprochen wurde. [...]
[A]ber in der schönen Gliederung aller einzelnen Theile, in dem nach verständlichen und richtigen Grundsätzen erfolgten Zusammenbau solcher Theile zu einem Ganzen, bei welchem stets künstlerische Rücksichten vorgewaltet haben müssen, wird das Städtebild zum Kunstwerke. [...]
Das Mittelalter kannte nicht Grossstädte im heutigen Sinne, aber die antiken Völker hatten solche, und sowohl in Bezug auf die Berücksichtigung der

materiellen Erfordernisse einer grossen Bevölkerung, als auch ganz besonders hinsichtlich der monumentalen Gestaltung des Stadtplanes können sie unsere Meister sein. Schon die Wahl des Platzes, die stets vorwaltende Rücksicht auf Erweiterung und Verschönerung, die Sonderung der Plätze für verschiedene Zweige des öffentlichen Verkehres und der verschiedenen Bevölkerungsschichten, die bis ins Unglaubliche gediehene Fürsorge für Gesundheit und Wohlbefinden der anwachsenden Volksmassen, und vor Allem der grosse monumentale Zug bei Anlage, Vertheilung und Gruppirung der öffentlichen Gebäude liefert den Beweis, *dass der Schwerpunct ihres künstlerischen Schaffens in der Stadtanlage selbst gelegen war, aus der sich die einzelnen künstlerischen Aufgaben allmälig, deshalb aber auch so recht naturgemäss entwickelt haben.* Die Kenntniss der zu hoher Vollkommenheit gediehenen Kunst der alten Städteerbauer ist für die moderne Stadt nicht minder wichtig wie die der Baukunst selbst; dass dieser Kunst aber heute vielfältig nachgeforscht wird, dürfte daraus zu ersehen sein, dass viele der modernen Städte auf ihre Umstaltung und Vergrösserung ganz treffliche, zum grossen Theil den antiken Städteerbauern abgelernte Principien anwenden, und uns in dieser Hinsicht weit überflügelt haben.

Solange Wien nur lose verbaut war, wirkte stets der Ausblick auf die schöne Umgebung, die Durchsicht nach den Gärten und auf die Berge mit. Der Stephansthurm und die anderen. Kirchthürme und Kuppeln ergänzten auch die unscheinbarsten Partien der Stadt zu einem schönen Bilde. Der Wiener war gewohnt, seine Berge in der Stadt zu sehen und auch den Stephansthurm, das Wahrzeichen derselben. Nachdem bei der fortschreitenden Verbauung und Verengung der Stadt auf derartige schöne Ausblicke auch nicht die geringste Rücksicht vorgewaltet hat, so entziehen sich diese schönheitlichen Vortheile dem Städtebilde immer mehr, und bald wird überall die – auch durch reichstes Blendwerk nicht auszugleichende Monotonie und moderne Langweile obsiegen. Welch trostlose Perspective für die Zukunft der Stadt Wien, welcher, wenn nicht andere Grundsätze für die künftige bauliche Entwicklung Platz greifen, alle materiellen und ästhetischen [sic!] Vortheile verkümmern. [...]

Nachdem die Schönheit der Stadt vorzüglich in der Charakteristik der einzelnen Theile besteht, so ist die naturgemässe Ausbildung der verschiedenartigen Bedürfnisse eine wesentliche ästhetische Vorbedingung. Die einfachste Form des Wohnhauses wenn sie charakteristisch ist, wird dem Städtebilde dienlicher sein, als die reichste, wenn diese nur eine Uniform für einen allgemeinen Begriff ist, wo doch gerade die verschiedenartigen Bedürfnisse zur Unterscheidung hin drängen. [...]

Die Umstaltung, welche sich in letzterer Zeit im Inneren der Stadt vollzieht und die pietätlose Art, welche sich in der architektonischen Behandlung dieser Aufgaben sogar an den weihevollsten Orten in bedenklicher Weise kund gibt, dürfte weitere Erörterungen entbehrlich machen. Eine aus stattlichen Palästen gebildete Strassenreihe wird imposant wirken; aber wenn die Behausungen der ganzen Bevölkerung palastartigen Charakter anstreben, welcher überdies der Zweckmässigkeit widerspricht, so fehlt der Maassstab für den wirklichen Palast, und mit dem Mangel an unterscheidenden Merkmalen für das Einzelne wird auch die Schönheit des Ganzen schwinden.

Die Schönheit der Stadtansichten ist bedingt durch Silhouetten, durch Massen und Gegensätze: sie wird unterstützt und gehoben durch Hintergründe, Fernsichten, wohlberechnete Perspective und points de vue. *Der wechselnde Charakter einzelner Bezirke und die Auszeichnung gewisser Stadttheile und Partien je nach Rang und Bedeutung, vor Allem aber die charakteristische Gestaltung von jeder derselben nach Zweck und Bedürfnis sind die Grundbedingungen der Schönheit einer Stadt.* [...]

Die Gemeindevertretung hat nicht nur das weitgehendste Interesse, sie hat auch die Verpflichtung, solche Fragen, welche das grossstädtische Leben an der Wurzel berühren, und von deren richtiger Lösung die Zukunft unserer Stadt, das Wohl oder Wehe unserer Nachkommen abhängt, der reiflichsten Erwägung zu unterziehen. Eine Reihe anderer hier gar nicht berührter, aber nichtsdestoweniger hochwichtiger Angelegenheiten – *die Regulirung des Donaucanales und Wienflusses, Canalisirungen, Pflasterungen und Chaussirungen* – Gas- und Wasserleitung etc. stehen hiermit in engem Zusammenhang. [...]

Eine besondere Schwierigkeit wird wohl in dem Umstände gesucht werden, dass ein solcher Stadtplan sich weit über das heutige Weichbild der Stadt erstrecken muss und somit jene Gebiete berührt, wo die gegenwärtig bestehende plan- und ziellose Verbauung einer Entwicklung nach gesünderen Principien grosse Hindernisse bereiten wird; wo überdies die Autonomie der Ortsgemeinden einem gemeinsamen erfolgreichen Vorgehen mannigfache Schwierigkeiten in den Weg stellen kann. [...]

Die vielen wirthschaftlichen und socialen Fragen, welche hiermit berührt werden, lassen sich nur durch ein gemeinsames Vorgehen der Regierung und der betheiligten Gemeinden einer gedeihlichen Lösung zuführen. [...]

Wien, im Februar 1877.

Anm.: Heinrich v. Ferstel war Obmann des „General-Baulinien-Comité" des „Österreichischen Ingenieur- und Architekten-Vereines", das sich im Dezember 1876 konstituiert hatte (vgl. Wochenschrift des Österreichischen Ingenieur- und Architekten-Vereines 1 (1876), Nr. 52, 23. Dezember, S. 349–350) und hatte auf der ordentlichen Generalversammlung des „Österreichischen Ingenieur- und Architekten-Vereines" am 24. Februar 1877 die Denkschrift vorgetragen (vgl. Wochenschrift des Österreichischen Ingenieur- und Architekten-Vereines 2 (1877), Nr. 8, 24. Februar, S. 57)

Camillo Sitte
Das Wien der Zukunft
Festrede, gehalten am 4. Jänner 1891 im Wissenschaftlichen Club aus Anlass der Creirung von Gross-Wien.
Monatsblätter des Wissenschaftlichen Club in Wien 12 (1891), Nr. 4, 15. Januar, Ausserordentliche Beilage Nr. III, S. 25–31

Hochansehnliche Versammlung!
Das grosse Ereigniss der jüngsten Tage, welches die Entwicklung Wiens in neue Bahnen lenkt und so einen Wendepunkt in seiner Geschichte bedeutet, lässt unsere Herzen höher schlagen und gehobenen Muthes uns an die Zukunft denken. [...]
Geschichte und Theorie haben aber zusammen, wie der alte Zeitengott, ein zwiefaches Angesicht: eines, das in die Vergangenheit blickt, eines, das vorschauend in die Zukunft späht. Gerade solche Ereignisse wie das vorliegende, in welchem Vergangenheit und Zukunft sich im lebenden Tage berühren, fordern den Ausblick nach beiden Richtungen. Der Gestaltung in der Zukunft gilt ja das ganze lebendig gewordene Drängen und Schaffen des Tages; die Vergangenheit aber sei die Lehrmeisterin der Zukunft. In diesem Sinne soll die kurze Vergleichung der grossen ersten Stadterweiterung Wiens mit der gewaltigen zweiten, an deren Schwelle wir stehen, ferner eine allgemeine Uebersicht über den Ausbau der Theorie und die Literatur des Städtebauwesens überhaupt und schliesslich ein Ueberblick über die grossen Baufragen des Wiens der Zukunft der Gegenstand der heutigen Betrachtung sein.
Wer sich noch an das Inslebentreten der ersten Stadterweiterung erinnern kann, der muss staunen über den ungeheuren Unterschied zwischen Einst und Jetzt. Die Stimmung in der gesammten Bevölkerung war zu Beginn der ersten Stadterweiterung (Dec. 1857) eine vollständig andere als heute. Eine freudige Erregung bemächtigte sich allerdings auch damals der ganzen Stadt, aber an der Ausführbarkeit des geradezu ungeheuerlich erschei-

nenden Werkes wurde wenigstens insoferne gezweifelt, als Niemand daran glaubte, dessen Ausführung je erleben zu können, denn man meinte, dass hiezu Jahrhunderte nöthig wären, und in der That hätte die Vollendung aller seither ausgeführten Bauten ca. 350 Jahre bedurft, wenn die Bauthätigkeit auf den Umfang der ersten fünfziger Jahre beschränkt geblieben wäre. Die Zahl der jährlichen Neubauten betrug damals im ganzen Stadtgebiete nur durchschnittlich 22, in manchen Jahren nur 12 und 16, ebenso die der Zu- und Umbauten nur durchschnittlich 27, während wenige Jahre nach Beginn der Stadterweiterung die Zahl der Neubauten auf mehr als 300 pro Jahr gestiegen war, welche Ziffer sowohl für Neubauten als auch für Zu- und Umbauten seit 1883 endlich als constant angesehen werden kann, und zwar ausschliesslich der Vororte. Denkt man sich an der Hand solcher und ähnlicher Ziffernreihen in die beschränkten Verhältnisse vor der ersten Stadterweiterung zurückversetzt, so wird es begreiflich, dass man sich damals keine rechte Vorstellung bilden konnte von der erst beginnenden Umwälzung in allen Verkehrs- und Industrieverhältnissen und deren Rückwirkung auf die Bevölkerungszunahme der grossen Städte. Ebenso wie im Allgemeinen die Bevölkerung standen auch Techniker und Künstler vor einer dunklen Zukunft, und auch in diesen Kreisen gingen die Vorstellungen zunächst nicht wesentlich über das Bild des damaligen Wiens hinaus. […]
Aber gar bald entfaltete sich die ganze Grösse und Bedeutung des begonnenen Riesenwerkes; an Stelle der Bedenken und Zweifel war bald eine erdrückende Fülle von neuen Fragen technischer und künstlerischer Art getreten, deren Lösung erst zu finden war. Wenn wir heute, ausgerüstet mit einem Schatz von Wissen und Erfahrungen, auf diese Zeit der ersten Gährung zurückblicken, müssen wir den Muth der damaligen Generation bewundern, welche mit jugendlichem Selbstvertrauen ans Werk ging, aber auch staunen über die Menge bedeutender Erfolge, welche dabei errungen wurde, und sind dieselben um so höher zu schätzen, als der anfänglichen Zaghaftigkeit rasch eine Zeit allgemeiner Ueberstürzung und einer bisher unerhörten Steigerung der Bauthätigkeit gefolgt war. Indem wir heute diese erste Stadterweiterung in ihrem grössten und schönsten Bestandtheile, dem neuen Hofburgbaue, seiner Vollendung entgegenreifen sehen, müssen wir gestehen, dass sichtlich ein guter Stern über dem grossen Ganzen waltete. […]
Alle diese Verhältnisse sind aber bekannt und es handelt sich heute nicht um deren Schilderung, sondern lediglich auf die Verwertung der Lehren der Vergangenheit für das Wien der Zukunft.

Bei dieser mehr theoretischen Untersuchung kommt es nicht mehr allein auf die in Wien gemachten Erfahrungen an, sondern auch auf das anderwärts unter ähnlichen Verhältnissen errungene Wissen und somit auf eine allgemeine Uebersicht über die Literatur des Städtebaues aus den letzten Decennien. Nachgesehen kann dieselbe werden in dem erst jüngst erschienenen umfassenden Handbuche des Städtebaues von Stübben; das allgemeine Urtheil über die kolossale Thätigkeit auf diesem Gebiete, wie es literarisch vorliegt, kann aber als bereits ziemlich abgeklärt angesehen werden, und dieses anerkennt einhellig die gewaltigen Fortschritte des Städtebaues in *technischer* Beziehung, betreffend die mannigfachen Fragen des Verkehres und der Verwaltung, aber vor Allem der städtischen Hygiene, deren unvergängliches Verdienst allein schon glänzend erwiesen ist durch die Herabminderung der Mortalitätsziffern der meisten grossen Städte beinahe um ein Drittel. Auch den herrlichen Monumentalbauten, welche allenthalben entstanden, blieb die wohlverdiente Ehre der Anerkennung nicht versagt. Ganz anders lautet aber das allgemeine Urtheil über das in der ganzen Welt während dieser Periode der Städteerweiterung ausschliesslich in Anwendung gebrachte Parcellirungssystem. Es ist dies die schachbrettartige Aneinanderreihung von ziemlich gleich grossen Bauwürfeln, eine Methode, welche allerdings an geradezu verblüffender Einfachheit nichts zu wünschen übrig lässt. In der Literatur findet sich kein einziger Versuch einer Ehrenrettung dieser mechanischen Rastrirung aller unserer modernen Stadtpläne, wohl aber eine wahre Fluth von Verwerfungsurtheilen bis zu Spott und Hohn herab. Trotzdem blieb bis heute dieses System in der Praxis allein bestehen, und die theoretische Untersuchung bemüht sich noch immer, die Ursachen dieser schier unbegreiflichen Lebenszähigkeit zu ergründen, um womöglich doch endlich ein Mittel zur Beseitigung dieses allem guten Geschmack und aller Vernunft zuwiderlaufenden Gebahrens zu finden. Nachdem die Entscheidung über die Parcellirungsmethode eine der wichtigsten Vorfragen zur Verfassung eines Stadtplanes betrifft, so seien hier die bisher nachgewiesenen Mängel dieses Systems kurz zusammengestellt; sie sind:

1. *Der Mangel an Rücksicht auf die natürlichen Verkehrsverhältnisse.* Historisch gewordene Strassenzüge folgen geschmeidig den Bodenverhältnissen wie die natürlichen Wassergerinne und nicht minder den durch den Bedarf gegebenen Verkehrsrichtungen in mannigfacher Verästelung von verschiedener Strassenbreite, ähnlich dem Geäder des Blutumlaufes im thierischen Körper. Der moderne geometrische Baukastenplan kennt solche Feinheiten natürlich nicht.

2. *Stetige Verkehrsstörungen an den zahllosen Kreuzungsstellen der rechtwinklig sich schneidenden Strassen,* was auch ein fortwährendes unbehagliches Ueberschreiten der Fahrbahnen durch die Fussgänger im Gefolge hat.
3. *Schutzlosigkeit gegen Wind und Wetter,* weshalb er dem alten, natürlichen Strassennetz auch hygienisch nachsteht.
4. *Verschwendung an Baugrund* und somit auch Kostspieligkeit in Bezug auf Strassenherstellung und Reinigung wegen der viel zu zahlreichen menschenleeren Seitenstrassen.
5. *Nöthigung zur Verschwendung bei öffentlichen Bauten bei verminderter architektonischer Wirkung,* weil sie nunmehr als freistehende Bauwürfel ringsherum künstlerisch durchgebildet werden müssen, ohne dass es möglich wäre, diesen zwecklos verschwendeten Reichthum gleichzeitig überschauen zu können, während die Alten sie klugerweise in den Hintergrund eines Platzes einbauten.
6. *Mangel an Geschlossenheit aller Plätze,* wodurch eine einheitliche, bedeutende Wirkung derselben von vornherein unmöglich gemacht wird.
7. *Umsäumung aller öffentlichen Gartenanlagen durch Strassenzüge,* wodurch auch diese Wind und Wetter schonungslos preisgegeben werden.
8. *Unmöglichkeit, mannigfache Baugruppirungen anzubringen,* etwa in Hufeisenform oder sonstwie abwechselnd und besonderen Bedürfnissen angepasst. Alle Lebendigkeit des Stadtbildes geht in der öden Reihenfolge der Bauwürfel unter.
9. *Schwierigkeit, Monumente und Brunnen malerisch günstig aufzustellen.*
10. *Mangel an Orientirungsmitteln für den Verkehr,* so zwar, dass eine stetig angespannte Aufmerksamkeit erforderlich ist, um sich in der ewig gleichartigen Menge von Häusern und Strassen nicht zu verirren.
Ausserdem wurde die geometrische Parcellirungsschablone schon ungezählte Male langweilig gescholten und die nach ihr entstandenen Stadttheile als poesielos und geisttödtend erklärt; die Erkenntniss und Erörterung aller dieser Uebelstände verursachte aber stetig an Zahl und Entschiedenheit zunehmende Versuche, ein neues elastischeres System zu finden […].
Die erste wichtige Kundgebung dieser Art stammt aus dem Jahre 1874 und gipfelt in folgenden Beschlüssen der damaligen Generalversammlung des Verbandes deutscher Architekten- und Ingenieur-Vereine:
1. Die Projectirung von Stadterweiterungen besteht wesentlich nur in der Feststellung der *Grundzüge* aller Verkehrsmittel.

2. Das Strassennetz soll *zunächst nur die Hauptlinien* enthalten, *wobei vorhandene Wege thunlichst zu berücksichtigen sind.* Die untergeordnete Theilung ist jeweils nach dem Bedürfniss der näheren Zukunft vorzunehmen.

3. Die Gruppirung verschiedener Stadttheile soll durch geeignete Wahl der Situation und sonstiger charakteristischer Merkmale herbeigeführt werden.

Dieser kühne Beschluss hatte trotz seiner Vortrefflichkeit zunächst keinerlei Erfolg. Ganz natürlich, denn das Uebel sitzt tiefer. Blosse Hauptlinien geben keinen Stadtplan, denn ohne Detailparcellirung kann ja mit dem Verkaufe einzelner Bauparcellen und sonach mit der ganzen Stadterweiterung nicht begonnen werden. Zudem können ja auch Hauptlinien ungeschickt genug angelegt werden, und wird man mit blos ein, zwei Motiven, etwa: Avenue und Ringstrasse nicht ausreichen, um ein bewegtes Stadtbild zu gestalten.

Die Forderung muss weitaus energischer gestellt werden und fragt es sich vor Allem, ob man wirklich ernstlich wünscht, dass eine neue Stadt auch als ein Kunstwerk erstehe oder nur als Menschenmagazin. Wünscht man sie als Kunstwerk, so dass die Bewohner dereinst auch ihre Freude daran haben können, dann kann auch nur ein einzelner Künstler das Ziel erreichen, denn ebensowenig als man eine Symphonie durch ein Comité componiren lassen kann, ebensowenig kann man einen Stadtplan als Kunstwerk durch Commissionen oder von Amtswegen zu Stande bringen.

Aus dieser heute theoretisch wenigstens allgemein zugegebenen Ansicht entstand die Forderung, dass zur Erlangung von Stadterweiterungsplänen unbedingt *Concurrenzen* ausgeschrieben werden sollten.

Aber auch das genügt noch immer nicht, die Verfassung eines Stadtplanes oder eines Theiles desselben einem Künstler oder einem Wettbewerb von mehreren zu übertragen, *wenn nicht diesem ein überhaupt künstlerisch fassbares bestimmtes Programm* zu Grunde gelegt wird.

Dieses Programm müsste auf Grund amtlicher Erhebungen und statistischer Nachweisungen etc. enthalten: einen genauen Plan des Stadtgebietes, welcher den gesammten Bestand an vorhandenen Bauten, Culturen, Wegen, Wasserläufen, bisherigen Canalisationen, wichtigen Rohrlegungen etc., aber auch Angaben über Bodenbeschaffenheit hauptsächlich in Bezug auf Grundwasser und solche Verhältnisse enthalten müsste, welche auf Fundirungen von Bauanlagen und auf die sanitären Verhältnisse zukünftiger Stadttheile von Einfluss sein könnten; auch dürften Angaben über Stärke und Richtung der gewöhnlichen Windrichtungen und was sonst noch von Einfluss sein könnte, nicht fehlen. Ferner müsste die Zunahme der Bevölkerung und des Verkehres für die nächsten Decennien voraus berechnet werden, zu welcher Wahrscheinlichkeitsberechnung die heute schon allenthalben zur Verfügung stehenden statistischen Nachweisungen ein hinlängliches Materiale bieten, und endlich müsste darauf fussend wieder Zahl und Umfang der erforderlichen neuen Schulen, Kirchen, Volks- und Kindergärten, Theater, Badeanstalten, Markthallen etc. angegeben werden, etwa noch mit Bemerkungen über die grössere oder geringere Sicherheit, mit welcher deren einstige Nothwendigkeit schon jetzt vorhergesehen werden kann, und über verschiedenes Anderes, was jetzt schon als Bedürfniss erkannt oder vielleicht schon angestrebt wurde.

Wer nur einigen Einblick in die Entwicklung moderner Stadtanlagen und die diesbezügliche Statistik genommen hat, kann an der Möglichkeit eines solchen Programmes nicht zweifeln. Gerade diese nothwendigen Daten mit Umsicht und Kaltblütigkeit zusammenzubringen, kann aber nicht die Aufgabe des concurrirenden Stadtbaukünstlers sein, sondern nur die Arbeit amtlicher Instanzen, denn der Einzelne verfügt schlechterdings nicht über diejenige ungeheure Arbeitskraft und vielleicht auch Vielseitigkeit welche hiezu unerlässlich ist, und würde voraussichtlich auch gar leicht Lieblingsideen nachjagen und Gefahr laufen, in umgekehrter Schlussfolgerung nach zufälligen Eingebungen zu einem Plan sich auch das Zukunftsbedürfniss zurechtzurücken, wie dies bisher noch alle Stadtplan-Concurrenzen hinlänglich dargethan haben. Die Ermittlung obiger Daten müsste unbedingt von einem vielgliedrigen und entsprechend zusammengesetzten amtlichen Apparat erwartet werden; die harmonische Zusammenfassung zu einem künstlerischen Ganzen müsste aber der Inspiration Einzelner überlassen bleiben, und an dieser Stelle hätte die Vornahme einer Concurrenz erst platzzugreifen. [...]

Bis zu diesem Punkte der Erkenntniss wurde diese schwierige Frage in neuerer Zeit vorerst theoretisch gebracht.

Wenn nicht Alles trügt, was in Literatur und Praxis jüngster Zeit sich regt, so stehen wir auf diesem Gebiete aber vor einem Wendepunkt der Anschauungen und Bestrebungen.

Die Bildung der Plätze und des Strassennetzes alter Städte ist im Wesentlichen ein Product ihrer geschichtlichen Entwicklung unter, fast möchte man sagen, instinctiver Mitwirkung uralter künstlerischer Traditionen. Der moderne Aufschwung des Städtebaues brachte uns das geometrische Quadratnetz der Strassenzüge.

Dessen immer offenkundiger gewordene Mängel, deren bedeutendste im Vorigen angeführt wurden, rief aber nicht nur die geschilderte literarische Bewegung hervor, sondern reifte auch Versuche, die Resultate in die Praxis umzusetzen, und somit scheint es, dass wir gerade jetzt in eine neue Stylrichtung des Städtebaues einzulenken beginnen. Es liegt hier ein Plan zur Ansicht vor zur Stadterweiterung von Dessau. Dieser ist verfasst von Architekt C. Henrici, Professor am Polytechnicum zu Aachen, einem bekannten vorzüglichen Specialisten auf diesem Gebiete, und dieser Plan enthält bereits Alles, was nach dem Vorigen heute von einem sozusagen auf der Höhe der Zeit stehenden Stadtplane gefordert werden kann. Wer Städtepläne zu lesen versteht, der glaubt in dieser herrlichen Neustadt bereits mit Wohlbehagen spazieren zu gehen, jeder Punkt ist anders gebildet, so dass man stets weiss, wo man sich befindet, eine kleine Anzahl verschieden grosser, verschieden geformter Plätze von bestimmtem Charakter und in geschlossener Form, mit öffentlichen Bauten innig verwachsen, bildet eine so prächtige Gruppe im Centrum der Anlage, dass man einen der schönsten Stadttheile des alten Italiens vor sich zu haben glaubt, und welche Fülle von Abwechslung geschickt angelegter Bauplätze, so dass für verschiedene Bedürfnisse da Passendes gefunden wird und es eine Lust sein müsste, als Architekt für so mannigfach und günstig gedachte Situationen hier Baupläne zu ersinnen, während die ewig gleichen Häuserwürfel des geist- und gemüthlosen Schachbrettsystems von vornherein alle Phantasie lahmen und selbst durch zwecklose Vergeudung ungeheurer Geldsummen nicht in ihrer angestammten unerhörten Langweiligkeit überwunden werden können. Zudem ist in diesem geradezu mustergiltigen Plan für Communication, Luft und Licht und alle anderen modernen Anforderungen in einer Weise gesorgt, wie dies auf Grund des bisher allein üblichen geometrischen Systems schlechterdings gar nicht möglich wäre. Nach demselben System arbeitet Henrici derzeit im directen Auftrage bereits an mehreren anderen Stadterweiterungsplänen und ebenso Architekt Voss in Hamburg an einem Plane für Altona u. dgl. m. Kein Zweifel, es steht eine neue Aera des Städtebaues vor der Thür, und wir können uns glücklich preisen, dass mit diesem Zeitpunkte theoretischer und praktischer Erstarkung die Inaugurirung unserer zweiten Wiener Stadterweiterung gerade zusammenfällt. [...]

Es kann darauf aufmerksam gemacht werden, dass sowohl die Altstadt, als auch ein grosser Theil der Vororte ihre Strassenzüge noch der Periode des allmäligen Werdens an der Hand der Natur und eines langsam wachsenden Bedürfnisses verdankt. Dieser Schatz an vorhandenen naturgemässen Linienzügen braucht blos sorgsam gchütct und nicht zugegeben zu werden, dass die zweifelhafte Kunst des Messtisches hierin zu wüthen anfängt, so wird sich organisch der alte Stadtkern mit den umliegenden Orten wie von selbst verbinden. Ebenso ist auf dem Boden der Linienwälle schon von Natur aus beinahe Alles vorgezeichnet: die Kreuzungen der Strassenzüge, die Ringbahn und Anderes und es wäre nur von Strecke zu Strecke ein Platz als Centrum für einige öffentliche Bauten (Kirchen, Schulen etc.) oder geeignete Partien für Gärten (aber nicht freiliegende) mit Umsicht und Geschmack auszumitteln.

Am schwierigsten dürfte sich noch die Lösung der Frage der Donaustadttheile an der Reichsbrücke gestalten. Aber auch hier liegt die Angelegenheit eigentlich sehr günstig, denn hier kann mit Gemüthsruhe noch zugewartet werden und hat es keinen Sinn, dem ewigen unnöthigen Drängen einiger Bauunternehmer hier nachzugeben, wo so Vieles am Spiele steht und die Verantwortung der Gegenwart vor dem Forum der Zukunft eine so grosse ist. Wer nur einigermassen in die Zukunft Wiens zu blicken versucht, der kann mit Zuversicht annehmen, dass diese Stelle an der regulierten Donau dereinst eine ganz andere Rolle spielen wird, als sie ihr derzeit zukommt. […] Ein bedeutend gesteigerter Verkehr auf der Donau wird aber nicht verfehlen, eine starke Anziehungskraft auf Bahnen und andere Verkehrsmittel, sowie auf die Lage des Handelscentrums zu äussern.

Ausserdem ist es sicher zu erwarten, dass die schon längst projectirte Bahnverbindung zwischen England und dem Continent und die schon 1873 auf der Wiener Weltausstellung durch ein schönes Project als verhältnissmässig sogar leicht ausführbar nachgewiesene Brücke über den Bosporus bei Constantinopel dereinst ausgeführt werden. Einfach der endlich in Fluss kommende Ausbau der Orientbahnen wird dazu nöthigen. Mag die Ausführung dieser Werke aber auch noch viele Decennien dauern, kommen wird und muss dieselbe endlich doch. Dann aber wird ein ununterbrochener Schienenstrang von England bis Indien laufen und Wien wird an dieser wichtigsten Strasse der Welt die Pforte zwischen dem Osten und Westen bilden, wie einst Venedig zur Zeit anders gearteter Verkehrsmittel. Zugegeben, dass zu alledem die Arbeit eines halben Jahrhunderts vielleicht noch nöthig ist, so haben wir doch jetzt schon die Pflicht, daran zu denken, und thun wir das, so sehen wir Wien nicht blos dem Namen nach, sondern in Wahrheit an der Donau liegen, welche Idee ja schon bei Inangriffnahme der grossartigen Donauregulirung in selbst- und zielbewusster Weise mit in Erwägung gezogen wurde. Wer diesen Standpunkt festhält, der muss erkennen, dass im Centrum dieser neuen Donaustadt an der Reichsbrücke ein grosses vornehmes Handelsviertel liegen muss mit einem Hauptplatz beim Brückenkopf, wie die Place de la Concorde von Paris, mit Theater, Kirche und anderen hervorragenden Bauwerken unmittelbar daran oder in nächster Nähe, verbunden durch eine grossartige Avenue bis zum Praterstern, dessen herrliches Säulenmonument schon heute den Weltverkehr andeutet und die Ausgestaltung eines grossen monumentalen Ringplatzes fordert etwa durch Anlage eines Centralbahnhofes in geschlossener Halbkreisform mit grossen triumphbogenartigen Durchfahrten. Stromaufwärts kann ein Villenviertel und stromabwärts folgend der Windrichtung ein Fabriksviertel gedacht werden. Diese Donaustadt würde im Verein mit der Altstadt den Prater umschliessen als schönsten und grössten Stadtpark, der nirgends sonst seines Gleichen hat und würde den äusseren Ring der zweiten Stadterweiterung ebenso abschliessen, wie der majestätische Burgbau mit seinem Riesenplatz und seinen Monumenten den glänzenden Abschluss der ersten Stadterweiterung bildet.

Wie armselig ist diese gewaltige Idee seither verkümmert bis zur sinnlosen Zerstückelung dieser wunderbaren Baufläche und zur Besiedelung mit Zinshausblöcken niederster Sorte, so dass dereinst an dem Strome (wenn dem nicht Einhalt geboten wird) eine zweite Auflage des zehnten Bezirkes stehen wird, den wohl Niemand je als ein Beispiel der Poesie des Städtebaues preisen wird. [...]

Noch andere Stellen zukünftiger Baubethätigung, an welche höhere Fragen der Kunst herantreten und welche daher mit Vorsicht ohne Ueberstürzung gelöst werden sollten, sind: die Umgebung der Karlskirche, die Area des Freihauses, die beiden Donaukasernen und das Gelände des Wienflusses.

Gewaltige Aufgaben! kaum kleiner als diejenigen der ersten Wiener Stadterweiterung und dieser nur darin nachstehend, dass so grosse kostbare Monumentalbauten in solchem Umfange nicht mehr in Frage kommen werden; wie sehr aber gerade diese unter dem Einflusse der neuen Gestaltung gewinnen werden, braucht nicht besonders erörtert zu werden.

Hiemit am Schlusse unserer theoretischen Betrachtungen angelangt, wenden sich unwillkürlich unsere Blicke dem erhabenen Spender dieses doppelten Segens zu; alle Herzen schlagen unserm *geliebten Kaiser* entgegen, denn wir Alle wissen, dass nur *Seiner* eigensten Initiative, nur *Seiner* Gnade wir diese Fülle von Leben und herrlicher grossen Aufgaben verdanken.

An diesem Punkte angelangt, habe ich nicht mehr als Vortragender zu sprechen, sondern im Auftrage und in Vertretung des Präsidiums unseres Wissenschaftlichen Club und indem wir einen Ausdruck suchen für unsere Empfindungen ehrfurchtsvollster Dankbarkeit, fordere ich Sie auf, ein dreimaliges Hoch auszubringen auf Seine Majestät unsern erlauchten Kaiser. *Seine Majestät Kaiser Franz Josef I. lebe hoch! hoch! hoch!* [...]

Camillo Sitte
Die neue Stadterweiterung
Neues Wiener Tagblatt, 27. September 1891 (25. Jg. Nr. 265), S. 1–3

Die zunächst vor uns stehende Aufgabe in Betreff der großen Neugestaltung Wiens ist zweifellos die Herstellung eines Generalregulirungsplanes. Gerade diese Aufgabe kann man sich aber nicht schwer genug vorstellen, nicht ernst genug nehmen. Die ganze zukünftige Entwicklung wird durch die zarten, unscheinbaren Linien dieses Planes vorherbestimmt. Welche ungeheure Verantwortung liegt da auf den Schultern derjenigen, welche berufen sind, an einem solchen Werke theilzunehmen. Das Pulsiren des öffentlichen Lebens, aber auch die Behaglichkeit am häuslichen Herde; Gesundheit und Wohlfahrt der Bevölkerung, aber nicht minder die Freude an der Schönheit und Zweckmäßigkeit der Vaterstadt, diese Wurzel schönen patriotischen Stolzes und gesunden Heimatsgefühles, alle diese wichtigen Dinge stehen in festem Zusammenhange mit dieser ersten Gesammtanordnung des Aufbaues. Die Anforderungen, welche man gegenwärtig an einen solchen Plan stellt, sind ungleich höher als noch vor nicht ganz fünfzig Jahren, als man noch meinte, alles getan zu haben, wenn einige Normalstraßenbreiten und Häuserhöhen vorschriftsmäßig festgesetzt und alle Straßen kreuz und quer schön gerade und schön senkrecht aufeinander gezogen wurden. Recht bequem wäre dieses Verfahren auch heute noch, denn etliche Gemeinderathsbeschlüsse über Hausblockgröße und ähnlich gewaltig wichtige Punkte dazu fertiggestellt, könnte man dann einen solchen sogenannten Stadtplan in Gemüthsruhe vom Amtsdiener herunterrastriren lassen. So bequem, wie man es sich noch vor kurzem bei uns und überall machte, geht dies aber nicht mehr, denn die gesammte Oeffentlichkeit verwirft bereits dieses Häuserkastensystem [...]. Alle Welt stellt heute überzeugungsvoll die Forderung, [...] daß sich der Plan den gegebenen natürlichen Bedingungen anschmiegt, daß Abwechslung in den Stadtbildern entstehe, welche charakteristisch wirken und die Orientirung erleichtern soll; daß vorhandene Fernsichten und sonstige Schönheiten zur Geltung gebracht werden und überhaupt die ganze Flächen- und Raumgliederung auch nach künstlerischen Grundsätzen erfolgt; daß Silhouet-

ten, Verschneidungen und Perspektiven berücksichtigt werden, ein stetiges Fahren und behagliches Spazierengehen ermöglicht wird, was Alles wieder ein förmlich ziffermäßig statistisches Studium der Verkehrsrichtungen und der Lebensbedingungen der Bevölkerung voraussetzt, sowie ein genaues Eingehen auf das von der Natur aus Gegebene, auf Wind, Himmelsrichtung und endlich sogar auf dasjenige, was unter der Erde steckt: Baugrund, Grundwasser, alte Festungsfundamente oder Gräben etc.; daß nicht, wie bei unserer ersten Stadterweiterung, Millionen in den Untiefen eines Stadtgrabens zu Fundirungszwecken spurlos verschwinden, während gleich gegenüber eine Riesenfläche besten Baugrundes für Grassamen und Gebüsche ausgewählt werde; kurz, der Stadtplan darf der vorhanden Natur nicht gewaltsam aufgenöthigt werden nach irgend einer willkürlich vorgefaßten Meinung, sondern er muß aus der Natur selbst heraus entwickelt werden, genau so, als ob eine Jahrhunderte lange allmälige Entwicklung das wie von selbst zustande gebracht hätte. Was bei den alten Städten in Wirklichkeit naturgemäß gewachsen ist, daß muß heute auf dem Papiere eben so wachsen und das ist die ganze ungeheuere Bedeutung eines modernen Regulirungsplanes. Ihn naturgemäß auf dem Papiere wachsen zu lassen, wie ein Werk der geschichtlichen Entwicklung, daß ist beinahe mehr noch, als höchste Kunst [...].
Schon der erste Schritt, mit dem man an diese Aufgabe herantritt, ist entscheidend. Es frägt sich kurz und bündig: Will man die neue Stadt entstehen lassen als *Kunstwerk* oder nur als *Menschenmagazin*? Falls man das Erstere nicht mit vollem Bewußtsein der ganzen Tragweite dieses Wortes, nicht mit eisernem Ernste will, so ist jede Mühe vergebens, schade um jedes Wort, das Künstler, Kunstfreunde, Kritiker, Patrioten vergeuden, die Stadt wird ewig ein Flickwerk, eine nüchterne Stümperei bleiben. Falls man aber wirklich den großen Willen zu fassen vermöchte, daß die neue Stadt, wie ein Naturprodukt als wahres Kunstwerk erstehen soll, dann frägt es sich zunächst noch um mehr als um den Generalregulirungsplan, dann frägt es sich vorher noch, *wie* ein solcher Plan in Angriff zu nehmen sei und *wer* ihn machen kann. Die Antwort scheint leicht. Einen Plan, der ein Kunstwerk sein soll, kann nur ein Künstler machen. Richtig! Aber das hier zu Leistende ist so übermenschlich groß, daß die Aufgabe von einem Einzelnen gar nicht bewältigt werden kann. Auch dafür scheint der Ausweg schon gefunden, denn man spricht schon allenthalben von Kommissionen und amtlichen Vorarbeiten geradeso wie von großartigen Konkurrenzausschreibungen zum Behufe der Ermittlung der richtigen Künstler. Beide Faktoren glücklich gefunden und richtig vereint, müßten auch

in der That diejenigen Kräfte darstellen, welche die ungeheure Aufgabe bewältigen könnten. Das Wesentliche dabei ist nur gleich von vorneherein die richtige Abgrenzung der Befugnisse, die naturgemäße Arbeitstheilung zwischen dem Künstler einerseits und dem Bureau anderseits. Man muß sich vorerst klar werden darüber, was nur der Künstler allein leisten kann und das Bureau nicht und umgekehrt, und darauf allein müssen alle Anordnungen gestellt sein, ohne die geringste Rücksicht auf persönliche oder sonstige Wünsche. Der einzelne Künstler kann unmöglich alle die umfassenden Vorerhebungen pflegen, welche ihm als Materiale zu seiner Arbeit vorliegen müssen. Diese Materialien können nur bureaumäßig als systematische Arbeit Vieler herbeigeschafft werden. Es ist geradezu besorgnißerregend, daß hierüber bisher noch so wenig gesprochen wurde. Die Bearbeitung und Herausgabe eines *Gesammt-Stadtplanes* im Verhältnis 1:2880 ist beinahe das einzige Lebenszeichen von derlei Maßnahmen. Zu demselben Maßstab sollte aber auch ein *Baugrundplan* hergestellt werden, welcher nach Art der geologischen Karten Alles enthält, was für die Wahl der Plätze zu Gebäuden oder Gärten etc. von Wichtigkeit ist. Damit ist aber noch lange nicht Alles erschöpft, was zur Verfassung eines naturwüchsigen Regulirungsplanes an Material vorliegen muß. Eine Karte der Luftströmungen; diverse hygienische Angaben; eine möglichst detaillirte Bevölkerungs-Statistik, auch nach Berufszweigen geordnet, alles nach einzelnen Bezirken und womöglich in Kurvendarstellungen, deren Richtung sich dann hypothetisch etwas in die Zukunft hinein verfolgen ließe, sind ebenfalls unerläßliche Behelfe. Von geradezu erlösender Bedeutung würde es sein, wenn auch bei uns, wie es schon anderwärts versucht worden ist, die *Frequenz sämmtlicher Straßen in Bezug auf Wagen und Fußgänger zu verschiedenen Tageszeiten* und auch nach ihren Summen innerhalb vierundzwanzig Stunden faktisch gezählt würde. Dies müßte zweifellos erstaunliche Resultate geben. Man würde da sicher rechnungsmäßig nachweisen können, warum so viele neueste breiteste Straßenzüge allerorts ganz menschenleer sind, und daß unser gebräuchlich gewordenes System, das Stadtganze bis zu lauter ziemlich gleich großen Baublöcken zu zerklüften, gar keinen Sinn hat. […]
Wenn man dieser großen Angelegenheit mit voller Hingebung nützen will, darf man aber nicht verschweigen, daß neben erfreulichen, die Sache vorwärts treibenden Kundgebungen auch genug Ledernes, Veraltetes nebenher läuft. Es wird gut sein, auch davon einiges zu zitiren, um den rechten Kurs dadurch noch schärfer zu markiren. So kann man ab und zu immer wieder vernehmen, daß der Ausbildung der Verkehrsmittel alle

anderen baulichen Anordnungen sich unterordnen müssen. Dies ist richtig, wenn man es nur auf die großen Verkehrsmittel: Bahnen, Flußläufe, Kanäle bezieht; aber nicht richtig, wenn man die Regel verallgemeinert und versteinert. Die Details guter Stadtpläne sind vielmehr umgekehrt von den Gebäuden abhängig, welche zunächst richtig gestellt werden, dann einen gerade ihnen entsprechenden Vorplatz oder eine sonstige von ihnen der Form nach abgeleitete Umgebung bekommen müssen, von der dann in letzter Linie erst die Einmündung und somit auch Linienführung der Straßen abhängt. Wird dieser Vorgang umgekehrt und zuerst das ganze Straßengatter festgenagelt, so ist von vorneherein alles verdorben und eine mannigfaltige zweckmäßige Gruppirung der Gebäude hervorragender Art gar nicht mehr möglich. Sehr häufig wird die äußerste Dringlichkeit der Verfassung des Baulinienplanes betont, was ja auch seine Richtigkeit hat, aber merkwürdigerweise nur ein einziges Mal die sofortige Nothwendigkeit, die hiezu nöthigen *Vorarbeiten* mit größter Energie anzugreifen, dieses einemal allerdings von kompetentester Seite, nämlich vom *Statthalter* selbst. Der geradezu majestätisch großen Aufgabe entsprechen vorläufig nur die mit sicherem Schritt aufeinanderfolgenden gesetzlichen Maßnahmen und die von den Hofämtern geleiteten Werke, der so staunenswerth rasch geführte prächtige Burgbau gegen den Michaelerplatz und die Förderung des großartigen Volksparkes bei Schönbrunn. Im Uebrigen wird noch Vieles erst in den rechten Fluß zu kommen haben, wozu in erster Linie die Förderung der *Donaustadt* an der Reichsbrücke gehört. Freilich werden hier fort und fort Baublöcke parzellirt und Bauplätze veräußert, ja sogar durch Hypothekardarlehen und Tramway-Subventionen die Baulust künstlich zu fördern gesucht; aber entspricht denn das nur im Entferntesten der hier zu lösenden Aufgabe? Muß nicht hier nothwendigerweise dereinst eine Hauptstelle des Wiens der Zukunft liegen? Schon rückt in greifbare Nähe die Vollendung der Donauregulirung in ihrem ganzen unteren Laufe, die weitere Hebung der Schifffahrt durch den Donau-Oderkanal, die Bildung eines mächtigen Eisenbahnknotenpunktes an dieser Stelle und der engere Anschluß der Donaustadt an die Altstadt ist doch auch nur eine Frage der Zeit. Es muß die Ausdehnung Wiens sich endlich auch dieser Seite zuwenden, es muß sich hier ein reges Leben vornehmerer Art entwickeln gerade an dieser herrlichen Stelle mit den schönen Fernsichten auf das Kahlengebirge und über den mächtigen Strom. Gewiß, es wird dieses Ufer dereinst eine weit höhere Bedeutung besitzen; wenn man aber von diesem Gesichtspunkte aus den jetzigen Baulinienplan betrachtet, so fällt es Einem schwer aufs Herz, gerade hier ein Blockrastrum aus der schlimmsten Periode des Städtebaues vor Augen zu haben. Nach diesem unglücklichen Plan zu Ende geführt, wird die Donaustadt unpraktisch, winzig, staubig, langweilig bis zum Aeußersten, das reine Ebenbild des zehnten Bezirkes, den doch gewiß niemand wagen würde als ein Beispiel der Poesie des Städtebaues zu preisen. Und wie leicht könnte hier sofort Hilfe geschafft werden, sogar ohne jede Störung der bisherigen Bauspekulation. Alles Materiale zur raschen Verfassung eines neuen Verbauungsplanes liegt vor, denn die Situation ist hier ganz klar und einfach. *Binnen wenigen Tagen könnte hiefür eine Konkurrenz ausgeschrieben werden* und bei kürzestem Termine von wenigen Wochen könnte jeder Projektant mit einem vollständig durchdachten Plan fertig werden. Es würde sich nur um eine Kleinigkeit handeln: um den guten Willen zu dieser nothwendigen That und diese That ist nothwendig, denn heute ist die Bedeutung dieser kostbaren Fläche von Baugründen eine ganz andere, als zur Zeit der Sanktionirung des ersten Verbauungsplanes, heute sind unsere Einsichten in das Wesen solcher Arbeiten weitaus tiefere, unsere Kenntnisse und Erfahrungen reichere, heute wäre es unverantwortlich, ja unmöglich, ein so gedankenloses Blockrastrum einen Stadtplan nennen zu wollen. Diese sofortige kleinere Konkurrenz wäre auch ein geeignetes Vorspiel für die große bevorstehende Konkurrenz, und alle betheiligten Kreise würden gewiß dabei Ersprießliches lernen könne. Durch solche Maßregeln größeren Styls müßte Leben in die Sache gebracht werden, nicht blos durch ein paar Hypothekaranlehen und sonstige kleine Verfügungen von Tag zu Tag. Es muß das Bewußtsein geweckt werden, *daß es sich hier um eine große Zukunft handelt, daß hier Wien mit dem Weltverkehre zusammenhängt*, und daß herrliche Denkmal Tegetthoff's soll uns an der Schwelle dieses Bezirkes ein Sinnbild dieses stolzen Bewußtseins darstellen. Nicht soll Vindobona vor dem großen Seehelden verschämt an der Schürze zupfend stehen bleiben, sondern froh und festen Muthes hinaussehen in die offene Bahn, denn hier liegt die Zukunft Wiens, und nicht auf der entgegengesetzten Seite im Krapfenwaldel oder auf der Knödelhütte!

Camillo Sitte
Stadterweiterung und Fremdenverkehr
Neues Wiener Tagblatt, 11. Oktober 1891 (25. Jg. Nr. 279), S. 2–3

Alle Wege führen nach Rom. Laßt den Wienern ihren Prater! — Warum nicht umgekehrt: Laßt den Römern ihren St. Peter und: alle Wege führen

nach Wien. In dieser anscheinend lächerlichen Umkehrung liegt, wenn man will, eine ganze Philosophie des Fremdenverkehrs im Keime verborgen. Rom, die Ewige Stadt, von der man schon in der Schule so viel gehört hat, möchte wohl Jeder gerne einmal im Leben sehen. Wien zu besuchen, wäre auch nicht übel, aber wer die Wahl hat, geht doch schließlich lieber nach Rom, Paris, Venedig oder London als nach Wien, falls ihn nicht Geschäfte hierher führen oder falls er nicht schon alle noch stärkeren Anziehungspunkte hinter sich hat. So kämpfen auch die als Reiseziel konkurrirenden Orte unter sich um den Vorrang und alle Vereine zur Hebung des Fremdenverkehrs nützen nichts, wenn es nicht gelingt, den Ort selbst in seiner Begehrenswürdigkeit über andere zu erheben. Ausschlaggebend in dieser Beziehung ist nicht einmal so sehr der Preis an Mühe, Zeit und Kosten, der hiefür gezahlt werden muß, als vielmehr die Qualität und Menge des Gebotenen. Der schaulustige Fremde — und deren Zahl überwiegt ja weitaus die Zahl der reisenden Spezialisten und Fachmänner — will stets Außergewöhnliches sehen, wovon man reden kann. Salzburg, Neapel und Konstantinopel sind da mächtige Anziehungspunkte, denn sie sind sprichwörtlich die drei schönstgelegenen Städte der Welt. Den Kölner Dom soll man auch gesehen haben, denn er gilt als chef d´oeuvre der Gotik. Die Sixtinische Madonna würde allen Tausende nach Dresden führen, auch wenn es sonst dort nichts zu sehen gäbe und selbst der Eiffelthurm übte eine gewaltige Anziehung aus, denn er ist das Höchste seiner Art.
Das Zweitstärkste an Zugkraft bildet die Massenhaftigkeit und vortheilhafte Repräsentation des Gebotenen. Selbst Minderwerthiges geschickt zu einem großen Ganzen vereinigt, kann eine riesige Wirkung thun, wofür das schlagende Beispiel unser Prater abgibt. Jedes einzelne Gast- oder Kaffeehaus, Ringelspiel oder Sonstiges ist für sich allein gewiß nicht welterschütternd; aber die äußerst gelungene Vereinigung der ganzen ungeheuren Menge in der herrlichen weitgedehnten Au mit ihren Jahrhunderte alten Bäumen gibt ein Gesammtbild, das in seiner Art unübertroffen dasteht. In Wien den Prater nicht gesehen zu haben, wäre weit schlimmer, als in Rom den Papst nicht gesehen zu haben. Auf solche Dinge also kommt es an, wenn eine Stadt Zugkraft für den Fremdenverkehr erhalten soll. Das glänzendste Muster dieser Art bietet Paris und es ist ja bekannt, daß dort dieser Erfolg zielbewußt schon seit Jahrhunderten angestrebt wurde; nicht blos durch vielfachen architektonischen und plastischen Schmuck, sondern auch wesentlich durch passende Anordnung, damit alle diese Schätze auch wirkungsvoll zur Geltung kommen. Diese geschickte Anordnung ist aber das Werk des Stadtplanes.

Auch vom Standpunkte der Hebung des Fremdenverkehres sind also große umfangreiche Stadtregulirungen zweifellos zu betrachten. Paris ist dabei sehr gut auf seine Kosten gekommen; in Wien aber war gerade dies seit jeher die schwache Seite seiner gesammten Bauentwicklung. Wohl gibt es auch bei uns Sehenswürdigkeiten in Hülle und Fülle, aber sie sind zerstreut, versteckt, schwer zugänglich, weit entfernt vom Zentrum des Verkehres, gedrückt durch eine ungünstige Umgebung oder noch wenig besprochen und sogar Einheimischen unbekannt. Jeder gute Wiener, der schon einmal Verwandte oder Freunde aus dem Ausland beherbergte, wird davon ein trauriges Lied singen können. Zuerst möchte man aufjauchzen vor heller Freude, den lieben Gästen endlich einmal sein theures Wien, in welchem es sich so gut, so gemüthlich lebt, zeigen zu können, aber leider schon nach wenigen Tagen ist man tief betrübt, daß das Alles so wenig Effekt macht und fast möchte die Freundschaft darob kühler werden, wenn man sich nicht zur eigenen Ueberaschung gestehen müßte, daß es wirklich schwer hält [sic!], auch nur für fünf, sechs Tage ein Programm zu entwerfen, bei welchem der Fremde aus einem Staunen ins andere fällt und gestehen müßte, das wo anders noch nicht gesehen zu haben.

Dem Vergnügungsreisenden kann man ja nicht Spezialstudien zumuthen, nicht die technologische Sammlung des Polytechnikums zeigen oder das militär-geographische Institut, nicht die Wachspräparate des Josefinums oder einige Unika in Archiven und selbst der weltberühmte, einzig dastehende Papyrus Raineri wird ihn kalt lassen, denn derlei eignet sich nicht zum Aufsehen, sondern nur zum Studiren. Auch die Schätze der Albertina bieten reichlich Belehrung und Genuß nur Demjenigen, der ihrem Studium mindestens fünf bis sechs Wochen widmen kann; dem rasch Dahineilenden bieten sie aber rein nichts. Soll die Schaulust befriedigt werden, so müssen die vorhandenen Schätze, wenn schon nicht pompös, so doch *übersichtlich, faßlich ausgestellt* sein, wie die technologischen Sammlungen in Paris oder die Handzeichnungen und Stiche in den Uffizien. In Wien wird der Fremde gerne noch einen Tag zugeben, damit ihm die Liechtenstein-Galerie nicht entgeht; die vielen kleineren Sammlungen, Akademie, Czernin, Schönborn etc. wird er aber übergehen, wenn er sich hiezu eigens Zeit nehmen müßte. [...] Könnte man die Gebäude und Monumente einer Stadt so nach Belieben herumschieben, wie die Möbel und Bilder einer Wohnung, hei! welche Lust! da würde es sich zeigen, daß wir mit unserem Inventar an Kunstsachen, zum Beispiel um *Maria am Gestade* herum gar bald einen prächtigen größeren geschlossenen Platz und daneben ein paar kleinere Plätze zu Ergänzung und Abwechslung beisammen hätten, voll Brunnen, Monumenten und allerlei reizendem Kunstkram an den geschlossenen Wänden pompöser Palastfaçaden, daß auch hier Jedermann gerne verweilen möchte, und kein Fremder den Aufbruch rüstete, bevor er das nicht auch noch gesehen. Das Alles mühsam in allen Ecken und Winkeln der Stadt sich selbst zusammenzuholen, das kann man von ihm billigerweise freilich nicht verlangen.

So zeigt sich deutlich, wie die Wirkung der Kunstschätze einer Stadt nicht blos von der Zahl und dem Werthe der Gegenstände allein abhängt, sondern auch von deren Situirung, also vom Stadtplan. [...]

Zu alledem kommt noch das allgemeine Uebel der schlechten Zugänglichkeit, der Verzettelung in alle entlegenen Stadtwinkel und der mangel einer entsprechenden Umgebung. O! wenn sich das Alles zusammen fassen ließe, das gäbe schon ein Stadtbild, das jeden Vergleich aushielte, das man gesehen haben müßte. Man denke sich, daß alle diese Werke und die prachtvollen Palastbauten, wie der von Fischer von Erlach in der Wipplingerstraße, wo ihn niemand aufsucht, oder der herrliche alte Eugen-Palast in der Himmelpfortgasse, wo er nicht zur Wirkung kommt, das feine Deutsch-Renaissanceportal der Savatorkapelle, der schönste und originellste aller Barockthürme von der Stiftskasernkirche des alten Barock-Architekten Henrici, das Abendmahlmosaik der Minoritenkirche, das Christinen-Monument von Canova, das prunkvolle Gebäude der Akademie der Wissenschaften mit seinen Guglielmi-Fresken in der Aula und noch so vieles Andere um einen einzigen gut komponirten, forumartigen Platz vereint wären – welche Fülle! welche Pracht! Ja, das müßte man schon gesehen haben und kein Fremder würde vorher Wien verlassen können. Derlei liegt nur einzig und allein am Stadtplan, der aber bei uns zu jeder Zeit unkünstlerisch, gedankenlos, nüchtern, philisterhaft gemacht wurde, ohne Spur großer Ideen, ohne Spur starken Wollens, ohne Spur von Begeisterung, ohne Spur jenes wahren edlen Patriotismus, der aus Liebe zu Heimat stets das Höchste anstrebt. Müssen wir uns nicht geradezu schämen, einen Fremden vor die an sich trefflich gelungenen Monumente von Anastasius Grün und Lenau hinzuführen, welchen den ganzen Tag über die Sonne nur auf's Hinterhaupt scheint? Ist an diesem neusten Stücklein nicht wieder nur ausschließlich der Stadtplan Schuld und die echt geometrische Idee, daß auf dem Schillerplatz alles nach der Hauptverkehrsader, der Ringstraße, sich richten müsse? Aus ähnlichen Gründen steht auch das Beethoven-Monument verkehrt, mit dem Rücken gegen das Sonnenlicht und derlei ließe sich noch Vieles anführen.

Eine schier wunderbare Ausnahme von all' dieser Unzulänglichkeit machen nur die Hofburgbauten. Wenn diese dereinst vollendet sind, werden sie ein Ensemble geben, wie es in neuerer Zeit schöner und großartiger nirgends erstanden ist. Das mag uns neuen Muth und neue Hoffnung geben, daß noch nicht alles verloren ist. Noch ist die Stunde der Entscheidung nicht vorüber. Noch wird das neue große Wien erst auf dem Papier gebaut; noch ist es Zeit, so hohe Ziele ins Auge zu fassen, wie sie der Bedeutung des Werkes, wie sie der Größe des wahrhaft kaiserlichen Geschenkes entsprechen. Ueberall aber sollte die schwere Verantwortung schon jetzt gefühlt werden, die jeder auf sich lädt, der mithilft, der künstlerischen Zukunft Wiens schon jetzt mit einem nüchternen Netz von geometrischen Baufluchtlinien die Hände zu fesseln. Wird der richtige Moment, Großes und Schönes zu gestalten, auch dieses letzte Mal versäumt, dann wäre es wohl für immer zu spät, denn eine Summe hierhin und dorthin verzettelter und schlecht situitrter Kunstwerke gibt ebensowenig eine schöne Stadt, als eine Fuhre vom Steinmetz abgeladener Steine ein Bauwerk zu nennen ist.

Camillo Sitte
Station Wien
Neues Wiener Tagblatt, 25. Oktober 1891 (25. Jg. Nr. 293), S. 1–3

Es kann als ausgemachte Sache gelten, daß eine Großstadt auch nach Außen repräsentationsfähig sein muß. Wenn der Palast eines Fürsten oder das Familienhaus eines wohlhabenden Bürgers nebst Festsälen und Empfangszimmern auch noch ein entsprechendes Entrée (Hauptportal, Vestibule, Treppenhaus, Vorzimmer) benöthigt; so ist es aus ganz gleichen Rücksichten der Repräsentation auch eine große Stadt von Belang, außer öffentlichen Prachträumen (sogenannten Kunst- oder Architekturplätzen) im Zentrum auch ein möglichst günstiges Entrée zu besitzen.
Es ist ein großer Unterschied, ob man zum Beispiel in Genua zur See ankommt, wobei man schon von Ferne das prächtige Schauspiel der terrassenförmig aufgethürmten Stadt genießt und im Hafen gleich mitten in das regste Leben und die schönsten Stadttheile vom Palazzo Doria mit seinen herrlichen Gärten angefangen, bis zum südlichen Hafenende mit seinen zahlreichen Hotels kommt, oder ob man in einem entlegenen Bahnhof absteigt und sich von da aus vorerst durch endlose Winkelgassen voll Dürftigkeit und Schmutz hindurchzwängen muß, bis man zu den schöneren Stadttheilen gelangt. Wegen dieses wohlbekannten schwer wiegenden

Unterschiedes möchten die meisten Reisenden auch bei Neapel es vorziehen, zur See einzutreffen, wenn die Seefahrt selbst nicht wieder ihr Mißliches hätte. Die Ankunft zur See hat überhaupt stets etwas Erfreuliches, sogar Aufregendes, aber trotzdem ist auch bei Seestädten die Ankunft zu Land oft nicht minder fesselnd. Wie wunderbar großartig wirkt, zum Beispiel, die Ankunft in Triest, wenn man am frühen Morgen, bei aufgehender Sonne, zum ersten Male des weitgedehnten Meeres ansichtig wird und endlich die Stadt mit ihren Thürmen und zahlosen Schiffsmasten dahinter erblickt. Da packt selbst den müdesten Nachtfahrer das Reisefieber und es ist da eine wahre Lust, die Gehänge des Karst mit Windesschnelle hinabzulaufen in das herrliche sonnige Land.

Landstädte verfügen nun allerdings nicht über solche Mittel, aber auch bei ihnen ist die Art der Ankunft und des ersten Eindruckes sehr verschieden und nichts weniger als gleichgiltig. Wer in Rom mit der Nordbahn Abends anlangt, genießt bei schönem Wetter und richtiger Jahreszeit ein Schauspiel von solcher Erhabenheit in der Wirkung, daß man es zeitlebens nicht mehr vergißt. Schon von Ferne hebt sich die Riesenkuppel von St. Peter in zartesten Lufttinten, wie ein Luftgebilde, wie ein Feenpalast von dem abendlich glühenden Horizonte ab. Niemals mehr erscheint die gewaltige Kuppel so groß, so herrlich, als in diesem Augenblicke, nicht einmal, wenn man sie auf der Kirchendachterrasse stehend unmittelbar vor sich hat. Auch zu Wagen durch die Porta del Popolo, wo man gleich mitten auf einen der schönsten Plätze und in eine der vornehmsten Straßen gelangt, ist der Eintritt in Rom bedeutend und einnehmend; ebenso durch die Porta S. Pancrazio auf Trastevere, wegen des sofortigen herrlichen Rundblickes über die ganze Stadt sammt Ruinenfeld von großer Wirkung. Wer dagegen auf einem der kleinen schmutzigen Südbahnhöfe absteigt, der ist auf sein eigenes pathetisches Gefühl, den Boden Roms zu betreten, allein angewiesen. Bei größeren Binnenstädten, wenn nicht die Natur selbst Gunst oder Ungunst unerbittlich zugeteilt hat ist es dann meist die Hand des Städtebauers, welche da nachhilft und ein mehr weniger stattliches oder anmuthiges Entrée mit Absicht konstruirt. Die gewöhnlichste Form, in der dies erreicht wird, besteht darin, daß hart am Bahnhof ein großer möglichst imposanter Platz angelegt und das Bahnhofgebäude selbst dieser Absicht entsprechend situirt und durchgebildet wird. Dieser Platz ist für eine ganze Stadt dann dasselbe, was für das Einzelhaus oder den Palast das Vestibüle ist. Ferner wird Sorge getragen, daß von diesem Bahnhofplatz aus eine möglichst breite und prächtige Straße direkt ins Zentrum der Stadt geführt wird und diese entspricht sonach dem Treppenhaus und den Gängen des Wohnhauses. So wie es aber beim Wohnhaus oder Palast ein grober ästhetischer Fehler wäre, den Eingang in den Salon oder die Empfangssäle unmittelbar vom Gange her geschehen zu lassen, ebenso verfehlt wäre es, diese breite Bahnhofstraße selbst ohne Zwischenanlage auf den Hauptplatz der Stadt münden zu lassen, weil dies den weihevollen geschlossenen Effekt des letzteren vollständig zerstören und seine ganze in sich allein konzentrirte Wirkung aufheben würde. Auch dieses Motiv des Städtebaues hat nicht nur seine Aesthetik, sondern auch seine Geschichte, die aber hier nicht weiter verfolgt werden kann. Nur so viel sei gesagt, daß auch hierin die Neuzeit allenthalben weit hinter der Antike zurücksteht, ja selbst hinter dem Mittelalter, dessen Befestigungswerke und Stadtthore an sich schon ein geradezu handgreiflich deutliches Entréemotiv abgaben, dessen künstlerische Ausgestaltung aber noch obendrein mit einem gewissen Stolz gepflegt wurde und geradezu Meisterwerke ausdrucksvoller Architektur zur Reife brachte.

Freilich! Wer denkt heute bei Verfassung eines an Bürgerstolz und Vaterlandsliebe, an die ästhetische Heranbildung der Jugend, an die Wirkung des Stadtganzen auf den Fremden? Da ist nur immer die Rede von Häuserflucht und Verkehrsrichtung, Baublöcken und Kanaltracen, als ob es überhaupt eine besondere Kunst wäre, derlei höchst simple Dinge regelrecht und fehlerlos aufzuzeichnen, sobald man nur einmal die zwar unbändig mühselige, aber doch phantasie- und geistlose Arbeit des Aufsammelns aller einschlägigen Daten hinter sich hat. Demzufolge sehen unsere modernen Stadtanlagen allenthalben aber auch danach aus.

In dieser Frage des Stadtentrées auf die besonderen Verhältnisse von Wien eingehend, sei gleich vorweg erklärt, daß die Natur und die ältere sich selbst überlassene Bauentwicklung ganz vortreffliche Bedingungen hiezu geschaffen haben, daß dieselben aber weder erkannt noch gewürdigt wurden, seitdem Straßen und Bahnhöfe zuerst auf dem Reißbrette entstehen.[...]

Mannigfaltiger gestalten sich die möglichen Lösungen bei dem freien Terrain vor dem *Südbahnhof*. Die Bahnhofsgebäude selbst sind gar nicht so übel; tüchtig konstruirt und ausgeführt und charakteristisch, kernhaft in der Formenbildung, aber wie steht das Alles wieder da! Schiefwinklig, zusammenhanglos! Da kann man es ja mit Händen greifen, daß an eine schöne Gruppirung, an Silhouetten, an den Zusammenhang mit der Stadt und Bildung eines ansprechenden nicht einmal gedacht wurde. Jetzt, wo der Wall fällt und eine ungeheure Fläche hier zur Verbauung frei wird mit zahlreichen Straßenendigungen, hätte der Städtebauer hier eine höchst anziehende Aufqabe zu lösen. […] Es müßte eine Ergänzung zu einer mindestens auf drei Seiten, also hufeisenförmig, geschlossenen Platzwand angelegt werden durch Erbauung von Markthallen mit offenen Loggien oder sonst hieher passenden Gebäuden. Das dürftige Bäumchen- und Strauchwerk, das nur den Ausblick hindert, ohne Jemandem Erquickung zu gewähren, müßte abgeräumt und in der Nähe lieber zu einer geschlossenen Gartenanlage vereinigt werden, wo es dann behaglich wäre zu verweilen, wo sich Trinkhallen, Cafés und Restaurants in freundlicher Lage einnisten könnten. Für die zahlreichen Wagen müßte ein auch äußerlich sich charakteristisch abhebender Standplatz geschaffen werden mit gerade diesem Sonderzweck angepaßter Brunnenanlage. Wie viel schöne nachahmenswürdige Muster gäbe es für einen solchen an den berühmten Pferdeschwemmen von Salzburg, an den langen steinernen Pferde- und Kameeltränken orientalischer Städte und Karavanenstraßen! Durch eine solche, durchaus nicht allzu kostspielige Anlage allein schon käme eigenartiges Leben und Schwung in die Sache. […]

Wieder ganz anders und eigenartig gestaltet sich dasselbe Problem bei der westlichen Eintrittsstelle, beim *Westbahnhofe*. Hier ist die Situation nach Auflassung der Mariahilfer Linie und Wegfall des Linienwalles die folgende: Drei Bauobjekte sind es, welche hier das Stadtbild beherrschen: der Bahnhof, die Fünfhauser Kirche und die Elisabethkirche; diese müßten in Verbindung und zur Geltung gebracht werden. Vor die höchst originelle und in ihrer Art wundervoll gelungene Fünfhauser Kirche gehörte schon längst ein atriumartiger Vorplatz. Auf diesem gäbe es dann passende Stellen genug für Brunnen und Monumente. […] Drei günstige, auch monumental ausgestaltete Ankunftslinien von den Hauptbahnhöfen her, mehr braucht Wien nicht; diese drei benöthigt es aber unbedingt, wenn es als Weltstadt, als Kunststadt dereinst eine Rolle ersten Ranges spielen will. Dagegen ist vom ästhetischen Standpunkte aus ganz gleichgiltig die Neubildung einer Wienflußstraße. Welche Kosten wären da nöthig um ein Nichts! Die große Verkehrsader dieser Richtung ist die eben besprochene nebst ihrer Verlängerung bis Schönbrunn und bis zum neuen großartigen Volkspark als monumentaler Endstation hervorragendster Art. Hier allein sind alle Mittel und Kräfte zu konzentriren, aber nicht durch ewige Zersplitterung zu bewirken, daß weder da noch dort etwas Entscheidendes, etwas Großes zustande kommt. Gewiß! Die Wienflußeinwölbung ist weder eine Kunstfrage, noch eine Verkehrsnothwendigkeit, sondern nur eine riesige finanzielle Frage. Die erste Berechnung des Projektes ergab 16.9 Millionen; der Gemeinderathsbeschluß vom November 1887 nahm schon 28,2 Millionen an; die jetzige Berechnung nur des Widerlags- und Gewölbmauerwerkes allein ergab 33 Millionen und kosten würde das Werk sicher weit über 40 Millionen; gegen eine einfache Sanirung ihres Gewässers, welche nur 11,5 Millionen in Anspruch nimmt, also 28,5 Millionen mehr. Wer wagt es einmal 28 Millionen für die Kunst in Wien zu fordern? Der käme sicher ins Narrenhaus!

Kamillo Sitte
Die Ausweidung Wiens
Neues Wiener Tagblatt, 6. Dezember 1891 (25. Jg. Nr. 335), S. 1–3

Nicht Ausweitung lautet der übliche Terminus technicus, sondern Ausweidung, so wie man einen todten Hasen ausweidet, wenn man die allenthalben in Schwung befindliche Erweiterung der Straßen und Plätze, alle die zahlosen Straßendurchbrüche, Geraderichtungen und was Alles sonst damit zusammenhängt, bezeichnen will. Sämmtliche Altstädte Europas werden gegenwärtig ausgeweidet und diese Art bautechnischer Metzgerei stellt bereits ein wohlgegliedertes Geschäft dar mit festbegründeten Unterabtheilungen, als da sind: das sogenannte „Herausschälen" alter Kirchen und sonstiger Baudenkmäler aus ihren Zu- und Anbauten; das Freilegen von Stadtthoren; das Zurückrücken der Häuserfluchten u. dgl. m. Wegräumung aller Verkehrshindernisse, Gewährung von Luft und Licht, das sind die Ziele, welche dabei angestrebt werden und damit ist auch die Welt höchst einverstanden. Nicht ganz einverstanden ist man aber allenthalben mit der Art und Weise, wie im besonderen Falle dieses einmüthig erwünschte Ziel zu erreichen gesucht wird. Da gehen die Meinungen stracks nach den entgegengesetztesten Richtungen auseinander. Auf der einen Seite stehen die Männer des Meßtisches und der Reißschiene, auf der anderen die Naturfreunde, Künstler, Archäologen, Historiker und Patrioten, kurz Alle, die auch Sinn für Schönheit haben und Pietät vor den Erbstücken unserer Vorfahren. Richtscheit und Wasserwaage sind kalt und herzlos, dagegen Aesthetiker und Kunstfreunde voll Empfindsamkeit; trauernd, wenn wieder irgendwo im Norden oder in Rom oder sonstwo ein Stück Alterthum der Spitzhacke zum Opfer fällt; voll Jubel, wenn es glückte dem Dämon der Reißschiene ein Opferlamm zu entwinden. Mit welch' inniger Freude wurde da die Nachricht aufgenommen, daß es der Genueser Künstlerschaft gelang, durch eine Petition die bereits beschlossene Demolirung des aus dem dreizehnten Jahrhunderte stammenden Palastes von S. Giorgio zu verhindern; welche freudige Stimmung erweckte allenthalben die Nachricht, daß Venedig der Welt in seiner jetzigen Gestalt erhalten bleiben soll und man dort den modernen Verkehr lieber nach Mestre (Neu-Venedig) verlegen wolle. Ebenso ging die Frage der Nürnberger Stadtthordemolirungen den Kunstfreunden aller Welt zu Herzen und nicht blos denen von Nürnberg allein. Daß in Fällen, wo so bedeutende weltberühmte Werke in Frage kamen, die Fanatiker des Städteausweidens schließlich doch den Kürzeren zogen, ist wohl nicht zu verwundern. Man kann es heute als allgemein feststehenden Lehrsatz betrachten, daß Werke ersten Ranges um jeden Preis zu schonen seien. Mit dieser allgemeinen Regel ist aber die Frage noch lange nicht entschieden, denn nun wüthet der Kampf wieder um die Grenze ihrer Anwendung. Hierüber ist die Einigung noch weit schwerer zu erzielen, als vorher über das Prinzip selbst. Ein Beispiel hiezu bietet die Prager Karlsbrückenfrage. Alle Kunstfreunde sind seit jeher darüber einig, daß diese wundervolle Brücke ohne Zweifel zu denjenigen Werken gehört, welche um jeden Preis erhalten werden müssen; die Männer der Ziffern und Linien aber betrachten die Nothwendigkeit ihrer Restauration als günstige Gelegenheit, um dieses alterthümliche Verkehrshinderniss durch ein schnurgerades, breitspuriges Eisengespreitze zu ersetzen. Was helfen da die schönsten Lehrsätze, wenn deren Anwendung im wirklichen Leben nicht zugegeben wird? Aber noch mehr. Während die Einen für Erweiterungen und für Bloslegung der Monumentalbauten schwärmen, auch dort, wo Verkehrsbedürfnisse nicht zu befriedigen sind, geben die Anderen das Ersprießliche dieser Herausschälungen in keiner Weise zu. So hat man sich von der Bloslegung der Langseite des Kölner Domes Wunder von Wirkung versprochen; nach Vollendung des kostspieligen Unternehmens war aber die Enttäuschung sehr groß und der feinfühlige Direktor des Breslauer Museums, J. Janitsch, schildert in einer diesbezüglichen Kritik diesen verkehrten Erfolg in drastischer Weise folgendermaßen: „Die südliche Langseite liegt nun ganz frei an einem großen, öden Platze da, also in einer nach modernem Schema idealen Lage. Und doch thut sie nicht die erwartete Wirkung, sie wirkt nicht groß, zieht nicht empor; es dauert eine Weile, bis der enttäuschte Beschauer ihr gerecht werden kann." Man sieht, daß diese Angelegenheit durchaus nicht so einfach liegt, daß es vielmehr häufig genug Geschmackssache, Modesache ist, ob die Lösung in dem einen oder andern Sinne erfolgt, und dies soll vorläufig konstatirt sein zu späterer Verwerthung.

Wie sieht es nun in Betreff dieser allgemein europäischen Epidemie bei uns zu Hause, in Wien, aus? Eigentlich sehr traurig. Jedes Jahr vermehrt

dem Kunstfreunde seine Todtenliste; das Schlimmste aber besteht darin, daß bei uns die Sucht des Niederreißens und Umbauens nicht erst in jüngster Zeit ihren Einzug in die Stadt hielt, sondern sichtlich zu allen Zeiten ihre verheerende Wirkung äußerte. Wohin ist es entschwunden, das stämmige Wien der Babenberger aus romanischer Bauzeit, von dessen Blüthe in Handel und Gewerbe noch alte Sagen singen? — Fast spurlos verschwunden, niedergerissen! [...] Aus allen diesen älteren Bauperioden hat sich nunmehr fast nichts bis auf uns erhalten und die Zerstörung der neuesten Zeit kehrt sich gegen die Werke der Barocke. Vor der Mariahilferkirche sieht man auf einem Kupferstich von 1724 noch ein ummauertes Atrium mit stadtthorähnlichem Portal gegenüber der Kirchenfaçade. Dieses Werk ist schon lange als Verkehrshinderniß beseitigt und ebenso blieb von den alten barocken Stadtthoren, theilweise höchst charakteristischen, kraftstrotzenden Konzeptionen, nicht ein Stein über dem andern. Eine geschickte Wiederverwendung wäre nicht unmöglich gewesen, aber derlei war damals noch nicht Zeitfrage und so fiel alles glatt weg ohne Bedenken. Ueberblickt man diesen rastlosen Kampf des jungen Lebens gegen das Alte, so wird man schier erfaßt von leisem Grauen und auch in den kaum erstandenen Werken meint man Todtgeweihte zu sehen. Es ist wahr: das gewaltige Ringen und Kämpfen um die Existenz in großen Städten verträgt keine Sentimentalität. Es ist aber nicht wahr, daß man eine Lösung für die Verkehrsfragen nur dann finden kann, wenn man vorher jede Pietät, jeden Schönheitssinn von sich abgeschüttelt hat; es ist nicht wahr, daß man dies und jenes nicht hätte besser überlegen können; es ist auch nicht wahr, daß man auf der einmal betretenen Bahn unbeirrt bis zu Ende fortgehen müsse.
[...] So recht mitten hinein in alle möglichen Bedenken kann man aber kommen bei Betrachtung *unserer Kärntnerstraße-Regulirung*. [...] Der Verkehr ist hier der stärkste von ganz Wien; die Straße selbst gehört zu den schmalsten. Trotzdem ist der Verkehr hier nicht geradezu unangenehm und bei schlechtem Wetter, Wind und Schneegestöber geht gewiß Jeder zehnmal lieber durch die Kärntnerstraße, als durch die Straßen der Neuanlage beim neuen Rathause, wo man vom Winde durch und durch geblasen wird und der Frost bis auf die Knochen dringt. Das Fahren, allerdings nur heraus, geht ununterbrochen trabend ganz flott von statten; kommt man aber aus dem engen Schlunde heraus in die prächtige, riesige Weite der Neuanlage, dann geht es auf einmal nicht mehr so gut; da muß bei der Ringstraße, am Albrechtsplatz, bei der Elisabethbrücke und sonst noch alle Augenblicke im Schritt gefahren werden, so daß man

in seinem Komfortable oder Fiaker rasend werden möchte, wenn man Eile hat. Platz zum Schnellfahren wäre freilich überreichlich da; aber man darf nicht wegen der vielen gefährlichen Fahrbahnkreuzungen, welche das moderne Schachbrettmuster des neuen Stadtplanes verursacht. Man sieht: die Breite der Straßen allein macht es noch nicht aus, sondern zu einer wirklich guten naturgemäßen Straßenführung gehört noch viel eingehendes Detailstudium der Bedingungen und Schwierigkeiten des Verkehres und weit mehr Witz und Nachdenken, als das bloße Abliniren paralleler und senkrechter Straßennetze erfordert. Die Kärntnerstraße ist viel zu eng, aber trotzdem nicht ganz schlecht, weil sie naturgemäß entwickelt und nicht von gleichwerthigen Verkehrsadern durchschnitten wird. Gerade dasjenige, was bei der Ausweidung unserer Altstädte angestrebt wird, ihre natürlich gewachsene, stromartige Verkehrsstruktur allmälig in die moderne Schachbrettstruktur überzuführen, gerade das ist schlecht. Das genauere Studium der Einmündungen von Seitenstraßen zeigt, daß Kreuzungen eben die schlechteste Variante sind; eine solche Kreuzung wurde aber bereits künstlich mit großen Kosten herbeigeführt durch die Verbindung von Graben und Singerstraße. Während früher der vom Graben kommende Wagen sich zuerst sachte in den Verkehrszug der Kärntnerstraße einfügte und dann nach einer kleinen Strecke des Mitfahrens ohne Störung in die Singerstraße abbog, kreuzen sich jetzt die Fahrrichtungen und müssen die Einen immer warten bis die Querdurchfahrenden vorüber sind. Das führt wieder zu Verordnung des Schrittfahrens und zur Aufstellung eines Wachmannes, der den Verkehr kommandirt. Am schlimmsten daran ist an solchen Stellen der Fußgänger. Während er früher nur je einmal die Fahrbahn zu überschreiten und nur auf einen Wagen zu achten hatte, soll er jetzt rechts und links, vorne und rückwärts zugleich seine Augen haben, denn von allen Seiten droht gleichzeitig die Gefahr des Ueberfahrenwerdens. In einsichtsvoller Erkenntniß solcher Mißlichkeit wird denn auch mitten in das Getümmel der Wagen dann die bekannte Rettungsinsel gestellt. Richtiger wäre es, diese Zwangslage gar nicht erst herauf zu beschwören und von vornehrein der goldenen Regel zu folgen, daß sich Hauptverkehrsrichtungen eben nicht durchkreuzen sollen.
Wie sieht es nun aber mit der Durchführung der Verbreiterung aus. Dabei handelt es sich um Zweierlei. Erstens soll die Verbreiterung auf einmal oder allmälig durchgeführt werden, zweitens soll dieselbe der vorhandenen Krümmung folgen oder soll zugleich eine Geradrichtung des Straßenzuges angestrebt werden? Die gleichzeitige sofortige Durchführung einer kompletten Neubildung könnte man füglich das französische System

nennen, weil danach im großen Style in Paris und nach dessen Vorbild auch in anderen französischen Städten vorgegangen wurde. Das allmälige Zurückrücken blos im Falle freiwilligen Neubaues wurde bei uns angenommen. Jedes dieser Systeme hat seine Vortheile und auch Nachtheile, deren Ueberwiegen aber nicht vom System selbst, sondern, wie fast immer in solchen Fällen, von der Art der Durchführung abhängt. Will man bei einem Minimum von Kosten und von Verantwortung für die Zukunft ein Maximum der Wirkung erzielen, so muß man in einer großen Stadt beide Methoden gleichzeitig, die eine da, die andere dort in Anwendung bringen, aber nicht im Innern der Stadt und in allen Vorstädten gleichzeitig mit Straßenverbreiterungen und Geradrichtungen beginnen. Was das jährlich kostet, wissen wir; daß es bisher noch nichts genützt hat und noch lange nichts nützen wird, wissen wir gleichfalls, weil zwischen den zurückgerückten Häusern immer noch alte übrig bleiben mit der alten Baulinie; ob aber dieses ganze System von jetzt allmälig festgesetzten Baulinien nach hundert Jahren noch den Bedürfnissen und den Anschauungen der Zeit entsprechen wird, das wissen wir durchaus nicht. Vorläufig stehen nur zwei Dinge fest, nämlich: daß die Inangriffnahme des Erweiterns an allen Punkten der Stadt zugleich sehr viel kostet, in vielen Fällen ganz zwecklos, denn es könnten Seitengassen genug angeführt werden, deren alte Breite in alle Ewigkeit genügt hätte und kein Kreuzer da für Grundabtretung hätte verbraucht werden müssen und dann nachträglich noch die Straßenerhaltung und Reinigung, und ferner steht fest, daß die Vor- und Rücksprünge in allen Straßen nichts weniger als angenehm und schön sind. Hierin gehen wir dem Maximum der Unzukömmlichkeit aber erst entgegen und muß dies mit der Zeit ein Gesammtjammerbild der Altstadt geben, entweder zum Verrücktwerden oder zum Todtlachen. Einen Vorgeschmack davon bietet jetzt schon die Kärntnerstraße. Bald auf der einen, bald auf der andern Seite verbreitert, dann wieder eine Strecke Engpaß, an dessen Ende dem Beschauer eine Riesenfeuermauer entgegenstarrt mit beinahe mannshohen rohen Buchstaben Cacao, Liebig, Kalodont und Vodega ankündigend! Kein Zweifel: an manchen Stellen schadet das billigere allmälige Einrücken nicht; an den meisten Stellen hätte es aber vorläufig ganz unterbleiben können, und ist es nur zwecklose Prinzipienreiterei, wenn es überall angewendet wird; an einer so hervorragenden Stelle wie der Kärntnerstraße, hätte man aber die Kosten und auch die Schwierigkeiten der Expropriation nicht scheuen sollen, um da mit einem Schlage geordnete Zustände zu schaffen. […]

Friedrich Schlögl
Alt-Wien – Ein Abschied!
(Aus einem Briefe Friedrich Schlögl's an einen unserer Redakteure.)
Neues Wiener Tagblatt, 20. Dezember 1891 (25. Jg. Nr. 349), S. 1–2

… „ja, und bin ich denn wirklich ein „*Raunzer*", weil es mir um manches aus „*Alt-Wien*" Entschwindende und Entschwundene zuweilen leid that und ich von *sämmtlichen* Schöpfungen der forcirten Neuzeit nicht immer entzückt und begeistert bin? Ein Raunzer! Wie lieblos und wegwerfend das klingt, namentlich aus dem Munde sogenannter und vermeintlicher „*Freunde!*" Ich erhielt diese unschöne Titulatur schon damals, als es an die Demolirung der *Basteien* ging – des herrlichsten Spazierwegs der alten Kaiserstadt im Vormärz – und ich tatsächlich nicht ohne Wehmut auch die netten Häuschen, die sie zierten, unter den Krampen und Schaufeln der heiter grinsenden Slowaken und Kroaten – eines nach nach dem andern – pietätlos vernichten sah. […]
Und nun soll ich Sie auf Ihrem beabsichtigten Rundgange um die *Linienwälle* begleiten und gleichsam *Abschied* nehmen von diesem ebenfalls verschwindenden *zweiten* Wahrzeichen des alten Wien! Wozu und weshalb? Ich kenne sie ja ohnehin, denn bin ich auch nicht wie Graf Taaffe auf ihnen lustgewandelt, und schon deshalb nicht, weil ich die vielen Abtheilungsplanken in der riesigen Ausdehnung des gesammten Wallgebietes nicht überklettern und noch viel weniger überspringen wollte, so bin ich doch während eines langen Menschenalters häufig genug *längs* derselben auf und ab gebummelt. Ich that dies nicht nur, um meinen beim Amtstisch verkrümmten Rücken wieder in eine menschlich normale Form zu bringen, sondern auch aus Billigkeitsgründen, wenn ich in die wirtshäuslich überreich gesegneten Reviere *vor* den Linien pilgerte.
Diese Wallfahrten, einst eine Lieblingspassion erbgesessener Patrizier (an den Werkeltagen) und des „kleinen Mannes", sammt Kind- und Kegelanhang (an Sonn- und Feiertagen), hatten eben ihren Grund in der bedeutenden Verwohlfeilung der begehrtesten Genußmittel, die da „*draußen*" auch noch in wirklicher Güte geboten wurden. Und so zog man denn in Schaaren „*hinaus*", wo die renommirtesten Lokale allabendlich meist überfüllt waren, von Stammgästen wie von forschenden Novizen, und lebte froh und unbekümmert um den nächsten Tag und trottete oder wankte trällernd zwischen den Linienschranken wieder nach heim.
[…] Da saß zwischen ein paar ausgetrockneten dürren Grashalmen ein altes Mütterchen und las in ihrem abgegriffenen Gebetbuche oder zählte

mit halb blinden Augen die Maschen an ihrem Strickstrumpfe; und wieder ein Stück weiter ein sichtlich krankes Weib, den abgemagerten Säugling im Arme; und weiter ein weißbärtiger, lebensmüder Krüppel, den Holzstummel im zahnlosen Munde und zwischen fleischlosen Lippen, die Augen halb geschlossen, wie im Schlummer oder in Erinnerung an vergangene schönere Tage versunken. Und wieder weiter balgen sich ein paar lustige Rangen um eine Krume Brot oder einen wurmstichigen Apfel auf dem kiesigen Erdboden herum und kollern auch zuweilen in einen schmutzigen Tümpel des in seiner Unsauberkeit lokalgeschichtlich berüchtigten und verrufenen *„Liniengraben"* und steigen sodann, zwar triefend, aber dennoch im lustigsten Uebermuth an den als *„Schwärzerstufen"* oft benützten Mauerlücken wieder hinauf zur sonnigen Höhe und jubeln helllaut über das drollige Intermezzo.

Ach, für all' diese Leute jeglichen Alters und Geschlechtes, aber in gleicher Rangs- und Diätenklasse ist der *„Linienwall"* die *Riviera* gewesen! Denn auch Kranken und Genesenden und den von schwerer Arbeit Rastenden diente er als Erholungspunkt und sie werden ihn schwer missen. Aber auch die Anrainer, die bis nun aus ihren Fenstern strecken- und stellenweise den pittoreskesten Ausblick oder doch wenigstens über den niedern Wall den Blick *„ins Freie"* hatten, werden allmälig immer betrübter die plötzliche Wandlung betrachten, daß man auch ihnen, wie vor einigen Dezennien den *„Stadtleuten"*, die *„schöne Aussicht"* mit der Zugabe von *„frischer Luft"* durch die ebenfalls bis in die Wolken ragenden Häuserfronten erbarmungslos verrammelte.

Das sind im Allgemeinen und für zahlreiche zunächst Betheiligte die Schattenseiten der kommenden Neugestaltung. Ansonst ist der Abbruch dieser halb verfaulten und halb defekten meilenlangen Ziegelmauer wohl nicht zu beklagen, schon des eklen *Grabens* wegen, der mit ihr verschwinden muß und der bis nun – in der glimpflichen Jahreszeit – unter Tags nur von arbeitsscheuen Herumlungerern und verdächtigem Gesindel zum Aufenthalt und mit beginnender Dunkelheit von allerlei bedenklichem Nachtgevögel als Schlupfwinkel erwählt wurde. Auf dieser Heimstätte der Verworfenheit lagerten die Strolche und nichtsnutzigen Dirnen neben und zwischen verwesenden Aesern und fabelhaftem Morast, bis die Stunde der Wachablösung nahte und sie der Burgmusik das gewohnte schlärfende Geleite zu geben hatten.

Wozu diente der Linienwall in unseren Zeitläuften? Als fortifikatorisches Werk wäre er, wie die selige Bastei bei der heutigen Kriegsführung und als Schutzmauer einer offenen Stadt der purste Unsinn. Seine Bestimmung

war demnach auch nur mehr eine fiskalische, da bei seinen Durchlässen, d.h. seinen Linienämtern, die Straßenmauth für Fuhrwerke und die Verzehrungssteuer für gewisse Verbrauchs- und Nahrungsartikel in bestimmten Quantitäten eingehoben wurden. Beides entfällt nun durch die Erweiterung Wiens oder wird vielmehr in einige Entfernung hinausgerückt. Es kann nun der Dandy in seinem Unnumerirten der fleischhauerische Sportsman und Juxbruder in seinem feschen Juckerzeugl, der Hendelkramer und die „Millifrau" in ihren plumpen Karren, unbehelligt vom „Finanzer" und beanständet von sonstigen vigilirenden Organen „von draußen" bis in das Weichbild der Stadt rollen, ohne den lästigen Obolus an den Eingangsthoren des gemüthlichen Wien entrichten zu müssen. [...]
Nur eine Frage ist noch in der Schwebe, ob es mit der hergebrachten wirklichen und keinesfalls fiktiven „*Billigkeit*" der *bisherigen Vororte* auch ferner sein Verbleiben habe, trotzdem die betreffenden Geschäftsleute nun die Verzehrungssteuer für ihre Einkaufsquellen hinter ihrem Rücken wissen und – fühlen? Bejahrte Männer schütteln ihre weisen Häupter, wispeln allerlei von beginnender Theuerung auch in den Außenbezirken und meinen: das idyllische Leben und Sein, wie es der Urwiener „*vor den Linien*" bis jetzt zu finden gewohnt gewesen, werde bald nur Mythe sein.

Camillo Sitte
Neu-Wien – Ein Willkomm.
Neues Wiener Tagblatt, 20. Dezember 1891 (25. Jg. Nr. 349), S. 2–3

Man muß selbst ein alter Wiener geworden sein, um Neu-Wien aus der Wurzel von Alt-Wien heraus richtig verstehen zu können. Was hat sich alles verändert in der kurzen Spanne Zeit von 1851 bis 1891! Die gewaltige Umwälzung ist so riesig, so plötzlich über uns gekommen, sozusagen über Nacht, daß Frau Vindobona selbst sich nicht gleich drein finden konnte und anfangs noch halb schlafestrunken nicht wußte, ob dies alles Wirklichkeit wäre oder nur ein sonderbarer Traum. [...]
An so geringfügigen Dingen kann man es so recht ermessen, wie gewaltig der Umschwung sich gestaltete. Zuerst lebte sich das Begonnene immer mehr und mehr ein, dann kam eine nächsthöhere Stufe der Verkehrspflege durch den konzentrirten Gesellschaftsbetrieb der Omnibusfahrten, durch Pferdebahn und Dampftramway, heute aber stehen wir wieder vor einer neuen Epoche: vor der Inangriffnahme der Ringbahnen und der Frage unterirdischer Verkehrsadern. Auch das wird sich Alles in Wirklichkeit

umsetzen und Wien zu dem machen, was eben kommen muß, was Paris und London schon einige Dezennien früher geworden sind. Frau Vindobona aber hat sich endlich den Schlaf aus den Augen gerieben, sieht, daß es kein Traum, sondern leibhafte Wirklichkeit ist, daß jetzt der letzte Ringwall falle und die letzte große Ausbildung Wiens zur modernen Weltstadt anheben soll, und wenn auch anfangs beklommener Stimmung, denn sie liebt ihre Leute und ihr gewohntes behagliches Hausen, muß ihr doch das Herz lachen vor heller Freude darüber, daß das Alles so gekommen ist! [...]
Anfangs der Fünfzigerjahre gab es nicht mehr als sechzehn bis zwanzig Neubauten in ganz Wien; gegenwärtig schon seit 1884 jährlich über dreihundert und noch ebenso viele Zu- und Umbauten; als ein schlechterdings unglaubbares Hirngespinst hätte es aber dem Wiener von 1850 vorkommen müssen, wenn ihm jemand die Möglichkeit der Währinger Cottageanlage geschildert hätte oder gar den prächtigen Villengürtel, der ganz Wien, das Gebirge entlang von der Donau bis zur Südbahnstrecke umzieht. „O mein! Geht's dem Armen schon so schlecht," hieß es damals, wenn Einer einmal über Sommer auf ein paar Wochen aufs Land ging, „da wird er's wohl auch nicht mehr lang machen, Schad' um ihm!"
Ebenso glaubte anfangs Niemand an die Lebensfähigkeit unseres Künstlerhauses, das seither schon zweimal erheblich vergrößert werden mußte und erst so eben recht ist; Niemand glaubte an die Möglichkeit eines Museums für Kunst und Industrie, denn Oesterreich sei und bleibe ein Agrikulturstaat und habe mit Kunst und Industrie viel zu wenig zu schaffen, als daß man dafür auch noch ein Museum brauche. Endlich gar unser neues Rathaus! Wie Vielen erschien das viel zu groß und viel zu prächtig, zu monumental. Mag sein, daß ein Rathaus für eine Stadt von vierhunderttausend Einwohnern auch weniger monumental sein könnte, für die Millionenstadt, für Groß-Wien ist es aber gerade so, wie es ist, erst recht und diese Voraussicht für die Zukunft war dabei zur rechten Zeit und am rechten Platze angebracht. [...]
Wenn es bedenklich sein mag, bei kleinen Städten das plötzliche abnorm starke Anwachsen der Bevölkerung in die Zukunft hinein hypothetisch zu verlängern und darauf allein Maßnahmen zu Stadterweiterungen zu gründen; bei Wien kann dies nicht zweifelhaft sein, daß die Bevölkerungsziffer wie bisher stetig wachsen wird. Danach wurde bereits berechnet, daß Wien schon 1920 zwei Millionen Einwohner zählen wird und das wird auch zutreffen. Wieder nur eine kleine Spanne Zeit und Wien steht neuerdings auf höherer Stufe. Diese Ueberzeugung kann man mit Zuversicht

schöpfen, da sie sich auf naturnothwendige Erscheinungen des modernen Weltverkehres gründet. Dieser bringt es mit sich, daß die Zahl der tonangebenden Kulturzentren sich erheblich verringert und das vorwärtstreibende Leben sich nur in wenigen Weltstädten zusammenballt. Zu diesen Weltstädten zählt aber Wien. Es sind deren in Europa nicht mehr viele; etwa nur sechs oder sieben, die auf einen solchen ersten Posten Anspruch erheben können. Unter diesen nimmt Wien nicht einen letzten sondern einen mittleren Rang ein und in der Zukunft kann es eher auf eine erste Stelle vorrücken, als zu einer letzten herabsinken, denn es ist ihm von Natur aus die Aufgabe zugefallen, das Thor Europas nach dem Osten zu bilden und diese seine Weltstellung wird umso deutlicher hervortreten, je mehr sich das Weltnetz des Bahnenverkehrs nach dem Osten hin ausbaut. Alt-Wien gehörte Oesterreich; Neu-Wien gehört der Welt und auch der Altwiener, welchem es noch immer sympathischer ist, gemüthlich daheim zu bleiben und zu wirken, wird sich daran gewöhnen müssen, seinen Blick in die weite Ferne zu richten. Das sind Verhältnisse, welche weder künstlich emporgeschraubt wurden, noch auch in ihrer großen Entwicklung aufgehalten werden können. […]

Camillo Sitte
Der Wille des Stadtbauamtes
Neues Wiener Tagblatt, 12. März 1893 (27. Jg. Nr. 71), S. 1–3

[…] Eine vielbesprochene Frage, nämlich die der Eröffnung der inneren Stadt für den Ringverkehr durch Eindringen irgend eines Tramway- oder Bahnstranges bleibt noch zu erörtern und ebenso der jetzt bereits gewonnene Ausblick auf die bevorstehende allgemeine Stadtplankonkurrenz. […] Wenn man schon dem Wunsche nach langen Perspektiven in der Straßenführung, sogenannte Avenuen, weil sie gegenwärtig Mode sind, ja so ziemlich das Gesammtinventar des derzeitigen öffentlichen Kunstbedürfnisses auf diesem Gebiete ausmachen, Rechnung tragen will, dann frette [sic!] man sich nicht mit Kleinigkeiten durch, denn eine große Weltstadt braucht jedes dieser Motive nicht alllzuhäufig, in vielen kleinlichen Beispielen aber wohl wenigstens einmal in monumentaler großartiger Durchführung; dann, wenn man schon eine solche Avenue ersten Ranges schaffen will, fasse man den heroischen Muth, die bereits mehrfach besprochene weltstädtische Riesenavenue Praterstern – Stefansplatz durchzuführen nebst Weiterführung über den Graben durch den erweiterten Kohlmarkt durch das herrliche neue Burgportal über die entsprechend monumental auszugestaltende Mariahilferstraße bis nach Schönbrunn hinaus. Diese Riesenstraße müßte einzig dastehen in der ganzen Welt und eine Fahrt vom Nordbahnhofe bis Schönbrunn dann einen so gewaltigen Eindruck machen von Größe und Herrlichkeit unserer Stadt, daß keine Stadt der Welt hiemit wetteifern könnte! – Wird man sich in den Kreisen unserer Stadtväter bis zu solchem Heldenmuthe aufschwingen können? Schwerlich; denn in diesen Kreisen herrscht Detailkrämerei und behagliches Simpeln in Kunstfragen und gegen Philisterei kämpfen bekanntlich Götter selbst vergebens, um wie viel mehr erst eine Handvoll armer Künstler und Kunstfreunde. In diesen Kreisen gilt nur der Wille des hochlöblichen Stadtbauamtes als suprema lex und dieser Wille schreckt instinktiv vor jeder großen Idee zurück. Dieser Wille ist traditionell nur auf das Kleine gerichtet, auf das Alltägliche, Normalmäßige, Protokollirte und Paragraphirte. Man schweige doch endlich einmal mit der konventionellen Lüge, daß große künstlerische Ideen nicht zu verwirklichen seien, weil das zu viel kosten würde und unpraktisch wäre. Die wahre große Kunst ist niemals unpraktisch und trägt die höchsten Zinsen. Dagegen kostet unserer Stadt die unnöthige kleinliche Prinzipienreiterei ungezählte Millionen, ja Milliarden; nur nicht auf einmal und nicht so, daß sie als besonderes Belastungskonto aufscheinen. Was kostet das ewige Geraderichten aller Straßen? Was kostet die Marotte, jedes entlegenste Winkelgäßchen auf die vorschriftsmäßige Normalbreite zu bringen? – Wenn man nur einen kleinen Theil dieser alljährlich nichtig verzettelten Summe einmal konzentriren wollte, man könnte Wunder wirken. Gerade das ist es aber, was man nicht will; man will das Große nicht, sondern man will in seinem Alltagsgeleise nicht gestört sein. Danach wird Alles sorgsam eingerichtet und für diese traurige Wahrheit liefern gerade unsere Stadtplan-Konkurrenzen den Beweis.

Es ist nothwendig und hoffentlich ersprießlich, diesen Beweis endlich einmal vor der Oeffentlichkeit anzutreten.

Was mußte alles in Bewegung gesetzt werden, um endlich eine solche Konkurrenz überhaupt zu erreichen! Noch 1890 glaubte man sich dieser immer lästiger an die Thüre klopfenden Forderung erwehren zu können. Es wurde damals noch vom Gemeinderathe verlangt, ein Projekt im amtlichen Wege studiren und ausarbeiten zu lassen und als äußerste Konzession galt es, vom Ingenieur- und Architektenverein innerhalb zweier Jahre sich Vorschläge zum Generalbaulinienplan erstatten zu lassen auf dem Wege der bekannten beliebten Kommissionen. Ja, der Wiener, Hausherrenverein erklärte in seiner „Hausherren-Zeitung" sogar rundweg, daß er die Nothwendigkeit eines solchen Planes überhaupt nicht begreife, denn es sei bisher mit den Baulinienbestimmungen von Fall zu Fall recht schön gegangen! Damit ist in beschränktem Sinne auch das Richtige getroffen, denn ein Detailregulirungsplan, der alle Gassenfluchten vorschreibt, ist nicht nur unmöglich zu konzipiren für einen Einzelnen, sondern unmöglich auszuführen, weil sich bei einem großen rasch lebenden Stadtkörper die Bedingungen hiefür täglich ändern. Solches kann thatsächlich nur das städtische Bauamt leisten, das alle Behelfe zur Hand hat und vor Allem über die in diesem tausendfach verschlungenen Gewirre von Einzelinteressen allein erfahrenen Fachleute verfügt. Aber um das handelt es sich auch nicht, sondern um große allgemeine Gesichtspunkte, gleichsam um die Regeln, nach denen bei dieser täglich wiederkehrenden Arbeit verfahren werden soll. Dies wurde denn nach Fallenlassen der älteren Formel, nach welcher „mit größter Beschleunigung" durch das städtische Bauamt ein General-Regulirungsplan ausgearbeitet werden sollte, in die neue klassische Formel gebracht: „Der freie Wettbewerb sollte den Ideenschatz erbringen, aus dem das Beste entnommen werden kann."

Die Angst vor diesem gefährlichen Spiele mit dem freien Wettbewerbe spiegelt sich in einer Reihe von Sicherheitsmaßregeln, mit denen dieses Zugeständniß an die Oeffentlichkeit, an die Künstlerschaft umgeben wurde. Als Grundsatz wurde aufgestellt: „Der Ausbildung der Verkehrsmittel *müssen* alle anderen baulichen Anordnungen sich unterordnen." So, so? Ist denn das nicht gerade Aufgabe der Konkurrenten: Kunst, Verkehr und Stadtgeschichte in einen harmonischen Zusammenklang zu bringen? wobei selbstverständlich bald hier der wichtigeren Verkehrsforderung, bald dort der wichtigeren Kunstforderung das Ihre zuzumessen wäre? Aber gemach! Als hochwichtige Forderung wurde durchgebracht die höchst einseitige Bestimmung, daß von der Konkurrenz perspektivische Bilder oder gar Modelle grundsätzlich auszuschließen seien und in dem mit 26. November 1890 sanktionirten Anhang zur Wiener Bauordnung, in welcher zum ersten Male amtlich von einem Generalregulirungs- und Baulinienplan die Rede ist, wurde eigens bestimmt, daß diese Pläne vom Gemeinderathe festgesetzt werden müssen. Das ist ja doch ohnehin selbstverständlich und es ist in der ganzen Welt noch Niemandem eingefallen, einen prämiirten Stadtplan ohneweiters ausführen zu lassen, weil das eben gar nicht geht. Wozu also so viel Sorge und Angst? – Die Hauptsorge wendete sich aber der Zusammensetzung der Jury zu. Hier sollte einem Unglück von vornherein begegnet werden und so kam es, daß trotz energisch motivirter Gegenvorstellung im Gemeinderathe selbst, trotz Resolution der Künstlergenossenschaft, daß mindestens die Hälfte der Juroren jeder Konkurrenz aus Fachmännern bestehen soll, dennoch Bürgermeister, Stadtbaudirektor und eine überwiegende Zahl von Gemeinde- und Stadträthen in die Jury beordert wurden, während die restlichen Stimmen der Stadterweiterungs- und Donauregulirungs-Kommission, der Künstlergenossenschaft und dem Ingenieurvereine zugetheilt wurden, wo man noch einen oder den andern Wahlerfolg erwarten durfte.

Wo bleiben da die anerkannten Spezialisten, wo die von den Konkurrenten Gewählten, wo bleiben die Vertreter des Auslandes? Wenn man, wie bei der Gesammtplankonkurrenz, auch auf Konkurrenz hervorragender Ausländer rechnet, so darf man – einfach aus Anstandsrücksichten – nicht eine Kirchthurmjury zusammensetzen. Jeden Einzelnen in Ehren; aber in eine solche allgemeine Konkurrenz, welche 70 000 fl. Preise vertheilt, gehörten unbedingt auch die ersten Kapazitäten des Auslandes; aus Deutschland: Baurath Maertens, der Verfasser des ersten bahnbrechenden Werkes über Städtebau; Architekt Henrici, Professor der technischen Hochschule zu Aachen, durch seine mustergiltigen Stadtpläne für Breslau, Hannover etc. berühmt, und der Stadtbaudirektor von Köln Stübben. Aus Italien gehörte Boito in die Jury, der Venedig vor dem Fluche moderner Regulirung gerettet hat, und in Paris wäre doch auch noch eine Kapazität ersten Ranges zu finden gewesen. Der Bürgermeister gehört grundsätzlich nicht in die Jury, denn er ist der Hausherr, der Besteller, der ja eben ein vorurtheilsfreies Fachmännerurtheil sucht und dann nachträglich ohnehin damit machen kann, was beliebt und durchführbar erscheint. Aus demselben Grunde gehören Gemeinderäthe als solche nicht hinein und der Stadtbaudirektor und andere Amtsvertreter gehören als Informatoren, aber nicht als erbgesessene Majorität hinein. Dieses Mißverhältnis zeigt deutlich, mit welchen scheelen Augen noch immer diese Konkurrenz angesehen wird, deren Resultat man sichtlich so wünscht, daß den bisherigen Plänen und Absichten des Stadtbauamtes kein allzubreiter Strich durch die Rechnung gemacht werde. [...]

Wenn man große neue Ideen fürchtet, könnte am besten das Stadtbauamt in seiner bisherigen Unfehlbarkeit und Allmacht weiter arbeiten, denn was den täglichen Dienst anbelangt, so verdient es ja alle Anerkennung, und wer Gelegenheit hatte, die Mitglieder desselben einzeln bei der Arbeit kennen zu lernen, der wird unbedingte Hochachtung haben, besonders auch vor unserem mit Recht verehrten Baudirektor. Das entkräftet aber nicht die Behauptung, daß ein Amt eine künstlerische Konzeption nicht fertig bringen könne. Der Amtsschimmel ist eben kein Pegasus, und es heißt ihm von vorneherein die Flügel binden, weil man sich vor seinem Fluge fürchtet, wenn solche außerordentliche Vorsichtsmaßregeln beliebt werden. Wie ein Alp lagerte dies auf der kleinen Konkurrenz; wie ein Alp lagert es auf der großen, für welche bisher erst *zehn* Konkurrenten angemeldet sind. […]

Camillo Sitte
Das Wien der Zukunft
Zur Ausstellung der Regulirungsprojekte
Neues Wiener Tagblatt, 6. März 1894 (28. Jg. Nr. 63), S. 1–2; 8. März (Nr. 65), S. 1–3; 14. März (Nr. 71), S. 1–3; 31. März (Nr. 87), S. 1–3

[…] Die Stadtplankonkurrenz, wenn auch noch so verklausulirt und zögernd begonnen, so daß sie im Keime zu verderben drohte und auch in der That nur spärlich beschickt wurde, hat trotz Allem eingeschlagen und die wenigen Männer, welche sich der Aufgabe mitzuthun, nicht scheuten, verdienen daher nur umso vollere und herzlichere Anerkennung. Diese Konkurrenz gestaltete sich zu einem Ereignisse für die Ausgestaltung unserer Stadt und ihre Anregungen werden nicht früher von der Tagesordnung verschwinden können, bis die so geradezu massenhaft erbrachten Ideen gehörig verarbeitet und ausführungsreif geworden sind. Dadurch allein schon kommt Leben in die ganze Angelegenheit und zeigt sich neuerdings, wie wichtig es ist: öffentliche Kunstangelegenheiten auch öffentlich und im Wege der Konkurrenz zu behandeln. […]
Aehnlich wie die Außenringe sind auch die Diagonalstraßen, zum Prinzip erhoben, nur eine theoretische Schrulle, denn es ist einfach nicht wahr, daß man von jedem beliebigen Punkt des Stadtganzen zu jedem beliebigen andern Punkt in Kürze soll gelangen können, denn die Menschen haben der Quere nach nur in seltenen Ausnahmsfällen etwas zu thun und da sollen sie sich zu Gunsten anderer viel wichtigerer Stadtbaufragen nur einen kleinen Umweg ausnahmsweise einmal gefallen lassen und sie lassen sich ihn auch gefallen. Es wurde berechnet, daß die jetzige Wiener Bevölkerung, wenn auf den Kopf täglich nur fünf Minuten Umweg gerechnet werden, im Jahr über 20 Millionen Arbeitsstunden dadurch verliert. Das wäre freilich schauderhaft, aber so ist es in Wirklichkeit nicht, denn die fünf Minuten Umweg sind nicht von der acht- ober zehnstündigen Arbeit abzuziehen, sondern von der größeren Hälfte der vierzehn bis sechzehn-

stündigen freien Zeit und da gehören bekanntlich diese zwangsweisen täglichen Märsche vom häufig dumpfen Arbeitsraum zur neuerdings sitzenden Lebensweise zuhause meist sogar zu den Gesundheit erhaltenden Mitteln.

Diese Gattung mathematischer Verkehrstechnik ist übrigens seit einigen Jahren im Aussterben begriffen und auch bei der jetzigen Konkurrenz zeigen sich gleichsam nur letzte Nachzügler davon, während die Straßenzüge meist naturgemäß gewählt und sowohl dem Bedürfnis als auch der Bodenbeschaffenheit angepaßt sind. Ebenso kommen Barbareien des Straßendurchlegens über ehrwürdige alte Kunstdenkmale nur mehr vereinzelt vor, sodaß man die heutige Verkehrstechnik überhaupt als auf einer höheren Stufe angelangt bezeichnen kann.

Die schwierigsten Fragen waren hier aber bei der Verkehrsregulirung der inneren Stadt zu lösen. Einzelne gingen dabei so weit, daß selbst der Volksgarten und der Kaisergarten, ja auch die Augustinerkirche und die Augustinerbastei den vom Innern herausstrebenden Straßenzügen zum Opfer fallen sollten. Die Lösung ist hier allerdings geradezu verzweifelt schwierig und von all' dem vielfach Vorgeschlagenen, das noch viel mehr Debatte hervorrufen dürfte, wird voraussichtlich wenig übrig bleiben und zu diesem Wenigen dürfte die schon vielfach erörterte Durchquerung vom Laurenzerberg bis hinter die Stefanskirche und zur Akademiestraße gehören und ebenso auch eine verbreiterte Hauptverbindung von der Freyung über den Hof bis auf den Graben. In dem ersteren Falle ist derjenige Weg betreten, der in denkmalreichen Altstädten der richtige ist, nämlich: die altehrwürdigen Straßen stehen zu lassen und hinter ihnen quer durch die Häusermasse neue für den modernen Verkehr durchzubrechen. Dadurch wird, wie es nothwendig ist, sofort Abhilfe geschafft, und zwar ausgiebig und ohne Zerstörung von historischen und Kunstwerthen, wie dies bei bloßen Straßenverbreiterungen unausweichlich ist, welche (siehe Kärntnerstraße) obendrein erst dann fertig werden, wenn die neue Breite schon wieder nicht mehr genügt. Also auch hier fangen die richtigen Ideen hervorzusprießen an und aus den hin- und herwogenden Meinungen beginnen bereits ausgereifte Formen sich abzukrystallisiren. [...]

Was nun die Vorstädte betrifft und endlich gar die Vororte, so sind hier günstige Lösungen weit leichter zu finden, weil die Anforderungen nach Verkehr gegen die Peripherie zu immer mehr abnehmen und nicht so viele historische und Kunstwerthe Schonung erheischen. Hier ist auch allerlei Gutes gefunden worden, aber doch eigentlich nichts von hervorragender Bedeutung, nichts was Einen in Aufregung versetzen könnte. [...]

Das Gegentheil steht zu wünschen gegenüber der Frage der Wienthaleinwölbung. Diese schon sehr alte Idee wurde zuerst von dem für unser Bauwesen und besonders den Bahnbau so hochverdienten ehemaligen Südbahn-Baudirektor Flattich, bei dem sie sich als Nebenprodukt seiner Bahnbauprojekte wie von selbst entwickelte, aufgestellt und in die Oeffentlichkeit gebracht. Anfangs wich man dieser Idee wie einer Ungeheuerlichkeit aus, dann fand sie einzelne und immer mehr Freunde bis sie den Höhepunkt ihres Ruhmes in dem Kampfe des Bürgermeisters gegen die Ansichten der Regierungskreise erreichte, um seither allmälig immer mehr wieder an Zugkraft zu verlieren. Dieser Standpunkt ist denn auch markirt durch die jetzige Konkurrenz. Ein Theil der Konkurrenten hält sich noch daran, eben wie an etwas Gegebenes, an dem zu rütteln nicht opportun ist, während andere aber doch ihren eigenen Weg gehen und den Wienlauf blos saniren wollen. Ein recht geringes Vertrauen wird dabei der Einwölbung von einer Seite entgegengebracht durch folgende Bemerkung in dem Motivenbericht: „Wenn je Anzeichen einer Gefahr (Reservoirbruch etc.) entstehen, so kann die *Ableitung der Wien* über den Wienerberg durch die Ueberwölbung nicht behindert werden." – So, so! also auf eine so unsichere Sache hin meint man beiläufig vierzig Millionen so blos auf Probe ausgeben zu dürfen, um dann das ganze Werk als verfehlt wieder leer stehen zu lassen und die Riesenfläche nicht einmal als Baugrund verwerthen zu können, weil sie unterwölbt ist? […] Die Wienthaltrace muß unbedingt eine Verkehrsader werden und wenn das gegenwärtig schon bereits bis zum Ueberdruß aufdringliche Rasseln mit dem Schlagworte von dem „großstädtischen Zug", der in einer großstädtischen Anlage sein müsse, irgend einen richtigen Inhalt haben soll, so muß man vor Allem zugeben, daß die gesammte Vorwärtsbildung unserer Kultur in einer fortgesetzten Arbeitstheilung besteht und daß die Durchführung dieses großen weltbewegenden Prinzipes eben auch in der Anwendung auf Stadtpläne ein gesundes, naturnothwendiges Motiv des wahrhaft Großstädtischen ist. Der großstädtische Kaufmann ist Spezialist, der kleinstädtische dagegen aber Krämer, bei dem man Alles bekommt; der großstädtische Arzt ist Spezialist, der Landarzt aber muß in Allem Hand anlegen. Ebenso ist der einzige Platz eines kleinen Städtchens zugleich Rathhausplatz, Kirchenplatz, Marktplatz und Raum für Volksfeste und die Straßen dienen ebenso Allem zugleich; während in der Millionenstadt sich das Alles spezialisiren kann und muß.

Eine gute Idee in diesem Sinne war es bei uns daher, neben der Ringstraße als Repräsentanzstraße eine Lastenstraße anzulegen; geradeso, wie man in großen Gebäuden Haupttreppen und Diensttreppen nebeneinander unterscheidet; geradeso, wie man in vornehmeren Haushaltungen zwischen Salon und Arbeitszimmern, Luxusmajolika und Gebrauchsporzellan unterscheidet u.s.w.

Dieser Grundsatz der Arbeitstheilung muß bei einem Großstadtplan als einer der wichtigsten immer im Auge behalten werden, denn nur dann werden unlösbare Widersprüche gleich von vornherein vermieden und dieses Verfahren ist zugleich das fruchtbarste, ja geradezu die einzige Rettung, um die Monotonie eines endlos gleichartigen Häusermeeres zu bändigen und eine organische, gesunde Mannigfaltigkeit hinein zu bringen.

Trotz Abgliederung der Lastenstraße verbleiben unserer Ringstraße noch immer zu vielerlei Aufgaben, als da sind: Kaufladenstraße, Korso, Tramwayring, Reitsteg, Festzugstraße, Alleestraße und nur deshalb wird keines dieser Bedürfnisse mustergiltig befriedigt, weil eines das andere hindert. Die Festzüge sind von den Fenstern der Paläste und Häuser aus nicht sichtbar wegen der Baumkronen; die Allee wird nicht zum Promeniren benützt, wegen der zwischen ihr und den Häusern liegenden Straße; von der Tramway aussteigend muß man zwei Fahrbahnen überschreiten, um bis zu den Häusern zu gelangen; auf die Reiter heißt es aufpassen und diese wieder müssen zu ihrem Verdruß alle Augenblicke mit größter Vorsicht über glattes Pflaster, zwischen dem stärksten Wagenverkehr hindurch im Schritt reiten, so zwar, daß es viele vorziehen, zu Wagen in den Prater zu fahren und dort erst die Pferde zu besteigen. So entspricht unsere Ringstraße keinem ihrer Zwecke und das handgreiflich nur deshalb, weil sie so vielem Rechnung tragen soll, was eben nicht zusammenpaßt, außer in der Kleinstadt, wo alles so kleine Dimensionen hat, daß es leicht vereinbart werden kann und auch muß, weil dort wieder für die Trennung das Bedürfniß und die Mittel fehlen.

Die Durchführung dieser Arbeitstheilung ist also einer derjenigen wahrhaft großstädtischen Züge, auf die es ankommt.

Das Gesagte auf die Wientrace angewendet, ergibt sich die richtige Lösung ganz von selbst. [...] Wird in logischer Weiterverfolgung die Wientrace [...] als Nebenstrang der Mariahilferstraße aufgefaßt, dann kann ganz gut die Wien als offenes Gerinne bestehen bleiben und eventuell sogar schiffbar gemacht werden. Hier Lastwagen und etwa sogar auch Lastschiffe und dazu ein rühriges Arbeitstreiben; auf der altehrwürdigen Mariahilferstraße aber die Kirchen, Monumente, prachtvollen Kaufläden und der Fremdeneinzug vom Westen her, das ist die einzige naturgemäße Lösung. [...]

[So] lange der Verkehr nicht bis ins Zentrum, als welches nur der Stefansplatz (vorne oder rückwärts) angesehen werden kann, in genügender Breite geführt ist, bleibt alles andere Stückwerk und Halbheit. [...] Zwei gewaltige Straßen sind da nöthig: eine parallel zur Rothenthurm- und Kärntnerstraße und eine zweite beiläufig senkrecht darauf. Beide sollten grundsätzlich quer durchgeschlagen werden durch die Häusermasse nur mit Berücksichtigung der vorhandenen Denkmäler und auch schönen alten Plätze. Die eine Trace Laurenzerberg-Akademiestraße ist bereits gefunden und auch die vortreffliche Anlage eines hinteren Stefansplatzes, von dem aus die Choransicht des Domes erst zur Geltung käme. Die hiedurch wiederbelebte Frage des Thurmbaues stünde dann in zweiter Linie. Die hierauf beiläufig senkrechte zweite Hauptrichtung sollte grundsätzlich, wenn möglich, nicht über den Graben führen, denn dieser einst so schöne Platz ist ohnehin schon halb todtgeschlagen und würde seine Einbeziehung in diesen Verkehrsstrang ihn vollends todtschlagen, denn dann müßten die letzten Reste seiner Schönheit und Behaglichkeit fallen, die schönen Brunnen, die herrliche Pestsäule und auch die noch immerhin an das frohe liebe Altwien gemahnenden Kaffeehäuschen. Man verschließe sich nicht der Wahrheit, daß diese zwei Hauptstränge nicht kleinlich kouragelos angelegt werden dürften, sondern wahrhaft großstädtisch, das ist [sic!], von genügender Breite. Hier ist es am Platz, Millionen zur Hand zu nehmen, aber nicht draußen in Margarethen; diese Millionen würden sich aber auch sofort fruktifiziren, denn der Platzwerth an diesen zwei Hauptstraßen des Zentrums würde die höchste Stufe erreichen von dem, was in Wien da jemals vorgekommen ist, so zwar, daß sich auf Ausführung dieser Straßendurchbrüche unter Umständen sogar eine Finanzunternehmung aufbauen ließe. Ein solches mächtiges Straßenkreuz würde aber genügen und demgegenüber könnte die übrige Altstadt in ihrem historischen und künstlerischen Werthe getrost unangetastet bleiben.
Alle Versuche, einer solchen radikalen Lösung auszuweichen durch Untergrundbahnen etc. sind Flickwerk.
Daß hier nur an elektrischen Bahnverkehr gedacht werden kann mit möglichstem Ausschluß alles bloßen Korrespondenzdienstes, also des unglückseligen ewigen Umsteigens, das zu dem Allerlästigsten in unserer nervösen Zeit, wo man mit einem Kopf voll Grübeleien und Sorgen einsteigt und nicht dazu noch immer aufs Umsteigen aufpassen will, gehört, das ist selbstverständlich. Die Projektanten geben auch in der That dem elektrischen Verkehr den Vortritt und dieser Grundsatz dürfte somit auch zu den für die Zukunft gesicherten Beständen gehören. [...]

Das momentan Mögliche! Ist dies nicht geradezu ein Richtwert unserer Zeit? Jawohl, es charakterisirt das alternde, greisenhaft schwächliche Ende des Jahrhunderts. So war es aber nicht immer und besonders niemals in denjenigen Zeiten, in welchen die Kunst blühte, neue Stylrichtungen erfunden und diejenigen Meisterwerke geschaffen wurden, an denen die Welt sich heute noch erfreut. Man denke doch, ob jemals in der Welt ein großes Kunstwerk eine große, Menschen erhebende und Menschen beglückende That überhaupt unter der Fahne des momentan Möglichen erstand? Niemals. Der Gemeinderath von Florenz, am Beginne der Renaissancebewegung, verlangte bei der Dombaukonkurrenz ausdrücklich: Die Künstler sollten etwas unerhört Großes und Schönes erfinden, wie es die Welt noch nicht gesehen habe. So ist es recht! Da erstehen Meisterwerke, aber nicht wenn man von vorneherein die Flügel beschneidet und die Konkurrenten, welche mitthun, sich das auch gefallen lassen. Die sich so etwas nicht gefallen lassen, die haben eben nicht mitgethan...

Etwas unerhört Großartiges an rechter Stelle zu leisten, das ist eben auch einer jener Züge *des wahrhaft Großstädtischen*; ein Luxus, den eine große Millionenstadt nicht missen kann, wenn sie nicht zu einem großen Dorf, zu einem bloßen Häusermeer herabsinken will.

Hier an der richtigen Stelle war dies aber, wie gesagt, förmlich verboten und somit wurde der ganze Rummel großer *Architekturplätze vor und neben der Karlskirche* losgelassen, wo also, um beim zeitgemäßen Terminus zu bleiben, eine „momentane Möglichkeit" dazu vorhanden schien. [...]

Daß nebst diesen wichtigsten Hauptplätzen auch die Ausgestaltung einer Menge *Platzzentren in den äußeren Bezirken* vorgeschlagen wurde, ist selbstverständlich. Eine Menge gelungener Lösungen wäre da anzuführen, was aber hier, wo nur in großen Zügen ein allgemeines Bild von den Errungenschaften der Konkurrenz gegeben werden kann, entschieden zu weit führen würde, denn da wimmelt es allenthalben von Kinderspielplätzen, Turnplätzen, Eislaufplätzen, Marktplätzen u. dergl. mehr; durchaus fruchtbare Fragen für spätere Einzelkonkurrenzen.

Nur zwei Dinge sollen noch näher ins Auge gefaßt werden: Die Erweiterung oder, wie man jetzt sagt: Aufschließung des *alten Universitätsplatzes* und die im hohen Grade beherzigenswerthe Idee eines vom Autor sogenannten *„Volksringes",* d.h. eines breiten, grünen Angers rings um die jetzige Häusermasse, theils zur Erholung, theils als *Reserveterritorium für die Zukunft.* Dieser besonders in letzterer Beziehung geradezu hochwichtigen Anregung wären mächtige Freunde zu wünschen, damit aus

ihr heraus eine schöne That entspränge. Die verkehrstechnisch zwecklose Aufschließung des Universitätsplatzes wäre aber geradezu ein ästhetisches Unglück, denn nur in dem jetzigen Verbande haben die eigens für diesen Raum dimensionirten Gebäude ihre richtige Wirkung. [...]
Die mit den beiden ersten Preisen ausgezeichneten Arbeiten überragen die anderen durch ihre bestimmt ausgesprochene Einseitigkeit, so daß jedes in seiner Art allerdings unübertroffen dasteht; das Projekt von *Wagner* in architektonisch dekorativer Beziehung, das von *Stübben* in verkehrstechnisch-konstruktiver Richtung.
So weitläufige Dinge sind allerdings schwer mit ein paar Worten zu fassen und deshalb hinken bekanntlich alle Gleichnisse, die dazu herhalten müssen; aber, um wenigstens dem Kern der Sache nahezukommen, könnte man O. Wagner mit seinen breit angelegten Façaden und seinem ausgesprochenen Talent für architektonische Dekoration etwa den Wiener Zinspalast-Makart nennen. Von einem solchen dekorativen Standpunkt aus hat er auch seinen Stadtplan aufgefaßt, ähnlich, wie seine schon früher durch Ausstellungen und Publikationen bekannt gewordenen, rein chimärischen Stadtplanphantasien. Es ist das alles schlechterdings unausführbar und die vor allem den Laien blendende äußere Form zerrinnt einem förmlich unter den Händen, wenn man der Sache näher an den Leib rückt; so auch hier. Die mit pompösen Namen versehenen Plätze vor und neben der Karlskirche wären, dereinst ausgeführt, gar keine Plätze, sondern nur eine gleichsam zerplatzte Riesenstraße mit kolossalen Ausbuchtungen hierhin und dorthin; es würde das in der Natur noch schlimmer aussehen, als das ungefüge Platzmonstrum vor der Votivkirche.
Merkwürdig ist außerdem noch das Verhältniß Wagner's zu Stübben, dessen Buch er offenbar gar zu autorativ angenommen hat, denn diese sehr fleißige und mit genauester Kenntniß des städtischen Bauamtsdienstes gemachte Kompilation ist zwar für den Praktiker als Nachschlagebuch über alles Mögliche sehr werthvoll, aber durchaus nicht geeignet, sich daraus Prinzipien zu holen, denn diese hat eben Stübben selbst nicht.
Stübben ist der reinste Kompilator und als solcher ändert er selbst mit jedem Jahre seine Grundsätze, je nach den neuesten Vorkommnissen, schwimmt dabei als routinirter Geschäftsmann immer obenauf und hält sich so für den ersten Städtebauer der Welt von Fach. Für die genauen Kenner dieses Faches in Literatur und Praxis wurde Stübben's Projekt daher allenthalben geradezu mit Spannung erwartet, denn diese Großhandlungsfirma zeigt die neueste, wenn auch nicht selbst erfundene Mode an. Und in der That! Die Ueberraschung war keine kleine. Stübben

hatte versucht, Henrici's preisgekröntes Münchener Projekt zu kopiren, respektive ins Wienerische zu übersetzen; dasselbe, das er noch vor kaum einem Jahre literarisch so heftig angriff. Man traut seinen Augen nicht! Auf seinem Projekte hier allenthalben dieselben lauschigen Platzgruppen, von denen er Henrici gegenüber früher behauptete, daß die Konterfeis solcher malerischer Winkel sich nicht für Großstadtanlagen eignen; ferner dieselbe Gruppirung nach einzelnen Vororten, von der er Henrici gegenüber meinte, daß eine Summe vieler kleiner Städte keine große ausmache; endlich sogar die von ihm früher so energisch bekämpfte Krummziehung neuer Straßen, um dadurch gute Ausmündungen zu erzielen, eine ureigenste Erfindung Henrici's, die vor ihm Niemand je plante, die seit seiner Anwendung und Begründung derselben aber bereits dem Formenschatze der modernsten Städtebaukunst einverleibt ist. Da Stübben sich nicht blos damit begnügt, in seiner Großhandlung immer auch das Neueste gleich auf Lager zu haben, sondern auch bestrebt ist, auf alles die Etikette seiner Firma zu kleben, so ist es zur Wahrung des geistigen Eigenthums nöthig, ihm literarisch stets ein wenig auf die Finger zu sehen. Geradezu prachtvoll ist die Formel, die Stübben sich zurecht gelegt hat, um seine Stadtplanhandlung in diesem Style zu führen. Nach dieser Formel ist der „schlimmste Fehler im Städtebau die Einseitigkeit". „Also keine Einseitigkeit, denn ein allein seligmachendes Prinzip gibt es in den Aeußerungen der Kunst nicht."

Es ist nöthig, hier auf diesen innersten Kern des Stübben'schen Geistes einzugehen; nicht um dieses Projekt durch eine so lange Kritik über Gebühr auszeichnen, sondern, weil hierin eine unserer Wiener Stadtbauverwaltung kongeniale Richtung eingeschlagen ist und es daher geradezu als ernste kritische Pflicht erscheint, zu zeigen, wo dieser Weg hinführt und vor diesem Abwege eine Warnungstafel aufzustellen. Wie wird es da angefangen, Alles ohne Ausnahme herbeizuschleppen zur Herstellung der nötigen Mannigfaltigkeit und des sogenannten „großen Zuges"? Es wird einfach jede Gattung von Straßenführung fast ohne Ausnahme, wie sie schon je aufgestellt wurden, irgendwohin versetzt, auch solche, die nachweislich unter allen Umständen schlecht sind und nirgends aus dem Bedürfniß oder der Oertlichkeit her organisch abgeleitet werden können. Das ist genau so, als ob Einer glauben würde, gleichsam die große Symphonie oder Oper einer Millionenstadt im Gegensatze zum einfachen Liede eines Marktfleckens so ihrer Größe entsprechend komponiren zu können, daß er alle möglichen musikalischen und dekorativen Einzelmotive einfach auf einen großen Haufen zusammen trüge; hier einen Trauermarsch und da ein Ballet, hier ein Schmachtliedchen und dort ein Kouplet u.s.f.; nein, meine Herren! so macht man keine Wagner-Oper, keinen „Fidelio", keinen „Don Juan" und ebensowenig macht man auf diese Art ein großes Stadtbaukunstwerk; sondern durch die Größe der Motive selbst, durch ihre Originalität, ihre ureigene Wucht, durch wahre künstlerische Phantasie in Größe des Könnens und Größe des Wollens; nicht mit Pappe und Löthe elend zusammengeflickt, nicht in zwangvoller Plage zusammengetappert als Zwergentand, sondern in einem Guß aus innerer Nothwendigkeit des Schaffens heraus ganz und groß erfunden, so muß das wahrhaft Großstädtische erdacht werden; nicht durch eine leere Phrase ersetzt, zu welcher die entsprechende That fehlt.

Die Uebereinstimmung zwischen der Zusammenstoppelung Stübben's und der Flickmethode unseres eigenen Stadtbauamtes ist sogar durch den Wortlaut der Preisausschreibung festgenagelt, welche als Zweck der ganzen Konkurrenz: die Einbringung von Ideen angab, welche dann das Bauamt zur bunten Jacke des Wiens der Zukunft zusammenzunähen hätte.
[…]
Nimmt man zu diesen planmäßig erbrachten Ideen noch hinzu eine Menge Anregungen der textlichen Einbegleitungen, zum Beispiel über Dichte der Verbauung, Höhe der Häuser, Zonenbildung, weitere Detailkonkurrenzen, gesonderte Baulinien für Portalfluchten, Trottoirunterkellerungen für allerlei Rohrlegungen und dergleichen mehr, was meist zur Bauordnung und Stadtbauverwaltung gehört, so hat man endlich das Gesammtresultat vor sich und nun kann man auch sagen, was es mit diesem *Erbringen der Ideen* für eine Bewandtniß hat.

Alle diese Ideen haben schon in Literatur und Praxis jede ihre reiche geschichtliche Entwicklung hinter sich, selbst die zündende Idee des „Volksringes" ist nichts anderes als die Festsetzung eines Reservestreifens um die Vororte, so wie es früher die Glacis um die innere Stadt waren. Nicht in der originalen Erfindung einer noch nicht dagewesenen Idee besteht also das Verdienst des Autors, sondern darin, daß er erkannte, daß sich das neuerdings wiederum anwenden ließe und daß es gut wäre, dies auch wirklich zu thun.

[…] Zu jeder der erbrachten Ideen könnten zahlreiche Muster bei uns in Italien, Deutschland, Paris genannt werden und eine zugehörige zum Theile sehr streitsüchtige Literatur. Der Fachmann des Städtebaues muß das alles kennen und für diese einzelnen Ideen sogar seine Notizblätter-Faszikeln und Sammelkasten angelegt haben, damit er im gegebenen Falle gleich alles zur Hand hat, was er braucht.

Sollte unser Stadtbauamt ein solches Ideen-Lexikon erst jetzt sich anlegen wollen? […]
Zweifeln wir nicht daran, daß als Leiter dieses für die ganze Zukunft Wiens so hochwichtigen Bureaus ein Ingenieurbeamter von richtigem Schrot und Korn bestellt wird, denn ein Anderer ließe sich eine solche Flickarbeit gar nicht zumuthen. Das wird dann genau das alte Lied geben und die Oeffentlichkeit wird wieder durch kurze Krankenbulletins über die Vorgänge in dieser orthopädischen Stadtheilanstalt von Fall zu Fall unterrichtet werden, wie man es bereits seit Dezennien gewohnt ist […].
Ach, wenn es nur nicht gar so schmerzlich wäre für ein armes Wiener Herz, das so dumm ist, sich sein liebes Wien so groß und so herrlich zu denken, wie ein Freier seine Geliebte; so majestätisch und gewaltig, daß sie als Krone der Städte genannt würde; es wäre gar kurzweilig, diesen Mummenschanz mit anzusehen und mit zu tollen in dem allgemeinen Trubel. Wer das aber nicht kann, dem sollte man seine düstere Miene verzeihen; die Gesinnungsgenossen aber sollten nimmer ruhen, sondern zu retten suchen mit Wort und That, was noch zu retten ist; sollten jede gegebene Hoffnung ergreifen und zur Verwirklichung drängen. Und ganz hoffnungslos ist die Lage ja doch noch immer nicht. Die Anschauungen über den Städtebau sind rings um uns in den letzten Dezennien wesentlich andere geworden und es wird kaum möglich sein, sich diesem wohlthätigen Einflusse ganz zu entziehen. Es sei da nur auf die bahnbrechenden Arbeiten von Professor K. Henrici und vom Stadtbaudirektor Rettig von München verwiesen. Solche Werke müssen ja endlich, hoffentlich nicht zu spät, ihren Einfluß auf die Wiener Stadterweiterung äußern. Aber bei uns selbst steht es auch nicht so schlimm, als daß nicht Männer vorhanden wären, die gleichfalls an der Spitze der Errungenschaften einherschreiten; es sei da nur genannt Professor Riha mit seiner monumentalen Studie über die Wasserversorgung Wiens und Hofrath Architekt Gruber mit seinem epochemachenden Werke über die hygienischen Fragen des Städtebaues, respektive der Bauordnungen. […]
Muß es schon als großer Fortschritt bezeichnet werden, daß bei den neuesten Konkurrenzen den Architekten ein hervorragender Antheil zufiel; so wären in gleicher Weise der Rath und die Phantasie der Bildhauer und Maler heranzuziehen […].
Was da nothwendig wäre, das ist ein Heranziehen und Zusammenschließen dieser Kräfte etwa in der Form eines Stadtbauklubs in der Genossenschaft, welche Idee schon vor zwei Jahren auftauchte, oder sonst wie. […]

Camillo Sitte
Thurm-Freiheit
Neues Wiener Tagblatt, 1. März 1896 (30. Jg. Nr. 60), S. 1–2

Wien will seinen großen Gefangenen befreien — den Stephansthurm. Schon als er vom Neumarkt her kurze Zeit blos zur Hälfte sichtbar war, während der Demolirung des Eckhauses an der Kupferschmiedgasse, konnte man beobachten, wie Passanten gefesselt von dem überraschenden Anblick stehen blieben und das seltsame Phänomen bewunderten. Zum Durchbruche kam diese Stimmung damals aber noch nicht, obwohl für den Kenner auch das schon aufregend genug war, etwa so, wie wenn man hinter hundertjähriger Tünche plötzlich ein altes werthvolles Frescogemälde hervorlugen sieht oder hinter der schwarzen Anstrichfarbe eines werthlos scheinenden Schildes kunstvollste Goldtauschirung von höchstem Werthe entdeckt. [...]
So wie der echte Bühnenbildner die Mittel seiner Kunst sich nicht aus Büchern sammelt, sondern auf der lebendigen Bühne, so der Städtebauer nicht in Plänen und Protokollen, sondern in ausgeführten Städten, in diesen Dramen und Epen der bildenden Kunst.
Die Betrachtung dieser ausgeführten Werke des Städtebaues lehrt aber Folgendes:
Nicht enge Straßenfluchten sind es, welche ein Schauobject zur Geltung bringen, am allerwenigsten, wenn sie wie eine Gebirgsschlucht, wie eine sogenannte Klamm beiderseits mit vierstöckigen himmelragenden Zinscolossen begrenzt sind; sondern nur ein gut componirter Platz [...].
Ein langaufragender Thurm, der den ebenso schmalen Schlitz einer Straße zustöpselt, ist sicher nicht das Richtige, und nur mit Worten lassen sich auch darüber schöne Phrasen machen. Das hier einzig Richtige wäre die Niederlegung des ganzen Hausblockes zwischen Stephansdom, Singerstraße und Churhausgasse, und das gäbe dann allerdings einen Platz, der vermöge der überwältigenden Macht des Eindruckes, welchen dann der Dom und der Thurm machen würden, einzig in seiner Art dastünde und zu den merkwürdigsten und schönsten aller Städte der Welt zählen würde; von erhabenster Schönheit, aber auch merkwürdig, ja seltsam, weil schon die seltene Seitenstellung des Thurmes und nicht minder sein ganz eigenartiger Aufbau einen Anblick gewähren würden, den man mit nichts Aehnlichem von anderswo vergleichen könnte. Dazu würde die ebenfalls aparte Seitenlage des Platzes kommen und sich so zur tadellosen Schönheit noch die Originalität gesellen, eine Eigenschaft, die ja gerade heutzu-

tage, wo fast alles abgedroschen, erscheint, von besonderem Werth ist. Es gehört aber viel Muth zu dem Wagniß, eine so einfache klare Forderung bei uns überhaupt auszusprechen.

„Ja! Ist denn dieser Mensch erst seit gestern aus Kamtschatka oder Californien eingewandert, daß er noch nichts weiß von *unüberwindlichen Hindernissen?*" [...] Das könnte gewiß gemacht werden, wenn an entscheidender Stelle der nöthige gute Wille dazu vorhanden wäre; so aber kann es sich momentan nur darum handeln, *die Zukunft zu retten* und mit allen Mitteln die Wiederverbauung der offnen Lücke zu verhindern. [...]

Camillo Sitte
Hochgeehrter Herr Redakteur! *)
[Brief an die Redaktion des Neues Wiener Tagblatt zu einem angefragten Artikel über die Regulirungspläne]
Neues Wiener Tagblatt, 1. März 1896 (30. Jg. Nr. 60), S. 2

*) Vorstehendes Schreiben unseres sehr geschätzten Mitarbeiters Regirungsrath Camillo Sitte glaubten wir der Oeffentlichkeit nicht vorenthalten zu sollen und haben daher seine Genehmigung zum Abdrucke dieser bemerkenswerthen Aeußerungen eingeholt.
Die Red.

Hier der gewünschte Artikel. Ihrem anderen Wunsche, auch über die kürzlich ausgestellten Regulirungspläne meine Meinung öffentlich darzustellen, kann ich aber leider nicht entsprechen. Was soll das Reden und Kritisiren über eine Sache, die nicht mehr zu ändern ist? So lange ich noch einen letzten Schimmer von Hoffnung hatte, daß sich das unserem lieben Wien drohende Schicksal noch beschwören ließe, habe ich es für meine Pflicht gehalten, meine schwache Einzelkraft bedingungslos in den Dienst der Vaterstadt zu stellen. Heute hat das keinen Zweck mehr, wo die Würfel gefallen sind. Vom Standpunkte des naturgemäßen Städtebaues, der die historischen Denkmäler ehrt, der die wahren Verkehrsbedingungen kennt, nicht blos geometrische Einbildungen, und der auch ein behagliches bürgerliches Wohnen und die Weihe der Kunst nicht mißachtet; von diesem Standpunkte aus ist das Wien der Zukunft eine verlorene Stadt [.] Es schnürt einem das Herz im Leibe zusammen, das mitansehen zu müssen, ohne helfen zu können.

Das einzige Schema, dem Wien bis in den letzten Winkel hinein entsprechen soll, ist daß Schachbrettmuster. Daß in der Altstadt die Hausblockwürfel nicht alle genau rechtwinkelig zugehobelt werden können, das ändert an dem Wesen dieses schlechtesten aller Stadtbauschemata gar nichts. Diese geradezu fürchterliche Maßregelung der innern Stadt wird alle Behaglichkeit des Wohnens daselbst zerstören, denn ohne Staub, Wind und Wagengerassel wird es da keine einzige Gasse mehr geben; sie wird aber auch dem Verkehre nicht nur nichts nützen, sondern sogar schaden, weil die senkrecht sich kreuzenden Verkehrsadern an der wichtigen Kreuzungsstelle gerade sich gegenseitig den Verkehr unmöglich machen, weil das ebenso unnatürlich ist, wie die Vorstellung, daß zwei Flüsse sich in ihrem Laufe irgendwo senkrecht durchschneiden. Und welche Opfer kostet diese zweifellose Verschlechterung gegen den jetzigen Zustand! Nach beiläufiger Berechnung bei 60 Millionen an Grundablösungen und Steuerfreiheit und derzeit noch unabsehbare Opfer an historischen und Kunstwerthen, denn die kürzlich publicirten Todtenlisten sind nur eine erste oder vielmehr zweite Serie von Todtenopfern, die dem Moloch des Unverstandes und Starrsinnes gebracht werden.

Wer hält das Alles aber jetzt noch auf?

Es ist zu spät.

Die Karlskirche wird genau mit einem weiten, durch breite Straßenlöcher zerstückelten Kranz von Zinsblöcken umgeben, wie die Votivkirche. Die den Effect des großen Kunstwerkes möglichst herabdrückende Wirkung muß sich auch da einstellen.

Wer hält das jetzt noch auf?

Es ist zu spät.

Die Wien wird überwölbt, wenn auch nur stückchenweise, die Wienthalreservoirs werden bei günstiger Gelegenheit folgen. Wie kann man so etwas verantworten! Ist denn die Katastrophe von Bouzey nicht mehr in Erinnerung, welche 115 Menschenleben kostete? In den Zeitungen las man: *„Die Ingenieure stehen noch immer einem Räthsel gegenüber."* — Ja, weiß man denn nicht, daß jedweder Wasserdamm einmal in seinem Bestehen reißt, so wie bekanntlich jedes Theater einmal abbrennt, und zwar laut Statistik durchschnittlich innerhalb zehn Jahren? Wenn das hier bei überwölbter Wien dereinst geschähe, kostet es ein ganzes Stadtviertel und hunderttausende von Menschenleben. Wer wagt das zu verantworten? Der bloßen Möglichkeit eines solchen Ereignisses gegenüber genügt doch nicht die hundertfache Sicherheit beim Baue, auch nicht die tausendfache, sondern nur die absolute und diese hat man nur, wenn man so etwas überhaupt gar nicht macht.

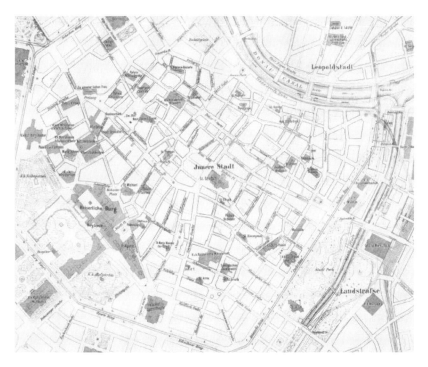

Regulirungsplan der inneren Stadt von Wien nach Anträgen des Stadtbauamtes. Quelle: Zeitschrift des Österreichischen Ingenieur- und Architekten-Vereines, 48 (1896), Tafel V

Wer hält das stete Werden dieses Werkes aber jetzt noch auf? Wer ist da mächtig genug, ein Quousque tandem Catilina zu rufen? Es ist zu spät.
Und welche ungeheure Geldopfer auch hier wieder, und zwar für ein Werk, das weder schön, noch praktisch, noch nothwendig ist! denn die Wienthal-Avenue wird stets menschenleer sein und niemals die Concurrenz der alteingebürgerten Mariahilferstraße zunichte machen.
Doch was geht das uns mehr an? Es ist zu spät.
Da kann man nur die Flinte ins Korn werfen, wenn man nicht zu einem jämmerlichen Helden herabsinken will, der gegen unfassbar hinziehende Wolken kämpft, die auf uns nichtige Erdenwürmchen gleichgiltig gelassen herabblicken.
Bitte mich also zu entschuldigen, wenn ich künftighin nur noch zu Kleinigkeiten etwa das Wort ergreife, wo vielleicht eine Kleinigkeit noch zu retten ist.
In ergebener Hochachtung
Camillo Sitte.

Karl Mayreder
Mittheilungen über den General-Regulirungsplan von Wien
Vortrag, gehalten von Prof. Karl Mayreder in der Vollversammlung vom 28, März 1896.
Zeitschrift des Österr. Ingenieur- und Architekten-Vereines 48 (1896), Nr. 26, 26. Juni, S. 389–394

[...] Wenn man die Entstehungsgeschichte unseres General-Regulirungsplanes zurückverfolgt; so muss man sich zunächst vergegenwärtigen, dass lange Zeit nicht einmal ein zusammenhängender Plan des Bestandes der Stadt existirte. Noch der Katasterplan aus dem Jahre 1846 bezog sich nur auf die Innere Stadt, und nach dem Baugesetze vom Jahre 1859 war der Baubewerber verpflichtet, einen Baulinienplan für sein Haus selbst auszuarbeiten und vorzulegen. Wenn nun auch diese Pläne sehr oft vor der Genehmigung durch die Gemeinde umgearbeitet wurden, so geschah die Baulinienbestimnung doch immer nur im Ausmaße einzelner Realitäten. [...]
Inzwischen fielen die inneren Festungswerke, womit sich die erste Stadterweiterung mit der Pracht ihrer Monumentalbauten entwickeln konnte, der Donaustrom wurde regulirt und Wien mit dem Wasser von Gebirgs-

quellen versorgt; damit waren drei umfangreiche Unternehmungen von wahrhaft großstädtischem Charakter geschaffen, aber man zögerte lange, die nöthigen Consequenzen zu ziehen. Die Bevölkerung wuchs innerhalb der alten Linienwälle auf das Doppelte an, der Verkehr stieg, der Mangel an entsprechenden Verkehrswegen und -mitteln wurde allmälig unerträglich, und rings um die Linienwälle wuchsen die Vororte zu ganzen Städten empor, aber in planloser Weise und ohne organischen Anschluss an die Hauptstadt, von der sie eigentlich schon längst ein Theil geworden waren.

Da griff der Oesterr. Ingenieur- und Architekten-Verein die Frage eines General-Stadtplanes wieder auf, und die *Denkschrift*, die Heinrich v. *Ferstel* über Anregung Julius *Dörfel*'s und im Auftrage eines Comites im Jahre 1877 verfasste, und in welcher die Feststellung eines solchen Planes mit Nachdruck gefordert wurde, gehört wegen der Weite des Blickes und des Reichthumes an Gedanken zu den schönsten Denkmälern. die sich dieser vielseitige Künstler selbst errichtet hat. Er erklärte u. A., dass die Verfassung eines Stadtplanes in seiner Gesammtheit sowie im Einzelnen eine eminent künstlerische Aufgabe sei, und verlangte die Ausschreibung einer allgemeinen Concurrenz. Die Folge dieser Anregung waren eingehende Berathungen im Schoße der Gemeinde, an denen sich im Laufe der Zeit hauptsächlich die gemeinderäthlichen Fachmänner, die Architekten *Kaiser* Eduard, *Kaiser* Philipp, *v. Neumann* sen. und jun., *Reuter*, *Streit*, *Stiassny*, *Wurm* und Andere betheiligten, sowie eingehende Unterhandlungen der Gemeinde Wien mit der n. ö. Statthalterei und den Vororte-Gemeinden.

Während sich aber die Stadt besonders an der Peripherie rasch vergrößerte und dort fast nur nach localen, beschränkten Gesichtspunkten weiter gebaut wurde, zogen sich jene Verhandlungen durch die große Zersplitterung in so viele Gemeinde-Autonomien sehr in die Länge, so dass unser Verein im Jahre 1886 in einer *zweiten Denkschrift*, welche Baurath v. *Neumann* referirte, an die Regierung den Appell richtete, sie möge die Initiative zur gemeinsamen Behandlung der die Stadtentwicklung betreffenden Fragen ergreifen; als solche wurden bezeichnet: die Verbauung der Vororte, der Fall der Linienwälle, die Hinauslegung der Kasernen, die Durchführung einer Stadtbahn; — durchwegs Fragen, welche die Herstellung eines General-Regulirungsplanes immer dringlicher machten.

Auch hatte man sich überzeugt, dass die Katasterpläne für die Verfassung eines solchen Regulirungsplanes nicht ausreichen, und so beschloss Ende 1887 der Gemeinderath über Antrag des Baurathes Streit die Anfertigung

eines General-Stadtplanes im Maßstabe l" = 40° oder 1 : 2880, in welchem Plan auch die Vororte einbezogen und nicht nur wie im Katasterplan die Situation des Bestandes, sondern auch die Hauptniveaux sowie die genehmigten Baulinien eingetragen werden sollten. [...]
Die Ereignisse der letzten Jahre, welche mit unserer Frage zusammenhängen, wurden in diesem Saale so innig miterlebt, dass ich mich auf wenige Daten beschränken kann. Nachdem die Vereinigung der Vororte mit den inneren Bezirken im Jahre 1890 vollzogen und dadurch die bauliche Entwicklung Wiens der Entschließung des Wiener Gemeinderathes unterstellt war, richtete unser Verein an denselben im Jahre 1891 eine *dritte Denkschrift* nach dem Referate des Baurathes *v. Neumann* und des Ingenieurs *Klunzinger*. Diese Schrift verlangte neuerlich und dringlich die Herstellung eines General-Regulirungsplanes auf Grund einer allgemeinen Preisbewerbung, für welche ausführliche Vorschläge angegeben wurden, unter voller Berücksichtigung aller neu aufgetauchten Fragen, als: Regulirung des Donaucanales und des Wienflusses, Herstellung von Stadtbahnen, Zuweisung gewisser Gebietstheile für Wohnungs-und Industrieviertel u.s.w. – Man weiß, wie dann die Regierung endlich die langersehnte Initiative ergriff, damit sich Staat, Land und Stadt vereinigten, um die gesammten Verkehrsanlagen einheitlich durchzuführen. Das Programm für dieselben wurde am 18. Juli 1892 genehmigt, und schon am 3. November desselben Jahres erfolgte durch den Wiener Gemeinderath die *Ausschreibung einer Concurrenz* für die Verbauung des *Stubenviertels* mit dreimonatlicher Frist, und gleichzeitig die Ausschreibung des *Wettbewerbes für einen General-Regulirungsplan* mit einjähriger Frist, welch' letztere daher am 8. November 1893 ablief. Die Ergebnisse dieser Concurrenzen sind bekannt. Im September 1894 beschloss der Gemeinderath die Gründung eines eigenen *Bureaus zur Verfassung eines General-Regulirungsplanes*. Hiebei muss ich erwähnen, dass im Jahre 1890 eine Gesetznovelle zur Wiener Bauordnung erschienen war, nach welcher es dem Gemeinderath vorbehalten blieb, einzelne Gebietstheile vorzugsweise für Industriebauten, andere für Anlage von Wohnhäusern mit oder ohne Vorgärten, in geschlossener oder offener Bauweise zu bestimmen. Im Sinne dieser Novelle legte ein Gemeinderathsbeschluss im Jahre 1893 die Art der Verbauung und die Grenzen der betreffenden Rayons planmäßig fest, womit ein erster, sehr wichtiger Schritt zur Regelung der Vororte-Verbauung gethan war. Andererseits wurde die Regulirung im Stadtinnern, d.h. die Beseitigung der Engpässe in den Hauptverkehrsstraßen, wesentlich gefördert durch ein Gesetz vom 15. April 1893, mit welchem einer Reihe

bestimmt angegebener Häuser im Falle des Umbaues innerhalb von 10 Jahren die achtzehnjährige Steuerfreiheit zuerkannt wurde.

So weit standen die Angelegenheiten, als vor etwas mehr als fünfviertel Jahren das General-Regulirungsbureau gegründet wurde. Da dieses Bureau eine Abtheilung des Stadtbauamtes bildet, untersteht es der Oberleitung des Stadtbaudirectors Ober-Baurath *Berger*, während als Bureauchef Baurath *Winkler* fungirt. Ich selbst wurde auf Grund einer Offertverhandlung zum Chef-Architekten für die Ausarbeitung der Pläne bestellt. Dass ein Architekt für diesen Posten gewählt wurde, geschah ebenfalls hauptsächlich auf Anregung unseres Vereines, wie es ein bleibendes Verdienst der Gemeinde Wien ist, die erste Behörde in Oesterreich zu sein, welche einen Architekten in seiner Eigenschaft als Architekt an eine leitende Stellung berufen hat; u. zw. geschah dies auf Grund eines Vertrages extra statum, so dass ihm die Freiheit gewahrt bleibt, neben seinen Amtsgeschäften beliebigen anderen künstlerischen oder wissenschaftlichen Arbeiten zu obliegen. [...]

Die erwähnten Arbeiten dieses Bureaus sind dreifacher Natur. Erstens sind die fertigen Blätter des früher erwähnten General-Stadtplanes in Evidenz zu halten und die noch fehlenden auszuarbeiten. Zweitens sind die sämmtlichen einlaufenden Bauliniengesuche zu überprüfen und in dringlichen Fällen Anträge für Theilregulirungen zu stellen; die dritte Aufgabe endlich besteht in der Verfassung eines generellen Regulirungsplanes unter Verwerthung der brauchbaren Resultate der Regulirungsconcurrenz. [...]

Die eigentliche und wichtigste Aufgabe des Bureaus ist selbstverständlich die Verfassung eines General-Regulirungsplanes. [...]

Auch beim Gesammtplane liegt es in der Natur der Sache, dass er zunächst nach Bedürfnis in Partien verfasst und hinausgegeben werden muss. [...]

Eine [...] Gesammtarbeit war die Straßeneintheilung für das Gebiet des sogenannten *Küniglberges in Hietzing* [...]. Bei der Kapelle auf dem Gipfel des Hügels soll eine öffentliche Gartenanlage errichtet werden und der schöne Rundblick, den man von dort genießt, dauernd erhalten bleiben, einerseits durch eine gegen die Schönbrunner Schlossmitte alignirte Straße, andererseits durch die Bestimmung von 50 m tiefen Vorgärten am oberen Parkplatze. Die hier bedungene offene Bauweise und das coupirte Terrain machte die theilweise Anordnung krummliniger Straßen wünschenswerth.

Eine dritte, sehr wichtige einheitliche Baulinienbestimmung ist diejenige *längs des Wienflusses von Schönbrunn bis zum Stadtparke*, deren Nothwendigkeit sich durch den Bau der Wienthallinie der Stadtbahn und durch die Regulirung des Wienflusses ergab. Diese Bestimmung geht von der

Annahme einer Wienthalstraße oberhalb der Wieneinwölbung aus. Der Gedanke einer solchen Straße datirt zurück bis zu den ersten Projecten für eine Einwölbung des Flusses, d. i. bis zum Jahre 1873 und wurde seither immer aufrechterhalten. Nur die Ansichten über die normale Breite dieses künftigen großartigen Straßenzuges änderten sich, so dass das Wienflussregulirungsproject des Stadtbauamtes vom Jahre 1882 eine Normalbreite von 45 m, die im Jahre 1887 genehmigten Baulinienbestimmungen eine solche von 60 m annahmen. Nachdem das Programm der Verkehrsanlagen die Flussregulirung derart festgestellt hatte, dass im Weichbilde der Stadt die theilweise oder gänzliche Einwölbung des regulirten Flussbettes zu jeder beliebigen Zeit ermöglicht werden soll, so planten auch die meisten Theilnehmer an der Regulirungsconcurrenz eine solche Straße auf der künftigen Einwölbung. Nur muss hervorgehoben werden, dass von allen Projectverfassern am eingehendsten auf die Wichtigkeit einer solchen Straße Ober-Baurath Otto *Wagner* hinwies, wie auch er es war, der statt des bis dahin üblichen Namens „Wienthalstraße" oder auch „Wien – Boulevard" den schönen deutschen Namen *„Wienzeile"* wählte. Ich habe seither diese Bezeichnung beibehalten, und es ist zu hoffen, dass man ebenso, wie man heute vom Stubenring oder Parkring spricht, künftig von der Meidlinger-Zeile oder Margarethener-Zeile sprechen wird. […]
Nunmehr wendet sich der Vortragende der vierten und wichtigsten Gesammtarbeit, d. i. dem theilweise noch nicht genehmigten *Regulirungsplane der Inneren Stadt* zu […]. Der Redner betont, dass er sowohl aus künstlerisch-historischen Gründen wie auch wegen den nothwendigen Rücksichten auf die städtischen Finanzen von einer radicalen Umgestaltung dieses ältesten Stadttheiles abgesehen und deshalb zur Verbesserung des Verkehres nur einige neue Straßendurchbrüche und einige Straßenerweiterungen in Vorschlag gebracht habe. Dadurch sei allerdings kein neues Project entstanden, aber er glaube, dass eine solche Arbeit um so besser sei, je mehr bei derselben der Projectant in den Hintergrund tritt. […]
Als neue *Verbindungen* der Inneren Stadt mit den *angrenzenden Bezirken* nennt der Vortragende die geplanten Brücken über den Donaucanal bei der Rothenthurmstraße und bei der Dominikanerbastei […].
Dass er keine *Stefansplatz-Avenuen* vorgeschlagen hat, wie dies von anderer Seite angeregt wurde, begründet der Vortragende damit, dass solche auf den relativ kleinen Stefansplatz mündende Avenuen für den Gesammtverkehr weniger vortheilhaft seien wie Straßen, die diesem Centralpunkte möglichst nahe kommen und über denselben hinaus eine gute Fortsetzung finden können. Auch eigne sich ein Bauwerk wie der Stefansthurm

nicht gut für eine lange, verhältnismäßig schmale Avenue. Der künstlerische Eindruck werde ein viel gesteigerter sein, wenn man sich nur so weit vom Thurm aufzustellen vermag, dass man ihn bequem ganz überblicken könne, das ist in einer Entfernung von ungefähr 200 m. [...]
Für die bezüglich des Verkehrs nicht in Betracht kommenden *Nebenstraßen* beantragt der amtliche Plan bei freiwilligem Umbau eine durchschnittliche Verbreiterung auf 10 m, und zwar lediglich aus sanitären Gründen.
Der Vortragende hebt hervor, dass er bei der Verfassung des Planes wesentlich auch davon ausging, die *künstlerisch werthvollen alten Paläste* zu schonen, was auch in den weitaus meisten Fällen gelang. Sehr bedauerlich sei es, dass das Palais *Clary* in der Herrengasse und das Palais *Fürstenberg* in der Himmelpfortgasse in neue Straßendurchbrüche zu liegen kommen werden. Aber wenn man diese Durchbrüche, deren Nothwendigkeit man allgemein anerkennt, ausführen will, werde man wohl genöthigt sein, auch solche Opfer zu bringen. An anderen Punkten wird es allerdings möglich sein, noch Auswege zu finden, und es arbeitet der Vortragende, wie er mittheilt, bereits an Alternativplänen, welche die Schonung des Gebäudes der Staatsschuldencasse in der Singerstraße und des alten Rathhauses in der Wipplingerstraße bezwecken. Er erklärt, dass er gerade dieser Frage der Schonung kunsthistorisch werthvoller Bauten ein genaues Augenmerk zuwende und verwahrt sich gegen die theilweise sehr heftigen und persönlichen Angriffe, die in dieser Beziehung gegen ihn erhoben wurden.
Mit Bezug auf einen Vorschlag, den Regierungsrath Camillo *Sitte* vor Kurzem öffentlich gethan hat und der dahin geht, nur einige, 30 m breite Radien durch die Stadt zu schlagen, alle übrigen Straßen aber in ihrer alten Breite zu belassen, führt der Vortragende des Längeren aus, wie schwierig die Herstellung solcher breiter Radien wäre und wie gesundheitsschädlich unsere schmalen Straßen heute schon sind und noch mehr sein werden mit 25m hohen Häusern. Auch seien die *Kosten, welche die Verbreiterung der Kärntnerstraße* der Gemeinde verursachte, von Regierungsrath *Sitte* viel zu hoch geschätzt worden. Nach einer detaillirten Zusammenstellung, in welche Baurath *Muttenthaler* dem Redner eine Einsicht freundlichst gewährte, betragen die für die Regulirung der Kärntnerstraße von der Gemeinde bereits aufgewendeten und noch zu leistenden Auslagen zusammen rund 1,850.000 fl., von denen auf die Kärntnerstraße selbst 1,250.000 fl., der Rest auf die Verbreiterung ihrer Nebenstraßen an den Einmündungsstellen entfällt. [...]
Was die in *Ausführung befindlichen Arbeiten* betrifft, so erlaube ich mir zu bemerken, dass die Gesammtpläne der *Brigittenau* und des *nördlichen*

Theiles der Donaustadt, ferner von ganz *Penzing*, *Gersthof* und *Margarethen* vorliegen und nur noch der amtlichen Behandlung bedürfen. In Vorbereitung befinden sich Studien über die Ausbildung sämmtlicher *Hauptstraßen*, über eine *Peripheriestraße* als äußerster Gürtel, über *Gartenanlagen an der Peripherie* und über eine *Correctur des Planes* mit den *Verbauungsrayons*. Dabei muss ich besonders hervorheben, dass die endliche Feststellung der *elektrischen oder sonstigen secundären Stadtbahnen, sowie der Hafenanlagen* (als Ergänzung der genehmigten Verkehrsanlagen) ein unaufschiebbares Bedürfnis ist. [...]
Endlich möchte ich noch Eines betonen. Der Oesterr. Ingenieur- und Architekten-Verein ist in der Fürsorge für die bauliche Entwicklung Wiens bei seiner erfolgreichen Initiative zur Schaffung eines General-Regulirungsplanes nicht stehen geblieben. Er hat eine umfangreiche Studie zur Neugestaltung unserer Bauordnung verfasst, er unterbreitet noch im Laufe dieser Woche dem Abgeordnetenhause einen Vorschlag zur Umgestaltung des § 26 der Gewerbe-Ordnung, damit die Errichtung von Fabriksbetrieben in gewissen Stadtgebieten ausgeschlossen werde; und er studirt über Anregung des Ober-Ingenieurs *Kapaun* die Frage, in welcher Art dafür gesorgt werden könne, dass die Verbauung der an die Hauptstadt angrenzenden Gemeinden im organischen Zusammenhange an die Hauptstadt geschehe. Ich möchte hier nur noch dem Wunsche Ausdruck geben, dass der Oesterr. Ingenieur- und Architekten-Verein neuerlich die endliche Schaffung eines *Expropriations-Gesetzes* im Zusammenhange mit einer neuen *Bauordnung* urgiren, sowie gleichzeitig für die Aufnahme eines *Regulirungsfonds* eintreten möge; denn nur durch diese Institutionen wird der unter der Aegide unseres Vereines geschaffene Regulirungsplan wirklich durchgeführt werden können.

Discussion über den General-Regulirungsplan von Wien, abgehalten am 1. April 1896
Zeitschrift des Österreichischen Ingenieur- und Architekten-Vereines 48 (1896), Nr. 27, 3. Juli, S. 406–410

[...]
Reg.-Rath **Camillo Sitte**
erklärte zu Beginn seiner Rede, sich nicht auf Details einlassen zu wollen, er müsse vielmehr das ganze Princip der beantragten Regulirungen tadeln. Da seine anderwärts darüber gesprochenen Worte vielfach irrig aufgefasst

wurden, sehe er sich veranlasst, seine Anschauungen in nachfolgenden 12 Sätzen niederzulegen:

1. Es wird Alles uniformiert, lauter gleichbreite Straßen von 12 bis 16 m. Das ist für die vielen alten Seitengässchen viel zu breit, für die zwei oder drei Hauptgeschäfts- und Verkehrsstraßen viel zu wenig. Dafür sollten nur einige wichtigste Verkehrsadern geschickt eingeführt werden; aber diese mindestens 30 m breit – alles Andere soll bleiben.

2. Alle diese viel zu zahlreichen neuen Durchzüge folgen dem Schachbrett-Schema. Die wenigen Hauptschlagadern müssen dabei unbedingt radial angelegt werden.

3. Alle diese vielen Parallelstraßen zerfallen nach dem Stadtbauamtsplane in zwei Systeme, die im Wesentlichen senkrecht aufeinanderstellen, was überall Verkehrsstörungen gibt. Jede Verkehrskreuzung muss bei Hauptadern unbedingt vermieden werden.

4. Damit hängt eine Uniformirung aller Baublöcke, daher aller Wohnungs- und Gewölbsverhältnisse zusammen, was dem auch im ersten Bezirke nöthigen kleinen Manne das Hausen daselbst unmöglich macht. Der Mannigfaltigkeit der Lebensverhältnisse muss durch eine dementsprechende Mannigfaltigkeit der Zinsforderungen Rechnung getragen werden, das heißt, man muss den gesunden, geschichtlich gewachsenen Status quo möglichst erhalten.

5. Nach dem Projecte muss beinahe die ganze Altstadt niedergerissen und neu aufgebaut werden. Das ist ganz unnöthig und ein nationalökonomisches Unding.

6. Das bedarf ungeheurer finanzieller Opfer an Grundablösung und Steuerfreiheit. Das ist zum Fenster hinausgeworfenes Geld.

7. Es kostet ebenso ungeheurliche Opfer an alten Kunstschätzen und historisch denkwürdigen Werken. Das ist einfach Vandalismus.

8. Die alten Plätze werden als Verkehrscentren benützt und daher geradeso zerstört, wie bereits der alte Mehlmarkt; es trifft dies den Hof, Hohen Markt und Graben. Gerade diesen ehrwürdigen, schönen, ruhigen werthvollen Plätzen müssten die neuen Hauptschlagadern des Verkehres *grundsätzlich* ausweichen.

9. In der Ausführung wird stückchenweise Alles zugleich angefangen, aber nichts in kurzer Zeit erledigt; es darf nur zugleich eine Hauptlinie in Angriff genommen werden, diese muss aber energisch sogleich fertiggestellt werden.

10. Von den künstlerischen Schönheiten ist nirgends eine Spur zu finden. Künstlerische Wirkungen sind überall anzustreben, wo sie sich ohne Sonderkosten erreichen lassen.
11. Die Karlskirche wäre vernichtet. Der gesammte Raum vor dieser darf nur die einzige Aufgabe erfüllen, dieses Kunstwerk ersten Ranges zur möglichsten Geltung zu bringen.
12. Die Gartenanlagen sind durchwegs schlecht erdacht. Diese müssen reinlich und vor Allem wind-, staub- und lärmfrei sein.

[Fortsetzung der] Diskussion über den General-Regulirungsplan von Wien, abgehalten am 7. April 1896
Zeitschrift des Österr. Ingenieur- und Architekten-Vereines 48 (1896), Nr. 28, 10. Juli, S. 419–424

[...] Architekt **Philipp Kaiser**:
„Ich hatte vor der Versammlung vom 1. April d. J. nur die Absicht, den vielen uns bereits gezeigten jüngeren Ideen – sie sind doch alle nur etwa drei bis vier Jahre alt – eine ältere Idee entgegenzusetzen [...].
Das war, wie gesagt, meine alleinige Absicht vor der Versammlung vom 1. April, die ein mehr humoristisches als fachmäßiges Ende nahm. In dieser Versammlung sind Worte gefallen und Thesen aufgestellt worden, die meiner Ansicht nach *hier, in diesem Vereine*, nicht unwidersprochen bleiben dürfen, sollen nicht durch eigens ad hoc erfundene und ältere Schlagwörter die durch dergleichen auf anderen Gebieten angerichteten Schäden auch auf dem in Verhandlung stehenden Gebiete hervorgerufen werden.
Da war zuerst das Schlagwort von der Unzulässigkeit und Schädlichkeit der rechtwinkeligen Kreuzung von Hauptverkehrsadern. Ich war bei der Ausstellung 1862 staunender Augenzeuge der zwei rechtwinkeligen Verkehrskreuzungen von Regent-Street, resp. Haymarket mit Piccadilly, in London. Wien hatte noch an keiner Praterfahrt auch nur ein Drittel des dortigen *täglichen* Wagen Verkehres. Ein einziger Policeman zu Fuß, nicht beritten, brachte diesen riesigen Kreuzungsverkehr, der sich größtentheils selbst regelte, wieder in Ordnung, wenn eine Störung zu befürchten war, die aber nie eintrat. Freilich hielt der Lord seine Four-in hand auf das Zeichen des Policeman zurück und liess den Hackney-coach passiren. [...]
Nebenbei gesagt, sollen – *angeblich* – für die Anlage krummer Straßen in Städten weniger der Schönheitssinn, als die Furcht vor rasanten Kanonenschüssen von Außen maßgebend gewesen sein. [...]

Ich bitte diese Herren, nicht zu vergessen, dass wir nicht eine neue Stadt anzulegen, sondern eine alte den Forderungen der Neuzeit anzupassen haben, und wenn diese in einer schachbrettartigen Weise angelegt ist, so dürfte uns wohl nichts Anderes übrig bleiben, als im *Großen* dieses System beizubehalten, ob es uns gefällt oder nicht. Damit soll nicht gesagt sein, dass ich Radialstraßen verwerfe, aber können es nicht Radien sein, die so angeordnet sind, wie die Arme eines großen Wasserrades, wo man, um die Welle nicht zu sehr in Anspruch zu nehmen, statt einer Radialspeiche, zwei parallele Arme, je rechts und links des wirklichen Radius, anordnet? Denken Sie sich die Stefanskirche als Welle, und sie sei umgeben von zwei sich rechtwinkelig kreuzenden Paaren von Straßen. Ich glaube, das wäre nicht so übel, vielleicht sogar durchführbar und die meisten Klagen würden auf lange verstummen. […]
Ich habe also principiell nichts gegen die *Riehl*'sche Avenue vom Praterstern nach St. Stefan; *unter den Bedingungen aber, unter welchen dieselbe projectirt ist, und die sich auch im Mayreder'schen Plane des Kärntner-Viertels vorfinden, müsste ich mich höflich aber entschieden gegen deren Durchführung verwahren.* Es ist ein geradezu entsetzliches Beginnen, den Riesenverkehr der Ferdinandsbrücke (Prater- und Taborstraße) auf den engen Stefansplatz zu leiten und dort todt laufen zu lassen. Täuschen wir uns nicht! Die Herstellung der vom Stefansplatz weiter führenden, nothwendigsten Verkehrslinien gegen den Kärntnerring und Graben-Freyung werden auch die Jüngsten unter uns nicht erleben, und nur unter der Voraussetzung der gleichzeitigen Eröffnung dieser Linien hat die Avenue einen praktischen Sinn. Hier ist nun der Zufall so boshaft, dass die eine dieser Hauptstraßen den Kärntnerring, die andere den Schottenring rechtwinkelig kreuzen muss und das sollte nach vielen Wortführern nicht sein. Ach! wenn diese Straßen nur schon gebaut würden, ich glaube, jeder Wiener gäbe volle Absolution für den *rechten* Winkel, wenn er auch das jetzige „rechte *Winkel*werk" aus voller Seele verwünscht.
Der These des geehrten Herrn Regierungsrathes, eigentlich seinem Wunsche, dass solche große Regulirungsbauleistungen in Einem Zuge geschehen mögen, möchte man gerne beistimmen; aber unwillkürlich denkt man an das Gejammer der Ladenbesitzer, wenn auch nur Zehn von ihnen in einer Gasse auf einmal gekündigt bekommen. Wir sind ruinirte Leute! heißt es da; wie daher einige Hunderte von Kündigungen in einem Stadtviertel auf einmal, ohne Calamität durchzuführen sind, weiß ich nicht; ebensowenig, wie man die verschiedenen Miethscontracte an Einem Tage fällig machen kann, und, noch eine Kleinigkeit, wie man den diversen Hausbesitzern das

zum Baue ohne Schulden nöthige Kleingeld verschaffen kann. *Haußmann* in Paris hat das wohl Alles fertig gebracht, aber unter einem Napoleon III. [...]
Die These von den Umwegen ist für uns Fachleute nicht bedeutend genug, der Wiener wird ihr entschieden widersprechen; er hat es immer *eilig*, täglich sehen Sie hundertemale die Leute an Straßenkreuzungen fast in die Pferde vorbeifahrender Wägen laufen, während zwei Secunden später die Stelle anstandslos passirt werden kann. Und wer von Ihnen, meine Herren, hat noch nie auf Spaziergängen, wo man also Zeit genug hat, eine Serpentine des Weges „abgeschnitten"? Dem Touristen Club war es aus dieser eingewurzelten Sucht nicht möglich, den Steig auf den Leopoldsberg, über die Nase, in Stand zu erhalten.
Zum Capitel „Straßenbreiten" haben wir auch eine „These", oder war es nur eine „Meinung", gehört, dass nicht alle Straßen, nota bene in der inneren Stadt, wo man fünfstöckige Häuser baut, 11 m breit sein müssen; dass sehr schmale Straßen, es wurden 7 m Breite genannt, zulässig seien, dass sie sogar sehr schön seien. Nun, meine Herren, letzteres kann ja sein, aber leider ist es in denselben, auch wenn sie, wie z. B. das Liliengässchen, nur sehr kurz sind, auch am helllichten Tage so finster, dass man nicht sehen kann, wie schön das ist. Was die Hygieniker dazu sagen, überlasse ich diesen, wir Alle aber, glaube ich, werden das Berliner Baugesetz von 1888, das ein gewisses Verhältnis zwischen Haushöhe und Straßen-, resp. Hofbreite festsetzt, vorziehen.
Dagegen wünscht der Herr Regierungsrath einige, ich glaube drei oder vier, 30 m breite Diagonalstraßen, die, natürlich mit *„Schonung des Bestehenden"*, herzustellen sind. Da muss man doch fragen, ob solche Wünsche, sowie die vorerwähnten, auch wenn sie die Toga der These umnehmen, Gegenstand einer Discussion in einem ernsten Vereine von Fachmännern sein können, die wünschen, anstreben oder ernsthaft von Regierung und Parlament verlangen, in Fachfragen über ihr Votum gehört zu werden und dasselbe berücksichtigt wissen wollen. [...]

Architekt **Theodor Reuter**:
[...]
Wir haben in der letzten Versammlung den ersten Redner gehört, der gesprochen hat, wie man es von einem Fachmanne annehmen muss, was von dem dritten Redner [Camillo Sitte] nicht behauptet werden kann. Er ist zwar Mitglied des Vereines und hat das Recht hier zu sprechen, aber

vor Fachleuten sollte man in einer so wichtigen Angelegenheit auch nur sachliche Erörterungen vorbringen. Nach meiner Ueberzeugung muss vor allem andern hochgehalten werden, dass in dieser Angelegenheit das öffentliche Interesse gewahrt werde. Die Gemeinde kann und darf nie zugeben, dass solche Regulirungen in die Hände von Speculanten fallen. Die Gemeinde hat die Pflicht gegenüber den Steuerzahlern darüber zu wachen, dass nicht eine Wirthschaft zum Nachtheile der öffentlichen Interessen platzgreife. Die Hauptaufgabe dieser Regulirung ist die Entlastung der Kärnthnerstraße, der das Project *Riehl* direct entgegensteht.

Als ein Grund und großer Vortheil für die *Riehl*'sche Straße wird angeführt, dass diese ohne einen Kreuzer von der Commune zu verlangen geschaffen wird. Ich habe die Zahlen, die hier für die Grundwerthe und für die Zinsen in Calcul gezogen wurden, genau angesehen und muss sagen – ich habe einige Erfahrungen in der Sache – dass man diese Zahlen zwar als Agitationsmittel verwenden kann, aber um ernstliche Zwecke im öffentlichen Interesse damit zu begründen, sind diese Zahlen unbrauchbar. Ich möchte als langjähriges Mitglied dieses Vereines meine geehrten Collegen davor warnen, sich durch hübsche Worte oder mehr oder weniger gute Witze hinreißen zu lassen. [...]
Noch eines, meine Herren! Der Oesterreichische Ingenieur- und Architekten-Verein hat seit vielen Jahren dafür gearbeitet, einen Concurs für die Regulirung von Wien zu erreichen. Die Gemeinde ist diesem Wunsche nachgekommen. Die Concursarbeiten wurden von einem Redner in der letzten Sitzung in einer Weise abfällig beurtheilt, die unter allen Umständen zurückgewiesen werden muss. Die Gemeinde ist uns hier entgegengekommen, und ich fühle mich verpflichtet, derselben hiefür zu danken. [...]

[Fortsetzung der] Diskussion über den General-Regulirungsplan von Wien, abgehalten am 15. April 1896
Zeitschrift des Österr. Ingenieur- und Architekten-Vereines 48 (1896), Nr. 29, 17. Juli, S. 433–443

[...] K. k. Hofrath **Franz R. v. Gruber:**
[...] [Ich] muss [...] mich gegen die erste von Herrn Regierungsrath *Sitte* aufgestellte These wenden, nach welcher er die im Regulirungsplane für Nebenstraßen angenommene Breite von 12 bis 15 m beanständet und hier

eine solche von 6 bis 9 m als vollkommen genügend bezeichnet. Schon Herr Prof. *Mayreder* hat in seinem Motivenberichte darauf hingewiesen, dass mit Bestimmung der Straßenbreite jene der Haushöhe Hand in Hand gehen muss. Werden jetzt, insolange die heute geltende Bauordnung besteht, welche allgemein die Haushöhe von 25 m gestattet, 12 m breite Straßen angenommen, so ergeben sich schon äußerst ungünstige Belichtungsverhältnisse für die unteren Geschoße der daran errichteten Gebäude, wie man sich ja leicht bei unter solchen Verhältnissen geschaffenen Neubauten überzeugen kann; wie sieht es aber demgegenüber erst in nur 6, 8 oder 10 m breiten Straßen aus? Mit vollem Rechte verlangen also auch jene Hygieniker, welche ihre Anforderungen auf das Unerlässliche einschränken, dass bei Neuanlagen die Straßenbreite mindestens der Haushöhe gleich sein müsse; wollte man das Beste anstreben, so müsste man viel weiter gehen. [...]

Herr Regierungsrath *Sitte* stellt seinen viel zu nieder gegriffenen Wünschen für die Breite von Nebenstraßen, das Verlangen nach einer Breite von 30 m für die drei neuen Radialstraßen gegenüber, welche er für die Innere Stadt als Um und Auf der Regulirung betrachtet. Als eine derselben bezeichnet er die von Herrn *Riehl* vorgeschlagene und von Herrn Architekten *Lotz* in seinen Plan aufgenommene Straße. Die ohnedies nicht gerade Mariahilferstraße hält der Herr Regierungsrath für viel zu gerad, bei der *Riehl*'schen Straße macht die Geradheit nichts, obschon die Steigung des Terrains zur Krümmung Veranlassung geben könnte [...].

Herr Regierungsrath *Sitte* wies dann auf die Linie Michaelerplatz, Schaufler- und Löwelstraße mit einer Verlängerung vom ersteren Platze nach dem Graben. Abgesehen davon, ob eine breite Radialstraße nach jener Richtung überhaupt einen wesentlichen Nutzen brächte, da die passende Anknüpfung der in den äußeren Stadtgebieten bestehenden Hauptradialstraßen nicht zu erkennen ist und am allerwenigsten dann, wenn man an die Entwürfe denkt, die Herr Regierungsrath *Sitte* für die Umgestaltung des angrenzenden Stadttheiles seinerzeit verfasste, so übersah der Herr Regierungsrath die fatale, kaum 14 m breite Enge zwischen dem Amalienhofe und dem Ministerium des Aeußern, auf die man hier stößt. Er wird doch nicht selbst Vandale werden wollen, nachdem er dort, wo dringende Verkehrsbedürfnisse zur Beseitigung des einen oder anderen alten Bauwerkes nöthigen, von unerhörtem Vandalismus spricht? In dieser Beziehung hat mich wohl auch seine Befürwortung der Riehl'schen Straße überrascht, freilich begeht da den sogenannten Vandalismus nicht das Stadtbauamt, oder übersah der Herr Regierungsrath, dass dieser Straße *Hansen*'s griechische Kirche, der Heiligenkreuzerhof und das erzbischöfliche Palais zum Opfer fallen müssen?

Für seine dritte, 30m breite Radialstraße, meinte der Herr Regierungsrath, werde sich der Weg vom Stefansplatz gegen die verlängerte Wipplingerstraße schon finden.

Ich habe den Plan sehr aufmerksam studirt und kam dabei zu dem Resultate, dass auch ein solcher Straßenzug bei Annahme einer Breite von 30m ohne sehr bedeutenden Vandalismus nicht durchzuführen sein wird; übrigens bleibe bezüglich aller drei vorgeschlagenen Straßen nicht näher berührt, welche enorme Summen aufgewendet werden müssten, um jene große Straßenbreite zu erreichen. Ich stimme aber mit Herrn Regierungsrath *Sitte* insoferne vollständig überein, dass es ein dringendes Bedürfnis ist, den Verkehr zwischen der Inneren Stadt und den Außenbezirken möglichst zu erleichtern […].

Ich komme nun bezüglich des vom Stadtbauamte vorgeschlagenen Regulirungsprojecte für die Innere Stadt zu dem Schlusse, dass es, abgesehen von einigen Einzelnheiten, die noch eines weiteren Studiums werth wären, in seinen Hauptzügen dem Wesen der bestehenden Stadt und der zu erzielenden Verbesserungen entspricht und unsere vollste Anerkennung verdient, trotz der buckeligen Vierecke, die darin öfter vorkommen und die Herr Regierungsrath *Sitte* gelegentlich der Erörterung seiner 2. These so sehr getadelt hat […].

„Je größer die Stadt, desto größer und breiter werden Plätze und Straßen, desto höher und umfangreicher alle Gebäude, bis deren Dimensionen mit den zahlreichen Stockwerken, unabsehbaren Fensterreihen kaum mehr künstlerisch wirksam gegliedert werden können."

„… Bei so colossaler Häufung der Menschen an einem Punkte steigt aber auch der Werth des Baugrundes ungemein und liegt es gar nicht in der Macht des Einzelnen oder der communalen Verwaltung, sich der natürlichen Wirkung dieser Werthsteigerung zu entziehen, weshalb allenthalben, wie von selbst, Parallelstraßen und Straßendurchbrüche zur Ausführung kommen, wodurch auch in allen Stadttheilen immer mehr Seitengassen entstehen und eine Annäherung an das leidige Baublocksystem sich ganz im Stillen vollzieht. Es ist das einfach eine Erscheinung, welche mit einer gewissen Höhe des Baugrundwerthes und des Straßenfluchtwerthes naturgemäß zusammenhängt und an sich nicht wegdecretirt werden kann, am allerwenigsten durch bloße ästhetische Erörterungen. […]"

Verfasser dieser treffenden Darlegung ist Herr Regierungsrath *Sitte*, der in seinem Werke „Der Städtebau nach seinen künstlerischen Grundsätzen" auch weiterhin stets berücksichtigt, dass es nicht das Gleiche ist, ob es sich um den Plan für neue Stadttheile oder um die Regulirung eines alten Stadtkernes handelt. Ich werde also auch erst dann zugeben, dass der stadtbauamtliche Plan zu verwerfen ist, wenn ein anderer vorliegt, der, ohne mit werthvollen alten Monumenten in Collision zu kommen, den gewünschten großen Zug zeigt, über den mit sehr viel Eloquenz gesprochen, der aber nirgends mit dem Stifte dargestellt wird.

In seiner 3. These verlangt Herr Regierungsrath *Sitte*, dass Verkehrskreuzungen bei Hauptadern unbedingt, bei Nebenstraßen so viel als möglich vermieden werden. Wie dies zu machen ist, hat er leider nicht gesagt. Was immer für einen Stadtplan man zur Hand nehmen mag, so findet man darin unzählige Kreuzungen sowohl von Hauptlinien als auch von Nebenlinien, auch in dem Erweiterungsplane für Olmütz fehlen sie nicht. Dass sie für den Verkehr ein Uebelstand sind, der besonders dann grell hervortritt, wenn man jenen auf wenige Hauptstraßen concentrirt, wird gewiss Niemand bestreiten, mildern wird sich derselbe aber nur lassen, wenn man eben von dieser Concentration des Verkehrs absieht und wie es im Regulirungsplane angestrebt ist, in den inneren Theilen der Stadt, nach welchen der Verkehr von allen äußeren zusammenfließt, denselben durch die Führung von Parallelstraßen zerlegt; mag man was immer für ein Bausystem anwenden, das mit rechteckigen Baublöcken, wie Herr Regierungsrath Sitte in den äußeren Theilen von Olmütz, oder irgend ein anderes mit geraden oder krummen Straßen. [...]

Vollkommen einverstanden bin ich mit der 4. These des Herrn Regierungsrathes *Sitte*, welche vor der Täuschung warnt, dass in allen neu durchzuschlagenden oder zu verbreiternden Straßen dasselbe Geschäftsleben herrschen werde, wie in den heutigen Hauptstraßen der Inneren Stadt und in einigen der belebtesten äußeren Radialen. [...]

In seiner fünften These bedauert Herr Regierungsrath *Sitte*, dass die alte Stadt unter der Wirkung des Regulirungsplanes ganz verschwinden werde. Dem kann wohl gegenüber gehalten werden, dass, wie alle alten Städte, so auch Wien im Laufe der Zeiten sein Aussehen schon wiederholt gewechselt hat und noch oft wechseln wird, denn nichts ist weniger für die Ewigkeit geeignet, als das Hauptobject des Städtebaues, das Wohnhaus, das sich stets neuen Bedürfnissen anbequemen muss. Zu wünschen ist es nur, dass dieser Wechsel nicht in allzu rascher Folge eintrete und dass Vermittlungsobjecte erhalten bleiben, die im patriotisch gesinnten Herzen die Erinnerung an die geschichtliche Entwicklung und das Heimatsgefühl anregen. Gewiss haben unsere Vorväter in dieser Richtung des

Guten nicht zu viel gethan, denn neben einem Stefansdom gab es im Mittelalter gewiss auch herrliche Profanbauten in Wien, von denen uns nichts erhalten blieb. Dagegen werden sich unsere Nachkommen über uns nicht zu beklagen haben. Denn was trotz aller Mühe nicht stehen bleiben kann, wird nach allen Richtungen gezeichnet und photographirt, so dass sie seinerzeit unser heutiges Wien besser kennen werden als wir selbst.

Herr Regierungsrath *Sitte* kann sich allerdings auf seinen Plan für Olmütz berufen, in welchem für die Innere Stadt gar keine Regulirung vorgesehen ist. Ob dies als vortheilhaft bezeichnet werden kann, erscheint mir sehr fraglich, denn auch dort gibt es genug alte enge Gässchen und alte schlechte Häuser, deren Jahre gezählt sind. Wird da nicht rechtzeitig vorgedacht, so wird sich dort abspielen, was wir leider schon so oft in Wien erlebt haben; es wird mit den neuen Häusern fallweise planlos vor- oder zurückgerückt werden, je nach dem Ueberwiegen der jeweiligen persönlichen Einflüsse und damit eine Verworrenheit entstehen, die zu der systematischen Gestaltung der neuen äußeren Gebiete in den grellsten Gegensatz treten und gewiss nichtsweniger als schön sein wird.

Sehr entschieden muss ich mich gegen die sechste These wenden, welche behauptet, dass ganz unnütz Geld für Grundablösungen hinausgeworfen werde. Es mag sein, dass bei Straßendurchschlägen billiger wegzukommen ist als bei Straßenerweiterungen, zu vermeiden sind diese aber nicht und die bedeutenden hygienischen Vortheile, welche sie bringen, wiegen, wie Paris und London und theilweise auch Wien zeigen, die aufzuwendenden Kosten gewiss vollständg [sic!] auf und ich freue mich, in dieser Beziehung Herrn Regierungsrath *Sitte* wieder aus seinem Werke sprechen lassen zu können.

[…] „Ganz und gar mit Blindheit müsste man aber geschlagen sein, wenn man die großartigen Errungenschaften des modernen Stadthauwesens im Gegensatze zu dem alten, auf dem Gebiete der Hygiene nicht bemerken würde. Da haben unsere modernen, wegen künstlerischer Schnitzer schon so viel verlästerten Ingenieure geradezu Wunder gewirkt und sich unvergängliche Verdienste um die Menschheit erworben, denn ihr Werk hauptsächlich ist es, dass die Gesundheitsverhältnisse der europäischen Städte sich so wesentlich gebessert haben, wie es aus den oft bis gegen die Hälfte verminderten Mortalitäts-Coefficienten hervorgeht. Wie Vieles muss da im Detail zum Wohle aller Stadtbewohner verbessert worden sein, wenn solche Erfolge ausgewiesen werden können!" Diese Erfolge wurden aber – erlaube ich mir beizufügen – nicht etwa nur durch Wasserversorgung und Canalisation, sondern auch dadurch erreicht, dass den alten engen

Stadttheilen Licht und Luft zugeführt wurden, was ohne Grundablösungen unmöglich ist. [...]
Dem in der siebenten These ausgesprochenen Vorwürfe gegenüber, mit welchem sich Herr Regierungsrath *Sitte* dem Chore von einseitig urtheilenden Kritikern anschließt, welche Herrn Prof. *Mayreder* mit Hohn und Tadel überschütten, weil er nicht jeden Stein der Stadt auf dem anderen lassen will, darf ich wohl auf die maßvolle Rede verweisen, welche Se. Excellenz Freiherr v. *Helfert* in dieser Angelegenheit im Herrenhause gehalten hat. Weder Künstler, noch Techniker, also in keiner Beziehung durch irgend welche Rücksichten eingeschränkt, wusste er doch Worte der Achtung und warmer Anerkennung für einen Mann zu finden, der die schwierige Aufgabe zu lösen hat, eine dicht bebaute alte Stadt zu reguliren und dessen Pietät für alte Kunstwerke wohl das beste Zeugnis darin findet, dass er selbst in seinem Motivenberichte den Wunsch ausspricht, dass, wie für Paris, auch für Wien ein Gesetz geschaffen werde, das auf die Erhaltung von historisch oder künstlerisch werthvollen Gebäuden abzielt.
Ich schließe mich dem in der achten These ausgesprochenen Bedauern an, dass einige alte Plätze, wie der Hohe Markt und der Mehlmarkt, an deren stimmungsvolle Ruhe ich mich von meiner Jugend her erinnere, nun Verkehrscentren sind, daran trägt aber nicht der Regulirungsplan die Schuld, da jene Veränderung bei dem ersteren Platze schon zu jener Zeit eintrat, in welcher das alte Arsenal aufgelassen und die Wipplingerstraße nach Außen geöffnet wurde, während der letztere Platz ruhig zu sein aufhörte, als die Tegetthoffstraße an Stelle des alten Bürgerspitales trat. Beide Durchbrüche folgten einem unabweislichen Verkehrsbedürfnisse, an dem sich nun und nimmermehr etwas ändern lässt. Mit dem Bedauern darüber lässt es sich aber schwer vereinbaren, leichtherzig dazu die Hand zu bieten, auch die letzten noch ruhigeren Theile des Stefansplatzes zu Verkehrscentren zu machen, wie es Herr Regierungsrath *Sitte* durch Befürwortung der Straße Ferdinandsbrücke–Stefansplatz thut. [...]
In der zehnten These wird dem Regulirungsplane vorgeworfen, dass er wenig Schönheit aufweist und dazu bemerkt, dass die ganze Art der Regulirung eigentlich als eine Vorstadtregulirung zu bezeichnen sei. [...]
Die Schönheit einer Stadt wird nie vom Plane allein abhängen, sondern sehr wesentlich von dem Geschicke der bauenden Architekten beeinflusst werden. Allerdings wird der Stadtplan-Verfasser theils durch Bestimmung der Baulinien, theils durch Abtheilung der Baublöcke auf Einzelngrundstücke, namentlich bei neu anzulegenden Stadttheilen die Grundlagen für eine glückliche architektonische Gruppierung schaffen können; in einer

alten Stadt sind ihm aber die Hände vielfach gebunden, namentlich wenn er fast bei jedem Schritte auf Bauwerke stößt, deren Erhaltung erwünscht ist. [...]
Was mit der Vorstadt-Regulirung gemeint sein soll, ist mir eigentlich nicht klar. Sind es vielleicht die buckligen Vierecke, welche den Herrn Regierungsrath an den von ihm mit vielem Rechte so sehr gelobten Regulirungsplane der Vorstädte Münchens erinnern, den Herr Prof. *Henrici* verfasste und in welchem neben reizenden an die von *Sitte* in seinem Werke gegebenen Anregungen erinnernden Platzentwürfen, durch den Straßenzug fast nur bucklige Vierecke gebildet sind? Mag dem nun sein wie es wolle, jedenfalls bietet sich dem Städtebauer bei der Regulirung der Vorstädte ein viel weiteres Feld, sein Können zu zeigen, als bei jener des Stadtkernes, wie dies ja auch Herr Regierungsrath *Sitte* bei dem Regulirungsplane für Olmütz zeigte. Freilich wird es mit der Vorstadt-Regulirung Wiens auch nicht leicht sein, denn theilweise – bis weit über die früheren Linienwälle hinaus – hat das unter der Aegide staatlicher Organe, während der letzten Decennien beliebte, weder die Terrain- noch die Verkehrsverhältnisse berücksichtigende Parcellirungssystem, das nur gerade, sich rechtwinkelig kreuzende Straßen kennt, schon so viel Unheil angerichtet, dass ohne gewaltsame Eingriffe, die hier allerdings nur auf meist elende Zinskasernen stoßen, eine ausgiebige Verbesserung nicht zu erwarten sein wird. Dringend zu wünschen ist es aber, dass die Regulirung der äußeren Gebiete baldigst im Plane festgestellt werde, damit dem dort herrschenden wüsten Treiben endlich Einhalt geboten werden könne und in den neu zu bebauenden Gebieten die Principien des modernen Städtebaues voll zur Geltung kommen.
In der Erörterung der die Karlskirche betreffenden elften These fiel es mir auf, dass Herr Regierungsrath *Sitte* besonders scharf die Anforderungen stellt, sie nicht freizulegen, was nach dem Regulirungsplane gar nicht beabsichtigt ist, oder geht jenes Verlangen so weit, dass auch das Wohnhaus stehen bleiben muss, welches jetzt an den östlichen Thorthurm der Kirche angebaut ist. Sollte dieses nüchterne Haus als architektonisch wichtiges Object erklärt werden und für die Ewigkeit erhalten bleiben?
[...]
Zur 12. These sprach sich der Herr Regierungsrath, wie schon in seinem wiederholt citirten Werke, gegen kleine, offene Gartenplätze aus und befürwortete von Gebäuden umschlossene Gartenanlagen. Wer wird es bestreiten, dass es höchst wünschenswerth wäre, auch im Innern der Städte große Gartenanlagen zu finden und dass daher sehr bedauerlich ist, wie wenig

darauf bei unserer ersten Städterweiterung Rücksicht genommen wurde. Heute haben die Grundwerthe eine solche Höhe erreicht, dass man in den Anforderungen wohl bescheidener sein und es schon als eine Wohlthat bezeichnen muss, wenn innerhalb des Häusermeeres bepflanzte Plätze in möglichst gleichmäßiger Vertheilung frei gehalten werden. [...]
Bei Regulirung der Innern Stadt von solchen umbauten Parkanlagen zu sprechen, erscheint aber höchst verwunderlich. Stadtpark und Volksgarten werden doch nicht etwa gar noch weiter dadurch einzuengen sein, dass sie mit Villen umbaut werden. So groß sind sie ja leider ohnedies nicht, dass sie außer den hohen Häusern, welche an den sie umziehenden Straßen stehen, noch einer enger gezogenen Wand zum Schutze gegen allzu freie Windströme bedürfen würden. Man muss überhaupt mit sehr kleinen Verhältnissen rechnen, wenn man auf die Umbauung eines für eine große Besucherzahl bestimmten Gartens, mit Rücksicht auf einen solchen Schutz, Werth legt. Auch der an seiner Ostseite von Villen begrenzte, schön geplante Stadtpark von Olmütz wird an seiner Wind- und Wetterseite offen bleiben, und so mögen denn auch jene wenigen Gartenplätze, die wir noch besitzen, wie jene vor dem Rathhause und der Votivkirche, erhalten bleiben, wenn auch den für ihre Umbauung und Verkleinerung von Herrn Regierungsrath *Sitte* verfassten Entwürfen nicht im entferntesten näher getreten werden soll. Die hygienischen Anforderungen stehen aber hier zweifellos höher als die architektonischen.
Herr Regierungsrath *Sitte* schloss seine Thesen mit der Bemerkung, dass man bei Regulirung der alten Innern Stadt von höheren Gesichtspunkten ausgehen müsse. Was er darunter meint, ist weder aus seinem Werke noch aus seinen Thesen zu entnehmen. Sehr bedauerlich bleibt es daher jedenfalls, dass er sich seinerzeit nicht an der Concurrenz betheiligte, obschon er sich in seinem Werke öfters lebhaft für Concurrenzen für Stadterweiterung ausspricht. Er sagte aber hier, er wollte nicht für den Papierkorb des Stadtbauamtes arbeiten. Nun diese Befürchtung wäre gewiss auch ihm gegenüber unbegründet geblieben. [...]
Obschon Ober-Baurath Baron *Ferstel*, dessen Denkschrift über die bauliche Entwicklung Wiens, trotz ihrer Kürze, in bisher unübertroffener Weise die Grundzüge der Stadterweiterung darlegt, stets die Veranstaltung einer Concurrenz im Auge hatte, wusste Herr Regierungsrath *Sitte* im voraus, dass aus einer Concurrenz nichts heraus kommen könne, *da die Concurrenten ihre Entwürfe, nur um Preise zu bekommen, so machen, wie es gewünscht wird.* Seine persönliche Meinung über den Werth der Concurrenz zu bekämpfen, wäre nutzlos, die letztere Aeußerung muss

ich aber als Juror auf das entschiedenste und mit Entrüstung zurückweisen. Die Wendung, mit welcher Herr Regierungsrath *Sitte* seinem Patriotismus und seiner Verehrung für unseren erhabenen Monarchen Ausdruck gab, wird gewiss nicht verfehlt haben, überall, so wie bei uns den angenehmsten Eindruck zu machen. Herr Regierungsrath *Sitte* wünschte dann Wien einen kunstsinnigen Bürgermeister. Dass dieser den Regulirungsplan machen werde, wird er wohl weder hoffen noch wünschen, wahrscheinlich meint er aber, dass durch einen solchen Bürgermeister der große Regulirungsmann ohne Furcht und Tadel, der nicht darauf auszugehen braucht, es Allen recht thun zu wollen, da er es ohnedem schon so trifft, dass Alle einverstanden sein müssen, wie ein Deus e-machina hervorzuzaubern sein werde. Ob dem kunstsinnigen Bürgermeister ein solches Meisterstück gelingen würde, bleibe dahingestellt. [...]

Theodor Goecke
Städtebau und Denkmalpflege
Der Städtebau 1 (1904), Heft 2, S. 20–22

Zum vierten Male haben die für die Denkmalpflege bestellten oder begeisterten Männer in Erfurt am 25. und 26. September des verflossenen Jahres getagt, darunter nicht weniger als sechs unserer ständigen Mitarbeiter. Denn zur Tagesordnung gehörte infolge einer vom Oberbürgermeister Struckmann – durch seinen Vortrag über „Denkmalpflege in den Städten" auf dem vorigen Denkmalpflegetage in Düsseldorf – gegebenen Anregung die Verhandlung über die Bedeutung neuer Straßenfluchtlinien in alten Städten vom Standpunkt der Denkmalpflege. Die Berichterstatter: Geheimer Hofrat Professor Dr. C. Gurlitt aus Dresden, Geheimer Oberbaurat Professor K. Hofmann aus Darmstadt und Geheimer Baurat J. Stübben aus Köln hatten 6 Leitsätze aufgestellt, die wegen ihrer allgemeinen Bedeutung für den Städtebau hier wiedergegeben werden sollen.
1. Alte Baulichkeiten von künstlerischer und geschichtlicher Bedeutung, wozu namentlich auch charakteristische Privathäuser gehören, sind in den Fluchtlinienplänen als solche kenntlich zu machen.
2. Eine vor die Flucht der genannten Baulichkeiten vortretende oder dahinter zurücktretende neue Baufluchtlinie ist nur dann festzustellen, wenn unumgängliche Rücksichten des Verkehrs und der Gesundheit es erheischen.

Dabei ist zugleich zu prüfen, ob und wie die in Mitleidenschaft gezogenen Bauten der neuen Fluchtlinie bei Ausführung derselben angepaßt, nötigenfalls umgebaut werden können. Besonders kommt hierbei die Überbauung von Fußwegen in Frage.

3. Die Veränderung der Höhenlage der Straße an den in Rede stehenden Baulichkeiten ist nur dann statthaft, wenn überwiegend starke Gründe des Verkehrs, des Hochwasserschutzes und ähnlicher Art eine andere Lösung ausschliessen. Auch in diesem Falle ist von vornherein zu untersuchen, in welcher Weise der alte Bau der neuen Höhenlinie angepaßt werden kann.

4. Die neuen Baufluchtlinien sind nach Möglichkeit so festzusetzen, daß nicht bloß die in Rede stehenden Baulichkeiten dauernd vor Benachteiligung geschützt, sondern auch die Eigenart alter Straßenzüge erhalten wird. Auf die Durchführung gerader Flucht- und Höhenlinien ist, wenn in dem einen oder anderen Sinne Schädigungen zu befürchten sind, zu verzichten. Gekrümmte Straßenrichtungen und Straßenwendungen, sowie charakteristische Höhenunterschiede sind überhaupt bei Feststellung neuer, zur Erbreiterung und Verbesserung von Straßen bestimmter Fluchtlinien nach Möglichkeit beizubehalten.

5. Die Geschlossenheit alter Straßen- und Platzwandungen ist auch bei Festlegung der für den Verkehr erforderlichen Erbreiterungen und Durchbrechungen nach Möglichkeit zu schonen (Beispiele: Rom, Brüssel, Nürnberg, München, Köln).

6. Die sogenannte Freilegung eines Bauwerks, bezw. die Vorbereitung der Freilegung durch Fluchtlinienfestsetzung kann hervorgehen aus dem Verkehrsbedürfnisse und aus ästhetischer Absicht. In beiden Fällen ist vor der Festsetzung sorgfältig zu prüfen, ob das Gesamtbild des Bauwerks und seiner Umgebung durch die beabsichtigte Freilegung gehoben oder beeinträchtigt werden wird.

Muß die Beeinträchtigung befürchtet werden, so ist, wenn Verkehrsinteressen maßgebend sind, nach Möglichkeit dem Verkehre eine andere Richtung anzuweisen. Handelt es sich dagegen vorwiegend um ästhetische Absichten, um sogenannte Verschönerungen, so ist eine schädigende Freilegung erst recht zu unterlassen und, soweit nötig, die Verbesserung der Umgebung des Bauwerks in anderer Weise anzustreben (Beispiele: Löwen, Köln, Darmstadt, Stralsund).

Geheimrat Stübben gab dazu etwa folgende Erläuterungen: Die mittelalterliche Stadt war nicht auf großen Verkehr eingerichtet, hatte auch keine besondere Rücksicht auf die Schaffung gesundheitlicher Ver-

hältnisse genommen. Deshalb sind in unserem Zeitalter Verbreiterungen und Richtungsänderungen alter Straßen, Durchbrechungen ganzer Stadtteile durch neue Straßen notwendig geworden. Der wichtigste Satz ist der erste, denn bei der Aufstellung von Bebauungsplänen hat man bisher nicht daran gedacht, zu prüfen, welcher Art die sich den neugezogenen Fluchtlinien in den Weg stellenden Bauwerke sind, zu unterscheiden zwischen der Masse gewöhnlicher Privathäuser und den etwa sich daraus hervorhebenden eigenartigen Gebäuden von künstlerischem oder geschichtlichem Werte. Solchen unbeabsichtigten und unbewußten Schädigungen soll in Zukunft vorgebeugt werden.
[…]

Paul Weber
Ungesunde Altertümelei im Städtebau
Der Städtebau 1 (1904), Heft 4, S. 55–58

Eine Reihe prächtig ausgestatteter Mappen aus dem deutschen Architektur-Verlage in Leipzig liegt vor mir. Sie enthalten mehrere Hundert Wiedergaben von Entwürfen für altertümlich gedachte Fassaden in einzelnen deutschen Städten, „neu entworfen im Sinne der Alten". Architekten und Hausbesitzer sollen diese Entwürfe als Vorbilder benutzen, wenn es gilt innerhalb der Straßen der Altstadt einen Neubau zu errichten. Der „historische Charakter" der betreffenden Städte, die „malerische Erscheinung" der alten Straßenzüge soll auf diese Weise erhalten werden, die Neubauten sollen nicht gar zu sehr aus dem Rahmen des Ganzen herausfallen und das bisher einheitliche Bild zerreißen. […]
Beim Durchblättern dieser hunderte von oft unbestreitbar reizvollen Entwürfen, in denen so viel fleißiges Altertumsstudium einer ganzen Schar deutscher Baumeister steckt, überfällt den *Nicht-Romantiker* ein gelindes Gruseln. Er sieht, daß es zwar nicht allzu schwer ist, aus dem reichen Formenschatze der Vergangenheit einiges Hübsche auszuwählen und damit eine neue Fassade auszustaffieren, sodaß sie *beinahe*, vielleicht sogar ganz genau aussieht, wie eine alte, aber wie wenige unter diesen Hunderten von Entwürfen bringen etwas *wirklich Neues im Geiste des Alten!* […]
Durch die fleißige Benutzung dieser Vorlagenwerke, wie sie der heranwachsenden Generation der Baubeflissenen in ihren Fachschulen besonders anempfohlen wird, wird nun diese Generation in Bahnen geleitet, welche der Entwickelung eines gesunden neuen eigenen Stiles stracks

zuwiderlaufen. Auch insofern können diese Preisausschreiben, so gut gemeint sie waren, geradezu verhängnisvoll wirken. Nicht dadurch setzen wir die gute alte Überlieferung fort, daß wir Erkerchen, Türmchen, Dachbauten, Zinnen da und dort ansetzen, auch wo sie überflüssig und sachlich nicht berechtigt sind, oder daß wir hohe, schmale Giebel auftürmen, die doch ihre innere Berechtigung nur in einer Zeit hatten, als ausgedehnte Speicherräume über den Wohngeschossen eine Notwendigkeit waren, sondern dadurch, daß wir *aus dem Material heraus* die Zierformen gestalten, wie das die alte Zeit tat, und daß wir *von innen nach außen* bauen, Fassade und Form des Hauses nach der Anordnung der Räume gliedern, Zweck und Aufgabe des Baues außen erkennen lassen, mit einem Worte: *die Wahrheit* anstreben. Jedes Haus soll klar und offen sagen, was es soll und will und je nachdem auch aus welchem Material es besteht. Darin beruht der große Reiz alter Städtebilder, nicht darin, daß alle Gebäude mit ähnlichen Schmuckformen verziert und der gleichen Stilart angenähert sind. Wie viele von ihnen sind ganz schlicht, ohne alle Zierformen, und wirken doch so harmonisch im Gesamtbilde! Ja solche einfache, ganz anspruchslose Bauten sind geradezu eine Notwendigkeit im Straßenbilde, um dem Auge und der Phantasie Ruhepunkte zu gewähren. Sie verhelfen den einzelnen wertvolleren Nachbarbauten erst zur rechten Wirkung. Legen wir aber, wie es durch diese Preisausschreiben unmittelbar veranlaßt und dem entwerfenden Baumeister nahe gelegt wird, den entscheidenden Wert auf die *alten Zierformen*, die um des altertümlichen und malerischen Eindrucks willen auch sinnwidrig angewandt werden dürfen, so führt das zu ungesunder Altertümelei, wir erziehen unsere Architektur zur Unwahrheit oder vielmehr: wir erhalten sie darin. Denn seit einem halben Jahrhundert schon quält sie sich mit der Wiederholung vergangener Stilarten ab, nur daß sie darin immer raffinierter geworden ist.
Die Gefahr wird verstärkt durch die Baubestimmungen einiger der oben genannten Städte. […]
Die Dresdner Städte-Ausstellung des vergangenen Sommers hat viel lehrreiches Material für die Bestätigung dieser eben entwickelten Anschauung, die zwar in schroffem Gegensatze steht zu einer sehr weit verbreiteten Anschauung gerade in den Kreisen, die in unseren großen Städten vielfach den Ton angeben, die aber doch offen ausgesprochen und oft wiederholt werden muß, wenn einer drohenden Gefahr rechtzeitig Einhalt geboten werden soll. Die gesuchte Altertümelei breitet sich erschreckend schnell aus. Und in denjenigen deutschen Städten, in welchen jene wohlgemeinten antiquarischen Bestrebungen schon tiefer in die Praxis eingedrungen sind,

kommt man aus dem Ärger nicht mehr heraus. Da bewundert man z. B. ein schönes altes Fachwerkhaus mit seinen biederben alten „originellen" Sprüchen und Schnitzereien, – und plötzlich geht die Erkenntnis auf, daß man einen Wechselbalg vor sich hat! Und vollends diese Talmi-Renaissancebauten, die so täuschend nachgebildet sind! Sie heucheln mit treuherzigster Miene eine Entstehungszeit und Zweckbedürfnisse vor, die bei der Erbauung tatsächlich nicht vorhanden waren, mithin auch nicht maßgebend hätten sein dürfen. Die Devise solcher Bauten lautet: Wir *möchten* wohl gern für alte Herren aus dem 15. oder 16. oder 17. Jahrhundert gehalten werden, aber in Wirklichkeit sind wir gar nicht so bejahrt. Es ist zum Totlachen, daß du darauf hereingefallen bist! Sieh' uns nur genau ins Gesicht: Wir haben bloß des Großvaters alten Hut aufgesetzt und uns alt geschminkt! Wir tun nur so, als wären wir ein alter Edelhof oder das Stammhaus einer Patrizierfamilie, aber in Wirklichkeit schuf uns das 20. Jahrhundert. Man verkauft in unserm Erdgeschoß Schnittwaren, im Mittelgeschoß ist Warenlager und im hochragenden Giebel, der einen altdeutschen Warenspeicher andeuten soll, wohnen kasernierte Mietsleute, – und wie unbequem noch dazu! Ja, das ist allerdings zum Totlachen – setze ich traurig hinzu und gehe weiter.

Diese heuchlerische Altertümelei haftet unserer Bauweise schon viel zu lange an, man soll sie nicht noch künstlich durch Preisausschreiben züchten. Das ist keine sachgemäße Weiterbildung der „heimischen Bauweise", daß wir ihr bloß abgucken, „wie sie sich räuspert und wie sie spuckt". Wie soll denn der ersehnte neue Stil zu Kraft und Leben kommen, wenn die Architektur immer weiter in steifem historischen Schnürleib und engen spanischen Stiefeln daherwandeln muß? Wir müssen endlich den Mut gewinnen, ehrlich aus den Bedürfnissen des 20. Jahrhunderts heraus zu gestalten, müssen lernen, die praktischen Anforderungen unserer Zeit in *künstlerische* Form zu bringen. Das haben frühere Zeiten gekonnt und instinktiv das richtige getroffen, deshalb bewundern wir sie. Diese Sicherheit müssen wir auch lernen, dann können sich unsere Neubauten getrost zwischen den besten alten sehen lassen, ohne daß sie jene nachzuäffen brauchen. Aber dazu gehört eben, daß wir nicht immer rückwärts schauen, sondern vorwärts. Darauf sollten die Preisausschreiben ihre Hauptabsicht richten, wenn sie dauernd segensreich wirken wollen. Gerade in den Städten, welche reich an schönen alten Bauten sind, sollte dies das Absehen sein, die durch die Bedürfnisse der Gegenwart ja leider immer häufiger entstehenden Lücken des alten Bestandes nicht durch Nachahmungen zu ersetzen, *sondern durch echte frische Kinder des 20. Jahrhunderts*, die doch zeigen, daß sie dem heimischen Boden entstammen und sich willig ihrer ehrwürdigen Umgebung einfügen. Die alten Städtebilder sind gerade deshalb so wertvoll und interessant, *weil jedes Haus ehrlich sagt, aus welcher Zeit es stammt.* Soll das 19. und 20. Jahrhundert ewig dazu verdammt sein, nicht sagen zu dürfen, daß es auch einmal dagewesen ist? Wir müssen uns dies Versteckspielen abgewöhnen. [...]

Ränder der Weltstadt: Formationen der Stadtflucht

[Camillo] S[itte]
Die Kahlenberg-Pläne 272

Camillo Sitte
„Die Moderne in der Architektur und im Kunstgewerbe". [Vortrag im Rahmen der Diskussion im Österreichischen Ingenieur- und Architekten-Verein am 9. Januar 1899, Fortsetzung der Diskussionen vom 3. Dez. 1898, 17. Dez. 1898, weitergeführt am 23. Januar 1899]. 274

Kamillo Sitte
Sezession und Monumentalkunst. Die Modelle für das Museum der Stadt Wien ... 277

Kamillo Sitte
Das Waldviertel einst und jetzt 280

Kamillo Sitte
Wiener Villenzone 282

Camillo Sitte
Eine Doppelvilla 287

Camillo Sitte
Vorwort zur bautechnischen Ausführung 291

Camillo Sitte
Großstadt-Grün 292

N.N.
Nervöse Kinder 309

[Camillo] S[itte]
Die Kahlenberg-Pläne
Neues Wiener Tagblatt, 21. August 1872 (6. Jg. Nr. 228), S. 1

Also auch ihn haben sie erwischt, die bösen Männer, welche Banken gründen, unseren alten bemoosten Kahlenberg! Dieser alte Bursche ahnt wohl gar nicht, daß er im Ausstellungssaale des Ingenieurvereines im Schönbrunner Hause schon auf achterlei Art parzellirt ist, und träumt noch von den wundersamen Dingen, welche er als historische Warte der „blauen" Donaustadt miterlebte, von den Nibelungenrecken, von Walther und Neidhardt, von den Türkenhorden und wieder von ruhiger Zeit, in der kühne und liebliche Sänger in seinem Grün verweilten, Sänger, deren Namen Beethoven und Mozart! Wie munter erschallte es, wenn unsere

Wiener Künstler, welche seither allerdings auch schon gerne ein wenig mitgründen, in seinen ehrwürdigen Buschen ihren herrlichen Altmeister Dürer leben ließen. Sind das gewiß doch gemüthvolle, lebensfreudige Tage gewesen, die unser Alter erlebt hat! Schön ist dies Alles gewesen, nun aber ist es Zeit, daß es ein Ende damit nimmt, und der träumerische Taugenichts soll nun auch einmal was Solides leisten, soll Zins tragen und Renten abwerfen. Diesen zeitgemäßen Richterspruch sprach ihm die Union-Baugesellschaft, und selbige geht auch allsogleich an die Vollziehung des Urtheils.

Acht Parzellirungsproiekte sind gegenwärtig im Ingenieurverein ausgestellt, von denen drei mit Preisen ausgezeichnet worden sind. Der erste fiel *C. Bauer* zu, Obergärtner des botanischen Gartens in Lemberg. Bauer's Plan ordnet eine ziemlich große Anzahl Landhäuser mit kleinen einschließenden Gärten, ringförmig an dem äußersten Rand der Parzelle herumlaufend, wodurch ein möglichst großer Raum im Innern für eine Parkanlage wird. Das jetzige Wirthshaus, das bereits in Umwandlung ein Hotel begriffen ist, schließt wie der Stein oder die Siegelplatte diesen Ring.

Den zweiten Preis erlangte *I. Dauscher*, Ingenieur der Hochquellen-Wasserleitung in Mauer. Sein Entwurf unterscheidet sich von dem vorigen vorzüglich durch eine geringere Anzahl Villen, welche dafür aber besser situirt sind, und durch einen kleinen Wiesenplan im Park nach dem Muster barocker Parkanlangen. Die letztere Anordnung ist an sich sehr schön, aber auf dem Kahlenberg sicher ohne bedeutenden Effekt. Die Wirkung einer solchen Einrichtung beruht nämlich ausschließlich auf starken Perspektiveffekten und diese mögen auf dem Kahlenberg noch so gut ausgedacht sein, so werden sie die Konkurrenz mit den natürlichen Fernsichten bis Oberösterreich, nach Mährern und bis an's Leithagebirge und anderen, die sich an den verschiedensten Punkten ganz von selbst darbieten, nicht aufhalten können.

Den dritten Preis bekam *C. Goudouin*, Ingenieur im Augarten. Diese drei Projekte sind in der That die entsprechendsten, obwohl die übrigen nur wenig zurückstehen. Eines derselben verdient jedoch Erwähnung, weil es sich dem kommerziellen Grundgedanken in ungebundenster, fröhlichster Laune in die Arme wirft. „*Höher Peter!*" heißt das Motto des unbekannten Autors. Der ganze Berg ist bienenstockartig in eine Unzahl ganz kleiner Bauparzellen abgetheilt, welche alle unmittelbar an einander stoßen. Gegen zweihundert Bauten der verschiedensten Art sind darauf angegeben: z. B. Pompejanisches Haus, Alhambra, Arena, Hippodrom, deutsche Ritterburg, Museum, Bärenzwinger, Gärten der Semiramis, Eremitage, *Privat-Entbindungsanstalt* u.s.w. [...] Schade, daß er nicht ausgeführt wird, die Verblüffung unseres guten alten, an die Praktik des modernen Lebens noch gar nicht gewöhnten Berges hätte dadurch auch den „höheren" Grad erreichen können. Kolossale Einfälle imponiren eben Jedermann, selbst einem Berg, und ist es nicht etwa eine kolossale Idee, eine Privat-Entbindingsanstalt auf den Kahlenberg zu postiren? Da kommen eben auch die Kindlein der elendesten Demokraten bereits „*hochwohlgeboren*" zur Welt und in den freundschaftlichen Inseraten unserer Wehmütter würde es nicht mehr heißen: Drei Treppen hoch — es hieße dann: „Kahlenberg links, neben den hängenden Gärten der Semiramis, zu jeder Tageszeit im Dutzend billiger." [...]

Anm.
Zur Vertiefung der Eklektizismuskritik Camillo Sittes sind in diesem Zusammenhang die beiden folgenden Aufsätze abgedruckt.

Camillo Sitte
„Die Moderne in der Architektur und im Kunstgewerbe"
[Vortrag im Rahmen der Diskussion im Oesterreichischen Ingenieur- und Architekten-Verein am 9. Januar 1899, Fortsetzung der Diskussionen vom 3. Dez. 1898, 17. Dez. 1898, weitergeführt am 23. Januar 1899].
Zeitschrift des Oesterreichischen Ingenieur- und Architekten-Vereines 51 (1899), Nr. 11, 17. März, S. 166–167

[...] Das Regiment des obersten Hofbaurathes war also der unmittelbare Vorläufer der Periode, welche das Schlachtgeschrei hatte : „Einen neuen *Zukunftsstyl* wollen wir; wir wollen den neuen Zug unserer Zeit; unseres Herzens. Nun sollte der neue Styl gemacht werden, und da er sich nicht aus dem Aermel beuteln ließ, so wurde etwas Anderes daraus, es wurde das daraus, was man später als Eklekticismus bezeichnet hat. Das berühmteste Denkmal dieser Periode ist der Nordbahnhof, der aus 20% Barock, 20% Renaissance, 20% Gothik, 20% Romanisch, 20% Naturalismus besteht. Nachdem die ersten Früchte aus dieser Periode vorlagen, hat man gefunden, dass die an sie geknüpften Hoffnungen nicht erfüllt worden waren. Man hatte geglaubt, dass, wenn man das Schönste aus der Gothik, das Schönste aus den maurischen und noch anderen Stylen nimmt und mit einander mischt, das ziffernmäßig ausgedrückt, fortmultiplicirt eine Million von Effect erzielen wird, und nun hat man das Gegentheil gesehen, dass nämlich der Effect vermindert wird und dass die Ursache davon das Mischen war; denn die 20% Gothik konnten nicht zur Geltung kommen, weil sie durch die 20% des maurischen Styls umgebracht wurden und umgekehrt. Deshalb ist aus dieser Erkenntnis ein *Dogma* hervorgegangen, und zwar von der *Reinheit des Styles*. Während der ganzen Sechzigerjahre bestand das Schlagwort von der Reinheit des Styles. Kein einziges fremdes Element darf dazu kommen, hieß es. In dieser Periode wurden bekanntlich alle Style der Reihe nach „wiederbelebt", die letzten allerdings nur mehr cursorisch, weil die Begeisterung für dieses Nachempfinden bereits zu erkalten anfing.

Mit dem Interesse an der Stylreinheit verschwand zugleich die Scheu vor dem frischen, fröhlichen Mischen, und so geriethen wir neuerdings in eine Periode von Eklekticismus und, nachdem dieser zum zweitenmale sich als nicht haltbar erwiesen hat, erschallt wiederum allenthalben der Ruf nach einem neuen Styl unserer Zeit, unserer Gesinnung, unseres Herzens, nach dem Styl der Zukunft. Wenn man sich diese Reihenfolge im Kreise aufschreibt: — Oberster Hofbaurath, Neuer Styl, Eklekticismus, Stylreinheit, Eklekticismus, Neuer Styl, Oberster Baurath — so sieht man deutlich, wie der Ring sich schließt, nur folgte Ende der Vierziger-Jahre der neue Styl als eine Gegenbewegung auf die Verknöcherung der Baurathszeit, während heute umgekehrt wieder der Baurath als Gegengewicht gegen die Verrücktheiten des neuen Styles gewunschen wird. (Allgemeine Heiterkeit.) [...]

Nun möchte ich noch auf eine Kleinigkeit verweisen. Es wiederholen sich solche Kreisläufe nicht nur in einigen Decennien, sondern in Jahrhunderten und da ist es wiederum eine Erfahrung der Geschichte, dass gerade dasjenige, was man an dem neuen Styl, an dem Styl der Zukunft, als neu hinstellt, nicht neu ist. Ich möchte dafür auch eine historische Probe geben. Vor heute circa 100 Jahren und noch einige Decennien später sind in Wien eine Menge Häuser entstanden, bescheidener Art, aber fein empfunden, und diese findet man leider im Centrum, wo der Verkehr ununterbrochen wogt, nicht mehr, aber in den Vorstädten findet man sie noch. Ihr Façadenstyl charakterisirt sich dadurch, dass bei Vermeidung aller Pilaster und Säulenarchitektur sowohl bei Fensterumrahmungen als auch bei den Portalen alle Gliederung und Decoration blos aus Rahmenwerk und allerlei Tafeln besteht. Die damalige Zeit war eben der schulgerechten Pilaster-Architektur bereits überdrüssig geworden, und das ist heute genau ebenso. Ich glaube, wenn man in Wien in den Vororten, wo junge Zeichner für die

Baumeister die Façaden erfinden, und die frisch eingelernten Pilasterstellungen anbringen wollen, die Pilaster zusammenzählen wollte, so kämen wir im Nu zu Millionen. Gewisse Motive die immerfort angewendet werden, werden aber eklig, dass man sie nicht mehr vertragen kann. So kommt man dazu, derlei zu verwerfen, und so kommt es, dass die neue Richtung kein ordnungsmäßiges Capitäl mehr verträgt, dass sie demzufolge wieder zu Rahmen-, Latten- und Tafelwerk greift. Sehr beachtenswerth ist, dass dieser Styl in den Dreißiger-Jahren in Wien noch einen eigenen Namen hatte; es hieß diese Art zu decoriren: die Michel-Angeleske Bauweise. Und in der That hat diesen Styl Niemand geringer als der große Meister der italienischen Plastik geschaffen, da er auch grundsätzlich jeder Säule und jedem Pilaster aus dem Wege gegangen ist. In der casa Buonarotti befindet sich eine Studie von Michel Angelo zu den Gesimsungen seiner Architektur und an diesen Studien sieht man, wie es den gewaltigen Mann tief in der Seele verdrossen hat, dass er dieselben Gesimse machen soll, wie jeder Andere und man sieht deutlich, wie er alle möglichen Varianten durchgegangen ist, mit der Absicht, durchaus etwas Neues zu finden, mit der Absicht, um jeden Preis die schulmäßigen Gebälkformen und Säulenstellungen in Wegfall zu bringen, und auf diesem Wege kam schon dieser Meister zu einer blossen Rahmen- und Tafel-Architektur und gerade seine Art der Lösung ist heute noch die edelste, die schönste. Also auch das ist durchaus nichts Neues.

[…] Sagen wir schlicht und einfach: „Wir in unserem Vereine wollen arbeiten, aber nicht blos Phrasen dreschen; wir wollen Constructionen erproben, Neuerungen bekannt machen, Talente fördern, Uebelstände beseitigen, unser Fach zu Ehre und Ansehen bringen; aber nicht stylistische Abenteuer auskämpfen; wir wollen diesen Dingen aus Erkenntnis des historischen Weges freien Lauf lassen, fürchten uns nicht vor der Zukunft und wollen keine ästhetische Censur, keine architektonische Vormundschaft oder Curatelverhängung. Wenn das in Form eines Vereinsbeschlusses eingekapselt und gedruckt wird, so gehe ich jede Wette ein, dass man uns heute in hundert Jahren darum bewundern wird, denn ein so vernünftiger Beschluss ist noch nie gefasst worden, soweit dies wenigstens die alten Bauzeitungen lehren, auf dem Gebiete des Vereins- und Congresslebens.

Kamillo Sitte
Sezession und Monumentalkunst. Die Modelle für das Museum der Stadt Wien
Neues Wiener Tagblatt, 5. Mai 1903 (37. Jg. Nr. 123), S. 1–4; 6. Mai 1903 (37. Jg. Nr. 124), S. 1–3

Als in den Sechzigerjahren auf allen künstlerischen Gebieten die Stilreinheit, und zwar streng nach alten Mustern, als allein seligmachender Grundsatz aller bildenden Kunst galt, entstand im Zusammenhange damit das Streben, die großen Stilgrundsätze auch auf die Kleinkünste anzuwenden. [...]
Gegenwärtig sind wir im Verlaufe der Stilentwicklungsfragen sonderbarerweise gerade in den entgegengesetzten Fehler verfallen. Jetzt pflegen wir geradezu mit Leidenschaft den Kunstcharakter der kleinen Gegenstände, des Hausrates etc. und stehen vor dem Versuche, diesen Kleinkunststil auf die große Monumentalkunst zu übertragen. Dies ist zwar nicht theoretisch zugegeben, aber tatsächlich der Grundgedanke unserer sogenannten Sezession.
Wir alten, so viel verlästerten, sogenannten „Stilphilister" sind durchaus nicht so engherzig, als man es uns vorwirft. Wir anerkennen das viele Reizende, das von der Sezession bereits geschaffen wurde, voll und ganz und auch gerne. [...]
Von diesem Standpunkte aus ist es vollkommen richtig, daß auch ein ganzes Familienhaus nur dann behaglich, bürgerlich wirken kann, wenn es grundsätzlich den strengen Stilformen der großen Monumentalbaukunst aus dem Wege geht. Aber eben deshalb schließt sich dieses intime Interieur, dieses Einzelhäuschen mit seinem individuellen Grundriß von der großen Kunst aus und reiht sich der bereits besprochenen Kleinkunst an. [...]
Noch schwieriger wird das Verhältnis, wenn man den Boden der wirklichen Architektur als Kunst, als große Kunst, betritt. Wir müssen uns ja klar sein, daß dasjenige, was man im allgemeinen unter Baukunst oder Architektur versteht, kein einheitlich geschlossenes Wesen ist. Die Architektur ist gleichsam eine Sphinx, halb Tier und halb Mensch. Das, was der Baukünstler schafft, dient teilweise nur dem gemeinen Bedürfnisse und nur teilweise wirklich den hohen Idealen der Kunst als künstlerischer Selbstzweck.
Als *reine* Kunst kann nur der Kirchen- und Denkmalbau gelten; als halbe Kunst, das heißt, teilweise Lebenszwecken, teilweise idealer Kunststim-

mung dienend, sind der Burgen und Palastbau, der Rathaus-, Museums- und Theaterbau zu erwähnen. Das Warenlager, das Massenzinshaus, die ganze sogenannte landwirtschaftliche Baukunst, der Kasernenbau etc. haben mit reiner, idealer Kunst ebensowenig zu schaffen, als lediglich Gebrauchsgegenstände, wie etwa eine Dampfmaschine, ein Ackerpflug oder irgend ein Werkzeug. Es liegt in der eigenartigen Stimmung und Richtung unserer Zeit, daß die reine, große Kunst: der Kirchenbau, die Tragödie, das große monumentale Freskobild, gegenwärtig nicht diejenige hohe Pflege und allgemeine Beachtung finden, welche ihr in früheren, idealer angelegten und nicht so sehr auf blos praktische Ziele gerichteten Zeitaltern zuteil wurden. Da aber der Monumentalbau und die monumentale Plastik denn doch auch heute nicht entbehrt werden können, so ist es der allgemein einreißenden Strömung, die Grundsätze der Kleinkunst auf die Monumentalkunst zu übertragen, gegenüber gewiß von großer Wichtigkeit, einmal diese Grundsätze bei kleinen und der großen Kunst einander scharf gegenüberzustellen. […]
In der Kleinkunst ist der Stoff Nebensache; das Wie der Darstellung, die Mache ist die Hauptsache. Sie schafft alle die literarischen und kunstgewerblichen Nippes, bei deren Anblick man momentan angenehm erregt wird, oft unwillkürlich herzlich lachen muß, weil es zu drollig ist, was wir da vor uns sehen. Und gerade das Individuelle erfreut hier hauptsächlich, regt an, macht Spaß, erscheint preiswürdig. So auch verhält es sich mit der Kleinbaukunst. Diese bürgerliche Baukunst ist gar nicht Kunst im eigentlichen Sinne, sondern gewerbliche Modesache, und dem zufolge ist ihr allerdings der Zweckbegriff, die Rücksicht auf Material und Konstruktion Hauptsache; ja sogar der Preis (an Geld) und die Herstellungszeit werden da ausschlaggebend, im Gegensatze zum monumentalen Kirchenbau, bei dem es zu allen Zeiten sogar Grundanforderung war, daß der Mensch, der hier sich flehend an das Höchste der Welt, an die Gottheit wendet, Sein Bestes zu geben verpflichtet ist, das Kostbarste, das er besitzt. Also gerade hier ist es grundsätzlich verwerflich und *gegen* den inneren Sinn des Kunstwerkes, wenn man demjenigen Kirchenprojekt, wie bei einer gemeinen Marktware, den Vorzug geben wollte, welches das billigere ist. Das große Volkskunstwerk ist daher immer auch ein einziges, allein dastehendes, für das ganze Volk geltendes, während die kleinen Kunstwerke des alltäglichen Momentgebrauches sich schon durch die großen Ziffern, in denen sie erscheinen, als Marktware für den kleinen täglichen Gebrauch charakterisieren. So zählt zum Beispiel Wien gegenwärtig rund 84.000 Zinshäuser. Wenn das durchweg – im Sinne unserer sezessionistischen

Zinshauserbauer – Individualwerke sein sollten, so gäbe das auf sämtlichen Straßen und Plätzen ein derartiges Sich-gegenseitig-Ueberschreien und Brüllen, daß es für den Wanderer in einer Straße zum Verrücktwerden sein müßte. Ebenso sollen gegenwärtig in ganz Europa rund 40.000 Romanschriftsteller und Romanschriftstellerinnen leben, welche bereits mindestens einen Roman oder eine Novelle gedruckt haben. Dagegen besitzen wir seit mehr als hundert Jahren nur einen einzigen Goethe und einen einzigen Richard Wagner und seit mehreren Jahrhunderten keinen Shakespeare mehr. Ebenso hat vor etlichen Jahren der Sekretär der Düsseldorfer Künstlergenossenschaft herausgerechnet, daß Jahr für Jahr in ganz Europa auf Kunstausstellungen neu ausgestellt rund 80.000 Oelbilder erscheinen. [...]

Ganz genau so verhält es sich mit Otto Wagner. Dieser ist gewiß ein bedeutendes Talent und hat uns oft genug ausnahmslos entzückt. Sein Museumsprojekt steht aber ganz auf dem gleichen Standpunkte wie die Beethoven-Tempelmalereien von Klimt und würde, ausgeführt, ebensowenig zur Karlskirche passen wie Klimts Malereien zu einer etwaigen Wiederaufrichtung des Zeustempels von Olympia. [...]

Die Wirkung ist derart aufdringlich, daß Wagner selbst es fühlte, daß man einen derartigen Kontrast nicht einseitig neben die Karlskirche stellen könne, weshalb er mit ebenso reichlicher Vergoldung und demselben Gesamteffekt einen großen Zinspalast auf die entgegengesetzte Seite der Karlskirche hinüberstellte. Es kann gar keinem Zweifel unterliegen, daß für einen derartigen Bau sich an dieser Stelle kein Bauherr findet; denn es wäre nur als Warenhaus ersten Ranges zu denken, wozu hier die Verkehrsverhältnisse durchaus nicht gegeben sind. [...]

Nicht vergessen soll jedoch werden, daß die Ausgestaltung des leeren Platzes in dem Modell von Otto Wagner eine vorzügliche ist; sowohl die Wegräumung alles höheren Baum- und Buschwerkes als auch die Terrainsenkung und das allmähliche Ansteigen desselben gegen die Karlskirche ist fein empfunden und zeigt uns noch den alten, respektive jungen Otto Wagner, der uns seinerzeit ja manche architektonische Freude bereitet hat.

Kamillo Sitte
Das Waldviertel einst und jetzt
Neues Wiener Tagblatt, 25. August 1893 (27. Jg. Nr. 234), S. 1–2

Unter den österreichischen Topographien ragt hoch hervor als überhaupt merkwürdiges Werk ersten Ranges die schon so vielfach ausgeschriebene Darstellung Niederösterreichs von Schweickhard. Ein Quellenwerk. [...] Schweickhard selbst sagt [...] Hartenstein sei eine der großartigsten Ruinen im ganzen Lande, das selbst das so sehr gepriesene Starhemberg übertrifft. Bei alledem war aber Schweickhard nach dem Stande der Alterthumsforschung seiner Zeit, nicht einmal in der Lage, den archäologischen Hauptwerth dieser Ruine zu erkennen. Dieser liegt darin, daß es nirgends in Oesterreich oder in Deutschland eine zweite Ruine gibt, welche so haarscharf zu den Burgenbeschreibungen der mittelalterlichen höfischen Dichtkunst und selbst des Nibelungenliedes paßt, wie diese. Gleich der Eingang mit seinem „Slegetor" paßt wie kein zweiter zu der Burg des schwarzen Ritters im Iwein.* Dieser ganze Verbau ist so typisch klar, als ob er wie ein Paradigma aus allen Beschreibungen und zerstreuten Beispielen zusammengetragen wäre; er ragt als Quadrat aus der übrigen Grundfläche des Burgbaufelsens hervor in eine natürliche Bodensenkung, über deren tiefste Stelle eine Brücke ging, über sechs gemauerte Pfeiler. Den Kern dieses Vorbaues bildet jener in alten Geschichten berüchtigte erste Burghof, in welchen die überhitzigen Stürmer listigerweise gelockt werden sollten zur nachherigen Niedermetzelung, was auch dem Ritter Iwein trotz all' seiner übermenschlichen Tapferkeit begegnet wäre, wenn ihn nicht die Zaubersalbe der klugen Kammerfrau Laudinens unsichtbar gemacht hätte. Den Hintergrund dieses Vorwerkes bildet der schon erwähnte gewaltige runde Thurm, neben dem nur ein schmaler Thorweg mit doppeltem Thorschluß übrig blieb, um in den innern großen Burghof zu führen. Der Anblick dieses Burghofes muß seinerzeit geradezu überraschend gewesen sein. Linkerhand, schräg in die Tiefe laufend die ganze Ansicht des Ankommenden beherrschend die Langseite des Palastes mit dem großen Rittersaal und einer mächtigen Freitreppe zu dessen Eingang. Genau so muß die Gebäudestellung gewesen sein auf der Burg Gunther's als Siegfried zu Gast erscheinend, sein Roß zur Verwahrung abgab und seinen Speer an die Treppenmauer lehnte. Auch hier befindet sich rechter Hand, gegenüber dem Hauptgebäude eine Menge niederer, gewölbter Räume an die Burgmauer angelehnt, welche am ehesten wirklich Stallungen waren, während im Winkel links hin, neben dem großen

Thurm die Rüstkammern und Wohnräume der Reisigen zu suchen sind. Der Festsaaltrakt erinnert auch lebhaft an die Situation auf der Etzel-Burg, wie sie aus der erschütternden Beschreibung der geradezu erhaben furchtbaren Waffenthaten zu ersehen ist, die hier sich, dem Kampffluche folgend, so unerhört trotzig und grimmig abspielten.

Alles Uebrige deckt sich mit den alten Dichtungen gleichfalls so genau, daß nirgends etwas zu wenig oder zu viel, irgend ein Detail verschoben oder willkürlich umgebildet erscheint. Es müßte eine wahre Lust sein für einen archäologisch gebildeten Architekten, das Alles in altem Gefüge wiederherzustellen.

Hinter dem Hauptbau folgen die Wohnräume der Familie, die Frauenkemenaten und hinter diesen das Burggärtlein, selbst gegen das Beschießen bei einer Belagerung gesichert auf überhängendem höchsten Felsvorsprung und so lauschig, wie es in den mittelalterlichen Gesängen geschildert wird. Aus Allem sieht man deutlich, daß hier ein kriegserfahrener, aber auch kunstsinniger Bauherr das Ganze anordnete.

Die Burg hat sich auch lange erhalten. Nach den von Schweickhard aufgesammelten Sagen wurde sie 1645 von den Schweden scharf belagert, konnte aber nicht zur Uebergabe gebracht werden. Aus diesem Sagenkreis hat Dr. Robert Weißenhofer eine anmutige Erzählung geformt: „Der Schweden-Peter", welche sich in den Händen aller Sommerfrischler der ganzen Umgegend befindet. Dieser kleine Roman ist nach dem Vorbild von Walther Scott gedacht, aber bis auf das Niveau der Schriften „für die reifere Jugend" herabgedrückt. Sicherlich steckt in den einundfünfzig Bänden von Schweickhard mindestens ein halber Walther Scott drinnen, nur die Feder des großen Briten müßte einer wieder finden, um das Alles herauszuschreiben.

Der Verfall der Burg datirt erst aus unserem Jahrhundert. Seither wurde wieder ein nibelungenhaft gewaltsamer Recke für sie bemerkenswerth aber nicht ein ritterlicher Rüdiger, sondern Rudigier, der berühmte Bischof von Linz. Dieser wollte das in tiefer Thalschlucht versteckte einsame Felsennest an sich bringen und gedachte nach Plänen des Ingenieurs Fiedler eine Art Carcer oder Strafanstalt für minder gefügige Alumnen etc. daraus zu machen, aber diese Sache zerschlug sich begreiflicherweise.

Das neueste Verwerthungsprojekt besteht darin, eine — Kaltwasserheilanstalt daraus zu machen, und der bereits in seinem Fach berühmte Wasserdoktor, welcher diese Idee faßte, erklärt, ganz Oesterreich persönlich abgelaufen zu haben, ohne eine noch geeignetere Stelle je gefunden zu haben. So ändern sich die Zeiten. Da möchte wohl der Urmensch aus der

Gudenus-Höhle gar verwundert dreinschauen, wenn er das mitansehen könnte, wie da gedoucht und kalt eingepackt wird! Das Trostreiche für ein archäologisches Gemüth ist aber der Umstand, daß die kunstsinnigen Besitzer der Feste (dieselbe steht seit 1099 in ununterbrochenem Besitze der Freiherren von Gudenus) nicht nur kontraktlich darauf bestehen, daß alle noch vorhandenen Reste der alten Burg erhalten bleiben und geschützt werden, sondern auch die Ausführung dieser Bedingung genau überwachen. Das ist auch noch das Beste, was sich thun läßt; denn die Neuherstellung solcher bereits in Trümmer verfallener Bauwerke ist doch blos am Papier vernünftig, in wirklicher Ausführung aber läuft sie zuletzt doch nur auf eine angenehme Phantasiebeschäftigung des bauleitenden Architekten hinaus, womit weder der Kunstgeschichte, noch der in die Zukunft strebenden lebendigen Kunst gedient ist.

Schier noch mehr als in dieser versteckten Schlucht hat sich in unserem lieben Waldviertel alles im offenen Lande draußen auffallend verändert, und zwar erst in den letzten Dezennien.

Jetzt wimmelt es auch hier schon überall von Wiener Sommergästen, für welche allenthalben Wirthshaustrakte angebaut, Bauernhäuser adaptirt und Stockwerke aufgesetzt werden, aber auch der Villenbau setzt sich hie und da schon fest. Hand in Hand damit geht eine wahre Revolution in Küche und Keller. Die Wirthstöchter haben alle in Wien kochen gelernt, die Wirthssöhne alle ebenda die Metzgerei, um die verschiedenen „Kruschpel-" und anderen Spitze genau unterscheiden zu können; auf der Tafel gibt es feine neue Wäsche und auch schon mehr Geschirr zu essen; kurz Alles, was eben zum Fortschritt gehört. [...]

* Iwein, einer der zwölf Ritter der Tafelrunde in der Artussage, im deutschen Sprachgebiet bekannt durch Hartmann von Aues um 1200 verfaßten gleichnamigen mittelhochdeutschen Artusroman.

Kamillo Sitte
Wiener Villenzone
Neues Wiener Tagblatt, 3. September 1893 (27. Jg. Nr. 243), S. 2–3

Nun ist es herausgebracht, wofür die Leute ihr vieles Geld ausgeben: Im Wienerwald-Gürtel allein im mittleren Durchschnitte der letzten zwanzig Jahre werden 183,6 Villen jährlich neugeubaut zu Zwecken der Sommerfrische.

Das ist höchst überraschend selbst für denjenigen, der das Belegmaterial hiefür stückchenweise unter seinen Händen wachsen sah. Nahezu zweihundert Villen jährlich! – das bedeutet, daß ebenso vielen Wiener Familien es jährlich gelang, sich zu ausgesprochener Wohlhabenheit emporzuschwingen. Die Glücklichen sind meist Fabrikanten und Kaufleute; auch berühmte Aerzte, Advokaten, Notare, Baumeister und Bauunternehmer; aber auch solche, welche die eigene ständige Landwohnung hätten früher schon erschwingen können, die jedoch erst jetzt den unwiderstehlichen Drang, sich der Natur in die Arme zu werfen, in ihm Brust entdeckten. Das ist der Naturalismus des Geldausgebens und nun begreift sich unter Einem, warum in unserer Zeit verhältnismäßig immer weniger Kleingeld erübrigt wird zur Füllung der Theaterkassen, zum Ankaufe werthvoller Gemälde oder gar zur Bestellung von Statuen und Bronzen, zur Anlegung kostbarer Büchereien und sonstigem idealen Luxus. Der moderne Großstädter strebt mit all' seiner Sehnsucht ans Meer, ins Gebirge, in die Wälder; an Bildung und Kultur hat er schon genug im Magen.

Der angegebene jährliche Villenzuwachs beschränkt sich dabei nur auf den Wienerwald nebst den unmittelbar anschließenden Alpenthälern, also auf die eigentliche Wiener Villenzone mit der beiläufigen äußeren Grenze von Klosterneuburg über Neulengbach, Hainfeld, Gutenstein bis Gloggnitz. Nicht gerechnet ist dabei die Gruppe um den Bisamberg und Alles, was nach Ungarn zu liegt, wo die Sommerfrischen-Besiedlung von Wien aus um Bruck herum, am Leithagebirge, am Neusiedler-See gleichfalls schon begonnen hat; nicht gerechnet sind die Bebauungen der Donaugelände, wo besonders von Krems stromaufwärts und in die schöneren Thäler der Nebenflüsse (Kamp, Krems etc.) hinein schon sehr viel geschehen ist; nicht gerechnet sind die vielen vom Wiener Kapital geschaffenen Villengruppen an den oberösterreichischen Seen, an den Kärntner Seen und in zerstreuten Gebieten.

Diese Villenbau-Statistik, welche merkwürdigerweise bisher noch keine Bearbeitung fand und daher noch schwierig zustande zu bringen ist, bietet viel des Interessanten; vor Allem dadurch, daß sie einen Einblick in die ungeahnte Ausdehnung dieser bautechnischen Spezialität gewährt. Man kann selbst auf Grund eines blos beiläufigen Ueberblicks kühn behaupten, daß die gesammte Leistung des ganzen vorigen Jahrhunderts auf diesem Gebiete heutzutage binnen Jahresfrist überboten wird. Diese gewaltige Leistung ist das echte Kind der neuesten Zeit, eine Frucht des Großstadtwachsthums, des Bahnenbaues, der immer mächtiger schwellenden

Naturschnsucht. Anderseits aber ist die große national-ökonomische Seite dieser Unternehmungen nicht zu verkennen; der in aufreibender Arbeit erschöpfte Großstädter findet neue Kraft; tausende von Arbeitern der zahlreichen Baugewerbe finden angemessene Beschäftigung und bis in entlegene Thäler dringt erhöhter Wohlstand.

Die streng tabellarischen Nachweisungen aller dieser Verhältnisse sollen seinerzeit fachmäßig veröffentlicht werden; hier nur vorläufig einige der wichtigeren Ergebnisse:

Diese gesammte Baubewegung hängt zeitlich und örtlich mit dem Ausbau des Schienennetzes zusammen und eine geographische Uebersichtskarte, in welcher alle Orte, in denen die Besiedlung im gleichen Jahre begann, mit Linien untereinander verbunden sind, gewährt einen Anblick, wie eine Karte mit Terrainkurven, geradeso als ob ein vielgestalteter gebirgiger Erdtheil allmälig aus der Oberfläche des Meeres hervorgehoben würde; zuerst erscheinen hie und da einige Spitzen (Baden, Böslau etc.), um die sich immer weitere Ringe anschließen, bis endlich fast alles Land in die Villenregion emporgehoben erscheint.

Gleichsam als Hauptgebirgsstock steht Wien selbst da mit einer sanften Abdachung gegen Westen, indem hier zuerst das nächstgelegene Land (Dornbach, Währing, Ober-Döbling bis an den Fuß des [sic!] des Kahlenberges) mit zwar spärlichen, aber in ihrer Art reizenden und mustergiltigen kleinen Barockbauten sammt Gartenanlagen besteckt wurde, worauf die weitere. Hinausschiebung seit den Fünfzigerjahren stetig erfolgte; von Dornbach nach Neuwaldegg; von Döbling nach Grinzing, Sievring, Gersthof, Pötzleinsdorf, Neustift am Walde; von Klosterneuburg nach Kirling und so fort. Mit Erbauung der Westbahn schießt ein Villenstrang dieser neuen Fährte entlang immer weiter hinaus und ebenso geht es von Mödling immer tiefer nach Hinterbrühl hinein und ähnlich auf allen anderen Punkten nach Westen.

Das Naturgemäße dieses stetigen Hinausschiebens des Wiener Villengürtels ist unschwer einzusehen; die richtige Würdigung dieser Erscheinung ist aber von bestimmendem Einfluß auf die Richtung einer gesunden Bauspekulation. Der älteste engste Sommerhausstreifen in nächster Nähe hat heute seine Bedeutung bereits geändert, er ist bereits ein Bestandtheil der Stadt geworden. Das gleiche steht dem nächst anliegenden Ring in nicht allzuferner Zukunft bevor. Demzufolge müssen die jetzigen Villen dieses Streifens sich in Wohnhäuser umgestalten und ihre Besitzer müssen sich neue Villen weiter draußen erbauen. Einen bedeutenden ruckweisen Antrieb wird dieses Hinausschieben aber erhalten durch den unmittelbar

vor uns stehenden Ausbau der Wiener Ringbahnen, die es ermöglichen werden, rasch und bequem weiter hinaus zu kommen.
[...] So hat sich der Wiener Villengürtel bereits bis Hainfeld vorgeschoben und wird sich stetig in diesem Sinne weiter schieben, während in den engeren Kreisen die Jahreswohnungen sich mehren, wie schon jetzt in Hietzing und Penzing, eine Erkenntniß, welche für Bauspekulation und Bahnenprojektirung von nicht geringer Wichtigkeit ist.
Das Beispiel von Gutenstein führt dazu, noch von einer andern Seite das Ganze zu besehen. Die Betrachtung der einzelnen Sommerfrischen zeigte nämlich, daß die Besiedlung anfangs meist langsam und schwierig vor sich geht und sich erst dann bedeutend steigert, wenn eine gewisse Summe von Erfordernissen (gute Verpflegung und Kommunikation, Geselligkeit, Bad, Arzt etc.) erreicht ist. Erst dann steht der betreffende Ort auf der Höhe seines Berufes und nun geht es rasch vorwärts, denn die Zahl derjenigen, welche geneigt sind, als Bahnbrecher in Einsamkeit und Wildniß zu ziehen, ist offenbar verhältnißmäßig sehr gering. Die Grenze zu dieser Wendung zum Besseren erscheint gegeben bei etwa dreihundert Sommergästen. Erst diese Zahl schließt die nöthige Menge von Bedürfnissen einerseits und von Geldmitteln anderseits in sich, damit alles Erforderliche in genügender Menge und Güte geboten werden kann. Es ist dies wieder ein Fingerzeig der Statistik für die Wege der Bauthätigkeit, das belangreichste Ergebniß dieser Untersuchung bleibt aber doch immer die Feststellung des überraschend großen Umganges dieser Bauspezialität.
Dem allem gegenüber muß man sich füglich wundern, daß sich die großindustrielle Spekulation noch nicht eines so ausgiebigen Arbeitsfeldes bemächtigte. Allerdings, solche Luftschlösseranlagen, wie die seinerzeit sogar durch öffentliche Konkurrenz beabsichtigte Kahlenberg-Parzellirung und Aehnliches lassen das vorsichtige Kapital kalt, aber wenn bei einer solchen Fülle von Bedürfnissen fast nirgends etwas Großes geschaffen wird, so beweist das doch einen betrübenden Mangel tieferer Studien und schöpferischer Ideen. Als Ausnahmen leuchten da heraus die Unternehmungen der Südbahn und diese verdienen es, als Muster studirt zu werden zur allgemeinen Anregung.
Da ist zuerst die elektrische Bahn Mödling-Brühl zu nennen. Warum gedeiht diese? Einfach, weil sie der naturgemäßen Hinausschiebung des Wiener Sommerfrischen-Gürtels entspricht. Dann die Semmering-Station. Eine glänzende Idee, weil sie die bedeutende Höhenlage in unmittelbarer Nähe von Wien ausnützt, und die Folge davon ist, daß dort nicht genug gebaut werden kann; aber warum hat diese gerade für die geistig

aufreibend arbeitende Gesellschaft zur momentanen Erholung so wichtige Stelle noch keine Telephonverbindung nach Wien? (Wird sie nächstens erhalten. Die Red.)

Endlich: Abbazia. Es gibt kein passenderes Beispiel für die Macht der hier geschilderten Verhältnisse, als das Aufblühen dieses ehemals elenden Nestes zu einem glänzenden Kurort, gleichsam über Nacht. Noch 1883 bei Beginn der Arbeiten gab es dort für die Ingenieure keine Verpflegung und selbst in dem eine halbe Stunde entfernten Bolosca nur zwei- bis dreimal in der Woche, wenn es gut ging, warme Küche. Ausflügler aus Fiume nahmen damals kalte Küche und Wein mit; dem einzigen Krämer waren einmal die Zündhölzchen ausgegangen und das anderemal das Petroleum, so daß es auch kein Licht mehr gab; eine Fensterscheibe mußte von Laibach aus eingeschnitten werden.

Gegenwärtig besitzt dieser wie in einem Zaubermärchen verwandelte Ort alle Bequemlichkeit in zahlreichen Hotels und Villen, eine Wasserheilanstalt, alle Arten Seebäder, Spielplätze, herrliche, Gartenanlagen und Promenaden, Gasbeleuchtung, Kanalisation, Wasserleitung (von besonders tüchtiger Durchführnung durch Ingenieur Meese), eine Dampfwäsche mit allen Maschineneinrichtungen, über vierzig Zweispänner, eine Menge Barken, zum Luftfahren von früheren Fischern des Ortes gehalten, neun Aerzte, eine Buchhandlung, drei Leihanstalten für Bücher und Musikalien, zwei Photographen; alle nöthigen Bauhandwerker, darunter drei ständige Steinmetze, einen Bazar, Ziergärtnereien, allerlei Krämereien und, was das Bemerkenswertheste ist, auch bereits ein Konkurrenzunternehmen (Wiener Konsortium), das die Parzellirung eines größeren Terrains bei S. Nicolo plant. Auch dieses Unternehmen wird zweifellos gedeihen, wenn es geschickt und energisch genug angefaßt wird.

Diese Beispiele zeigen genugsam, wie lohnend es ist, auf diesem Gebiete zu arbeiten; sie zeigen aber auch, worauf es ankommt. Irgend eine verschollene Waldlehne parzelliren und dann alles sich selbst überlassen, das führt nicht zum Ziele. Das unumgängliche Erforderniß ist eine naturgemäße bahnbrechende Idee, das zweite eine rasche energische Durchführung.

Noch ein Beispiel kann hier angeführt werden, nämlich die Anlage des Währinger Cottageviertels, bei welchem wieder eine gesunde Grundidee, nämlich die Uebertragung des englischen Wohnsystems, die Lebensfähigkeit sicherte. Weil aber dieses System unserer Bevölkerung noch fremd war, bedurfte es doch der ganzen zähen Ausdauer des ersten Unternehmungsdirektors Borkowsky und der ganzen Tüchtigkeit des Chefarchitekten Müller, um dieses System bei uns auch zum Sieg zu führen. Ein wenig mehr Herz für solche gemeinnützliche Unternehmung von Seite unserer Kommunalverwaltung wäre vielleicht auch nicht schlecht. Sicher steht das Eine, daß alle Schätze der herrlichen Umgebung Wiens noch nicht gehoben sind. Ein wenig mehr Unternehmungsgeist, als blos diese paar allerdings rühmlichen Muster zeigen, wäre eben auch wieder nicht schlecht.

Camillo Sitte
Eine Doppelvilla
Der Architekt (Wien) 1 (1895), S. 3–4

Sowohl für Bauherren als auch für Architekten ist es geradezu eine Wonne, einen Villenbau durchzuführen, wenn derselbe ohne Bedenken so viele hunderttausende von Gulden verschlingen darf, als eben nöthig sind, um alles vollkommen und schön zu gestalten. Ganz anders stellt sich die Angelegenheit, wenn einige tausend Gulden Mehrauslage schon die Möglichkeit des Bauens ins Wanken bringen. Dass es auf dieser Basis eine volle Befriedigung nicht gibt, wurde neuestens sogar Stoff eines reizenden, vielbelachten Lustspieles, und von einem Villenbau etwa noch gar Renten zu verlangen, fällt wohl niemandem ein. Trotzdem so alle Welt zugibt, dass es sich hier um Luxusbedürfnisse handelt, ist doch die Frage nach der Herstellung möglichst billiger Villenbauten eine der wichtigsten Baufragen der Gegenwart, denn der vor Zeiten unerhörte Luxus des Landwohnens und des Villenbesitzes ist heute für die halbwegs besser begüterte Bevölkerung der Grosstädte aus den vielen bekannten Gründen wirklicher, tiefgehender Erholungsbedürftigkeit bereits eine Nothwendigkeit geworden. Schon die überraschend grossen Ziffern von Villenneubauten lehren dies. […] Dieser grosse Bedarf ist doch wahrlich keine Kleinigkeit mehr, und es würde der Villenbau sich zweifellos noch mehr ausbreiten, wenn es möglich wäre, durch äusserstes Herabgehen im Preise eines trotzdem soliden und bequemen Baues eine noch breitere Basis selbst unter der mässig wohlhabenden Bevölkerung zu gewinnen.

Dieses Problem wird denn auch in der That überall zu lösen versucht, und es sind hauptsächlich zwei Wege, auf denen man der Sache jetzt beizukommen trachtet.

Die eine Methode besteht darin, dass man das zur Verfügung stehende Grundstück in zwei oder vier Theile zerlegt, je nachdem es von nur einer oder von zwei entgegengesetzten Seiten zugänglich ist, und dann zwei

Project einer Doppelvilla. Entworfen und gezeichnet von Camillo Sitte.
Quelle: Der Architekt 1 (1895), Tafel 1

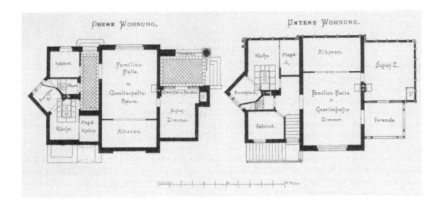

Project einer Doppelvilla. Grundrisse Erdgeschoß und Obergeschoß.
Quelle: Der Architekt 1 (1895), S. 3

oder vier Villen um den Mittelpunkt der Theilplätze herum so anlegt, dass sie gemeinsame Wasser- und Gasleitung oder Brunnen, gemeinsamen Canal oder Senkgrube, gemeinsamen Putzhof und Scheidemauer erhalten. Hiedurch und auch bei der Bauführung kann manches erspart werden, aber nicht allzuviel, denn Fundamente und Dachwerke müssen doch jeder der neben einander gelegten Einzelvillen besonders zukommen, und nur dadurch liesse sich bedeutender sparen, wenn unter demselben Dach stockwerkweise gleich mehrere Wohnungen untergebracht würden.

Diese letztere Anordnung bietet den zweiten Weg, zu billigeren Landwohnungen zu kommen, auf welchem aber bisher nicht Einzelvillen, sondern eben nur Wohnungen erzielt wurden, mit allen Nachtheilen des zinshausartigen Wohnens mehrerer Parteien auf derselben Stiege, mit demselben Hausthor, was man sich zwar in der Stadt gefallen lässt, was aber auf dem Lande, wo man vor allem ungeniert sein will, in Toilette, Ein- und Ausgang, Dienstbotenverkehr und vielem anderen, jedenfalls unangenehm, unter Umständen geradezu unerträglich ist.

Ganz allgemein kann man sich fragen, ob es denn nicht möglich sein sollte, die Vortheile beider Methoden mit gleichzeitiger Vermeidung ihrer Nachtheile zu combiniren.

Dieser Idee verdankt der hier in zwei Perspectiv-Ansichten und zwei Grundrisskizzen dargestellte Versuch seine Entstehung.

Dem Entwurfe lag aus den eben geschilderten Gründen die Absicht zu Grunde: *zwei Wohnungen* für nicht allzu anspruchsvolle Parteien (denn es handelt sich hier ja um eine Villa billigster Sorte) *auf gemeinsamem Fundament und unter gemeinsamem Dache* derart unterzubringen, dass keine der beiden Parteien von der anderen etwas hört und sieht, damit sie sich in keiner Weise begegnen oder sonstwie in der vollkommenen ländlichen Freiheit beeinträchtigen. Zur Erreichung dieses Zieles waren einfach sämmtliche Fenster und Thüren, so weit sie ins Freie gehen, so zu legen, dass von der einen Wohnung alles ausnahmslos auf die eine Seite, von der anderen aber auf die entgegengesetzte Seite geht.

Auf den ersten Blick mag das einfach scheinen, aber der gewiegte Fachmann wird sofort erkennen, dass hiedurch für die Anordnung der Stiege, für die Façadenbildung, für den Übereinanderbau, die Beleuchtung der Hinterräume, die schalldichte Absonderung, für Trockenhaltung der unteren Wohnung etc. eine solche Menge von Schwierigkeiten entstehen, dass sie ob ihrer Lösung Bedenken erregen müssen, besonders da ja alles noch obendrein mit geringsten Mitteln beschafft werden soll. Demgegenüber kommt eben alles auf den wirklichen Versuch an, ob die Sache geht oder nicht geht. [...]

Anm.: Der Typus des Zweifamilienhauses, bei dem die Wohnungen in zwei Geschossen übereinander angeordnet sind, entspricht dem Cottagehaus, das der Wiener Cottage-Verein für Wiener Wohnbedürfnisse entwickelt hatte, siehe Wagner-Rieger 1970, S. 216

Camillo Sitte
Vorwort zur bautechnischen Ausführung
Kundmachung des Ersten Wiener Beamten-Bauvereines, Wien 1902, S. 5

Als leitende Grundsätze für die bautechnische Ausgestaltung wurden angenommen, dass, um allen Bedürfnissen der in ganz Wien zerstreut lebenden Beamtenschaft zu entsprechen, auch überall, wo es die Grundpreise und sonstigen Verhältnisse gestatten, gebaut werden soll. An Bautypen sind ebenfalls alle Hauptformen je nach Bedarf in Aussicht genommen, also das frei im Garten stehende Ein- und Zwei-Familienhaus, das Vierfamilienhaus; das Reihen-Cottagehaus und endlich, wenn sich ein Bedarf danach herausstellt, auch das Zinshaus, jedoch mit denjenigen Verbesserungen und Besonderheiten, wie sie dem vorliegenden Bedürfnisse entsprechen. Anpassend an verschiedene Vermögensverhältnisse, Einkünfte und Rangclassen wird bei jeder dieser drei Grundformen ein Unterschied gemacht zwischen grösserem, mittleren und bescheidensten Wohnen. Aber jede Wohnung (auch die kleinste) soll ein Vorzimmer haben und Wasserleitung, Closet und womöglich eigene Badegelegenheit innerhalb des Wohnungsverschlusses; ferner bei der Küche eine Speisekammer und eine Putzterasse mit Kehrichtschlott. Die Einfamilienhäuser (einzeln oder in Reihen) erhalten dazu noch eine besondere Waschküche und selbständigen Garten oder auch einen Gartenanteil. Die Mehrfamilienhäuser erhalten gemeinsame Waschküche und Trockenboden im Unterdach.

Um auch den ledigen Beamten und Lehrern, sowie den Beamtinnen und Lehrerinnen diese Wohlfahrtseinrichtung zugänglich zu machen, sollen bei genügend zahlreicher Beteiligung auch einzelne möblierte oder unmöblierte Zimmer mit oder ohne Vorraum und etwa noch dazukommenden Kabinet eingerichtet werden, sei es nach dem System der Hotel garni oder unter entsprechend standesgemässer Angliederung an grössere Wohnungen bei vollständig getrennten Eingang vom Stiegenhaus her.

Wo es möglich sein wird eine grössere Anzahl von solchen Beamtenhäusern zu einem kleinen Cottageviertel zu vereinen, wird auch für Unterbringung der nötigsten Geschäftslokale, falls diese in der Nähe nicht ohnehin vorhanden wären, und für Wohlfahrtseinrichtungen (Kinderspielplätze, Bibliothek, Vereinsarzt etc.) nach Möglichkeit und Wunsch gesorgt werden. […]

Camillo Sitte
Großstadt-Grün
Der Lotse. Hamburgische Wochenschrift für deutsche Kultur 1. Jg., Heft 5, 3. November 1900, S. 139–146; Heft 7, 17. November 1900, S. 225–232

Unsere Vorfahren waren seit undenklichen Zeiten Waldmenschen; wir sind Häuserblockmenschen. Daraus allein schon erklärt sich der unwiderstehliche Naturtrieb des Großstadtbewohners hinaus ins Freie, aus der Staubmühle des Häusermeeres ins Grüne der freien Natur. Daraus erklärt sich, daß dem naturhungernden Stadtmenschen jeder Baum, jeder kleinste Grasfleck, jeder Blumentopf heilig ist, und dieser allgemeinen Volksempfindung nach dürfte nicht ein Strauch einer sonst noch so nötigen Stadtbebauung geopfert werden, sondern müßte im Gegenteil möglichst viel Grünes zu dem alten Bestand noch dazu gepflanzt werden.

Dieser Volksstimmung entspricht die Gründung zahlreicher Vereine zur Pflege der Gartenanlagen in großen Städten; von Gesellschaften zur Pflege der Blumenzucht; die allgemeine Teilnahme an Vorträgen über diesen Gegenstand und an den zahlreichen geradezu volkstümlichen Blumenausstellungen.

In Frankfurt a. M. bildete sich anfangs der neunziger Jahre ein Verein zur Verschönerung der Stadtansichten und dieser trat alsbald vor die Öffentlichkeit mit der Ausschreibung eines Wettbewerbes für die „Schmückung von Balkonen durch Blumen." Dieser Wettbewerb wurde schon 1895 wiederholt und vielfach anderwärts nachgeahmt, ja sogar durch Unterteilung der Fragestellung im Wettbewerbe für Blumenkörbe für Wohnhausfenster u. dgl. mehr vermannigfacht. Was Hamburg in diesem Sinne Bedeutendes geleistet hat, ist weithin anerkannt, und diesbezüglich kann auf die lebendig anregende Schrift von *Lichtwark*: „Blumenkultus 1897" verwiesen werden.

Was aber Blumenzier für das Äußere und Innere des Hauses, das sind Gärten, Baumgruppen und Strauchwerk für die Stadt, und wenn die Vorstadt

St. Gilles von Brüssel einen Preis ausschrieb für die schönste Villa ihres Villenviertels, um so den Ehrgeiz der Bauherren aufzustacheln, warum soll nicht einmal auch ein Preis für den schönsten Vorgarten einer Straße oder eines Stadtteils ausgeschrieben werden zu dem gleichen Zweck? Eine hervorragende Besonderheit sind da z. B. die herrlichen Rosenzüchtungen der Kurstadt Baden bei Wien in ihren Vorgärten. Alles das wirkt nicht nur gesundheitlich bessernd ein, sondern muß ganz besonders vom künstlerischen Standpunkte aus hochgehalten werden. Nimmt man einem Empfangssaal, einem Treppenhaus seinen Blumenschmuck, so nimmt man unter Einem auch der Architektur, der Wandmalerei, selbst den Teppichen und Möbeln einen guten Teil ihrer Wirkung; der Gesamteffekt wird trocken, einförmig, weil die wohlthuende Wirkung des Gegensatzes von strenger Kunstform zur freien Naturform verloren gegangen ist. So auch im Großen bei den Stadtbildern schöner Plätze, hervorragender Straßen. Deshalb versäumen ja auch Architekten selten auf ihren Perspektivbildern von Monumentalbauten Baum- und Strauchwerk anzubringen, und bei Kunst- und Industrieausstellungen ist es bereits allgemein üblich, zur Ausschmückung der Ausstellungsräume den Ziergärtner ausgiebig in Anspruch zu nehmen.

Nur im Vorbeigehen sei noch eines anderen wichtigen Bestandteiles der natürlichen Landschaft Erwähnung gethan, den der Städtebauer gleichfalls nicht entbehren kann, um seine Stadtbilder zu beleben, um die Bewohner dieser gehäuften Häusermassen über das Erdrückende dieser unnatürlichen Einförmigkeit angenehm hinwegzutäuschen: des Wassers. Was wäre Venedig ohne Wasser? Wäre das barbarische Vorhaben, seine Kanäle zuzuschütten, zur Ausführung gekommen, so wäre die künstlerische, seelisch erhebende Herrlichkeit Venedigs dabei mitverschüttet worden. Was wäre Budapest ohne Donau, Paris ohne die seine, Hamburg ohne die große Alster, Coblenz, Mainz, Köln usw. ohne Rhein? Selbst die kleine Pegnitz, welche herrlichen, erquickenden Stadtansichten schenkt sie im Verein mit alten prächtigen Baumgruppen dem ehrwürdigen Nürnberg! Die Hinzufügung von Wasser zum Grün der Großstadt hat die Anerkennung ihrer hohen Bedeutung selbst in der Einführung eines bereits allgemein üblichen Handwerksausdruckes des Städtebaues gefunden, man nennt es: „dekoratives Wasser". Die künstlerisch höchste Stufe erreichte bisher die Verwendung dekorativen Wassers aber schon im antiken Rom und dieser Fährte der römischen Kaiserzeit folgend im Rom der im größten Stile kunstliebenden Päpste der Renaissance. Wer die Fontana Trevi gesehen, vergißt diesen mächtigen Eindruck im Leben nie wieder und das gewaltige

Rauschen der Aqua Paola suggeriert förmlich erfrischende Kühle. Gewiß ist, daß im Erinnerungsbilde Roms seine Wasserleitungen und ihre monumentalen Ausflüsse einen unverwischbaren Bestandteil bilden.
Alles das ist aber nicht bloß ästhetisch wertvoll, sondern auch rein gesundheitlich schlechtweg unentbehrlich. Die größeren unverbauten Flächen der Großstädte, besonders, wenn sie zu Gartenanlagen, auch mit Wasserspiegeln und Wasserwerken ausgestattet, verwendet erscheinen, sind die zum Aufatmen förmlich unerläßlichen Luftbecken der Großstadt und daher auch ganz entsprechend ihre Lungen genannt worden.
Sicherlich braucht eine große Zinshausmasse solche Unterbrechungen durch Anordnung weitläufiger freier Lufträume zunächst aus Gesundheitsrücksichten, aber auch nicht minder zur phantastischen Erhebung des Gemütes durch die Erquickung an eingestreuten Naturbildern. Ohne diese Anlehnung an die freie Natur wäre die Stadt ein unerträglicher Kerker, und von diesem Standpunkte hat die allgemeine Volksstimmung recht mit ihrem Urteile: „Je mehr, desto besser".
Leider hat die Verwirklichung dieses Grundsatzes ihre Grenzen nicht nur an den unerschwinglich steigenden Kosten und dem Werte des Baugrundes, besonders im Mittelpunkte großer Städte, sondern vor allem an der dadurch bedingten räumlichen Ausdehnung, welche schließlich selbst durch die fortgeschrittensten Verkehrsmittel nicht mehr bewältigt werden könnte. Buenos Aires z. B. hatte vor einigen Jahren bei rund 600 000 Einwohnern den Flächenraum von Berlin, weil etwa 95 Prozent seiner Häuser keine Obergeschosse, dagegen einen wenn auch nur kleinen Garten besitzen. Das ist sehr idyllisch, ja sozusagen pompejanisch, für eine europäische Stadt aber unverwendbar.
Die Aufgabe des Städtebauers dieser Sonderfrage gegenüber ist es daher, seine Einrichtungen derart zu treffen, daß er dabei einen größtmöglichen sanitären und ästhetischen Erfolg erzielt bei gleichzeitig geringstem Aufwand an Geld und Raum. Diese Stellung der Frage bedingt eine genaue Abwägung jeder Einzelform der Verwendung des Landschaftlichen, des *Grünen in der Großstadt* nach Vorteilen und Nachteilen und zwar unter sorgsamer Vermeidung von vielleicht nur dem Herkommen angehörenden Vorurteilen. Diese Abwägung zu versuchen, ihre Besprechung einmal in Fluß zu bringen, ist der Zweck dieser Zeilen.
Es sei gleich der Anfang gemacht mit der Feststellung eines noch immer ziemlich allgemein geltenden Vorurteils.
Vor etwa vierzig Jahren brach sich die schon ältere Entdeckung die Bahn zur allgemeinen Kenntnisnahme, daß nämlich Menschen und Tiere Sauer-

stoff einatmen, Kohlensäure ausatmen; während umgekehrt Pflanzen Sauerstoff abgeben und Kohlensäure in sich aufnehmen. Daraus schien unwiderleglich zu folgen, daß durch das Ausatmen der Kohlensäure von vielen Menschen, die eng bei einander leben, besonders in Versammlungssälen, Schulzimmern u. dgl. die Kohlensäure sich derart um sie herum anhäufe, daß förmliche Erstickungsgefahr eintreten müsse, besonders wenn nicht Blattpflanzen in genügender Menge vorhanden sind, welche diese Kohlensäure wieder wohlgefällig aufsaugen und dafür Sauerstoff abgeben. Es entstand eine förmliche Kohlensäurepanik. Man denke aber auch: ein einzelner Mensch erzeugt in der Stunde 35 Kubikmeter Kohlensäure. Entsetzlich!

Von Schulbehörden wurden Erlässe hinausgegeben an alle Volksschulen, welche die Anbringung möglichst vieler Blattpflanzen in den Schulzimmern anordneten zur Erzeugung des für die armen Kinder nötigen Sauerstoffes und zur Vertilgung der überschüssigen Kohlensäure.

Ein Sauerstoffgourmand, wie Puchner berichtet, atmete täglich mehrere Stunden zwischen seinen Blumentöpfen; aber auf die Höhe des Sauerstoffkultes gelangte die ganze Bewegung erst recht durch die Entdeckung des Ozons und seiner Wirkungen auf den tierischen Organismus. Hauptsächlich in angeblich reichlich ozonhaltigen Waldesgründen wurden Heilanstalten errichtet, Lufthäuser gebaut und selbstverständlich trat der Vertreter des Wollregimes gleichfalls dieser Richtung bei; es wurde die Ozonlampe erfunden. Die Gemeinde der sogenannten Ozonschlürfer wuchs täglich.

Daneben ging still und unbemerkt die Strenge wissenschaftliche Forschung ihren Weg. Zuerst ermittelte Prof. Ebermayer (Mitteilungen über den Kohlensäuregehalt der Waldluft 1878), daß die Luft in einem gut geschlossenen, großen Waldkomplex im Sommer fast doppel so reich an Kohlensäure ist als die freie atmosphärische Luft und zwar wegen geringerer Durchlüftung und fortwährender Neuerzeugung der Kohlensäure in der faulenden Streudecke. In seinem 1885 erschienenen Werke über die Beschaffenheit der Waldluft teilt Ebermayer ferner mit, daß die Schwankungen des Kohlensäuregehaltes der Luft viel geringer sind als man früher glaubte, nämlich sich nur zwischen 0.025 bis 0.036 % bewegen. Mit je empfindlicheren Instrumenten und je größeren Luftmengen man die Untersuchungen anstellte, desto geringer zeigten sich die Unterschiede. Die Untersuchungen in Paris, London, Genf, Palermo, Manchester u.s.w. führten in überraschender Weise zu demselben Ergebnis. Auch in den Großstädten erreicht der Kohlensäuregehalt nur ausnahmsweise 0.035 %. Der Kohlensäuregehalt in der Waldluft schwankt zwischen 0.026 und

0.036 %. Ganz dieselben Ziffern ergaben Messungen im Hochgebirge und auf offenem Meere; in reinster Landluft 0.033 %. Der mittlere Kohlensäuregehalt ergab nach den Messungen verschiedener dortiger Beobachter für Rostock 0.0292 %, für Dieppe 0.0296 %, für Aubin 0.0293 %, für Gembloux 0.0294 %.
Ebenso verhält es sich mit dem Sauerstoff. Die Schwankungen des Sauerstoffgehaltes der Luft bewegen sich nach den Messungen von U. Kreusler (Über den Sauerstoffgehalt der Luft 1885) nur zwischen 22.88 und 20.94 % und nach Prof. W. Hempel zwischen 20.877 und 20.971%.
Die Zusammensetzung der Luft muß also innerhalb enger Grenzen als beständig angesehen werden, und der hierzu nötige ungemein rasche Ausgleich im Luftmeer beruht auf der starken Expansion der Gase. Dies das Ergebnis der strengen wissenschaftlichen Untersuchung, gegen welche alle voreiligen und, wie sich zeigt, auch unbegründeten Hypotheken in nichts zerfallen.
Auch was die sonstige Reinheit der Waldluft anbelangt, haben die Untersuchungen von A. Serafini und I. Arata (Forschungen auf dem Gebiete der Agrikultur-Physik XIV. München) ergeben, daß im Innern der Wälder zuweilen mehr Spaltpilze und Mikroben angetroffen werden als außerhalb, weil sie unter Umständen der Wald selbst züchtet.
Diese ganze Gruppe angeblich die Gesundheit fördernder Wirkungen des Pflanzenwuchses entfällt also. Es bleibt nur die Wirkung eines Sympathiemittels, eine auf der Einbildung beruhende Wirkung übrig, und diese ist allerdings auch nicht zu verachten, denn es ist ja eine bekannte Thatsache, daß durch bloße Einbildung nicht nur sogenannte eingebildete Kranke geheilt werden können, sondern auch wirkliche Kranke.
Der Großstadtmelancholiker ist ein solcher teils eingebildeter, teils wirklicher Kranker; er leidet an der Sehnsucht, am Heimweh nach der freien Natur. Diese Krankheit, die sich bis zur Erschlaffung aller Arbeitslust steigern kann, wird nicht durch unbewußtes Einatmen von so und so viel Kubikmeter Sauerstoff oder Ozon geheilt, sondern durch den Anblick des Grünen, durch die Vorstellung der lieben, teuren Mutter Natur. Damit kann und muß der Stadtbaumeister rechnen, und nun wird seine Aufgabe auch lösbar; denn während die Forderung, für jede atmende Lunge etliche Quadratmeter Pflanzenblattfläche herzustellen, jede Stadt in ein endloses Villenviertel auflösen würde, genügt jetzt die bloße Vorstellung, der bloße Anblick von grünem Laubwerk, wenn auch nur des einzelnen Baumes, der über eine Gartenmauer mit mächtigem Astwerk überhängt und eine ganze Gasse belebt, oder der mächtigen Linde in einer abgeschiedenen

lauschigen Platzecke, etwa bei einem plätschernden Brunnen, oder eines vertieften Rasen- und Blumenfeldes vor den verkehrslosen Seitenflügeln eines hochragenden Monumentalbaues. Es ist ja eine bekannte Thatsache, daß die Phantasie keine plumpen Massenwirkungen braucht, sondern nur Anregungen, nur Anknüpfungspunkte. Das mit geringsten Kosten sehr fruchtbare *Motiv des Einzelbaumes*, das im modernen Städtebau so gut wie verschwunden ist, erscheint so wieder der Beachtung wert. Wer von allen, die Rom gesehen haben, erinnert sich nicht der mächtigen Palme am Lateran: ein einsamer Baum, aber weithin sichtbar durch eine Menge von Straßen, erhebt sie den Anblick, stempelt diese einzige Palme Rom zu einer südlichen Stadt, denn für die Phantasie leistet dieser einzige Stamm dasselbe wie ein ganzer Palmenhain. Denkt man sich diese einzige Palme aus allen den zahlreichen Straßenbildern, in denen sie sichtbar ist, weg, so erleidet mit einem Schlage die Wirkung dieser Stadtansichten eine erhebliche Einbuße, ähnlich der Verschiedenartigkeit, als ob man einmal einen Stadtplatz bei heiterem Sonnenschein, ein andermal bei trübem Wetter in schlechter Beleuchtung sehen würde. Dasselbe leistet auf ihrem Platze in Konstantinopel die berühmte Janitscharen-Plantane, und überall, wo die Erbstücke alter Stadtpoesie noch nicht ganz dem Scheermesser des modernen Geometers zum Opfer gefallen sind, lassen sich ähnliche Beispiele in Menge finden. Hier hat sich noch ein alter Kastanienbaum in einer stillen Ecke neben einer alten Kirche erhalten; dort ist noch aus alter Zeit eine mächtige Esche stehen geblieben, welche einst ihr Laubdach über einer kleinen Dorfkapelle oder bloß einem Marterl der Landstraße rauschen ließ, als das endlos wachsende und landverzehrende Stadtungeheuer seine Häusermassen bis hierher noch nicht vorgeschoben hatte. Sogar die große Linde des Dorfes oder neben dem Ziehbrunnen des Burghofes ist in großen Städten zufällig noch hie und da erhalten, ja sogar ganze Jagdgehöfte, Meierhöfe, kleine Herrensitze aus längst verschollenen Zeiten, da die jetzige Millionenstadt noch ein kleines Nest war, das kaum den Umfang der heutigen inneren Stadt umfaßte. Solche Baumreste sind auch Reste der Volksgeschichte, Reste der Volkspoesie, die in Wahrheit ja auch in ihren Ästen reichlich nistete von der höfischen Dichtung an bis auf unsere Zeit, und auch im Bilde sehen wir diesen bedeutsamen Baum zu allen Zeiten, von der Weltesche der Edda angefangen bis zu ihrem Bühnenbild in Richard Wagners „Feuerzauber".
Es ist schwer, aus so hochpoetischem Zusammenhange sich in die armselige Nüchternheit einer Lageplan-Frage zurück zu versetzen. Warum geht

aber dieser Kontrast bis an die Grenze des Zerrbildes, des Lächerlichen? Offenbar bloß deshalb, weil wir eine Zeitströmung unmittelbar hinter uns haben, und sie ist noch nicht gänzlich überwunden, in der förmlich absichtlich gewaltsam jeder letzte Funke von Poesie im Städtebau ausgelöscht wurde. Nur die Phantasie ist es, welche die alltäglichsten Dinge bis ins Überirdische zu ergeben vermag. Der Ölbaum der Athene auf der Akropolis war ein ganz gewöhnlicher Ölbaum, wie alle andern auch, aber die dichterische Phantasie hatte ihn geheiligt und das ganze Volk ließ sich dieses Gaukelspiel der Phantasie gerne gefallen, weil das Volk Poesie und Kunst als notwendige seelische Nahrung ebensowenig entbehren kann wie das tägliche Brot. Darin liegt eben die hohe Bedeutung des *Poetischen*, des Phantastischen oder, wie man heute sagt, des *Malerischen* im Städtebau, – ein stillschweigendes Eingeständnis zugleich, daß die moderne Welt es höchstens bis zu der niedreren Stufe des *Malerischen im Städtebau* zu bringen wagt, aber die höhere Stufe der *Poesie des Städtebaues* für unerreichbar hält.

Aber selbst das bloß Malerische im Städtebau, selbst die bloß malerische Auffassung eines Baumes, als des erquickenden Grün im Grau der endlosen Stein- und Mörtelmassen, wurde von den Reißbrettmenschen der alten geometrischen Schule des Städtebaues nicht anerkannt. Statt bei Lageplan-Verfassungen grundsätzlich jeden schönen, noch lebensfähigen alten Baum zu schonen, geradeso wie ein altes ehrwürdiges Denkmal der Geschichte oder der Kunst, und daher ihm ein eigenes Plätzchen herauszuschälen mit passender Umgebung, sei es auch durch Krummziehung oder Seitwärtsschiebung einer Straßenmündung oder durch Anordnung einer lauschigen Platzecke nur diesem mächtigen Baume zu Liebe, wurde all das schonungslos und massenhaft ausgerottet. Es könnten aus modernen Stadtregulierungen Beispiele in Menge beigebracht werden, wo alte Brunnen mit herrlichen Baumgruppen, ebenso unschätzbare Reste alter Privatgärten, alte Festungswerke mit grünem Geranke, alte Stadtthore oder Kapellen mit malerischer Umgebung von Baum- und Strauchwerk samt trefflich angebrachten Ruheplätzen in ihrem Schatten, in allererster Linie der Reißschiene des Stadtgeometers mit seinen langweiligen, geraden, gleichbreiten Straßenzügen zum Opfer fielen. Gerade solche Einzelheiten sind aber ein unersetzlicher Verlust, denn man kann künstlich diese frische Naturwüchsigkeit des allmählich von selbst Gewordenen nicht ersetzen. Dem gegenüber giebt es nur eine einzige Regel, nämlich: solche alten unersetzlichen Erbstücke um jeden Preis zu erhalten und in das neue Stadtbild harmonisch einzufügen, und diese Regel steckt auch tief im Volksbewußtsein, so daß jeder Städtebauer, der sie befolgt, sicher auf den Beifall seiner Mitbürger rechnen kann. Für dieses Volksurteil nur ein Beispiel aus vielen: Am Residenzplatze zu Salzburg steht vor dem Regierungsgebäude und neben dem Dom eine Reihe stattlicher alter Bäume. Als Ende der sechziger Jahre ein Stadterweiterungsplan nach dem bekannten Schachbrettmuster genehmigt wurde, war das Erste, daß eine Reihe hundertjähriger Bäume gefällt wurden zur Freilegung der projektierten Baublöcke. Die Wurzelstrünke der noch immer unverbauten Gelände sind heute noch zu sehen. Der Volksunwille darüber ließ nun die dem Staate gehörenden Bäume vor dem Regierungsgebäude folgendes Selbstgespräch halten:

„Die schönsten Bäume schlägt man nieder,
sie gehören der Stadt, die kriegt's nie wieder.
Wir bleiben stehn, das freut uns narrisch,
Denn, Gott sei Dank, wir sind ärarisch!"

Neben dem Erhalten solcher alten Bestände gehört die Neupflanzung von Einzelgruppen offenbar zu den Pflichten des Städtebauers, denn gerade damit wird, wie gezeigt, eine größtmögliche Wirkung bei geringstem Kostenaufwande erzielt; nur muß die Sache mit Geschick angefaßt werden. Wenn der geometrische Stadtregulierer alter Schule für einen solchen Baum gerade wie für einen Brunnen oder ein Denkmal keinen andern Platz wüßte als im geometrischen Mittelpunkte seiner regelrecht quadratischen Plätze, dann wäre die Sache allerdings verfehlt; ein derart aufgestellter Baum, natürlich auch streng symmetrisch gewachsen und gestützt, müßte sich das Gespötte aller Straßenjungen gefallen lassen. Wer sollte aber, etwa auf einer einsam dort stehenden Sitzbank, da Erholung suchen? – mitten auf einem verkehrsreichen Platz, allein dasitzend wie zum Photographiertwerden, wie ein Ausstellungsgegenstand! Obwohl die Unschönheit, ja das geradezu Unpassende der Anordnung von Baum- und Strauchgruppen gerade in der Mitte von Plätzen förmlich handgreiflich zu Tage liegt, ist es nichtsdestoweniger ein beliebtes Motiv des modernen geometrischen Städtebaues. Auf den sogenannten Rettungsinseln, besonders der Sternplätze, kann man nicht nur den obligaten Gaskandelaber sehen, sondern häufig genug einen einsamen Baum oder eine schön zugestutzte Strauchpyramide, ja sogar den Gaskandelaber aus der Mitte des Strauchwerkes hervorragend. Es ist himmelschreiend! Man sieht, die Sache ist eigentlich höchst einfach. Ein solcher Baum oder eine Einzelgruppe von Strauchwerk gehört ebenso wie Brunnen und

Denkmäler an die Platzwand, an die toten Punkte des Verkehres, in lauschige Ecken und nur insofern ist auch da die Eingliederung des Grünen schwieriger wie bei Brunnen und Denkmälern, als diese vermöge ihres Materials und ihrer architektonischen Form leichter mit der ebenfalls architektonischen Umgebung einheitlich verwachsen. Für Baumpflanzungen dieser Art wird also das Zusammenkomponieren mit der architektonischen Nachbarschaft zu einer wichtigen Forderung, und diese verlangt vor allem, daß durch die Baumpflanzung nicht künstlerisch wertvolle Architektur oder Plastik, Portale, Erker, Nischenfiguren, Fassadenmosaiken etc. dem Anblick entzogen werden, und dazu verlangt sie noch einen allmählichen Übergang von der Pflanzenform zur Architektur, wie in der Musik ihrem Charakter nach weit auseinanderliegende Akkorde durch harmonische Übergänge miteinander verbunden werden. Die Mittel hierzu sind: eine gute Zusammenstimmung der Silhouetten, sowohl der Gebäude als auch des Baum- und Strauchwerks und dazu die Anbringung von solchen architektonischen Kleinformen, wie wir gewohnt sind, sie in Gartenanlagen oder auf dem Lande in Verbindung mit den Naturformen zu sehen und wie sie zum Pflanzenwuchs auch in der That passen. Hierher gehören: Gitter auf Steinsockeln und mit Eckpfeilern, Steinvasen auf Postamenten, kleine Brunnenanlagen, etwa mit der Naturform künstlicher Felsen, figurale Plastik, kurz, die gesamte dekorative Gartenarchitektur und dazu noch manches großstädtische Motiv wie Kaffeepavillons, Sodawasserhütten, Plakatsäulen u. dgl. m. bis zu Wagenstandplätzen und noch vielem anderen. Motive genug, welche in allen möglichen Varianten verbunden es dem Städtebauer ermöglichen, in größter Abwechselung immer wieder neues zu bieten von malerischer Wirkung und auch für das öffentliche Leben von wirklichem Wert.

Anregungen zu solchen Stadtplandetails liegen schon vielfach vor, meist in neueren eingehend durchkomponierten Lageplänen; aber auch litterarisch wurden schon Vorschläge in dieser Richtung gemacht, so von L. Herscher (Deutsche Bauzeitung vom 8. März 1899), welcher eigene Bürgersteig-Verbreiterungen und Ausgestaltungen an Straßenecken empfiehlt zum Zwecke der günstigsten Aufstellung von Wartehallen für Straßenbahnen und zwar in Verbindung mit Bäumen, Brunnen, Erfrischungshallen, Plakatsäulen etc.

Hiermit dürfte das Wichtigste über das Motiv des Einzelbaumes oder der kleinen Gruppe von Baum und Strauchwerk vorgeführt sein.

Eine dem Motiv des Einzelbaumes gerade entgegengesetzte Idee ist in dem Motiv der *Allee* verkörpert.

Eine echte Barockidee zum Zwecke der perspektivisch großartigen Auffahrt zum Hauptportale barocker Schloßbauten.
Eine echte Handwerksburschenidee von der Landstraße her. In beiden Fällen wurde fast durchgängig die Pappel zur Bepflanzung gewählt; in unseren Großstadt-Alleen niemals.
Jede Allee ist langweilig; aber keine Großstadt kann sie gänzlich entbehren, denn ihr endloses Häusermeer braucht alle nur denkbaren Formen zur Unterbrechung des ewigen Einerleis, zur Gliederung des großen Ganzen, zur Orientierung.
Die moderne geometrische Stadtbaurichtung hat nicht einmal Geschick genug bewiesen, um dieses ihr doch sinnesverwandte Motiv auch nur halbwegs richtig zu verwenden. Man nahm einfach unverhältnismäßig breite Ringstraßen und Avenuen an und pflanzte beiderseits eine ununterbrochen fortlaufende Allee. Das war die ganze Weisheit. Damit ist aber das gerade Gegenteil von dem gethan, was das Streben des Stadtbaukünstlers sein muß, denn es läßt sich leicht nachweisen, daß hierdurch bei einem Maximum von Kosten ein Minimum von Erfolg erzielt wird, statt wie es sein sollte das Umgekehrte. Nimmt man als mittlere Baumentfernung 7 Meter an und als mittlere Länge einer Großstadt-Ringstraße oder Avenue 4200 Meter (der Wiener Ring hat rund 3000 Meter, der von Köln rund 4000, die Pariser Boulevards zwischen 3000 und 7000) so giebt dies bei rechts- und linksseitiger Allee 2400 Bäume, also wenn man das nicht der Länge nach verzetteln würde, einen ganzen Wald von Bäumen. Sicher könnte man zwei bis drei Stadtparkanlagen vollauf damit versorgen und das gäbe für die Gesundheitspflege, für die Erholung und Ruhe, Luft und Schatten suchender Stadtbewohner, für Kinderspielplätze und sogar für Spaziergänge doch einen ganz anderen Erfolg als die mit dem üppigsten Wagengerassel, Verkehrskreuzungen, Wind- und Staubwolken überreichlich bedachte Allee mitten auf der Haupt-Verkehrsstraße. Der Spaziergänger sucht zu seiner Erholung lärmfreie, staubfreie Orte, wie kann man ihm dazu eine Allee anbieten mitten in der größten Verkehrsstraße, also gerade mitten im größten Lärm und Staub! Thatsächlich bewegt sich z. B. in Wien der Abendkorso nicht in der Ringstraßenallee, sondern neben den Häusern am gepflasterten baumlosen Bürgersteig.
Nun aber erst die Erstehungs- und Erhaltungskosten solcher Alleen! Die armen Bäume solcher Straßenalleen sind ja selbst immer krank, krank an Wurzelfäule wegen des in den Setzgruben stagnierenden Wassers, krank, weil ihre Blätter stets mit Straßenstaub bedeckt sind, krank, weil sie auf der einen Seite der Straße stets im Schatten der hohen Stadthäuser stehen

und somit den ganzen Tag von keinem Sonnenstrahl unmittelbar beschienen werden. Man kann die Wirkung des Mangels oder des Zuflusses von Sonnenlicht ganz auffallend an den Alleen aller von West nach Ost streichenden Straßen sehen; die nördliche Baumreihe, wenn sie wirklich dem Sonnenlichte zugänglich ist, zeigt höhere Wipfel, buschigere Laubkronen und dickere Stämme als die südliche im Schlagschatten der Häuserreihe stehende. Die Auswechselung gänzlich absterbender Bäume wird auch auf der lichtlosen Seite in weit größerem Maße nötig als auf der Sonnenseite. Die stetige Neubepflanzung gehört zu den immerwährenden Budgetsorgen des Stadtgärtners, und doch wie jammervoll sieht dieses Baumlazaret aus: im Herbst sind die Bäume der Stadtalleen die ersten, welche ihr dürres Laub frühzeitig herabschütteln; ein frisches, gesundes Grün ist niemals ihr eigen. Zu den Zerstörern der Straßenalleen gehört noch der Winterfrost, weil der Boden wegen der mangelnden Schneedecke friert; ferner die Leuchtgasausströmungen, welche den Boden verseuchen. Gegen diese letztere Einwirkung werden in Berlin Faschinen mit Lehmlagen und Kübel in den Setzgruben in Anwendung gebracht, was für jede Grube 40 Mark Kosten verursacht. Bei den Wiener Ringstraßenalleen forderte anfangs die Wurzelfäule derart viele Opfer, daß nachträglich je zwei oder mehrere Einzelgruben miteinander verbunden wurden, um den Wurzeln eine naturgemäßere Verbreitung zu ermöglichen. Um wieviel besser wäre es schon, nach diesem deutlichen Fingerzeig allein, wenn man alle Bäume wenigstens nur auf einer Seite der Straße vereinigte und zwar auf der Sonnenseite, und immer eine Gruppe von Alleebäumen durch Strauchwerk auf größerer, geschlossener und ventilierter Humusdecke vereinigte. Gerade auf dieser Seite könnten dann auch noch Vorgärten angeordnet werden, wenn überhaupt in diesem Stadtteile zulässig, während auf der anderen Seite der Straße, auf der Schattenseite, keinerlei Baumpflanzung anzuordnen wäre, dafür aber wären dorthin beide Geleise der elektrischen oder der Pferdebahn zu verlegen. Durch diese Sonderung von Verkehr und Baumpflanzung würden beide Teile gewinnen und obendrein die Mannigfaltigkeit des Straßenbildes, das nun auf der einen Seite eine geschlossene und auch unverdeckt sichtbare architektonische Ausgestaltung zeigen auf der andern Seite jedoch alles verfügbare Grün zu einem um so mächtigeren Gesamteffekt vereinigen würde. Man sieht deutlich, daß alle die fehlerhaften Anordnungen neuerer Zeit nur daher stammen, daß sämtliche Alleen auf dem Reißbrett nach dem Grundsatz der Symmetrie angeordnet wurden, ohne dabei auch über das Gedeihen der Pflanzung, über Licht und Sonne, über ihre Wirkung im Stadtbild und auf den Verkehr im einzelnen nachzudenken. Glücklicherweise ist auch hierin in jüngster Zeit eine Verwertung der gemachten Erfahrungen und daher eine naturgemäßere Anordnung der Alleen zu bemerken. Während in dem Handbuch des Städtebaues von 1890 (Durm, IV, 9) in den Straßenprofilen von Fig. 107 bis 216 nur die üblichen mehr oder weniger symmetrischen Baumreihen vorgeführt erscheinen, enthält das Werk des Stadtbaurates E. Genzmer „Über Anpflanzungen auf städtischen Straßen und Plätzen" von 1894 schon folgende beachtenswerte Sätze: „Straßen sind zu bepflanzen, aber schon wegen der Kosten nicht alle, nicht zu viele"; ferner: „Wegen der Abwechselung müssen Fahrbahn, Fußsteig und Straßenallee nicht immer nach demselben Schema nebeneinander liegen, sondern nach abwechselnder Anordnung." Damit ist ein wesentlicher Schritt vorwärts bereits gethan; die endgültige Entscheidung liegt aber nicht auf dem Gebiete litterarischer Erörterung, sondern auf dem der praktischen Ausführung, wo erfahrungsgemäß doch jeder Einzelfall seine Besonderheiten hat und nicht nach irgendwie vorrätigen Schablonen gelöst werden soll. Gerade das, den Stadtbaukünstler von alten Schablonen zu befreien, ihn ungehindert von Vorurteilen denken und entwerfen zu lassen, kann nur der Zweck gesunder kritischer Untersuchungen sein, die nur durch diese Befreiung sowohl des Künstlers als auch seines Auftraggebers Nutzen stiften können.

Ganz ähnlich wie mit den großstädtischen Alleen verhält es sich mit den sogenannten Squares. Eine in Grund und Boden verfehlte Anlage. Sie verschlingen in noch höherem Maße als die Alleen große Anlagesummen, ohne den gewünschten Erfolg zu erreichen. Der Fehler liegt wieder in dem hergebrachten Blockrastrum der modern geometrischen Lagepläne. Ist danach nur erst ein Bebauungsbezirk schön säuberlich durch gradlinige parallele Straßen schachbrettartig in Baublöcke zerlegt und wünscht man irgendwo einen öffentlichen Garten oder Kinderspielplatz, so läßt man einen oder mehrere Blöcke unbebaut, übergiebt sie zu mehr oder weniger anspruchsvoller Ausgestaltung dem Stadtgärtner und der Square ist fertig. Der Umstand, daß dieser Garten dann ringsherum frei an den Straßen liegt, wird bei dieser einfachen Methode nicht beachtet; gerade darin liegen aber die groben Fehler dieser Anordnung, denn von der Straße wirbelt der Wind allen Staub, diese furchtbarste Plage des Großstadtlebens, über die Gartenanlage weg, die noch obendrein von dem ganzen Wagengerassel und sonstigem Lärm der Straße erfüllt ist, besonders wenn, wie in den weitaus meisten Fällen, diese Squares nur in kleinerem Flächenmaß angelegt sind. Ein solcher Stadtgarten ist zur Erholung für Alt und Jung gänzlich ungeeignet und wird wegen der schneidenden Schneewehen im Winter und der sengenden Sonne im Sommer und den darüber hinfegenden Staubwolken auch thatsächlich vom Volke nicht besucht, während alte ehemalig herrschaftliche Privatgärten, wenn sie, wie es überall häufig vorkommt, dem Besuche des Publikums freigegeben sind, geradezu mit Erholungsbedürftigen überfüllt sind, denn diese alten Gärten sind ringsherum verbaut, liegen nirgends an der offenen Straße und sind eben deshalb wind- und staubfrei und von nervenberuhigender idyllischer Ruhe. So und nur so ist es recht, und die daraus abzuleitende Regel lautet: kein Kinderspielplatz, kein öffentlicher Garten darf an der offenen Straße liegen.

Dieselbe Regel ergiebt sich auch durch Erwägung der finanziellen Seite. In unseren Großstädten steigen bekanntlich die Bauplatzwerte bis zu ungeheuren Summen und zwar umsomehr, je günstiger die Lage und das Format des Bauplatzes ist. Dabei erzielt derjenige Bauplatz einen höheren Preis, der bei gleichem Flächeninhalt eine größere Straßenflucht aufweist, indem sich dann bei der Verbauung wegen der größeren Zahl von Gassenfenstern und der geringeren Zahl von Hoffenstern Wohnungen von höherem Zinserträgnis bei sonst gleichen Baukosten ergeben. Eine bis ins einzelne gehende Berechnung von Baukosten und Zinserträgnis nach Wiener Verhältnissen im Innern der Stadt ergab, daß sich der Wert eines und desselben Bauplatzes in der Form von zwei aneinanderstoßenden Quadraten, das eine Mal auf rund 100 000 Kronen stellte, das andere Mal auf rund 140 000 Kronen, je nachdem die kürzere oder die doppelt so lange Bauplatzseite als Straßenflucht angenommen wurde. Es zeigt sich da, welcher bedeutende Wert dem Ausmessen von Straßenfluchten im Verhältnis zu den Flächenmaßen von Bauplätzen zukommt und daß derjenige Städtebauer, der ein Maximum von Straßenfluchten bei einem noch gut verbaubarem Minimum von Bauflächen bei der Baublockteilung herausbringt, die finanziell beste Aufteilung des Baugrundes erzielt, besonders wenn noch ein Minimum von unverwertbarem, ja Erhaltungskosten forderndem Straßengrunde dazukommt. Derjenige wird aber hunderttausende, ja bei größeren Parzellierungen Millionen von Bauwerten ungenützt vergeuden, der mit den Straßenfluchten schonungslos umgeht. Was soll man von diesem Standpunkte aus zu Projekten sagen, welche die so kostbaren Straßenfluchten gleich kilometerweise nutzlos an Squares und Stadtparke vergeuden, wozu noch obendrein die Kosten des nötigen Parkgitters kommen.

Es ist merkwürdig, wie unwiderstehlich dasjenige wirkt, was in einer bestimmten Zeit gerade landesüblich ist. Der Begriff, daß Gärten offen an der Straße liegen müßten, ist heute so allgemein verbreitet, daß man allenthalben mit einem wahren Feuereifer, der einer besseren Sache würdig wäre, daran geht, überall dort, wo alte Gärten an einer Seite oder auch nur ein kurzes Stück unmittelbar an der Straße liegen, aber wohlweislich durch eine möglichst hohe (gemeiniglich vier bis fünf Meter hohe) alte Mauer nebst im Innern daran gepflanzten Baumreihen und dichtem Strauchwerk von der Straße möglichst lärm- und Staubdicht abgesondert sind, diese schützenden Mauern um jeden Preis niedergerissen und durch luftige Gitter ersetzen will. In Wien wurde dies bei dem erst vor einigen Jahren dem öffentlichen Gebrauch übergebenen Esterhazy-Garten durchgeführt. Er hat dadurch ungemein gelitten, seine frühere Ruhe und Windstille hat er eingebüßt. Trotz dieser ungünstigen Erfahrung konnte man bald darauf in den Zeitungen lesen unter dem Schlagworte: „Verschönerung der Heugasse": „Die alte Mauer längs des Schwarzenberggartens in der Heugasse soll durch ein elegantes Gitter ersetzt werden. Der Magistrat wird mit den Besitzern der dem Garten gegenüberliegenden Häuser wegen Beitragsleistungen zu den Kosten für das neue Gitter in Verhandlung treten." Glücklicherweise kam die Sache nicht zu stande, und die Ruhe des Gartens, in dem man kaum etwas merkt von dem starken Wagenverkehr in der Heugasse, ist bis auf weiteres gerettet. So viel Zeit, Mühe und Geld wird aber daran gesetzt um eine gute, alte Einrichtung in eine moderne, schlechte zu verwandeln! Die alte Mauer wirkt zudem förmlich altitalienisch monumental, und die mächtigen Baumkronen ragen weit über den Bürgersteig neben ihr in die Straße herein, so daß es auch am Anblick des Grünen durchaus nicht fehlt; aber was nützt das alles, das gute, alte Motiv wird heute nicht mehr verstanden, es soll den Modeformen um jeden Preis zum Opfer fallen.

Wer aber hat ein höheres Anrecht an einen solchen Garten, der eilends die Straße Vorbeigehende, der kaum einen flüchtigen Blick durch das moderne „elegante Gitter" hineinwirft oder die Menge seiner ständigen Besucher, welche stundenlang darin Ruhe und Erholung suchen und nur in seiner geschützten Abgeschlossenheit auch finden?

Es ist kein Zweifel: nicht nur Stadtplätze fordern zu ihrer eigenartigen Wirkung die Geschlossenheit der Platzwand rings herum, sondern auch, und vielleicht in noch höherem Maße, die Gärten der Stadt. Daß der moderne Freilegungswahn sich auch der Gärten bemeistern will, ist sicherlich ein ebenso grober Fehlgriff, wie die Freilegung der alten Dome und Stadtthore, wie die Aufreißung der alten geschlossenen Platzwände.

Betrachtet man, in was immer für einem Stadtplane, den Bestand alter Vororte, so findet man überall verhältnismäßig große Baublöcke, die alle nur an den wenigen schmalen und langen Zwischengassen in geschlossener Weise verbaut sind, während in dem weitläufigen innern Kerne die alten Hausgärten zu beträchtlicher Gesamtmasse aneinanderschließen. Da hört man nichts vom Straßenlärm, da ist ruhige, staubfreie Luft, und hier haben nicht nur die Hausbesitzer, sondern auch die Wohnungsmieter gegen geringe Zinserhöhung ihre Frühstücks- und Abendmahlzeitplätze, hier ist man der Großstadt und ihrem Getöse entrückt, man lebt wie auf dem Lande und ringsherum in den Hoftrakten und Hofzimmern Werkstätten geistiger und handwerklicher Arbeit bei frischer Luft, gutem Licht, Sonnenschein und dem Ausblick ins Grüne. Das ist auch Großstadt-Grün, wenn man davon auf der Verkehrsstraße draußen auch nichts merkt. Gerade diese für die Gesundheit und Arbeitskraft der Bevölkerung hochwichtigen aneinandergrenzenden Hausgärten sind aber gegenwärtig überall im Verschwinden begriffen. Überall bemächtigt sich ihrer die Bauspekulation, der Bauplatzwucher; es werden Straßendurchbrüche ausgeführt und hohe Zinskasernen mit so kleinen Höfen, wie sie die örtliche Bauordnung eben noch gestattet, errichtet, in deren finsteren, von erstickender Luft erfüllten Wohn- und Arbeitsräumen, kaum mit dem Ausblick auf ein kleines Stückchen Himmel, die Diener- und Arbeiterschaft ihre Tage verbringen muß.

Diesen elenden, vernunftwidrigen Verhältnissen kann nur Einhalt geboten werden durch gesetzliche Verfügungen, denn so lange die Bauspekulation bei derartiger Ausnützung des Bauplatzes ihren Gewinn findet, wird sie freiwillig nie darauf verzichten. Alle derartigen Verfügungen laufen überall darauf hinaus, den inneren Gartenkern größerer Baublöcke durch Nichtgenehmigung der Parzellierung oder durch Bauverbot zu schützen. Am weitesten vorgeschritten in diesen heilsamen Bestrebungen ist gegenwärtig Hamburg, sowohl theoretisch als auch praktisch durch Einführung der sogenannten *„inneren Baufluchtˮ*. Es wäre wünschenswert, daß sich diese segensreiche Einrichtung überall hin verbreiten möchte. Eine Förderung dürfte dieselbe dadurch gewinnen, daß die im Innern der größeren Baublöcke unverbaut bleibenden Räume denn doch einer öffentlichen Verwertung nach Möglichkeit zugeführt werden. Einen Versuch, in diesem Sinne einen ganzen Stadtplan einzurichten, hat der Verfasser dieses mit seinem bereits in Ausführung begriffenen Stadtplan für Mährisch-Ostrau gemacht, dem einzelnes bei den ebenfalls schon ins Werk gesetzten Lageplänen für Teschen und für Olmütz vorausging. Es wurde da das Innere größerer Baublöcke zunächst verwendet im Sinne des vorher Besprochenen zur Unterbringung öffentlicher Gärten und Kinderspielplätze, dann für

Turnplätze und Radfahrbahnen, Eislaufplätze und dgl. Endlich wurde der Versuch gemacht, offene Märkte, Obstmärkte etc. innerhalb eines Kranzes von Zierhäusern in geschlossener Bauweise anzuordnen, was infolge der nötigen Zugänge und Zufahrten, atriumartigen Wandelbahnen, der Viehtränke mit der großen alten Burghoflinde daneben, den zugehörigen Inspektions- und Kanzleiräumen und sonstigem Zubehör zu eigenartigen Lösungen führte. Endlich fand sich auch Verwendung großer unverbauter Innenflächen für Speditionszwecke für besondere Industrien und noch manches andere. Wird für alles das nicht schon im Stadtplane Vorsorge getroffen, so entsteht allenthalben Mangel an Raum und die schweren Streifwagen, Kisten und Warenballen kann man dann in den vornehmsten Stadtteilen auf den Straßen den Verkehr verstellen sehen, weil es allenthalben an verfügbaren Hofräumen fehlt. Daß dabei überall Brunnen mit reichlichem Wasser, Baum- und Strauchwerk eingestreut werden können, ist klar, und nur eine Sache der Ausführung, für welche nur die Opferfreudigkeit in der Bevölkerung angespornt zu werden brauchte, denn der Sinn dafür ist überall reichlich vorhanden.

Nach dem bisher Erörterten ist es klar, daß alles Grüne in der Großstadt in zwei streng zu sondernde Gruppen zerfällt mit gänzlich verschiedener Wirksamkeit und somit auch gänzlich verschiedenen Verwendungsformen, nämlich: in das sozusagen *"Sanitäre Grün"* und in das *"Dekorative Grün."*

Das *sanitäre Grün* gehört nicht mitten in den Staub und Lärm der Straßen, sondern in das geschützte Innere großer, ringsherum verbauter Baublöcke. Nur in größten Flächenausmaßen verträgt es das Freiliegen an der offenen Straße, wie dies in den Villen- oder Cottage-Vierteln der Fall ist. Diese vom Wagenverkehr wenig heimgesuchten Stadtteile mit ihren ununterbrochen zusammenschließenden Baumpflanzungen gehören zweifellos auch in die Gruppe des sanitären Grün. Zu sagen ist über diese Anlagen wegen Straßenführung, Grundteilung und dgl. nichts; denn das viele Grün breitet selbst über verfehlte Lageplanformen den Mantel milder Nachsicht derart, daß weder Schönes noch Verfehltes in die Erscheinung tritt; es ist eigentlich ganz gleichgültig, wie man da vorgeht, es kommt auf jederlei Art immer dasselbe heraus.

Das *"dekorative Grün"*, und zwar womöglich in reichlicher Verbindung mit dekorativem Wasser, gehört im strikten Gegensatz zum sanitären ausschließlich der Straße und den Verkehrsplätzen, denn es hat nur den Zweck, gesehen zu werden, gesehen von möglichst vielen Menschen, also gerade auf den Hauptpunkten des Verkehres. Man kann sich einen größeren Gegensatz nicht denken. Beim dekorativen Grün ist alles nur auf die ihm einzig mögliche phantastische Wirkung zu berechnen; beim sanitären Grün handelt es sich dagegen um die wirkliche Erzielung greifbarer Werte: Staubfreiheit, Windschutz, allem Straßenlärm abgewendete Ruhe, schattige Kühle im Sommer. Was bei dem einen wertvoll ist, wird bei dem andern zur Nebensache und umgekehrt, woraus aber folgt, daß nur derjenige Stadtbaukünstler im einzelnen Fall das Richtige treffen wird, der diese beiden Arten des Stadtgrünen in ihrem Wesen erfaßt hat und auseinanderzuhalten versteht.

Von diesem Standpunkte aus ist die gegenwärtig landesübliche Alleeform entschieden zu verwerfen und die ganz in den Hintergrund gedrängte Einzelgruppe von Baum und Strauchwerk in den Vordergrund zu stellen. Wer sich dies durch ein großes Muster deutlich machen will, der gehe nach Konstantinopel, dort findet er das unübertroffene Beispiel der Einfügung des Grünen in eine große Baumasse. Überall Grünes, so daß man sich mitten im Bazar- und Häusergewirre stets wie in freier Natur fühlt, überall fügt es sich willig und malerisch tadellos in das Platz- und Straßenbild ein; nirgends stört es, wie bei unsern Alleen, den freien Anblick auf Monumentalgebäude und nirgends verursacht es Pflanzungs- oder Erhaltungskosten. Woher kommt dieses Wunder? Einfach daher, daß allüberall von Natur aus seit jeher Grünes da war, was nur dort beseitigt wurde, wo es störend wirkte, überall, wo es aber stehen blieb, ist es gut, natürlich, tadellos.

Die Gesamtwirkung ist geradezu märchenhaft. So muß auch die Gesamtwirkung des alten Athen, des alten Rom gewesen sein.

Warum können wir Modernen solche Herrlichkeit nicht mehr er stehen lassen?

Die Alleeform allein ist eine flammende Anklageschrift gegen unseren Geschmack. Kann es denn Abgeschmackteres geben als die freie Naturform eines Baumes, die ja gerade in der Großstadt uns die freie Natur phantastisch vorzaubern soll, in gleicher Größe, in mathematisch haarscharf gleichen Abständen, in geometrisch schnurgerade ausgesteckter Richtung, genau so rechts wie links und noch obendrein in schier endloser Länge immer wiederholt aufzustellen. Man bekommt ja förmlich Magendrücken vor beklemmender Langeweile. Und das ist die Haupt-„Kunstform" unserer Städtebauer geometrischer Observanz!

In Konstantinopel giebt es keine einzige Allee, das ist auch bezeichnend. Dagegen zahlreiche Monumentalbrunnen, bekanntlich mindestens einen von jedem neuen Sultan gestiftet, die eine Berühmtheit der Stadt sind. Hier steht also ein vollwertiges Muster, dem künstlerisch bildend nachgestrebt werden sollte. Und es giebt auch bei uns schon Konzeptionen in diesem Sinne, wenn auch leider noch sehr vereinzelt, z. B. die große Münchener Monumentalbrunnen-Anlage von Hildebrandt. Es brauchte also nur die Aufmerksamkeit der entscheidenden Kreise auf die hohe Bedeutung der Verwendung von dekorativem Wasser und dekorativem Grün, besonders in künstlerischer Verbindung hingelenkt zu werden. An Künstlern, die dafür richtige Lösungen fänden, fehlt es nicht, und die Kosten dafür könnten reichlich bei den zweckwidrigen aber kostspieligen Alleen und Squares eingebracht werden. So zeigt sich im ganzen auch hier wieder, daß der Städtebau, richtig aufgefaßt, keine bloß mechanische Kanzleiarbeit ist, sondern in Wahrheit ein bedeutsames, seelenvolles Kunstwerk, und zwar ein Stück großer, echter Volkskunst, was um so bedeutender in die Wagschale fällt, als gerade unserer Zeit ein volkstümliches Zusammenfassen aller bildenden Künste im Dienste eines großen nationalen Gesamtkunstwerkes fehlt.

N.N.
Nervöse Kinder
Neues Wiener Tagblatt, 28. März 1894 (28. Jg, Nr. 84), S. 1–2

[…] Nervöse Kinder! Was für ein garstiges Wort! Gibt es denn wirklich so etwas? Darauf läßt sich nur antworten, daß es sehr unwahrscheinlich wäre, wenn die vielen nervösen Väter und Mütter lauter nervenstarke Kinder erzeugten. Ganz zweifellos wird die Sache aber erst durch die Erfahrung; denn mit den Nerven einer lebensüberdrüssigen blasirten Jugend kann es seine Richtigkeit nicht haben. […] [W]enn sich ein Gymnasialschüler erschießt, weil er seine Schulaufgaben nicht richtig gelöst oder von seinem Lehrer eine wohlverdiente Anmerkung hinter die Ohren erhalten hat – so ist das schlechterdings unbegreiflich, wenn man nicht annimmt, daß sich das Nervensystem der jungen Leute in dem Zustande großer Ueberreiztheit befindet. […] Es thut Einem heutzutage ordentlich wohl, einem Burschen zu begegnen, der tapfer im Leben aushält, der die Pflichten, die er zu erfüllen hat, ohne Trotz oder ohne weinerliche Stimmung auf sich nimmt, den der Genuß ebensowenig zum Lumpen, als das Leid zum Tollhäusler macht; der imstande ist, den Nerven, sobald sie rebellisch werden wollen, „Kuscht euch!" zuzurufen […] Diese frischen Seelen scheinen wirklich immer seltener unter uns zu werden und allmälig tritt an ihre Stelle ein

nervös veranlagtes oder nervös gemachtes Geschlecht von Knaben und Mädchen, eine Erscheinung, die, wenn man so sagen darf, wohl zu den widersinnigsten in der ganzen Natur gehört. Ach! Es gibt ja tieftraurige Familienverhältnisse, denen ein Kind nur wie durch ein Wunder ohne Erschütterung der Nerven zu entgehen vermag. [...] So Vieles auch dafür spricht, daß die Nervenschwäche der Eltern auf die Nachkommen übertragen wird, So scheint doch viel öfter die Nervosität der Kinder keine ursprüngliche, sondern eine anerzogene zu sein. [...] Niemals dulde man, daß sich ein solches Kind irgendwie gehen lasse, sei es, daß es bei Tisch eine nachlässige gelangweilte Haltung einnehme, sei es, daß es nach einer kleinen Anstrengung in Klagen über Uebermüdung kein Ende finden könne. Das sind gewöhnlich unwahre Komödien und übertriebene Empfindeleien, welche an den Beispielen der Erwachsenen gelernt und dann nachgeahmt werden. Es ist ganz falsch zu glauben, daß nur die schlechten äußeren Verhältnisse die Motoren seien, welche die Kindernervösität erzeugen, vielmehr liegt das Hauptgewicht auf der geistigen und moralischen Dressur. Ein Kind muß zunächst gehorchen lernen, bevor man mit ihm etwas anfängt; so wie man ein Eisenstück, aus welchem ein Ring werden soll, zuerst glühend hämmert. Man sehe doch die Kinder an, welche an Keuchhusten, Scharlach, Masern und dergleichen erkranken, man wird die gehorsamen, welche geduldig sind und den ärztlichen Anordnungen willig folgen, gleich unterscheiden von den ungehorsamen und zu ihrem Schaden Aufgeregten. Das „ich will nicht" darf einem verständigem Vater oder Erzieher gegenüber nicht aus dem jugendlichen Munde kommen!
Freilich, wenn Kinder einmal in dem nervösen Familienzuge drinnen stekken, ist es oft schwer, sie richtig zu erziehen; das eingehende Studium ihrer Charaktere vernachlässigend und sich nur an bedeutungslose Aeußerlichkeiten haltend, begeht man die traurigsten Mißgriffe. [...] Wir wollen hier das vielerörterte Kapitel über die „Ueberbürdung" der Jugend nicht aufrollen. Daß unsere Kinder viel zu viel im Zimmer sitzen und viel zu wenig Zeit zur Erholung haben, darüber sind alle einig. „Unsere erwachsenen Fabriksarbeiter," sagt überaus treffend der Hygieniker Dr. Kornig, „verlangen einen Normalarbeitstag von acht Stunden, und man diskutirt ernsthaft darüber; die Kleinen aber müssen weit mehr Arbeitszeit aufwenden, um ihren Schulpflichten nachzukommen." Denn 5 bis 6 Stunden täglich in der Schule, 2 bis 3 häusliche Arbeitsstunden und dazu die Privatstunden (Sprachen, Musik u. s. w.), das mag wohl dann und wann ein aus Eisenatomen konstruirtes Nervensystem aushalten; im Allgemeinen aber wird man

sich vor den Kopf schlagen müssen über diese Verkehrtheit der Erziehung. Denkt man sich dazu noch nervöse Lehrer, welche ja nicht außerhalb der Gesellschaft stehen, so ist das Bild wahrhaftig kein sehr erfreuliches. Ein Glück, daß bei den Lehrern die Selbstdisziplin in vielen Fällen größer ist, als in anderen Ständen! Gewiß kommen da kluge Knaben und kluge Mädchen heraus, aber so überreizt und sagen wir es nur – so unausstehlich vorlaut und reflexiv, daß diese Thatsachen Manchen schon verleitet haben, die Organisation unserer Schulen selbst anzugreifen, was aber ganz ungerecht ist. […]
Indessen wird man gut thun, alles Forcirte zu vermeiden. So wie man an die Aeste junger Bäumchen keine Gewichte hängt, damit sie mit einer breiteren Krone erscheinen, so hat man sich auch zu hüten, einen jungen Körper unter übertriebenen Turnübungen zu ermatten, oder mit maßlosen kalten Waschungen zu überreizen. Was vor Allem noththut ist, daß schon in der Kinderstube die höchste Aufmerksamkeit aufgewendet wird. An die Stelle einer nervösen Mutter soll eine Amme treten, und gleich in diesem Stadium beginne man damit, weder die Stube, noch das Bad zu warm zu halten. So räth Professor Krafft-Ebing. Die Verweichlichung des Säuglings ist der erste Schritt in das Labyrinth der Nervosität. Kräftige Kost, Abhärtung durch kühle (nicht kalte) Waschungen, möglichst häufiger Aufenthalt in freier Luft, geduldiges Hinausschieben der systematischen Lernthätigkeit, das sind die äußeren Grundbedingungen für die Entwicklung normal funktionirender Nerven. Es ist nicht richtig, daß nun nur auf dem Lande gesund leben kann. Tausende von Beispielen sprechen gegen diese Ansicht. Nur muß das Leben entsprechend geregelt sein. Die Kinder müssen zwei bis drei Stunden des Tages absolut frei von jedem anderen Zwange sein, als dem des Gehorsams und diese Zeit soll benützt werden, sie ins Freie (Spaziergänge durch, um die Stadt, in den Prater, auch bei nicht schöner Witterung) zu führen oder sie einen Theil der Zeit, wenn es die Verhältnisse gestatten, täglich mäßige Turnübungen in gut gelüfteten Zimmern, in wärmerer Jahreszeit bei offenen Fenstern machen zu lassen. Nur beileibe kein Buch während der Erholungsstunden, obwohl Kant einst behauptete, daß erheiternde Lektüre gesünder sei, als Körperbewegung! […]

Chiffren der Großstadt: Formen realer Raumbeherrschung

Camillo Sitte
Die Sammlung von deutschen Stadtplänen auf der Dresdner Städteausstellung 312

Guido Mäder
Rundgang durch die Ausstellung 314

Theodor Goecke
Rückblicke auf die deutsche Städte-Ausstellung in Dresden 318

Kamillo Sitte
Enteignungsgesetze und Lageplan. Auszug aus dem Vortrage, gehalten in der Vollversammlung am 14. Februar 1903 von Regierungsrat Kamillo Sitte 320

Alfred Abendroth
Architekt oder Landmesser? 323

Theodor Goecke
Der Bebauungsplan der Großstadt 327

Camillo Sitte
Die Sammlung von deutschen Stadtplänen auf der Dresdner Städteausstellung
Der Städtebau 1 (1904), Heft 9, S. 137–139

Jeder, der auf was immer für einem Sondergebiete städtischer Fürsorge vergleichende Studien anstellen will, kommt im Verlaufe seiner Arbeit irgend einmal dazu, möglichst zahlreiche Stadtpläne vergleichen zu sollen. Daher ist der Wunsch nach Anlegung eines „*Deutschen Stadtplanbuches*" schon so vielfach in jüngster Zeit ausgesprochen worden und die Leitung der Dresdner Städteausstellung hat sich auch in dieser Richtung ihrer Aufgabe bewußt gezeigt, daß sie die Zusammentragung einer solchen Stadtplansammlung in die Hand genommen hat. Diese Sammlung, in großen Klebebänden in einem eigenen Schrank der I. Abteilung Gruppe A untergebracht, gewährte zugleich ein Spiegelbild der ganzen Ausstellung und auch des dermaligen Standes der Städtebauforschung, der Theorie und Praxis dieses großen Faches.

Sowie die Dresdner Ausstellung selbst ein so mächtiges Bild aufrollte, daß man ihm zunächst überrascht und gefesselt gegenüberstand, bei eingehendem näheren Zusehen sich aber alsbald zeigte, daß im Verhältnis zu der ungeheuren Menge des Vorhandenen hier sozusagen nur Stichproben vorliegen; ebenso verhält es sich mit der hier in verdienstvollster Weise zum *erstenmale versuchten Zusammenbringung eines deutschen Stadtplanbuches.* Abgesehen davon, daß als Unterlage für alle die vielfach wünschenswerten vergleichenden Stadtplanstudien nicht bloß deutsche Stadtpläne gesammelt werden müssen, sondern ebenso englische, französische, amerikanische, italienische usw. und nicht minder von europäischem Einflüsse noch freie orientalische; so ist es gleichfalls eine sehr ausgiebige Beschränkung der Arbeit, wenn bloß die neuesten Pläne vereinigt werden, während zur Ergründung der Geschichte des Städtebaues auch alte Pläne der Renaissance, des Mittelalters bis ins Altertum zurück aufgesammelt werden müßten, eine Arbeit, die noch nirgends im großen Stile in Angriff genommen wurde. Nur örtliche Geschichts- und Altertumsvereine, Städtische und Provinzialmuseen, Archive u. dgl. besitzen ein meist zufällig zusammengebrachtes Inventar von alten Stadtplänen, Stadtansichten und Darstellungen von Plätzen und wichtigen Straßen aus älterer Zeit, aber an eine Verwertung dieses zerstreuten Materials, das auch nur durch die Ortsforschung aufgeschlossen und nutzbar gemacht werden kann, ist man nur äußerst selten hier und da herangetreten, und die *Geschichte des Städtebaues* ist ein heute noch ungeschriebenes Buch.

Aber auch in dieser Beschränkung zeigt diese erste Sammlung vor allem nur, daß wir gedruckte, für jedermann erhältliche, Pläne in genügender Zahl und Ausstattung noch gar nicht besitzen. Auch der Berliner Pharus-Verlag, der seinen Städteatlas auf der Ausstellung als im Erscheinen begriffen anzeigen konnte, steht ja erst am Anfange dieses Unternehmens. So wie an der ganzen Ausstellung sich zwar in rühmlicher, ja mehrfach mustergiltiger Weise nur 128 Städte beteiligten, ebenso zählt die ganze Planmappe an in Druck ausgegebenen Plänen nur 214 Städte gegenüber von nahezu 3000 Städten, welche das deutsche Reich gegenwärtig zählt. Die Mehrzahl dieser Pläne stammt aber nur aus Reisehandbüchern und Fremdenführern, ja selbst aus Adreßbüchern, aus denen sie auch im Sonderabdruck erhältlich sind. Daneben besitzen aber alle Groß- und Mittelstädte bis zu Kleinstädten, also gewiß mindestens 500 Städte, ihren in großem Maßstabe genau veranlagten und stets nach dem neuesten Stand am Laufenden gehaltenen Lageplan auch mit besonderen Einzeichnungen der Kanalanlagen, Wasser- und Gasleitung u. dgl. m., wovon so viele schöne Beispiele auf der Ausstellung zu sehen waren; aber in Druck gelegt ist das alles erst in den allerseltensten Fällen und da nur bruchstückweise in Ingenieur- und Bauzeitschriften, also sehr zerstreut und schwer auffindbar.

Die öfters benützten Meßtischblätter der Generalstabskarte sind ebenfalls für viele Zwecke zu klein im Maßstab und mühselig zu benützen. Nach alledem ist also die für die Ausstellung zusammengebrachte Stadtplansammlung trotz ihrer Dürftigkeit dennoch von großem Wert und soll ihr Ergebnis somit hier festgehalten werden. [...]

Guido Mäder
Rundgang durch die Ausstellung
Was lehrt die 1. Deutsche Städte-Ausstellung, Dresden 1903? Hg. v. Rudolf Lebius. Leipzig 1903, S. 3–8

[...] Hieran schließt sich die Abteilung betreffend die Fürsorge der Gemeinden für die *Gesundheit* und *allgemeine Wohlfahrt* und Einrichtungen auf dem Gebiete des *Polizeiwesens*. Diese Abteilung beansprucht den größten Raum des städtischen Ausstellungspalastes. Unstreitig eine der interessantesten Abteilungen der Deutschen Städteausstellung ist diejenige, welche dem *Polizeiwesen* gewidmet ist. Es ist bis jetzt überhaupt das erstemal, daß eine derartige Polizeiausstellung in Deutschland dem Publikum zugänglich gemacht wurde, da nur Wien im Jahre 1898 und Paris gelegentlich seiner letzten Weltausstellung ähnliche Ausstellungen für das Polizeiwesen veranstaltet hatten. Durch diese Abteilung auf unserer Städteausstellung soll dem Publikum in erster Linie vorgeführt werden, mit welchen Mitteln und Kräften und auch mit welchen Mühen die Polizei bestrebt ist, Verbrechen zu entdecken und Verbrecher zu entlarven. Das schwierigste Problem war schon seit alten Zeiten die Wiedererkennung rückfälliger Verbrecher gewesen, und daß dies auch jetzt noch oft der Fall ist, geht unter anderem auch aus einem mit ausgestellten Tableau hervor, welches 19 Stück verschiedene Legitimationspapiere eines einzigen Hochstaplers enthält. Schon im Altertum hat man sich mit Mitteln zur Wiedererkennung von Verbrechern befaßt und dieselben unter anderem durch Brandmale gekennzeichnet. Später half man sich mit dem Abdrücken der Kinnladen, der Kiefern, der Ohren usw., doch war dieses alles nicht sehr zuverlässig. Ein gutes Hilfsmittel der Jetztzeit ist unstreitig die Photographie, und jede Polizeibehörde hat gegenwärtig ihr Verbrecheralbum, in dem das Bild des der Polizei vorgeführten Verbrechers in Vorder- und Seitenansicht enthalten ist. Schon hierdurch ist oft ein leichtes Wiedererkennen möglich. In der ganzen Welt photographieren die Polizeibehörden infolge eines internationalen Übereinkommens in der Größe

von 1:7. Allerdings hat sich auch die Photographie vielfach nicht zuverlässig erwiesen, was an der Hand einer Ausstellung porträtähnlicher, aber keineswegs identischer Verbrecher nachgewiesen wird. Deshalb wurde in der gesamten kriminalistischen Welt das neue Bertillonsche Meßverfahren freudig begrüßt. Bertillon stützt sich darauf, daß sich mit dem 20. Jahre die Knochenbildungen des Menschen nicht mehr wesentlich verändern. Nach diesem Verfahren wird der Körper in verschiedenen Stellungen gemessen, die Zahlen auf Karten geschrieben und diese dann registriert. Es ist auf diese Weise möglich, in jeder Stadt, in der sich eine Zentrale für das Bertillonsche Meßverfahren befindet, einen Mann, der vielleicht seinen Namen falsch angibt, wiederzuerkennen. Die königliche Polizeidirektion zu Dresden hat in der Ausstellung das Muster einer Bertillonschen Zentral-Registratur ausgestellt. Die Karten sind hier geordnet nach der Kopflänge, der Kopfbreite und Mittelfingerlänge, ferner nach der Fußlänge, nach der Unterarmlänge der Verbrecher usw. Durch die eigenartige Ordnung der Karten ist es in schnellster Zeit möglich, den gesuchten Verbrecher zu ermitteln. Die Maße über eine Person stimmen vollständig überein, auch wenn dieselbe in verschiedenen Städten gemessen worden ist. Die ganze zivilisierte Welt, mit Ausnahme von England und seinen Kolonien, welche nach dem System der Fingerabdrücke arbeiten, haben Bertillonsche Meßverfahren eingeführt. [...]
Ein neues System zur Wiedererkennung und Entdeckung von Verbrechern durch die Fingerabdrücke ist die Daktyloskopie. Der Finger des Verbrechers wird zunächst auf eine mit Buchdruckfarbe schwarz gefärbte Platte gelegt und dann auf einen Registrierbogen abgedruckt, und zwar werden Abdrücke allen zehn Fingern gemacht. Die durch diesen Abdruck sichtbar gewordenen Kapillarlinien sind ebenfalls wieder gewissenhaft registriert, und zwar unterscheidet man an den Linien der Finger Bogenmuster, Schleifenmuster, Wirbelmuster und Muster-Kompositum. Auch hier läßt sich durch Vergrößerung, dieser Fingerabdrücke, durch genaue Registratur derselben usw. die Identität eines Verbrechers verhältnismäßig leicht feststellen. Außerdem ist dieses System infolgedessen sehr beliebt, weil jeder Gendarm die Fingerabdrücke mittels eines kleinen billigen Taschenapparates sofort an Ort und Stelle vornehmen kann. Auch an unfreiwilligen Fingerabdrücken lassen sich auf diese Weise, Personen feststellen, wie dies ein vor einigen Jahren in Paris dagewesener Fall bewiesen hat. Die Kriminalpolizei ist jetzt sogar so weit, daß Sie unsichtbare Fingerabdrücke auf Glas, Papier usw. durch ein chemisches Verfahren sichtbar machen kann.

Umschlagtitel: Rudolf Lebius (Hg.): Was lehrt die 1. Deutsche Städte-Ausstellung Dresden 1903, Leipzig 1903

Interessant ist die Sonderausstellung der Hamburger Polizei, welche über eine eigene Polizeiflotte, bestehend aus Barkassen, sowie über ein eigenes, besonders gefürchtetes elektrisches Boot verfügt. Eine Gruppe von verkleideten Kriminalbeamten, die ständig im dortigen Hafen stationiert sind, zeigt, daß die „heilige Hermandad" besonders in Hamburg überall ihre Augen haben muß, und photographische Apparate in Form von Opernguckern beweisen, daß Hochstapler und Verbrecher in der schönen Hafenstadt eigentlich keinen Moment sicher sind, von einem vigilanten Kriminalbeamten „geknipst" zu werden. Hamburg verfügt überhaupt über das größte kriminalistische photographische Atelier der Welt.

Von besonderem Interesse in der Ausstellung ist auch der *älteste Steckbrief der Welt*, der am 10. Juni 146 v. Chr. Geburt in Alexandrien erlassen worden ist, um zwei entflohene Sklaven wieder zu erlangen. Weiter sei noch erwähnt das älteste Adreßbuch der Stadt Dresden aus dem Jahre 1797, das Modell eines Registrierschrankes aus dem Evidenz- und Vigilanzbureau zu Dresden, in dem über jede Person, die mit der Polizei in Berührung gekommen ist, eine besondere Karte geführt wird. Die gesamte Polizeiausstellung ist arrangiert worden vom badischen Ministerium, vom braunschweigischen Ministerium, von den Städten Bremen, Chemnitz, Dresden, Hamburg, dem hessischen Ministerium und den Städten Leipzig und München.

Wir gelangen nunmehr in die Abteilung *Armenwesen, Krankenpflege, Wohltätigkeitsanstalten* und *Wohltätigkeitsstiftungen*. Zahlreiche Modelle, Photographien und Bilder veranschaulichen hier die ersprießliche Tätigkeit auf den obengenannten wichtigen Gebieten. Die Stadt Dresden ist hier mit einem eigenen Pavillon der Dr. Güntzschen Stiftung vertreten. Weiter präsentiert sich uns die Abteilung für *Stadterweiterungen, Baupolizei* und *Wohnungswesen*, die ebenfalls zahlreiche Stadt-, Übersichts- und Bebauungspläne und auch Modelle enthält. In der Gruppe für Wohnungswesen sind besonders die Häuser der gemeinnützigen Bauvereine bemerkenswert.

Hieran schließt sich die Abteilung für *Schulwesen* und *Volksbildung*, die ebenfalls einen außerordentlich breiten Rahmen einnimmt. [...]

Der Clou der Ausstellung ist die Sonderausstellung „*Volkskrankheiten und ihre Bekämpfung*", veranstaltet vom königlich sächsischen Kommerzienrat K. A. Lingner. Die hochbedeutsame Ausstellung ist ebenfalls in einem eigenen Pavillon im Parke untergebracht und steht unter der wissenschaftlichen Leitung des Herrn Dr. med. Lange-Dresden. Die Ausstellung bezweckt die Vorführung der Erreger der ansteckenden Krankheiten in mikroskopischen Präparaten und Kulturen und enthält bildliche und plastische Darstellungen der wichtigsten äußerlich erkennbaren Symptome der Infektionskrankheiten, ferner Tabellen und Karten über Zu- und Abnahme der Infektionskrankheiten, bildliche Darstellungen, Modelle und Originale von Desinfektionsapparaten und -Anstalten. Der elegant eingerichtete Pavillon ist mit einer prachtvollen Herkulesstatue vom Bildhauer Armbruster geschmückt.

Wer müde und abgespannt ist vom vielen Schauen, der verfehle nicht, dem gutgeleiteten *Ausstellungsrestaurant* einen Besuch abzustatten, oder auf dem Konzertplatze den Klängen der Dresdner Militär- und Zivilkapelle zu lauschen. Auch der schöne neue Festsaal des Ausstellungspalastes ist einer Besichtigung wert. Ein seltener Genuß ist auch eine Auffahrt mit dem vom Mr. Godard geleiteten *Fesselballon* „Bussard brilliant*". Der runde Koloß steigt bis zu einer Höhe von nahezu 500 Metern und das geradezu einzig schöne Panorama, das sich von hier oben den Blicken entrollt, wird jedem Naturfreunde unvergeßlich bleiben.

*Die Auffahrt ist frei. Die Rückfahrt kostet 5 Mark. Der Herausgeber

Theodor Goecke
Rückblicke auf die deutsche Städte-Ausstellung in Dresden
Der Städtebau 1 (1904), Heft 1, S. 12–15, Heft 2 S. 27–29, Heft 3, S. 41–42, Heft 4, S. 58–60, Heft 5, S. 76–77

[...] Den sich anspinnenden Gedanken über die Frage, ob und inwieweit die älteren deutschen Städte *planmäßig* angelegt worden sind, behalte ich mir vor, bei nächster Gelegenheit weiter nachzugehen; diesmal fehlt es an Raum dazu in unserer Zeitschrift. Zugestanden, daß es früher keine Bebauungspläne gegeben habe, wie wir sie heute aufstellen, so ist damit doch noch nicht gesagt, es seien überhaupt keine Straßennetze ausgesteckt worden. Im Gegenteil, daran wird kaum zu zweifeln sein; nur das Verfahren bei der wirklichen Anlage von Straßen war ein anderes etwa so, wie der nach einem Leitfaden freisprechende Redner verfährt. Der Lageplan gab die allgemeine Richtschnur; im Einzelnen regelte man aber die Fluchten von Fall zu Fall. Dies hat den alten Stadtbildern den malerischen Reiz verliehen. Die Grenzverhandlungen mit den Nachbarn fanden ohnehin mündlich an Ort und Stelle statt und ebenso vermochte auch die Behörde besonderen Wünschen der Bauherren entgegen zu kommen. Nicht die

Straßenflucht bezwang also damals den Bau, sondern der einzelne hervorragende Bau half die Straßenflucht mitbestimmen. [...]
Auch soll man es doch nicht Zufall nennen, wenn Stück um Stück an das Stadtbild gefügt wird, nach Bedarf, aus Zweckmäßigkeit, aber auch unter Berücksichtigung des Vorhandenen sich der Umgebung anpaßend, das Ganze bereichernd. Die Einheitlichkeit besteht hier nicht in einem bis ins einzelne hinein vorbedachten Plane, sondern in der steten Rücksicht auf das überlieferte, auf die Einordnung des Einzelzwecks in die Gesamterscheinung. Wird jeder einzelne Bauzweck in möglichst vollkommener Weise erfüllt, so gibt auch die Zusammenfassung zu einem Gesamtzwecke den Ausdruck einer vollendeten Zweckmäßigkeit, die eben als Grundlage der Schönheit empfunden wird. Natürlich kommt es dabei auf das Wie, auf das persönliche Empfinden und Können des Einzelnen und zwar des Bauherrn sowohl, wie des Architekten, auf die Einsicht der die Bautätigkeit regelnden Gemeinde an; und darin stehen wir heute auch schlechter da, nachdem uns die Gewerbefreiheit ein im künstlerischen Sinne vielfach fragwürdiges Unternehmertum gebracht hat und die Selbstverwaltung nicht immer dem Einflusse von Laien und wirtschaftlichen Interessengruppen zu widerstehen vermag. Die Folge war eine wachsende polizeiliche Bevormundung, die, bösen Geschäftsauswüchsen vorzubeugen, nun auch gesunde Kunsttriebe an der Entfaltung hemmt.
Wenn der Graf Brühl alte Festungswerke dazu benutzte, um seine berühmte Terrasse zu schaffen, so ist die damit erreichte Wirkung kein Zufall, sondern ein sorgfältig vorher überlegtes Werk, und sicherlich hatte auch Georg Bähr die Kuppel der Frauenkirche mit Bewußtsein in das Stadtbild eingefügt. Man knüpfte eben an die Natur, an das Gegebene an, ordnete das Neue dem Bestehenden ein, auch wenn die Architekten dabei eine andere Sprache redeten, einen anderen Stil anwandten. Darin liegt die Kunst, die wir lange Zeit hindurch vergessen hatten – unbekümmert um das Gewordene sind oft genug die vielgestaltigen Anforderungen des Verkehrs erfüllt worden, rücksichtslos gegen die Vergangenheit und gewalttätig gegen die Natur. Die Plötzlichkeit in der Entwicklung unserer Städte hat unsere Techniker fast unvorbereitet getroffen; es fehlten praktische Erfahrung und künstlerische Anschauung, wissenschaftliches Rüstzeug zur Vertiefung in die Aufgabe. Städtische Straßen wurden wie *Chausseen* behandelt. Formale Äußerlichkeiten überwogen, und so kamen wir mit Hilfe des Landmessers zum Schematismus. Bei solchen Bebauungsplänen mochte der einzelne *Architekt* sein Gehirn noch so sehr nach eigenartigen

Gedanken zermartern – seine Mühen mußten im Hinblick auf das Stadtbild im ganzen vergebliche sein. […]

Kamillo Sitte
Enteignungsgesetze und Lageplan
Auszug aus dem Vortrage, gehalten in der Vollversammlung am 14. Februar 1903 von Regierungsrat Kamillo Sitte.
Zeitschrift des Österreichischen Ingenieur- und Architekten-Vereines 55 (1903). S. 245–246

Der Vortragende bemerkte zunächst, daß es ihm, wie schon der Titel besagt, nicht auf Besprechung der so weitläufigen Enteignungsgesetze ankäme, sondern nur auf die eine Seite dieser Vorlagen, nämlich darauf, wie dieselben mit der Lageplanverfassung zusammenhängen. Der Vortragende ging daher sofort zur Besprechung von in Wandtafeln ausgestellten Lageplanverfassungen über, welche Beispiele tatsächlich ausgeführter Enteignungen enthalten. Zunächst wurde ein Lehrschema erörtert, welches zuerst von Rudolf [sic!] *Baumeister* aufgestellt wurde, zu dem Behufe, die Unerläßlichkeit von Enteignungsgesetzen an einem Paradigma deutlich zu zeigen, und welches Lehrschema auch seither vielfach in die einschlägige Literatur übergegangen ist. Der Vortragende zeigte durch Skizzierung einer naturgemäßen Straßenführung in das vorliegende Eigentumsnetz, daß nur die absichtlich gänzlich schlecht und verwerflich angenommene Straßenführung die vorhandenen Grundstücke derartig zerschneidet, daß in der Tat eine Menge nicht verbauungsfähiger Zwickel zum Vorschein kommt. Würden aber die Straßenzüge von vornherein sowohl den Verkehrsbedingungen entsprechend als auch den vorhandenen Eigentumsgrenzen folgend angenommen worden sein, so käme kein einziger unverbaubarer Zwickel zum Vorschein, es wäre eine Enteignung schlechterdings gänzlich unnötig. Dasselbe wurde nachgewiesen an einem Enteignungsgebiete von Köln beim Friesenplatz, von Hannover an der Eilenriede und an einem Londoner Arbeiterviertel bei der Boundary Street. In allen drei Fällen wurde nachgewiesen, daß nur der in jeder Beziehung verfehlte Lageplan die Notwendigkeit der Enteignung hervorrief.
Daß man auch bei ganzen Städtegebieten ohne Enteignungsgesetze in Anspruch nehmen zu müssen durchkommen könne, wurde hierauf an dem Lageplan von Marienberg, mit seinen besonders schwierigen Eigentumsverhältnissen und Straßenrichtungen nachgewiesen, auch die Methode

gezeigt, wie durch kleine und immer ökonomisch günstig ausfallende Veränderungen etwa sich ergebende Zwickel oder sogen. „Vexierstreifen" leicht beseitigt werden können. Der Vortragende ging hierauf auf eine andere wichtige Seite des Städtebaues über, nämlich auf die erst seit neuester Zeit berücksichtigte ökonomische Frage. An der Hand der in dieser Beziehung epochemachenden Arbeiten des Stuttgarter Gemeinderates und Statistikers *Rettich* wurde gezeigt, von welch ungeheurer Wichtigkeit sowohl für die städtischen Bevölkerungen als auch für die Gemeinden selbst die Rücksichtnahme auf den Kostenpunkt bei Anlage und Verbreiterung von Straßen ist. Auch aus der Wiener Wohnstatistik wurde ein drastisches Beispiel als Beleg hiefür angeführt, nämlich der Umstand, daß der VII. Bezirk bloß 17% Straßengrund und gar keine öffentlichen Gärten besitzt, während der X. Bezirk 50% Straßen- und Platzflächen besitzt, also den modernen Schlagwortanforderungen nach möglichst viel Straßen- und Platzflächen, welche angeblich die Luftzentren der Großstädte und somit deren Lungen seien, entspricht. Nach allen hygienischen Grundsätzen sollte, nachdem gerade der VII. Bezirk zudem auch die dichteste Bevölkerung aufweist, dieser Bezirk somit die größte Sterblichkeit haben. Die Sache verhält sich aber gerade umgekehrt. Der VII. sowie der ähnlich bebaute IX. und IV. Bezirk haben bloß 16,8‰ und 16,7‰ Sterblichkeit; der X. Bezirk mit seinen freien Straßen und Plätzen dagegen 35‰ und die ähnlich nach modernem Quadratschema angelegten Bezirke Simmering, Neu-Ottakring und Meidling 32,3, 32 und 31,3‰ Sterblichkeit. Den verschiedenen Systemen alter und neuer Straßenanlagen darf dieser ungeheure Unterschied allerdings nicht allein zugeschoben werden; denn der Unterschied in der Sterblichkeit beruht in diesen Bezirken zweifellos hauptsächlich darauf, daß im X. Bezirke eben die ärmste Arbeiterbevölkerung zusammengedrängt ist, während der VII. Bezirk die Elite der Wiener Arbeiterschaft enthält. Aber der Unterschied in der Sterblichkeit um mehr als das Doppelte ist denn doch gewaltig genug, um diesem Wohlhabenheitsunterschiede hinlänglich zu entsprechen, und es ist zum allermindesten wirklich konstatiert, daß der Straßenmangel kein hygienischer Übelstand und der Straßenüberfluß kein hygienischer Vorteil ist, womit übrigens auch die gesamte neuere hygienische Forschung bereits vollkommen einverstanden ist; denn man hat einsehen gelernt, daß gerade die Straßenluft mit ihrem Staub und ihren zahlreichen Bakterien das hygienisch schädliche Moment ist, während die hygienisch zuträgliche Luft in den Großstädten nur die in den Gärten der großen, weiten, umbauten Innenblöcke ist.

Sonach kam der Vortragende zur Erörterung der Blockformate und Blockgrößen, erörterte zwei Typen derselben, nämlich den *schmalen Langblock* für Privatzinshaus-Spekulation, der sowohl bei der Verfassung des Lageplanes für Olmütz als auch bei den Erörterungen über den Unterschied von Wohn- und Verkehrsstraßen durch den Berliner Ober-Landesbau-Inspektor *Göcke* als auch bei den Reformbestrebungen der hannoveranischen Bauschule unter der Führung des Hygienikers *Nußbaum* ziemlich gleichzeitig als eine moderne, notwendige Norm aufgestellt wurde. Merkwürdig! Gerade diese Blockform ist der Bautypus in den alten Städten, wie er sich noch herausgebildet hat, bevor die geometrischen Lageplanregeln Eingang gefunden hatten.

Ein zweiter unerläßlicher Blocktypus ist der des *großräumigen Tiefblockes*. Bei der Erörterung dieses Systemes erklärte der Vortragende die Unerläßlichkeit der sog. „inneren Baufluchtʺ.

Das Ganze zusammenfassend, charakterisierte der Vortragende die alte Schule der geometrischen Lageplan-Verfassung als heutzutage ausschließlich nur mehr veraltenden Schlagworten folgend mit dem Grundsatze, daß es sich bei der Lageplan-Verfassung nur um Verkehrstechnik und daher nur um Straßennetze und Verkehrsknotenpunkte handle. Die Entstehung eines solchen Vorganges ist begreiflich, denn derjenige, der einen Lageplan zeichnet, hat in der Tat nur Straßenfluchtlinien aufzuzeichnen. Das ist aber das bloß äußerliche Moment bei der Verfassung eines Lageplanes, und es ist vollständig verfehlt, an dieser Äußerlichkeit haften zu bleiben; denn die Aufgabe einer naturgemäßen Lageplanverfassung ist eine weitaus schwierigere, tiefgehendere, verantwortungsvollere. Sie verlangt, daß das unschätzbare Vermögen des städtischen Grundes für die Zwecke des städtischen und bürgerlichen Lebens derart geeignet aufgeschlossen werde, daß ein Maximum von Werten herauskomme bei einem Minimum von Kosten. Für diesen wichtigen Standpunkt der neuen Schule des Städtebaues ist demzufolge der Baugrund und die Baumöglichkeit und Zweckmäßigkeit das Entscheidende, das für die Konzeption Grundlegende, und nicht der Straßenzug.

Die alte Geometerschule und die neue national-ökonomische Schule stehen daher in dem denkbar größten Gegensatz zueinander; selbst in Bezug auf das Mechanische der Lageplanverfassung, denn da geht die alte Schule von der Konstruktion des Straßennetzes aus und was dazwischen übrig bleibt, ist dann Baufläche. Die neue Schule geht von der Gestaltung der Bauflächen aus und was dazwischen übrig bleibt, ist Straße. Ihre Stütze findet diese neue Schule in einer seit den Neunzigerjahren aufgespeicherten ungeheueren Literatur über Bevölkerungsstatistik, Bodenbewegung, Wohnungsstatistik, Haushaltungsstatistik, hygienische Fragen, wie z. B. die Wohnungsaufsicht, Mietrecht und Mietkontrakt, über zahllose ökonomische Fragen der Bauordnung, der Lageplanverfassung u. s. w. Diese Literatur ist aber noch zu jung, um allenthalben schon in die Praxis des Städtebaues eingedrungen zu sein. Es ist in ihr jede für den Städtebau wichtige Frage bereits bis zur Spruchreife gediehen. Die Anwendung aller dieser daraus folgenden Lehrsätze im praktischen Städtebau befindet sich aber in Fluß, im ersten Stadium des Werdens. Demzufolge fällt die Neuverfassung von Bauordnungen und Enteignungsgesetzen gerade jetzt in keine günstige Zeitperiode. Es sollte damit noch gewartet werden. Aber auch dafür können wir Techniker nicht stimmen, denn wir müssen vorwärtsstreben, in die Zukunft hinein. Somit bleibt uns betreffs der Frage der Enteignungsgesetze nach dem dermaligen Stande der Sachlage, wo wir uns der Erkenntnis nicht verschließen können, daß dieselben eine zweischneidige Waffe sind, nützlich nur unter der Voraussetzung guter Lagepläne, geradezu verderblich unter der Voraussetzung eines schlechten Lageplanes nichts anderes übrig, als die aus voller Überzeugung geschöpfte Forderung, daß zu diesen Enteignungsgesetzen wenigstens auch vollkommen wirkende Sicherheitsventile gehören, d. h. Sicherstellung vor Enteignungen zugunsten schlechter, verderblicher Lagepläne. Diese Sicherstellung sollte unter einem gesetzlich festgelegt werden, d.h. es sollte eine größere Enteignung zu dem Behufe der Durchführung vorliegender Lagepläne nur genehmigt werden können, wenn diese Lagepläne von autoritativer Seite nach allen Richtungen hin, der hygienischen und ökonomischen Seite vor allem, gründlich geprüft und gut befunden worden sind.

Alfred Abendroth
Architekt oder Landmesser?
Der Städtebau 1 (1904), Heft 8, S. 115–117, Heft 9, S. 130–132

[…] Gegen die Wirtschaftlichkeit und gegen die Kunst des örtlichen Anpassens ist durch die „Plangeometrie" in den Bebauungsplänen viel gesündigt worden, und manche Stadt hat das schwer empfunden. Da tritt nun jetzt der *Architekt* auf und sagt: „Das Alles wäre nicht gekommen, wenn ich die Sache in die Hand genommen hätte, das hat der „Plangeometer" verschuldet" und, da man bei Geometrie sogleich an den Geometer, richtiger

Landmesser, denkt, so ist eben kein anderer an den Sünden der modernen Stadterweiterung schuld, als eben dieser unglückliche *Landmesser.* Nun, ich für meinen Teil könnte dem entgegenhalten, daß ich seit einer Reihe von Jahren ebenso eifrig gegen die Plangeometrie kämpfe, wie die eifrigsten unter den Architekten, aber nicht deshalb, weil sie durch den Landmesser gemacht wird, sondern weil der Landmesser systematisch zurückgedrängt und weil dabei versucht wird, ihn als überflüssig hinzustellen. Die Plangeometrie hätte nie entstehen können, wenn man bei der Aufstellung von Bebauungsplänen die Augen aufgehabt und die Wirklichkeit verstanden hätte, und wenn man eben nicht fast ausschließlich bei großen Entwürfen vom grünen Tisch aus gearbeitet hätte. Was geschieht denn anders bei den allgemeinen Wettbewerben zu Bebauungsplänen, die ich als gänzlich verfehlt ansehe und immer in diesem Sinne bezeichnet habe, was geschieht denn da weiter als eine Arbeit am grünen Tische? Und was geschieht da, wo man schlechte und veraltete, durch keinerlei Topographie dem Charakter der Örtlichkeit angepaßte *Planunterlagen* verwendet, und auf ihnen ohne eigene Kenntnis eben dieser Örtlichkeit schwerwiegende Entwürfe aufstellt und förmlich festsetzt? Das macht kein erfahrener Landmesser, denn er kennt jeden Fußbreit des Geländes, das in Frage kommt, und er macht es deshalb nicht, weil er sich verantwortlich fühlt gegen das Grundeigentum, gegen die Örtlichkeit und gegen die, denen beide zu eigen gehören.

Der „Plangeometer", – ich will diesen treffenden Ausdruck als die Bezeichnung für den nur *theoretisch* arbeitenden Bebauungsplanentwerfer beibehalten – ist ein Kind der Stadterweiterungstheorie, wie sie Mitte der siebenziger Jahre entstand, und tritt in *allen* Sonderfächern auf, die für die Bearbeitung von Bebauungsplänen in Frage kommen können. Ich selbst kenne eine ganze Reihe von Ingenieuren, geprüften und ungeprüften, nicht wenige städtische Landmesser und auch einige Architekten, die alle von der Begradigungs- und Symmetriewut und von dem Gespenste des Verkehrs beeinflußt werden, dessen in technischen Lehrbüchern mühsam gesammelte Statistik leider so vieles auf dem Gewissen hat, was gegen das ästhetische Empfinden, gegen das Grundeigentum und gegen den Wohlstand von Bürgern und Gemeinden jahrelang gewütet hat. Sogar Gärtner und Schriftsteller gibt es unter den Plangeometern, und ihre Hauptschlagwörter kehren überall und immer wieder: Großzügigkeit, Verkehr und Hygiene.

Wirtschaftlichkeit, intimes Eingehen auf die örtliche Eigenart und liebevolles Anpassen an Gegebenes haben in den letzten 25 Jahren als mangelnde

Sachkenntnis und enger Horizont gegolten, als die zu bekämpfende Unfähigkeit, in die Zukunft zu blicken und die „Großzügigkeit" der neuen Zeit zu erkennen. Camillo Sitte hat die künstlerischen Grundsätze des Städtebaues geschaffen, aber sie sind an den Plangeometern nahezu spurlos vorübergegangen. Wer jene Grundsätze studiert und ihre Anwendbarkeit nicht mit jeder Örtlichkeit verglichen hat, die ihm begegnet ist, der ist rettungslos der Schematisierungskunst verfallen, sofern er nicht bald aus der eignen Praxis zu der Überzeugung gelangt, daß *allein die Wirklichkeit* die Mittel gewährleistet, künstlerische Gedanken mit Erfolg in der Stadterweiterungs- wie Bebauungsplankunst anzuwenden.

Eine Verquickung der alten theoretisierenden Bebauungsplankunst mit den von echter Kunst getragenen Bestrebungen Sittes, Henricis, Goeckes und anderer ist auf die Dauer undurchführbar. Überall begegnen sich hier Theorie und Wirklichkeit im feindlichen Zusammenpralle, wie ja Sitte erst neuerdings nachzuweisen bestrebt war, und da ist für die wahre Kunst kein Arbeitsfeld. Wer das rechte Gefühl für die Aufgaben der Kunst hat, wird dem beistimmen. Man ist allenthalben bestrebt, nationale Kunst, die Kunst der engeren Heimat und die Erhaltung alter Kunstdenkmäler zu pflegen, und man will dennoch ohne Rücksicht auf alles bisher Gewesene ganz neue, theoretisch zurecht geklügelte Städte- und Straßenbilder hervorzaubern ohne Rücksicht darauf, daß dabei Vermögen verloren gehen? Die Kunst an sich hat keine Theorie, sondern nur die Technik der Kunst und deshalb hat die Kunst als solche, d. h. die schaffende Kraft der Ästhetik, auch keine Geschichte. Sie ist ein Spiegel ihrer Zeit, aber nur in ihrer Technik und in den Gegenständen ihrer Darstellungsweise. Und wo diese der Wirklichkeit am nächsten kamen, wo Technik und Gegenstandswahl am natürlichsten waren, da gilt die betreffende Kunstperiode als eine Blüte der Kunst. So wird es auch mit der Kunst in den Bebauungsplänen sein müssen.

Den Geist der Zeit erfassen, aber die Natur, das ist die Wirklichkeit, sehen und erkennen, sie verschönen und doch erhalten, das scheint mir die rechte Bebauungsplankunst.

Und welches ist der Geist der Zeit? Den wirtschaftlich Schwachen zu entlasten, dem Minderbegüterten die Möglichkeit eines Eigenheimes zu verschaffen und dabei Ästhetik und Hygiene nicht außer acht zu lassen, ist gegenwärtig das durch eine jahrzehntelange graue Theoretisierungssucht zurückgehaltene kräftigste Bestreben. [...]

Es ist bezeichnend, daß fast alle die gegen diesen Schematismus gerichteten Bestrebungen von Architekten, nicht Ingenieuren, ausgehen und ich

glaube, im Sinne aller meiner engeren Kollegen bei den Stadtverwaltungen zu handeln, wenn ich meinerseits hier der Genugtuung Ausdruck gebe, daß endlich von den Berufsarchitekten, von den eigentlichen Bebauern der Stadtpläne auf ein intensives Ausnutzen der gegebenen Örtlichkeit bei der Aufstellung dieser Pläne mit größerem Nachdrucke eingewirkt wird. *Wer soll nun die Planaufstellung besorgen? Nach meinem Dafürhalten nicht der Architekt und nicht der Landmesser, sondern beide zusammen, vereint mit der Interessentenschaft.* [...]
Ich bin nun im Laufe der Jahre zu der Überzeugung gelangt, daß die Aufstellung von umfassenden Bebauungsplänen am besten in folgender Weise geschieht:
1. Das zur Verfügung stehende Planmaterial wird zunächst durch einen staatlich geprüften und vereideten Landmesser bezw. in den schon genannten Kreisvermessungsämtern auf das sorgfältigste bezüglich seiner Brauchbarkeit für die Aufstellung und Durchführung eines Bebauungsplan-Entwurfes untersucht und mit der Örtlichkeit, dem Kataster und Grundbuche in Übereinstimmung gebracht.
2. Nachdem völlig einwandsfreie Unterlagen von durchaus sachverständiger und verantwortlicher Hand hergestellt sind, wird aus den Einzelblättern, wo solche vorhanden, ein Übersichtsplan nicht zu kleinen Maßstabes zusammengestellt und mit eingehenden Höhenangaben, bei auch nur wenig unregelmäßigem Gelände auch mit genauen Höhenschichtenlinien nach örtlicher Aufnahme und nach örtlichen Handzeichnungen der Oberflächengestaltung, hergestellt, in dem alle öffentlichen und bemerkenswerten Gebäude, sowie Denkmäler, Brunnen, Baumgruppen, auffällige Geländeerscheinungen und dergleichen besonders hervorgehoben werden. Dieser Plan wird durch ein gutes Umdruckverfahren (Photozinkographie) vervielfältigt und, wo besonders bemerkenswerte Bauten und Geländeverhältnisse vorhanden sind, unter Umständen noch durch Photographien ergänzt.
3. Es werden nun von Sachverständigen, die mit genauer Ortskenntnis ausgerüstet sind, unter allen Umständen aber von dem vereideten Landmesser, der die Planunterlagen hergestellt hat, und von einem erfahrenen Architekten in der Verwaltung oder in der Gemeindevertretung Vorschläge zu dem Entwurfe in Gestalt von Skizzen gemacht, die gemeinsam besprochen, und nachdem infolge geschehener Einigung ein einheitlicher Vorschlag zustande gekommen ist, mit einer besonderen Kommission in der Örtlichkeit Straße für Straße und Platz für Platz unter jedesmaligem genauen Hinweis auf die etwaige künftige Gestaltung durchgegangen werden.

Dabei kommen erfahrungsmäßig seitens der Kommissionsmitglieder und mitunter auch schon seitens der Anlieger manche brauchbaren Vorschläge wegen Anpassung an die örtlichen Verhältnisse zum Vorschein, die weiteres Material für den endgültigen Entwurf liefern.

4. Wenn sich die Kommission mit den Sachverständigen über den endgültig vorzulegenden Entwurf schlüssig geworden ist, so kann auch die endgültige Bearbeitung geschehen, die dann am besten zustande kommen wird, wenn Architekt und Landmesser zusammen an der Hand ihrer Notizen die Bleizeichnung bearbeiten und hernach die Arbeit so einteilen, daß der Landmesser die Ausziehung des eigentlichen Entwurfes und der Architekt die schaubildlich ins Einzelne gehende Zeichnung und Grundrißanfertigung der Plätze, Straßenmündungen usw. übernimmt. Diese Unterlagen werden von beiden Sachverständigen unterzeichnet, mit einem gemeinsamen Erläuterungsberichte versehen und sind nun der endgültige Entwurf, über den sich die Gemeindeverwaltung nach den Vorschlägen der Kommission schlüssig zu werden hat.

In größeren Städten wird es sich empfehlen, um unnötige Arbeiten zu vermeiden, schon die Bleizeichnung zur Besprechung im Magistrate gelangen zu lassen oder eine Umdruckskizze. Erst wenn diese beschlossen ist, kann der endgültige Entwurf ausgearbeitet werden.

5. Nach dem behördlich genehmigten und zur erstmaligen Auslegung gelangten allgemeinen Entwurfe erfolgt schließlich unter tunlicher Berücksichtigung der gemachten Einwendungen die landmesserische Absteckung im Felde, die Vermarkung und Aufmessung der Fluchtlinien und die Anfertigung der ausführlichen Pläne, welche dann nur noch eine rein geometrische Sache ist und höchstens in zweifelhaften Punkten bei unvermeidlichen Eckverbrechungen, Fluchtversetzungen u. dgl. der Mitwirkung des Architekten bedarf. [...]

Theodor Goecke
Der Bebauungsplan der Großstadt
Die Wohnungs- und Siedlungsfrage nach dem Kriege. Ein Programm des Kleinwohnungs- und Siedlungswesens. Hg. v. Johannes Fuchs. Stuttgart 1918, S. 155–168

Der Bebauungsplan ist der Wirtschaftsplan der Stadtgemeinde für die fortschreitende Bebauung. Nach ihm ist neues Bauland aufzuschließen, sind neue Straßen anzulegen. Die *Großstadt* ist ein vielseitiges Gebilde, das den

allerverschiedensten Anforderungen der arbeitenden und genießenden Bevölkerung, geistiger und körperlicher Kultur zu entsprechen hat; sie zerfällt demnach in viele voneinander verschiedene Teile. Der Bebauungsplan der Großstadt ist deshalb auch ein vielgliedriger Wirtschaftsplan, zu dessen Ausführung viele Kräfte berufen sind, außer den Gliedern der Stadtgemeinde selbst, Bau- und Bodengesellschaften, Genossenschaften, Architekten, Ingenieure und Bauunternehmer aller Art. Bevor man an einen solchen Plan herangeht, muß man die Lebensbedingungen der Stadt erkennen, das zu schonende Gewordene, das rücksichtslos Anzustrebende, Dichte und Verteilung der Bevölkerung, deren Bedürfnisse und Ansprüche. In jedem Betriebe bildet sich eine Überlieferung aus, wie in der Hauswirtschaft, so auch in der Stadtwirtschaft. In dieser Überlieferung liegt der Schutz der Heimat, der also unbeschadet neuer, sich im Laufe der Zeit oder auch plötzlich einstellender Forderungen mehr oder minder wirksam bleibt. Das trifft auch für Großstädte und ihre Gewohnheiten zu, an die anzuknüpfen besonders für den Kleinwohnungsbau von Bedeutung ist. Dreiviertel bis Vierfünftel sämtlicher Wohnungen deutscher Großstädte sind *Kleinwohnungen*, wie die Statistik ergibt. Demgemäß muß also die Großstadt Raum für den Kleinwohnungsbau bieten. *Kleinwohnungsbau* ist aber nicht nur *Kleinhausbau*. Die Großstadt braucht kleine Wohnungen auch in großen Häusern. Jedoch wäre es ein Irrtum anzunehmen, der Kleinhausbau erfordere unter gleichen Verhältnissen so viel mehr an Raum, als sich die Wohnfläche durch Herabsetzung der Stockwerkszahl vermindert. Ihm kommt besonders die Ersparnis an Straßenland durch die Anlage schmaler Wohnstraßen zugute. Immerhin bedarf er größerer Ausmaße in der Fläche, zumal wenn ihm Hausgärten beigegeben werden. Demgegenüber ist aber wieder die Ersparnis an Lauben- oder Schrebergärten in Rechnung zu stellen, die der Großhausbau mit einer größeren Stockwerkszahl erfordert. Für den Kleinwohnungsbau wird man also etwas mehr an Fläche rechnen müssen, als bei einer durchweg hohen Bebauung notwendig wäre. Da die niedrige Bebauung sich überdies erst in einem gewissen Abstande von der Stadtmitte ermöglichen läßt, setzt sie entsprechende Verkehrsmittel voraus. Der Kleinhausbau der Großstadt steht und fällt mit einer befriedigenden Lösung der Verkehrsfrage. [...]
Die *Art des Wohnens* ist entscheidend für die *Bevölkerungsdichte*, die im allgemeinen nach außen hin abnehmen sollte, wenn sie auch an einzelnen Stellen, wie im Kern von Vororten oder an höher zu umbauenden öffentlichen Plätzen, wieder ansteigen kann. Mit dem Bau von Einfamilien-

häusern verteilt sich die Bevölkerung ziemlich gleichmäßig über das von ihnen eingenommene Gebiet, gleichviel, ob die Familie nur ein ober mehrere Geschosse bewohnt. Anders beim Bau von Mehrfamilienhäusern, der immer ein Stockwerksbau ist; bei diesem wächst die Bevölkerungsdichte mit der Zahl der Geschosse.
Am lockersten wird im allgemeinen die *offene Bauweise* sein. Doch ist für den Kleinwohnungsbau die offene Bauweise im allgemeinen zu teuer, das freistehende Haus meist auch nicht warm genug. In erster Linie steht deshalb die *geschlossene Bauweise*, die ja auch von jeher als die eigentlich städtische Bauweise gegolten hat. *Geschlossene* Bauweise deckt sich aber nicht mit *engräumiger* Bebauung und *offene* nicht mit *weiträumiger*. Auch die geschlossene Bauweise kann und soll weiträumig sein – es kommt nur auf die Größe der von der Bebauung freizulassenden Fläche an. [...]
Das lange herrschend gewesene Städtebauschema hat zwar auch zwischen *Verkehrs-Straßen* und *Wohn-Straßen* unterschieden, doch nur vermeintlichen Wohnstraßen, die ganz nach dem Vorbilde der Verkehrsstraßen angelegt wurden und deshalb jeden Augenblick zu Verkehrsstraßen werden konnten und oft genug auch geworden sind. Jetzt verstehen wir aber unter Wohnstraßen etwas anderes und zwar wieder etwas Ähnliches, wie es der Architekt Leo Battiste Alberti schon im Jahre 1450, noch an die Überlieferung des Mittelalters anknüpfend, gekennzeichnet hat, nämlich kleinere Gassen neben den breiten und durchgehenden Straßen, die etwa nach einem öffentlichen Gebäude, der Kirche, dem Rathause führen und sich dort platzartig erweitern mögen, – „Gassen" (wie sie auch heute noch vielerorts, besonders in Süddeutschland und Österreich heißen), die aus den großen Hauptstraßen abzweigen, keine große Längenausdehnung haben, meist nur bis zur nächsten Hauptstraße reichen, Aufteilungs- oder Hofgassen, die keinen öffentlichen und ungehinderten Weg bieten sollen, sondern zur Aufgabe haben, den anstoßenden Grundstücken einen besseren Zugang und eine reichlichere Lichtzufuhr zu gewähren (vgl. „Städtebau- und Wohnungswesen in Holland" von Professor Dr. Rud. Eberstadt. Verlag von Gustav Fischer, Jena 1914). [...]
Außer den Straßen, Markt- und Verkehrsplätzen sind noch von der Bebauung freizulassende Flächen als *Spielplätze, Grünanlagen* zur Erholung notwendig, besonders innerhalb der hohen Bebauung. Billiger als freie, von Straßen umgebene Plätze, die sich weniger für den Aufenthalt eignen, wenn sie nicht gegen die Straßen durch Mauern oder dichtes Pflanzengehege mit oder ohne Gitter, durch geschnittene Hecken usw., wie die englischen „Squares" abgeschlossen werden, vielmehr nur als Schmuck-

plätze Bedeutung haben, sind sogenannte *Innenanlagen* zu beschaffen, d. h. im Innern großer, am Rande rundum bebauter und dadurch gegen den Staub und Lärm der Straße geschützter Blöcke, von einer hinteren Baufluchtlinie zu begrenzende Freiflächen, die als öffentliche von der Gemeinde, oder als Gegenwert für entgegenkommende baupolizeiliche Vergünstigungen von den Eigentümern der Randbebauung angelegt und unterhalten werden. Wenn auch kaum mitten in der Stadt, werden sie doch noch oft an ihrem Rande, in den Vorstädten zu ermöglichen sein. Ferner ließen sich die Wohnstraßen so einteilen, daß nur eine schmale Fahrbahn verbleibt und die übrige Straßenfläche zur Anlage von Gartenstreifen verwendet wird, die auch an die Stelle der üblichen Vorgärten treten oder in diese miteinbezogen werden können. Immerhin bleibt die großstädtische Innenanlage ein Notbehelf, der ebenso wie ein Teil der öffentlichen Grünanlagen, Gartenplätze, Volksparke, überhaupt nur als Gegenmittel gegen die ungünstigen Folgen hoher Bebauung verordnet werden muß. Denn im Grunde genommen erscheint es unnatürlich, erst einen hohen Häuserwall zu errichten und dann die hochumbaute Innenfläche unverbaut zu lassen. In Leipzig hat ein Bauverein sogar diese Innenanlagen soweit ausgedehnt, daß sie Schrebergärten, Parkflächen mitumfassen – wieviel zweckmäßiger wäre es nicht gewesen, die Bebauungshöhe zu ermäßigen und mehr an Fläche zu bebauen, um Hausgärten den Wohnungen anzugliedern! Denn Sonn- und Feiertags strebt die Bevölkerung doch hinaus in den Wald, auf die Feldflur – dazu reichen Parkanlagen fast niemals aus, sie müßten denn schon mehr als gewöhnlichen Umfang haben. Im allgemeinen darf man wohl sagen (siehe auch „Städtebau" Jahrgang 1916, Heft 1 „Entwurf zu einem Teilbebauungsplan für einen Vorort" von Theodor Goecke), daß öffentliche Grünanlagen und Schrebergärten, Laubensiedlungen Ersatz zu bieten haben für die in großstädtischer Bebauung beschnittenen und verdrängten Haushöfe und Hausgärten. Je höher die Bebauung, je dichter zusammengedrängt die Bevölkerung, desto mehr ist an öffentlichen Anlagen erforderlich, um diesen Mangel auszugleichen. Umgekehrt aber treten bei niedriger Bebauung, bei weiter auseinandergezogener Besiedlung die öffentlichen Anlagen an Bedeutung wieder zurück, soweit sie nicht bei abgestufter Bebauung für den dichter besiedelten Stadtteil mitbestimmt sind. Man hat demnach zu unterscheiden zwischen *größeren* Erholungsgelegenheiten, namentlich Wäldern und Sportplätzen, die für alle da sind, und *kleineren*, wie Park- und Gartenanlagen, insbesondere auch Spielplätzen, deren Zahl zunehmen sollte mit der Dichtigkeit der Bevölkerung, und die deshalb in lockerer bebauter Vorortsiedlung mehr oder minder

entbehrlich erscheinen, zumal – worauf Professor Rud. Eberstadt schon gelegentlich hingewiesen hat – die echte Wohnstraße als liebster Spielplatz benutzt zu werden pflegt. Ausbuchtungen solcher Straßen an passenden Stellen können dies nur fördern. Derartige Siedlungen sind deshalb bis zu einem gewissen Grade im ganzen zu den Freiflächen zu rechnen, wie Camillo Sitte schon in seiner Schrift über „Großstadtgrün" – jetzt der dritten Auflage seines Buches über den künstlerischen Städtebau einverleibt – als selbstverständlich betont hat. [...]
Gewöhnlich bildet auch bei der sogenannten Zonenbauordnung die *altstädtische* Bebauung eine Klasse für sich, die zuweilen sich sogar an den großen Strahlstraßen entlang nach außen hin, also auch durch andere Bauklassen hindurch fortsetzt. Dieser durchaus richtige Gedanke bedarf nur einer weiteren Ausbildung insofern, als die neuen Bezirke der Stadterweiterung in Zweckgebiete aufgeteilt werden. Als ein solches kann schon in der Altstadt unter gegebenen Verhältnissen ein *Großgeschäftsgebiet* in Frage kommen; aber auch in der Neustadt mit Warenhäusern und Speicherbauten, z. B. an Hafenanlagen und Wasserwegen, Güterbahnhöfen usw. Dann sind *Industriegebiete* vorzusehen, die ihre eigenen Straßen sowohl für den Rollfuhr-, als besonders auch für den Fußgänger- und Fahrradverkehr erfordern. Unweit der Industriegebiete werden zweckmäßig die *Kleinwohnungsgebiete* anzuordnen sein. Außerdem sind *Wohngebiete* schlechtweg zwischen den großen Verkehrsstraßen, und in besonders bevorzugter Gegend *Landhausgebiete* für offene Bauweise notwendig. Der Bebauungsplan gliedert sich demnach in die Altstadt, unter Umständen mit einem Großgeschäftsgebiet, in das Industriegebiet, die Wohngebiete (einschl. Kleinwohnungsgebiete einerseits, Landhausgebiete andererseits). Innerhalb dieser Gebiete wird an den *Verkehrsstraßen* eine höhere, auch für Geschäftszwecke (Schauläden, Werkstätten, Fuhrhaltereien) geeignete Bebauung zuzulassen sein, innerhalb der Wohngebiete überdies die Art und der Ausbau der *Wohnstraßen* dem verschiedenartigen Wohnbedürfnisse anzupassen sein. [...]
Städte *erweitern* sich am besten je nach der Grundanlage des Stadtkernes an den strahlenartig oder gleichlaufend nach außen führenden Hauptstraßen entlang zu in sich wieder möglichst geschlossenen *Vorstädten*, Tochterstädten, ländlichen Vororten und Genossenschaftsstädten (Gartenstädten), die um die alte Stadt herum neue Siedlungsmittelpunkte bilden. Derartige, also nicht gleichmäßig im ganzen Umkreise der Stadt vorrückende, sondern, je nach dem darin zu erfüllenden Zwecke, der Örtlichkeit am besten angepaßte Einzelsiedlungen an den alten Landstraßen, nach Eisenbahn-

höfen, an Wasserläufen hin, vermögen am leichtesten und billigsten allen Anforderungen der Zeit zu genügen, insbesondere auch den Anforderungen des Verkehrs, der von den Außenorten nach dem Hauptmittelpunkte hin- und herpendelt. Ringverbindungen setzen immer schon eine lebhafte Entwicklung voraus, werden also, wenn überhaupt, erst sehr viel später sich als notwendig erweisen. Die amerikanischen Großstädte, selbst die neuesten, haben keine Ringstraßen. Die nächste Stufe der Entwicklung wird vielmehr Schrägstraßen zur Verbindung der Vororte mit anderen Punkten des Stadtrandes bringen. Dann zieht sich die Bebauung wieder an diesen entlang, um die Fläche zwischen den Vororten weiter zu füllen, soweit diese nicht durch die Anlage von Freiflächen innerhalb der Baugebiete als unverbaubar erklärt wird […].

Auf diesem Wege ist es auch möglich, vorhandene *Dörfer* in die großstädtische Entwicklung einzubeziehen, ohne sie von Grund auf zu zerstören; ja jeder der Vororte wird sich in einer gewissen, seinem Zwecke entsprechenden Eigenart ausgestalten können. Da aber, wie bekannt, selbständige Vorortgemeinden oft genug dem Eindringen von Kleinwohnungen Widerstand entgegensetzen, so müssen diese bei aller Wahrung ihrer Sonderheiten von der Mutterstadt eingemeindet oder aber mit dieser zu einem in städtebaulicher Hinsicht einheitlichen Zweckgebiete verbunden werden.

Damit verträgt sich aber wieder nicht eine schematische Abstufung der Bauklassen. Die Bodenwerte werden in diesen Vororten naturgemäß etwas höhere sein als im weiten Umkreise der Mutterstadt, und dem kann die Bevölkerungsdichte unbedenklich folgen, so daß von den *Vororten* als den Nebenmittelpunkten neue Kreise ausgehen, die rundum die Bevölkerungsdichte wieder sinken lassen. Das entspricht auch dem Bedürfnisse nach Geschäftshäusern in den Vororten, die nicht allein auf die Warenhäuser der Stadtmitte angewiesen sein sollten. Wo in dieser Richtung einengende Bestimmungen gelten, wie z.B. in den Vororten Groß-Berlins, wird die Entstehung großer Warenhäuser geradezu gezüchtet.

Demnach ergibt sich im ganzen als Plansystem ein weitmaschiges Netz von Verkehrsstraßen, dessen Maschen mehr oder weniger in sich geschlossene Einzelsiedlungen und je nach Bedarf Grünanlagen ausfüllen. Die heutige Großstadt ist kein einheitliches Massengebilde mehr; um einen massiven Kern legt sich ein nach außen hin immer loser werdender Kranz von Vor- und Gartenstädten, Landhaus- und Kleinsiedlungen. Ist einst der Zuwachs der ländlichen Bevölkerung in die Städte gewandert, so strebt jetzt der Städter wieder zur Natur zurück. An die Stelle des Dorfes treten

halbländliche Vororte. Eine solche Gliederung des Stadtplanes gibt auch die bestmögliche Grundlage für die Entstehung eines die Eigenart der Neuzeit ausdrückenden Stadtbildes. [...]
Eine geschossene Bauweise ist dagegen wieder an Plätzen zu fordern, wo auch bescheidene Geschäftsräumlichkeiten notwendig sind, also kleine Stockwerkshäuser, etwa von zwei Vollgeschossen und einem ausgebauten Dachgeschoß. Spielplätze für die Kinder sind reichlich vorzusehen, möglichst so, daß die im Hause beschäftigten Mütter ab und zu einmal nach den Kindern sehen können, z. B. im Blockinneren, wie in englischen Gartenstädten – die Baublöcke sind dementsprechend weiter zu bemessen – oder auch durch gelegentliche Erweiterung der Wohnstraßen, die selbst gern mit zum Spiel benutzt werden. Dazu kommen Erholungsanlagen für Erwachsene, möglichst im Anschlusse an benachbarte Freiflächen. Als Beispiel sei auf den Bebauungsplan der Gartenvorstadt *Falkenberg* bei Berlin, einer Gründung der deutschen Gartenstadt-Gesellschaft, [...] verwiesen, wo Ein- und Zweifamilienhäuser um Wohnhöfe gruppiert oder an schmalen Wohnstraßen und Wohnwegen angeordnet sind, während an den von der Gemeinde verlangten, sehr reichlich breiten Verkehrsstraßen Mehrfamilienhäuser Platz gefunden haben. Die grundsätzliche Unterscheidung zwischen Verkehrs- und Wohnstraße kommt hier wenigstens im Lageplan voll, im Aufbau im beschränkten Maße zur Geltung. [...]
Zum Schluß: die Kunst, Bebauungspläne aufstellen, läßt sich nicht aus Büchern erlernen; sie verlangt, wie jede Kunst, eine schöpferische Betätigung, die aber Einsicht in die verwickelten Vorgänge der Stadtwirtschaft, Kenntnis der gesundheitlichen und sozialen Anforderungen voraussetzt, sowie praktische Übung im Entwerfen erfordert. Dazu sollen hiermit Winke und Anregungen geboten werden.

Bibliographie zu Camillo Sitte

Editorische Notiz

Eine auch nur annähernd vollständige Bibliographie der Schriften Camillo Sittes zu Architektur und Städtebau liegt bisher nicht vor. Im Folgenden sind sämtliche im Rahmen dieser Arbeit recherchierten Materialien aufgeführt. Gegenüber älteren Bibliographien konnten einige Angaben korrigiert und ergänzt werden. Bisher nirgendwo aufgeführte Aufsätze sind mit * gekennzeichnet. In ihrer Schreibweise abweichende Autorenangaben, auch Pseudonyme, sind jeweils in Klammern vermerkt. Der Nachlaß Camillo Sittes befindet sich am Institut für Städtebau und Raumplanung der Technischen Universität Wien.

1 Schriften Camillo Sittes zu Städtebau und Architektur

1.1 Aufsätze
Die Kahlenberg-Pläne. In: Neues Wiener Tagblatt, 21. August 1872 (6. Jg. Nr. 228), S. 1 (S)
Gottfried Semper. In: Neues Wiener Abendblatt, 29. November 1873 (6. Jg. Nr. 327), S. 2–3 (S)
Die komische Oper. In: Neues Wiener Tagblatt, 13. Januar 1874 (8. Jg. Nr. 13) S. 1–2 (S)
Die Konkurrenz-Projekte für den Justizpalast. In: Neues Wiener Abendblatt, 18. Juni 1874 (7. Jg. Nr. 166), S. 3 (S)
Der neue Wiener Styl. In: Neues Wiener Tagblatt, 8. Juli 1881 (15. Jg. Nr. 186), S. 1–4 (V.K. Schembera)
Eine Handschrift Gottfried Semper's. Ein Beitrag zur Baugeschichte Wiens. In: Neues Wiener Tagblatt, 9. Januar 1885 (19. Jg. Nr. 9), S. 1–2; 10. Januar 1885 (19. Jg. Nr. 10), S. 1–3 (V.K. Schembera)
Gottfried Semper und der moderne Theaterbau. In: Neues Wiener Tagblatt, 17. Januar 1885 (19. Jg. Nr. 17), S. 1–2 (V.K. Schembera)
Gottfried Semper's Ideen über Städteanlagen. In: Neues Wiener Tagblatt, 22. Januar 1885 (19. Jg. Nr. 22), S. 1–2 (V.K. Schembera)
Die neuere kirchliche Architektur in Oesterreich und Ungarn. In: Oesterreich-ungarische Revue III, 1887, S. 65–87
Ueber alte und neue Städteanlagen mit Bezug auf die Plätze und Monument-Aufstellung in Wien. Vortrag des Herrn Regierungsrathes Camillo Sitte, gehalten in der Wochenversammlung am 26. Jänner 1889. (Nach dem Stenogramme). In: Wochenschrift des Österr. Ingenieur- und Architekten-Vereines 14 (1889), Nr. 33, 16. August, S. 261–263; Nr. 34, 23. August, S. 269–274
Über die Wahl eines Platzes für das Wiener Goethe-Denkmal. Vortrag, gehalten bei der General-Versammlung des Goethe-Vereins am 22. Februar 1889, von Reg.-Rath C. Sitte. In: Chronik des Wiener Goethe-Vereins 4 (1889) Nr. 3, 20.März 1889, S. 18–20

Das Wien der Zukunft. Festrede, gehalten am 4. Jänner 1891 im Wissenschaftlichen Club aus Anlass der Creierung von Gross-Wien. In: Monatsblätter des Wissenschaftlichen Club in Wien 12 (1891), Nr. 4, 15. Januar, Ausserordentliche Beilage Nr. III, S. 25–31 [Nachdruck in Berichte zur Raumforschung und Raumplanung 33 (1989), Heft 3–5 (Sonderheft: Camillo Sitte), S. 6–9]

*Das Wien der Zukunft. In: Der Bautechniker 11 (1891), Nr. 5, 30. Januar, S. 57–59 [Auszug aus dem Vortrag im Wissenschaftlichen Club vom 4.1.1891]

Normale für einklassige Volksschulen des österr.-deutschen Schulvereins. In: Baugewerks-Zeitung 23 (1891), Nr. 17, 28. Feb., S. 176

Die Kunst des Städtebauens. In: Neues Wiener Tagblatt, 5. März 1891 (25. Jg. Nr. 63), S. 2–3

So geht's nicht! (Zur Entscheidung in der Mozart-Denkmalfrage). In: Neues Wiener Tagblatt, 21. März 1891 (25. Jg. Nr. 79), S. 5

Die neue Stadterweiterung. In: Neues Wiener Tagblatt, 27. September 1891 (25. Jg. Nr. 265), S. 1–3

Das Radetzky-Denkmal. In: Neues Wiener Tagblatt, 4. Oktober 1891 (25. Jg. Nr. 272), S. 1–2

Stadterweiterung und Fremdenverkehr. In: Neues Wiener Tagblatt, 11. Oktober 1891 (25. Jg. Nr. 279), S. 2–3

Station Wien. In: Neues Wiener Tagblatt, 25. Oktober 1891 (25. Jg. Nr. 293), S. 1–3

Die Ausweidung Wiens. In: Neues Wiener Tagblatt, 6. Dezember 1891 (25. Jg. Nr. 335), S. 1–3 (Sitte, Kamillo)

Neu Wien – Ein Willkomm. In: Neues Wiener Tagblatt, 20. Dezember 1891 (25. Jg. Nr. 349), S. 2–3

Ferstel, Hansen, Schmidt. In: Neues Wiener Tagblatt, 30. Januar 1892 (26. Jg. Nr. 30), S. 1–2

Auf gleicher Höhe. In: Neues Wiener Tagblatt, 15. Februar 1892 (26. Jg. Nr. 46), S. 1–2 (Sitte, Kamillo) [Abdruck der Manuskriptfassung in Michael Mönninger: Vom Ornament zum Nationalkunstwerk. Zur Kunst- und Architekturtheorie Camillo Sittes. Braunschweig, Wiesbaden 1998. S. 203–206]

Die Bauwerke der Ausstellung. In: Neues Wiener Tagblatt, 7. Mai 1892 (26. Jg. Nr. 127), S. 1–3

Die Regulirung des Stubenviertels. In: Neues Wiener Tagblatt, 5. März 1893 (27. Jg. Nr. 64), S. 1–2

Der Wille des Stadtbauamtes. In: Neues Wiener Tagblatt, 12. März 1893 (27. Jg. Nr. 71), S. 1–3

Das Waldviertel einst und jetzt. In: Neues Wiener Tagblatt, 25. August 1893 (27. Jg. Nr. 234), S. 1–2 (Sitte, Kamillo)

Wiener Villenzone. In: Neues Wiener Tagblatt, 3. September 1893 (27. Jg. Nr. 243), S. 2–3 (Sitte, Kamillo) [Nachdruck in Michael Mönninger: Vom Ornament zum Nationalkunstwerk. Zur Kunst- und Architekturtheorie Camillo Sittes. Braunschweig, Wiesbaden 1998. S. 206–208]

Das Wien der Zukunft. Zur Ausstellung der Regulirungsprojekte. In: Neues Wiener Tagblatt 6. März 1894 (28. Jg. Nr. 63), S. 1–2; 8. März (Nr. 65), S. 1–3; 14. März (Nr. 71), S. 1–3; 31. März (Nr. 87), S. 1–3

Eine Doppelvilla. In: Der Architekt (Wien) 1 (1895), S. 3–4, Tafel 1

Die Parcellierung und die Monumentalbauten von Privoz. Der Architekt 1 (1895), S. 33–35

Erklärung einiger bautechnischer Ausdrücke. In: Der Architekt (Wien) 1 (1895), S. 37–38

Zur Bebauung des Wasserthurmplatzes in Mannheim. [Brief an Architekt Georg Freed, Mannheim, zu dessen Artikel über den Wettbewerb] In: Süddeutsche Bauzeitung 5 (1895), Nr. 32, S. 288

Thurm-Freiheit. In: Neues Wiener Tagblatt, 1. März 1896 (30. Jg. Nr. 60), S. 1–2

*Hochgeehrter Herr Redakteur! [Brief an die Redaktion des Neues Wiener Tagblatt zu einem angefragten Artikel über die Regulirungspläne]. In: Neues Wiener Tagblatt, 1. März 1896 (30. Jg. Nr. 60), S. 2

[Redebeitrag zur] Discussion über den General-Regulirungsplan von Wien, abgehalten am 1. April 1896. In: Zeitschrift des Österreichischen Ingenieur- und Architekten-Vereines 48 (1896), Nr. 27, 3. Juli, S. 410

„Die Moderne in der Architektur und im Kunstgewerbe" [Vortrag im Rahmen der Diskussion im Österreichischen Ingenieur- und Architekten-Verein am 9. Januar 1899, Fortsetzung der Diskussionen vom 3. Dez. 1898, 17. Dez. 1898, weitergeführt am 23. Januar 1899]. In: Zeitschrift des Österreichischen Ingenieur- und Architekten-Vereines 51 (1899), Nr. 11, 17. März, S. 166–167

Großstadt-Grün. In: Der Lotse. Hamburgische Wochenschrift für deutsche Kultur, 1. Jg., Heft 5, 3. Nov. 1900, S. 139–146; Heft 7, 17. Nov. 1900, S. 225–232

Der Städtebau nach seinen künstlerischen Grundsätzen. Vortrag des Herrn Geheimrats Camillo Sitte, Direktor der K.K. Staatsgewerbeschule in Wien, gehalten am 2. Februar d. J. im Saale der „Eintracht". In: Westfälische Zeitung, Bielefelder Tageblatt 6. März 1901 (91. Jg. Nr. 55), S. 1–2

Eine Kunstfrage (Die Concurrenz zum Stadt Wien-Museum). In: Neues Wiener Tagblatt, 22. November 1901 (35. Jg. Nr. 321), S. 1–4

Die Ergebnisse der Vorconcurrenz zu dem Baue des Kaiser Franz Josef-Museums der Stadt Wien. In: Allgemeine Bauzeitung 67 (1902). S. 61–66

Am Carlsplatz. Das Kaiser Franz Joseph-Museum der Stadt Wien. In: Neues Wiener Tagblatt, 12. Juni 1902 (36. Jg. Nr. 160), S. 1–3

Vorwort zur bautechnischen Ausführung. In: Kundmachung des Ersten Wiener Beamten-Bauvereines. Wien: Selbstverlag 1902, S. 5

Sezession und Monumentalkunst. Die Modelle für das Museum der Stadt Wien. In: Neues Wiener Tagblatt, 5. Mai 1903 (37. Jg. Nr. 123), S. 1–4; 6. Mai 1903 (37. Jg. Nr. 124), S. 1–3 (Sitte, Kamillo) [gekürzter Nachdruck in Michael Mönninger: Vom Ornament zum Nationalkunstwerk. Zur Kunst- und Architekturtheorie Camillo Sittes. Braunschweig, Wiesbaden 1998. S. 192–198]

(mit Theodor Goecke) An unsere Leser. In: Der Städtebau 1 (1904), Heft 1, S. 1–4 [Nachdruck „…jetzt, in dieser Übergangsperiode…" In: StadtBauwelt 1965, Heft 6 (Bauwelt Nr. 26/72). S. 442–444]

Enteignungsgesetz und Lageplan Der Städtebau 1 (1904), Heft 1, S. 5–8; Heft 2, S. 17–19; Heft 3, S. 35–39 [gekürzter Nachdruck in Michael Mönninger: Vom Ornament zum Nationalkunstwerk. Zur Kunst- und Architekturtheorie Camillo Sittes. Braunschweig, Wiesbaden 1998. S. 209–218]

Die Sammlung von deutschen Stadtplänen auf der Dresdner Städteausstellung. In: Der Städtebau 1 (1904), Heft 9, S. 137–139

Erläuterungen zu dem Bebauungsplane von Marienberg. In: Der Städtebau 1 (1904), Heft 10, S. 141–145

1.2 Berichte von Vorträgen

*Auszug aus dem Vortrage über die Baugeschichte und Restauration der gothischen St Wolfgang-Kirche bei Kirchberg a. W. gehalten von k. k. Director Cam. Sitte im Alterthums-Vereine am 2. November 1885. In: Berichte und Mitteilungen des Alterthums-Vereines zu Wien 23 (1886), S. 248–250

*H.R.: Camillo Sitte über Städtebau. In: Deutsche Bauhütte 4 (1900), Nr. 2, 11. Jan., S. 18–19

Der Wettbewerb für das Kaiser Franz Josef-Stadtmuseum. [Vortrag in der Versammlung der „Fachgruppe für Architektur und Hochbau" des österreichischen Ingenieur- und Architekten-Vereines am 20. Jänner 1903.] In: Zeitschrift des österreichischen Ingenieur- und Architekten-Vereines 55 (1903), Nr. 14, S. 224

Enteignungsgesetz und Lageplan. Auszug aus dem Vortrage, gehalten in der Vollversammlung am 14. Februar 1903 von Regierungsrat Kamillo Sitte. In: Zeitschrift des Österreichischen Ingenieur- und Architekten-Vereines 55 (1903). S. 245–246 [identisch in: Zeitschrift für Transportwesen und Straßenbau 20 (1903), Nr. 18 20.Juni, S. 279–280]

Das Wien der Gegenwart und Zukunft. [Vortrag „Städteanlagen mit Rücksicht auf Plätze und Monumentaufstellungen in Wien" im Ingenieur- und Architektenverein am 26. Jan. 1889]. In: Neues Wiener Abendblatt, 28. Januar 1889 (23. Jg. Nr. 28), S. 2

2 Rezensionen

2.1 Der Städtebau nach seinen künstlerischen Grundsätzen

A.Z.: In: Österreichische Wochenschrift für den öffentlichen Baudienst 8 (1902), Heft 42, 18. Okt, S. 754

*W. Bode: Camillo Sittes Lehren über den Städtebau. In: Bautechnische Zeitschrift 19 (1904), Nr. 1, 2. Januar, S. 1–3, Nr. 2, 9. Januar, S. 9–10

Theodor Goecke: Ein alter Bekannter in neuem Gewande. In: Der Städtebau 6 (1909), 5. Heft, S. 68

R.: In: Glasers Annalen für Gewerbe und Bauwesen 65 (1909), Heft 8, Literaturblatt Nr. 521, 1909, S. 28

Bz.: In: Zentralblatt der Bauverwaltung 43 (1923), Nr. 3/4, 10. Jan., S. 23

Jansen, Hermann. In: Preußische Jahrbücher 193 (1923), S. 346

2.2 Der Städtebau

Winckel, L. In: Zeitschrift für Vermessungswesen 33 (1904), Heft 6, 15. März, S. 179–181

3 Nachrufe/ Biographisches

Stübben, J.: Camillo Sitte †. In: Zentralblatt der Bauverwaltung 1903. S. 600

M. N.: Camillo Sitte †. In: Süddeutsche Bauzeitung 1903, Nr. 47, S. 375

N.N.: Camillo Sitte †. In: Deutsche Bauzeitung 37 (1903), Nr. 93, 21. Nov., S. 604

Koch, Julius: Kamillo Sitte † 16. November 1903. In: Zeitschrift des Österreichischen Ingenieur- und Architekten-Vereines 55 (1903), Heft 50, 11. Dez., S. 671

Koechlin, [Heinrich]: Camillo Sitte †. In: Österreichische Wochenschrift für den öffentlichen Baudienst 10 (1904), Heft 5, 30. Jan, S. 97

N.N.: Camillo Sitte †. In: Zeitschrift für Transportwesen und Straßenbau 20 (1903), Nr. 35, 10. Dez., S. 564

Henrici, Karl: Camillo Sitte, † 16. November 1903. In: Der Städtebau 1 (1904), Heft 3, S. 33–34

Henrici, Karl: Kamillo Sitte als Begründer einer neuen Richtung im Städtebau. In: Zeitschrift des Österr. Ingenieur- und Architekten-Vereines 56 (1904), Nr. 10, 4. März, S. 157–158

Bode, W.: Camillo Sittes Lehren über den Städtebau. In: Bautechnische Zeitschrift 19 (1904), Nr. 1, S. 1–3; Nr. 2, S. 9–10

Leixner, Othmar v.: Camillo Sitte. In: Der Baumeister 2 (1904), Heft 4, Januar, S. 44–46

Fischer, Theodor: Camillo Sitte. In: Deutsche Bauzeitung 38 (1904), Nr. 6, 20. Jan., S. 33–34

George E. Hooker: Cammillo Sitte – City builder. Chicago Record-Herald, 15. Jan. 1904, S. 6

Peets, Elbert: Famous Town Planners. II. – Camillo Sitte. In: Town Planning Review 12, Nr. 4, Dez. 1927, S. 249–259

Sitte, Heinrich: Camillo Sitte 1843–1903. In: Neue Österreichische Biographie 1815–1918. Bd. 6. Wien 1929, S. 132–149

Schwarzl, Josef: Franz, Camillo und Siegfried Sitte: 100 Arbeitsjahre einer Wiener Architektenfamilie. In: Zeitschrift des Österreichischen Ingenieur- und Architekten-Vereines 94 (1949), Heft 7/8, 4. April, S. 49–54

Personenverzeichnis

Baumeister, Reinhard 1833–1917, Bauingenieur, 1862 ord. Professor an der Ingenieurschule des Polytechnikums in Karlsruhe. Wichtigste Veröffentlichungen: Stadt-Erweiterungen in technischer, baupolizeilicher und wirthschaftlicher Beziehung, Berlin 1876; Moderne Stadterweiterungen, Vortrag, Hamburg 1887; Stadtbaupläne in alter und neuer Zeit, Stuttgart 1902; Bauordnung und Wohnungsfrage Berlin 1911
Berlepsch, Hans Hermann Freiherr von 1843–1926, preußischer Handelsminister von 1890–1896, u.a. mit Arbeiterschutzgesetzgebung befaßt, widmete sich nach 1896 als Privatmann sozialreformerischen Fragen
Boito, Camillo 1836–1914, ital. Architekt, Architekturhistoriker und -restaurator, Kritiker, Romanautor; 1860–1908 einflußreicher Architekturprofessor an der Accademia di Brera in Mailand als Nachfolger Friedrich Schmidts, 1897–1914 deren Präsident; 1904 als einer der ständigen Mitarbeiter der Zeitschrift *Der Städtebau* in Aussicht gestellt
Brücke, Ernst Wilhelm Ritter von 1819–1892, Physiologe, Studium in Berlin und Heidelberg (seit Studienzeit befreundet mit H. v. Helmholtz), 1848 Professor für Physiologie in Königsberg, 1849 in Wien, zahlreiche Arbeiten, u.a. Untersuchung über die Totenstarre, die Eigenschaften des Harns und die Blutgerinnung, weitere Arbeiten auf dem Grenzgebiet zwischen Physiologie und Philologie, Lautbildung und Verskunst sowie Malerei
Canova, Antonio 1757–1822, Bildhauer, schuf um 1798 bis 1805 im Auftrag des Herzogs Albert v. Sachsen-Teschen das Grabmal für dessen Gemahlin die Ehzin. Marie Christine in der Augustinerkirche in Form einer hohen flachen Wandpyramide
Dumreicher, Armand Frh. von 1845–1908, Schulreformer, Politiker, Studium der Rechts- und Staatswissenschaften in Wien und Göttingen, im österr. Unterrichtsministerium maßgeblich für den Aufbau des berufsbildenden Schulwesens, der technisch-gewerblichen Schulen, schied 1886 aus dem Staatsdienst aus, er beendete seine anschließende politische Laufbahn 1895 nach Differenzen mit der „Vereinigten deutschen Linken"
Eitelberger, Rudolf von 1817–1885 Kunsthistoriker, lehrte 1850–1864 an der Akademie der bildenden Künste, ab 1864 Direktor des von ihm initiierten Österreichischen Museums für Kunst und Industrie, ab 1868 auch Direktor der Kunstgewerbeschule; wichtigste Veröffentlichungen: Mittelalterliche Kunstdenkmäler des Österreichischen Kaiserstaates, Stuttgart 1858–1860 (Hg.)
Fechner, Gustav Theodor 1801–1887, Philosoph, Psychophysiker, zunächst ab 1817 Medizinstudium in Leipzig, habilitierte sich 1823 an der philosophischen Fakultät, 1834 Professor der Physik, nach Erkrankung 1843 pensioniert; Begründer der Psychophysik und psychologischen Ästhetik sowie der Experimentalpsychologie
Feldegg, Ferdinand Fellner von 1855–1936, Architekt, Philosoph, Dramatiker, Schriftsteller; 1884–1919 Lehrer für bautechnische Fächer an der Staatsgewerbeschule; 1895–1908 Redakteur de Zeitschrift *Der Architekt*; Mitarbeiter verschiedener anderer Zeitschriften
Ferstel, Heinrich Freiherr von 1828–1883, Architekt, u.a. Prof. am Polytechnischen Institut in Wien, Oberbaurat, Mitglied zahlreicher internationaler Akademien und Wettbewerbsjurys in Wien; wichtigste Werke: Votivkirche, Universität an der Ringstraße, zahlreiche weitere Bauten in der Zeit von 1860–1880; Hochaltar der Mechitaristenkirche

Fischer von Erlach, Johann Bernhard 1656–1723, Architekt, ab 1892 zahlreiche Werke in Wien, bedeutendster Bau: Karlskirche 1716–1737

Gegenbaur, Carl 1826–1903, Anatom, Vergleichender Anatom, Mediziner und Zoologe, ab 1858 Professor für Anatomie und Zoologie in Jena, ab 1873 Professor der Anatomie und Vergleichenden Anatomie in Heidelberg, Werke u.a.: Lehrbuch der Anatomie des Menschen, Leipzig ab 1883

Gehe, Franz Ludwig 1810–1882 entstammte einer alten sächsischen Beamten- und Predigerfamilie. Kaufmannslehre in Leipzig, Droguen-Grossohandlung Brückner, Lampe & Co., eröffnete 1834 in Dresden die Firma „Gehe & Schwabe" als „Droguen-Grossogeschäft", später „Gehe & Co." Vor 1848 Mitglied des Dresdner Stadtverordneten-, später des Ständesaales, politisch liberal, beschäftigte sich mit ökonomischen Fragen, Zunft- und Handelswesen. Nach 1860 in die zweite Kammer berufen, beschäftigte er sich mit der Reform der Gewerbeverfassung zur Schaffung der Gewerbefreiheit. Zog sich 1865 nach Differenzen mit seinen Standesgenossen endgültig aus dem öffentlichen Leben zurück

Haeckel, Ernst 1834–1919, Vergleichender Anatom, Zoologe, Naturwissenschaftler, zunächst Medizinstudium in Berlin, Würzburg, Wien, ab 1862 Professor für Zoologie als Nachfolger Carl Gegenbaurs in Jena, Anhänger und einflußreicher Verbreiter der Lehre Darwins, u.a. zahlreiche Studien an Meerestieren; Veröffentlichungen u.a.: Generelle Morphologie der Organismen, Berlin 1866

Hansen, Theophil 1813–1891, Architekt, Oberbaurat, trat 1846 in das Atelier seines Schwiegervaters Förster in Wien ein; Bauten u.a.: Mitwirkung am Arsenal 1850–1856, Evangelische Schule am Karlsplatz, Heinrichhof am Opernring, an der Ringstraße u.a.: Erzherzog-Wilhelm-Palais, Epsteinpalais, Akademie der bildenden Künste, Börse, Parlament

Heckscher, Siegfried 1870–1929, Dr. jur., Rechtsanwalt und Schriftsteller, 1900–1902 zusammen mit Carl Mönckeberg Redakteur der Hamburger Wochenschrift *Der Lotse*, Abteilungsleiter der HAPAG, 1907–1918 Mitglied des Reichstages für die liberale Freisinnige Volkspartei (FrVp), ab 1910 Fortschrittliche Volkspartei (FVp)

Helmholtz, Hermann Ludwig Ferdinand von 1821–1894, Physiker, ab 1849 Professor der Physiologie in Königsberg, 1855 Professor für Anatomie und Physiologie in Bonn, 1858 Professur für Physiologie in Heidelberg, 1871 Professor für Physik in Berlin, 1888 Leiter der Physikalisch-Technischen Reichsanstalt in Charlottenburg, wissenschaftliche Arbeit über experimentelle und theoretische Probleme der Physiologie und Physik (optische und akustische Arbeiten) sowie über philosophische Konsequenzen naturwissenschaftlicher Erkenntnis

Henrici, Johann gest. 1799, Architekt, Werke u.a.: Turm der Stiftskasernkirche 1772

Henrici, Karl 1842–1927, Architekt und Stadtplaner, Prof. an der TH Aachen, Stadterweiterungspläne u.a. für Köln (1880), München (1893), Dessau (1890), Veröffentlichung u.a.: Beiträge zur praktischen Ästhetik im Städtebau, München 1904 (Camillo Sitte gewidmet)

Hooker, George Ellsworth 1861–1939, amerikanischer Stadtplaner, studierte in Amherst, und New York u.a. Jura und Theologie, 1885–1887 Anwalt in New York, 1890–1893 Pastor im Staat Washington (American Home Missionary Society), 1894–1895 erste Europareise, zwischen 1899 und 1905 Redaktionsmitglied der *Chicago Tribune*, in den folgenden Jahren in zahlreichen öffentlichen Funktionen in Chicago mit Planungs-, besonders mit Verkehrsfragen befaßt, u.a. Sekretär des „City Club of Chicago", Mitglied der „Chicago Plan Commission"; in den zwanziger Jahren u.a. mehrfach „American labor press correspondent" beim Völkerbund und 1927 bei der Welthandelskonferenz in Genf. 1904 als einer der ständigen Mitarbeiter der Zeitschrift *Der Städtebau* in Aussicht gestellt

Hyrtl, Joseph 1810–1894, Anatom; Professor in Prag und ab 1845 in Wien, Gründer des Museums für vergleichende Anatomie 1850; populärer Lehrer, bekannt durch Korrosions-Anatomie; Veröffenlichungen u.a.: Lehrbuch der Anatomie des Menschen. Mit Rücksicht auf physiologische Begründung und praktische Anwendung, Prag 1846, 22 Auflagen, vielfach übersetzt

Ilg, Albert 1847–1896, Kunsthistoriker, Schriftsteller, studierte Germanistik und Kunstgeschichte (bei Eitelberger), 1871 Offizial am Österreichischen Museum für Kunst und Industrie in Wien, ab 1872 Dozent für Kunstgeschichte an der Kunstgewerbeschule des Museums, 1876 Wechsel in die Verwaltung der Kunsthistorischen Sammlungen des Kaiserhauses, ab 1885 Kunstreferat bei der *Neuen Freien Presse*, u.a. unvollendetes Werk über die Familie Fischer v. Erlach

Leixner von Grünberg, Othmar 1874–1927, Architekt, Kunstschriftsteller, besuchte bis 1892 die Staatsgewerbeschule, danach die Akademie der bildenden Künste, 1902 Lehrer an der Staatsgewerbeschule

Lichtwark, Alfred 1852–1914, Kunsthistoriker, ab 1886 Leiter der Hamburger Kunsthalle, einflußreicher Kunstpädagoge

Märtens, Hermann Eduard 1823–1898, Kgl. Baurat, studierte an der Berliner Akademie Baufach, in verschiedenen Städten Preußens amtlich tätig, u.a. Garnisonsbaumeister in Köln, zuletzt amtlich in Aachen angestellt, entschiedener Verfechter des liberalen protestantischen Gedankens. Sein literarisches Betreben war darauf gerichtet, die Ergebnisse der Helmholtzschen Untersuchungen über physiologische Optik für die bildenden Künste nutzbar zu machen: der Künstler müsse seiner Tätigkeit bestimmte optische Gesetze zu grunde legen. Vor allem untersuchte er die Größenverhältnisse antiker, mittelalterlicher und neuerer Skulpturen und Bauwerke und ihrer Umgebung. Wichtigste Publikationen.: Optisches Maß für den Städtebau, Bonn 1890; Die Theorie und Praxis des ästhetischen Sehens in den bildenden Künsten, Bonn 1877 u. 1884; Die deutschen Bildsäulendenkmale des 19. Jahrhunderts, Stuttgart 1892

Malthus, Thomas Robert 1766–1834, Theologe, erhielt 1805 eine Professur für Geschichte und politische Ökonomie. Formulierte das Malthussche Gesetz, das behauptete, die Bevölkerung wachse rascher als die zu ihrer Erhaltung notwendigen Nahrungsmittel. Schriften zur politischen Ökonomie

Martin, Camille Lucien 1877–1928, Dr. phil., Schweizer Architekt und Städtebauer, studierte in Genf, Zürich, München und Karlsruhe, 1907–1909 Privatdozent an der Universität Genf, 1907–1913 Chef des Gemeindedienstes von Alt-Genf, ab 1920 Dienstchef des „Plan d'extension" am Departement der öffentlichen Arbeiten, veröffentlichte zahlreiche archäologische und kunstgeschichtliche Studien, u.a. La Maison de Ville de Genève (1906), La maison bourgeoise en Suisse, Canton de Genève (1907), L'art roman en France (1909), L'art gothique en France (1919), Übersetzung von Camillo Sittes „Der Städte-Bau nach seinen künstlerischen Grundsätzen": L'Art de bâtir les villes (1902)

Mayreder, Julius 1860–1911, Bruder von Karl M., Architekt zahlreicher Mietshäuser und Villen, Mitglied der Secession ab 1897

Mayreder, Karl 1856–1935, Architekt, Stadtplaner, ab 1893 Professor für Baukunst der Antike, Begründer des Fachgebietes „Städtebau" an der TH Wien, 1894–1902 Chefarchitekt des Stadtregulierungsbüros

Mönckeberg, Carl 1873–1939, Dr. jur., Jurist und Schriftsteller, Sohn des Hamburger Bürgermeisters Johann Georg Mönckeberg, 1900–1902 mit Dr. Siegfried Heckscher Redakteur der Hamburger Wochenschrift *Der Lotse*, Redakteur der liberalen Neuen Hamburger Zeitung, 1920–1933 Syndicus der Hamburger Bürgerschaft

Müller, Johannes 1801–1858, Zoologe, ab 1830 Professor für Anatomie, Physiologie und allgemeine Pathologie in Bonn, ab 1833 Ordinarius an der Berliner Universität (Schüler u.a. Ernst Brücke, Ernst Haeckel), Veröffentlichungen u.a.: Handbuch der Physiologie des Menschen für Vorlesungen, Coblenz 1833–1849; Hg. d. Arch*ivs für Anatomie, Physiologie und wissenschaftliche Medizin* (ab 1834)

Nobile, Peter (Pietro) 1873–1928, Architekt, Hofbaurat, 1819–1849 Direktor der Abteilung für Architektur an der Akademie der bildenden Künste in Wien

Nussbaum, Hans Christian 1853–1928, Architekt, Hygieniker, Studium in Hannover, Berlin und München (Universität und Hygienisches Institut), fünf Jahre Bauleiter in Innsbruck und Wien, ab 1892 Dozent (später a.o. Professor) für Hygiene an der Technischen Hochschule Hannover, 1904 als einer der ständigen Mitarbeiter der Zeitschrift *Der Städtebau* in Aussicht gestellt. Veröffentlichungen: Bau und Einrichtung der Kleinwohnung, Berlin 1901; Leitfaden der Hygiene für Techniker, Verwaltungsbeamte und Studierende dieser Fächer, München 1902; Die Hygiene des Städtebaus, Leipzig 1907; Die Hygiene des Wohnungswesens, Leipzig 1907; Das Wohnhaus und seine Hygiene, Leipzig 1909

Pettenkofer, Max von, Geheimrat 1818–1901, Chemiker, Epidemiologe, 1847 o. Professor der Chemie in München, „Genie auf so gut wie allen Gebieten der angewandten Chemie", befaßte sich mit chemisch-experimenteller Analyse von städtischen Lebensbedingungen und deren Einfluß auf die Gesundheit des Menschen: Kanalisation, Heizung, Ventilation, Kleidung, Wohnung; legte den Grundstein für das Fachgebiet der Hygiene, 1865 auf den ersten deutschen Lehrstuhl für Hygiene berufen, international bekannt, widmete sich vor allem der Cholerafrage, scheiterte schließlich wissenschaftlich, da er Erkenntnisse der aufkommenden Bakteriologie ignorierte; über 20 Monographien und 200 Artikel

Riehl, Wilhelm Heinrich 1823–1897, kulturhistorischer Schriftsteller, lehrte ab 1854 Staats- und Kameralwissenschaften in München, später Literaturgeschichte. Herausgeber mehrerer Zeitschriften, ab 1885 Direktor des Bayerischen Nationalmuseums. Viele kulturhistorische Abhandlungen

Schembera, Viktor Karl 1841–1891, Journalist und Schriftsteller, einer der namhaftesten Wiener Journalisten der siebziger und achtziger Jahre des 19. Jhs., mit vielen Literaten und bildenden Künstlern befreundet (u.a. Kontakt zu Richard Wagner), trat 1870 in den Redaktionsverband des *Neuen Wiener Tagblatts* ein, dem er mit dem Hauptgebiet Kunstkritik bis zu seinem Tod angehörte

Schlögl, Friedrich 1821–1892, Schriftsteller, schrieb ab 1867 für das *Neue Wiener Tagblatt*

Schmidt, Friedrich Freiherr von 1825–1891, Architekt, ab 1859 Lehrer an der Akademie Wien, ab 1863 Dombaumeister von St. Stephan, 1889 Erhebung in den Freiherrnstand, Ehrenbürger der Stadt Wien; wichtigster Bau: Wiener Rathaus 1872/1882, außerdem: 3. Preis in der Konkurrenz um den Bau der Votivkirche (1855)

Stübben, Hermann Joseph 1845–1936, Architekt, Fachschriftsteller, 1876–1881 Stadtbaumeister von Aachen, 1881–1891 Stadtbaumeister von Köln, zahlreiche Bebauungspläne, erster Preis im internationalen Wettbewerb um eine General-Bebauungsplan für Groß-Wien; wichtigste Veröffentlichung: Der Städtebau, Darmstadt 1890

Taaffe, Eduard Graf 1833–1895, österr. Staatsmann, konservativer Sozialreformer, 1879–1893 Ministerpräsident und Innenminister; seine weitgehenden sozialpolitische Vorstellungen führten zu Konflikten mit den radikal-nationalen Parteien, worauf er sich 1893 aus der Politik zurückzog

Tegethoff, Wilhelm von 1827–1871, Admiral der österreich-ungarischen Kriegsmarine, Ehrenbürger der Stadt Wien, Tegethoffdenkmal auf dem Praterstern 1886 enthüllt (von Carl Kundmann modelliert, Architektur von Carl v. Hasenauer), nach ihm benannt die Tegethoffbrücke (1870–1872 errichtet), nach Überwölbung des Wienflusses 1898 abgetragen

Wagner, Otto 1841–1918, Architekt und Fachschriftsteller, ab 1894 zum o. Professor und Leiter einer Spezialschule für Architektur an der Wiener Akademie ernannt, k.k. Oberbaurat, künstlerischer Beirat in der Wiener Kommission für Verkehrsanlagen und die Donauregulierung, ab 1899 Mitglied der „Secession", Entwürfe u.a.: preisgekrönter Wettbewerbsentwurf für einen Generalregulirungsplan 1893, Regulirungsplan für das Stubenviertel, 1900–1913 vier Entwürfe für die Umgestaltung des Karlsplatzes

Wundt, Wilhelm 1832–1920, Psychologe, Philosoph, Mediziner, 1851–1856 Medizinstudium in Tübingen und Heidelberg, 1858 Assistent bei Hermann Helmholtz, 1862 Beitritt zum Heidelberger Arbeiterbildungsverein, 1874 Professor der induktiven Philosophie in Zürich, ab 1875 als Professor der Philosophie in Leipzig einflußreich, 1879 Gründung des ersten Instituts für experimentelle Psychologie (u.a. beeinflußt von Theodor Fechner); Veröffentlichungen u.a.: Logik, Stuttgart 1880–83; Ethik, Stuttgart 1886; System der Philosophie, Leipzig 1889; Völkerpsychologie, 10 Bde., Leipzig 1900–1920

Orts- und Sachverzeichnis

Wiener Altertumsverein 1854 gegründeter gemeinnütziger wissenschaftlicher Verein, ältester historischer Verein Wiens, befaßte sich mit Kunstgeschichte und Archäologie, mehrere Publikationsreihen; ab 1918 „Verein für Geschichte der Stadt Wien"

Avenue Ende des 19. und Anfang des 20. Jahrhunderts setzten nach der weitgehenden Vollendung der Ringstraße und beeinflußt durch das Pariser Vorbild in der Innenstadt und in den inneren Bezirken Planungen ein, die zur Errichtung geradliniger Prachtstraßen führen sollten. In der Innenstadt wurden sternförmig zum Stephansplatz Durchbrüche geplant, die jedoch nicht realisiert wurden: u.a. durch das Stubenviertel, entlang des Donaukanals und beiderseits des eingewölbten Wienflusses sowie des Wiener Neustädter Kanals.

Donauregulierung Nach immer wiederkehrenden Überschwemmungen (u.a. 1830, 1862) 1866 vom Gemeinderat der Stadt Wien beschlossen und ab 1870 in zwei Bauabschnitten realisiert, 1875 für den Schiffsverkehr eröffnet. Zum einen wurde die Hochwassergefahr für niedrig gelegene Stadtteile gebannt, zum anderen wurden die Auen als Bauland nutzbar gemacht. Die „Alte Donau" wurde vom Hauptstrom getrennt und zu einem Erholungsgebiet gestaltet.

Donaustadt Volkstümliche Bezeichnung für den Stadtteil zwischen Reichsbrücken- und Ausstellungsstraße, der im Zuge der Donauregulierung auf den ehemaligen Auen entstehen konnte und auf dem u.a. die Weltausstellung 1873 veranstaltet wurde (nicht zu verwechseln mit dem 1938 geschaffenen Bezirk gleichen Namens)

Gehe-Stiftung, Dresden Um 1865 hatte der Dresdner Kaufmann Franz Ludwig Gehe auf Initiative von Theodor Petermann die Idee, eine gemeinnützige Stiftung ins Leben zu rufen. 1877 wurde die ursprüngliche Idee insoweit modifiziert und präzisiert, daß es sich nicht um eine Schule, sondern um eine „den ökonomischen und politischen Wissenschaften gewidmete, freie Bildungsanstalt für Männer" handeln sollte. Eine weitere Aufgabe war der Stiftung als „Prytaneum" zugedacht, um die öffentliche Akzeptanz zu sichern. Anfang 1895 wurde die Stiftung schließlich eröffnet. Ausgestattet mit Bibliothek und Lesesaal, finanzierte sie im ersten Jahrzehnt zahlreiche Vortragsreihen zu ökonomischen, juristischen, geographischen, politischen und kommunalpolitischen Themen. Viele der Vorträge wurden publiziert, zwei Lehrämter, für Staats-und Rechtslehre bzw. für Nationalökonomie und Statistik eingerichtet. § 1 der Gehe-Stiftung lautete: [Die Gehe-Stiftung] hat den Zweck […]: A. Bildung zu verbreiten in Bezug auf die Gegenstände, deren gründliches Verständnis zu gedeihlichem öffentlichen Wirken vonnöten ist. B. Hervorragende Verdienste um das öffentliche Wohl durch Sicherung eines sorgenfreien Alters zu ehren. (In: Jahrbuch der Gehe-Stiftung zu Dresden. Band 1 1896. S. XLIV–LII) Die Gehe-Stiftung bewegte sich in diesen Jahren zwischen „Volksbildungsanstalt" und „rein akademischen Bestrebungen", zwischen „Scylla und Charybdis".

Generalregulirungsplan Wien Nach der Eingemeindung der Vororte wurde in der Bauordnung von 1883 die Ausarbeitung eines G. vorgeschrieben. 1892 erfolgte die Ausschreibung mit dem Ziel, die funktionale Gliederung des Stadtgebietes (im Bauzonenplan 1893 festgelegt) sowie die Verkehrsplanung zu leisten, aber auch ästhetische Gesichtspunkte zu berücksichtigen. Die beiden ersten Preise erhielten Joseph Stübben und Otto Wagner; ausgeführt wurde keines der Projekte, statt dessen wurde ein kommunales „Regulierungsbüro" geschaffen.

Kahlenberg Bergrücken im Norden von Wien (19. Bezirk), ursprünglich Schweins- oder Sauberg, ab 1829 Josephsberg. Ende des 17. Jhs. wurde der bis dahin so genannte Kahlenberg in Leopoldsberg umbenannt und der Name Kahlenberg auf den Josephsberg übertragen. Der Namenswechsel führt bis heute zu zahlreichen Verwechslungen. Die Schlacht am Kahlenberg, durch die 1683 die zweite Türkenbelagerung beendet wurde, fand auf dem heutigen Leopoldsberg statt. 1871/1872 ließ die Kahlenberg AG, die den größten Teil des Kahlenbergs erworben hatte, ein großes Hotel errichten, 1874 wurde die Kahlenbergbahn eröffnet.

Der Lotse. Hamburgische Wochenschrift für deutsche Kultur 1900 gegründet, auf Initiative von Alfred Lichtwark, der als Verleger Alfred Janssen, als Redakteure Carl Mönckeberg für Kunst und Wissenschaft, Dr. Siegried Heckscher für Volkswirtschaft und Politik gewinnen konnte. Nach Lichtwarks Vorstellungen sollte sich die Zeitschrift thematisch nicht auf Hamburg beschränken, sondern „alles das behandeln, was die Entwicklung der Großstadt als eines Kulturzentrums betreffe". Heckscher und Mönckeberg lehnten jedoch eine direkte redaktionelle Mitarbeit Lichtwarks ab. Im Oktober 1900 erschien das erste Heft. Nach nur knapp zwei Jahrgängen wurde die Zeitschrift Ende Juni 1902 trotz zunächst guter Ausgangslage eingestellt. Provozierende Beiträge der beiden Redakteure waren von der Leserschaft abgelehnt worden (vor allem Gedichte Mönckebergs sowie die grundsätzlich arbeiterfreundliche Haltung Heckschers in wirtschaftlichen Fragen) und hatten so zum wirtschaftlichen Ruin geführt.

Neue Freie Presse, Wien 1864 in Konkurrenz zur *Presse* gegründet, großbürgerlich-liberal und deutschfreundlich, innenpolitisch zentralistisch und antiklerikal orientiert, wurde unter Moritz Benedikt zur einflußreichsten österreichischen Zeitung, dessen Leitartikeln die Ablehnung der Wahlreform Taaffes und somit der Sturz dessen Regierung zugeschrieben wird

Neues Wiener Tagblatt, Demokratisches Organ Erschien in der Nachfolge des *Wiener Journals* erstmalig am 10. März 1867; seine politische Grundhaltung war deutschdemokratisch. Am 13. Juli 1867 wurde die Zeitung von Moritz Szeps und seinen Mitarbeitern, die die *Morgenpost* im Verlauf einer Redaktionsrevolte verlassen hatten, übernommen. Als Ergänzungsblatt erschien ab 1868 das *Neue Wiener Abendblatt*. Da das *Neue Wiener Tagblatt* der Regierung Taaffee unangenehm war, suchte diese es durch ein Verschleißverbot in Trafiken (27. Januar 1883 bis 2. September 1892) zu vernichten. Das NWT überholte in der Auflage zwar 1874 die *Neue Freie Presse*, konnte ihr aber ihren Rang als Weltblatt nicht streitig machen. Die Zeitung war deutschliberal, bürgerlich-demokratisch und antimarxistisch eingestellt, führte u.a. ab 1870 eine erfolgreiche Kampagne für die Erhaltung des Wienerwalds.

Währinger Cottageviertel Nach englischem Vorbild ab 1873 durch den ein Jahr zuvor gegründeten Cottageverein errichtetes Ein- und Zweifamilienhausgebiet. Ziel war vor dem Hintergrund der durch Bauspekulation zunehmenden baulichen Verdichtung der inneren Wiener Bezirke die Verbesserung der Wohnverhältnisse für das Wiener Bürgertum. Ab 1873 war Heinrich Ferstel Obmann und später Ehrenpräsident des Vereins. Obwohl in Wien noch einige vergleichbare Anlagen entstanden, konnte der Anspruch einer umfassenden Wohnbaureform letztlich nicht durchgesetzt werden

Wiener Stadterweiterungsfond Dem Wiener Stadterweiterungsfond wurden 1859 die Flächen des Glacis und der Stadtbefestigung übertragen, nachdem diese 1857 von Franz Josef I. zur Bebauung vorgesehen wurden. Er unterstand dem Innenministerium. Nach Verbauungsplan und Bauordnung von 1859 wurde das Gelände parzelliert. Durch Verkauf von Parzellen an private Interessenten sollten Mittel für öffentliche Bauten gewonnen werden. Die Gemeinde Wien konnte ihre Ansprüche auf die Flächen des Glacis nicht durchsetzen, gleichwohl mußte sie die technische Infrastruktur finanzieren und durchführen. Der Stadterweiterungsfond besteht bis heute fort

Benutzte Quellen
Allgemeines Lexikon der Bildenden Künstler von der Antike bis zur Gegenwart. Hg. v. Ulrich Thieme u. Felix Becker. Leipzig (Bd. 4, 1910, Bd. 16, 1923)
Biographisches Jahrbuch und deutscher Nekrolog. Bd. III [1898]
Czeike, Felix: Historisches Lexikon Wien in 5 Bänden. Wien: Kremayr & Scheriau.1992–1997
Deutsche Biographische Enzyklopädie (DBE). Hg. v. Walther Killy und Rudolf Vierhaus. (Bd. 7, 1998)
Historisch-Biographisches Lexikon der Schweiz, Bd. 5, Neuenburg 1929
Kürschners Deutscher Gelehrtenkalender 1928/1929, dritte Ausgabe. Hg. v. Gerhard Lüdtke. Berlin/Leipig [1928]
Neue Deutsche Biographie (NDB). Hg. von der historischen Kommission bei der bayerischen Akademie der Wissenschaften. (Bd. 2. Berlin 1955, Bd.15. Berlin 1985)
Österreichisches Biographisches Lexikon 1815–1950. Hg. von der Österreichischen Akademie der Wissenschaften. Redigiert von Peter Csendes. Wien: Verlag der Österreichischen Akademie der Wissenschaften 1994
Petermann, Theodor: Franz Ludwig Gehe und die Gehe-Stiftung. In: Jahrbuch der Gehe-Stiftung zu Dresden. Band 1 1896. S. V–XLIII
Saur Allgemeines Künstlerlexikon. Die Bildenden Künstler aller Zeiten und Völker. München Leipzig (Bd. 12, 1996)
Schweizerisches Zeitgenossen-Lexikon. Hg. v. Hermann Aellen. Bern 1921
Unsere Zeitgenossen. Wer ist's. Hg. v. Herrmann A.L. Degener. IX. Ausgabe. Berlin 1928
Schweizerisches Zeitgenossen-Lexikon. Hg. v. Hermann Aellen. Bern 1921
Who was who in America. Vol. 1 1897–1942. Chicago 1943

Personenregister

A
Abendroth, Alfred 76, 323
Adshead, S. D. 97
Alberti, Leon Battista 8, 329
Alexander, Christopher 11, 95
Alexander der Große 165
Andreas-Salome, Lou 62
Anzengruber, Ludwig 146
Arata, I. 296
Arendt, Hannah 87, 92, 95
Aubert 26

B
Bähr, Georg 319
Banik-Schweitzer, Renate 89
Bauer, C. 273
Baumeister, Reinhard 10, 49, 50, 101, 320, 340
Beethoven, Ludwig van 25, 272
Benjamin, Walter 73
Berger, Franz 250
Bergmann 26
Berlepsch, Hans Hermann Freiherr von 143, 340
Berndt, Heide 10
Bertillon, Alphonse 315
Bestelmeyer, German 112
Bettelheim, Anton 146
Bluth, Gustav 78
Bobek, Hans 92
Böhringer, Hannes 95
Boito, Camillo 232, 340
Bonatz, Paul 112, 114
Boyarski, Alvin S. 8, 86, 87, 88, 89, 95, 104, 115
Brentano, Lujo 105
Brinckmann, Albert Erich 100, 101, 102, 104, 115, 183, 185
Brücke, Ernst 26, 340, 343
Brühl, Heinrich Graf von 319

Bücher, Karl 84, 94
Burnham, Daniel H. 103

C
Canova, Antonio 215, 340
Carus 26
Certau, Michel de 95
Chiavacci, Vincenz 146
Choay, Françoise 56, 95
Classen 26
Collins, George 91
Crasemann Collins, Christiane 116

D
Darwin, Charles 26, 27, 44, 56, 88
Dauscher, I. 273
Deutsch, Helene 59
Doesburg, Theo van 107
Dörfel, Julius 248
Dumreicher, Armand Frh. von 340
Durand, Jean Nicolas Louis 158
Dürer, Albrecht 273
Durm, Josef 303

E
Ebermayer, Ernst 295
Eberstadt, Rudolf 329, 331
Eitelberger, Rudolf von 27, 29, 30, 31, 34, 67, 76, 82, 90, 340, 342
Ellin, Nan 95

F
Faßbender, Eugen 63, 93
Fechner, Gustav Theodor 26, 40, 41, 42, 85, 95, 340
Fehl, Gerhard 8, 9, 10, 95
Feldegg, Ferdinand Fellner von 12, 76, 143, 340

Ferdinand Max, Erzherzog von Österreich 90
Ferris, Hugh 113
Ferstel, Heinrich Freiherr von 22, 67, 82, 159, 187, 199, 248, 265, 340
Fischer, Theodor 43, 53, 60, 100, 109, 112, 113, 114, 138
Fischer von Erlach, Johann Bernhard 184, 215, 341
Förster, Ludwig von 32, 159
Foucault, Michel 10, 49
Franz Joseph I., Kaiser von Österreich 20, 21, 208
Freud, Sigmund 12, 59
Friedlowsky 26
Fries, Heinrich de 112, 113
Führich, Josef von 20, 25, 28

G
Galilei, Galileo 27
Gärtner, Friedrich von 17
Geddes, Patrick 8
Gegenbaur, Carl 26, 341
Gehe, Franz Ludwig 82, 341, 345
Genzmer, E. 303
Gide, Charles 105
Giedion, Sigfried 8, 74, 88
Goecke, Theodor 47, 63, 76, 77, 78, 79, 80, 94, 98, 99, 108, 115, 140, 144, 147, 148, 152, 182, 266, 318, 322, 325, 327, 330
Goethe, Johann Wolfgang von 26
Goudouin, C. 273
Gruber, Franz von 242, 258
Grün, Anastasius 215
Gurlitt, Cornelius 7, 76, 266

H
Haeckel, Ernst 26, 341, 343
Hansen, Theophil von 74, 159, 341
Harden, Maximilian 69
Hardenberg, Friedrich von 20
Hasenauer, Carl von 23, 71, 159, 160
Haussmann, Baron Georges-Eugène 66, 257
Heckscher, Siegfried 62, 341, 342, 346
Hegemann, Werner 9, 97, 100, 102, 103, 104, 105, 106, 107, 108, 109, 113, 114, 115, 183

Heiligenthal, Roman 106
Heilmann, Jakob 176
Helfert, Freiherr v. 263
Helmholtz, Hermann Ludwig Ferdinand von 26, 340, 341, 344
Hempel, W. 296
Henrici, Johann 341
Henrici, Karl 73, 76, 130, 132, 182, 205, 215, 232, 240, 242, 264, 325, 341
Herder, Johann Gottfried 92
Herscher, L. 300
Hildebrandt 309
Hoesli, Bernhard 11
Hofmann, Albert 112
Hofmann, Erich 13
Hofmann, K. 266
Hollerith, Herman 46
Hooker, George Ellsworth 135, 139, 140, 341
Hotz, Theo 13
Howard, Ebenezer 57
Huet, Bernard 11
Huxley 26
Hyrtl, Joseph 26, 35, 36, 37, 42, 136, 342

I
Ilg, Albert 34, 70, 184, 342

J
Janitsch, J. 221
Jansen, Hermann 108, 112, 114
Janssen, Alfred 346
Jessen 26

K
Kaiser, Eduard 248
Kaiser, Philipp 248, 255
Kant, Immanuel 10, 26
Klenze, Leopold von 17
Klimt, Gustav 279
Klunzinger 249
Koch, Julius 137
Koch, Robert 47
Köhnke, Klaus Christian 95
Koolhaas, Rem 11, 88, 89
Kornig 310
Krafft-Ebing, Richard von 311
Kraus, Karl 69

Kreusler, U. 296
Krier, Leon 11, 95, 105
Krier, Rob 11, 95
Kürnberger 146

L
Langbehn, Julius 10
Lange-Dresden 317
Lazarus, Moritz 56
Lefèbvre, Henri 95
Leixner von Grünberg, Othmar 135, 342
Lenau, Nikolaus 215
Lessing, Gotthold Ephraim 156
Leuckart 26
Le Corbusier 7, 8, 19, 50, 82, 87, 88, 89, 97, 115
Lichtenberger, Elisabeth 92
Lichtwark, Alfred 62, 64, 65, 75, 76, 149, 150, 153, 292, 342, 346
Liebig, Justus von 48
Lingner, Karl August 82, 317
Löhr, Moritz von 159
Loos, Adolf 65, 78
Lotz, Arnold 259
Lotze 26
Ludwig 26
Lueger, Karl 76

M
Mach, Ernst 12
Malthus, Thomas Robert 44, 45, 48, 342
March, Otto 102
Märtens, Hermann Eduard 342
Martin, Camille 104, 135, 139, 342
Marx, Karl 31, 45, 90, 91
May, Ernst 107
Mayreder, Julius 342
Mayreder, Karl 32, 74, 247, 256, 259, 263, 342
Meier, Richard 109
Michelangelo 143, 180, 181, 276
Mönckeberg, Carl 62, 63, 342, 346
Mönninger, Michael 12
Morris, William 104
Mozart, Wolfgang Amadeus 272
Müller, Johannes 26, 343
Müller, Johann Georg 17

N
Napoleon III. 257
Nerdinger, Winfried 14
Neumann, Franz von 248, 249
Nietzsche, Friedrich 90
Nobile, Peter von 16, 17, 343
Nüll, Eduard van der 17, 32
Nussbaum, Hans Christian 47, 76, 322

O
Obrist, Hermann 62
Ostendorf, Friedrich 115

P
Patten, Simon N. 105
Paxton, Josef 55
Peets, Elbert 8, 9, 11, 102, 103, 104, 105
Pehnt, Wolfgang 115
Petermann, Theodor 85, 345
Pettenkofer, Max von 47, 48, 49, 343
Pfeil, Elisabeth 92
Phidias 143
Posener, Julius 117
Puchner 295
Purkinje, Johannes Evangelista 26

R
Rauchberg, Heinrich 46
Rettich, H. 321
Rettig, Wilhelm 242
Reuter, Theodor 248
Richter, Hans 34
Rider, Jacques Le 16
Riedl, Xaver 69
Riegl, Alois 25, 56
Riehl, Alfred 72, 74, 76, 256, 258, 259
Riehl, Wilhelm Heinrich 54, 55, 56, 60, 61, 66, 92, 343
Riha 242
Rilke, Rainer Maria 62
Rossi, Aldo 11, 95
Rudolf, Erzherzog und Kronprinz von Österreich 69

S
Schabe, Theresia 16
Schäfer, Dietrich 84
Schäffler, Otto 46

Scheerbart, Paul 62
Schelling, Friedrich Wilhelm 21, 25
Schembera, Viktor Karl 23, 34, 53, 68, 69, 146, 157, 161, 343
Schiller, Friedrich 10, 25, 178
Schlegel, August Wilhelm 20
Schlegel, Friedrich 20, 21
Schleiden 26
Schlögl, Friedrich 343
Schmalhofer, Elisabeth 90
Schmidt, Friedrich Freiherr von 343
Schmitthenner, Paul 107
Schmoller, Gustav 62
Schultze-Naumburg, Paul 107, 115
Schumacher, Fritz 62, 92
Schweickhard 280, 281
Scott, Walther 281
Semper, Gottfried 23, 24, 25, 38, 47, 73, 139, 154, 155, 156, 157, 158, 159, 161, 163, 164
Sennett, Richard 87, 95
Serafini, A. 296
Siccardsburg, August Siccard von 32
Simmel, Georg 61, 62, 83, 84, 85, 86, 95
Sitte, Franz 16, 17, 18, 19, 20, 21, 22, 23, 25, 29, 137
Sitte, Heinrich 18
Sitte, Siegfried 76, 80, 132, 136
Sombart, Werner 44, 45
Spengler, Oswald 55
Sprenger, Paul 17
Stach, Friedrich 32
Steinthal, Heyman 56
Stiassny, Wilhelm 248
Streit, Andreas 248
Struckmann 266
Stübben, Hermann Joseph 71, 73, 100, 108, 109, 134, 201, 232, 239, 240, 241, 266, 343
Szeps, Moriz 69

T

Taaffe, Eduard Graf 225, 343
Taut, Bruno 80, 107
Tegethoff, Wilhelm von 344
Thiersch, Friedrich von 176

U

Unwin, Raymond 57, 103

V

Vitruv 71, 179
Volkmann 26
Voss 205

W

Wagner 26
Wagner, Otto 24, 50, 71, 73, 74, 76, 87, 239, 251, 279, 344
Wagner, Richard 13, 21, 25, 27, 28, 90, 137, 139, 141, 144, 146, 297, 343
Weber, Paul 268
Weißenhofer, Robert 281
Westphal, Carl 58, 59
Wieczorek, Daniel 56, 57, 91
Wimmer, Albrecht 13
Winkler 250
Winter, Helmut 40
Wolf, Paul 106, 115
Wundt, Wilhelm 26, 344
Wurm 248
Wurzer, Rudolf 86

Z

Ziebland, Georg Friedrich 17
Zweig, Arnold 100
Zweig, Stefan 11

Ortsregister

A
Aachen 147, 182
Abbazia (Opatjia) 286
Adelaide 135
Alexandrien 165, 177, 317
Altona 205
Athen 135, 177, 308

B
Baden 284, 293
Berlin 59, 78, 80, 83, 102, 140, 147, 148, 152, 174, 182, 257, 294, 332, 333
Bielefeld 183
Bolosca 286
Böslau 284
Braunschweig 39, 80, 111
Bremen 317
Breslau 232
Brühl 285
Brünn 134
Brüssel 267, 293
Budapest 293
Buenos Aires 294

C
Charlottenburg 147
Chemnitz 317
Chicago 103

D
Darmstadt 154, 267
Dessau 132, 205
Döbling 284
Dornbach 284
Dresden 46, 82, 83, 85, 154, 158, 159, 163, 164, 213, 269, 312, 314, 315, 317, 318, 345
Duisburg 147

F
Florenz 162, 180, 181, 182, 238
Frankfurt a. M. 292

G
Genf 295
Genua 216, 220
Gersthof 284
Gloggnitz 283
Grinzing 284
Gutenstein 283, 285

H
Hainfeld 283, 285
Hamburg 62, 135, 144, 149, 153, 182, 205, 292, 293, 306, 317, 346
Hannover 144, 232, 320
Hietzing 285
Hinterbrühl 284

K
Karlsruhe 114
Kirling 284
Klosterneuburg 283, 284
Koblenz 293
Köln 92, 179, 213, 221, 267, 293, 301, 320
Konstantinopel 144, 177, 206, 213, 297, 308
Krems 283

L
Laibach 144
Leipzig 317
London 45, 54, 55, 213, 228, 255, 295, 320
Löwen 267
Lübben 147
Ludwigslust 114

M
Mährisch-Ostrau 144, 173, 176, 306
Mainz 144, 293

Manchester 295
Mannheim 114, 178
Marienberg 144, 184, 320
Melbourne 135
Modena 185
Mödling 284, 285
München 17, 47, 140, 142 144, 152, 176, 182, 240, 242, 264, 267, 309

N
Neapel 213, 217
Neukölln 147
Neulengbach 283
Neustift am Walde 284
Neuwaldegg 284
New York 89, 95
Nürnberg 221, 267, 293

O
Ober-Döbling 284
Olmütz 133, 144, 173, 174, 175, 184, 261, 262, 264, 265, 306, 322

P
Padua 135, 180
Palermo 295
Paris 66, 70, 83, 103, 142, 207, 213, 214, 224, 228, 232, 241, 257, 263, 293, 295, 301, 345
Penzing 285
Pötzleinsdorf 284
Přivoz/Oderfurth 131, 144, 167, 168, 171
Prag 221

R
Rom 85, 177, 181, 182, 212, 213, 217, 220, 267, 293, 294, 297, 308

S
S. Nicolo 286
Salzburg 25, 27, 30, 67, 172, 213, 299
Sievring 284
St. Francisco 135
Stralsund 267
Sydney 135

T
Temezvar 131
Teschen 144, 173, 306
Triest 217

U
Ulm 100, 108, 109, 112, 113, 114

V
Venedig 39, 70, 135, 164, 213, 221, 232, 293

W
Währing 284
Wien 3, 11, 12, 15, 16, 17, 18, 19, 20, 21, 22, 23, 24, 25, 27, 28, 31, 32, 33, 34, 35, 38, 46, 49, 51, 52, 53, 56, 57, 61, 62, 63, 65, 66, 67, 69, 70, 71, 72, 73, 74, 76, 80, 82, 83, 86, 89, 94, 96, 104, 105, 109, 110, 118, 128, 131, 134, 144, 146, 152, 154, 157, 158, 159, 163, 164, 173, 178, 182, 185, 186–266, 273, 275, 277, 278, 282, 283, 284, 286, 287, 293, 301, 302, 305, 314, 321, 345, 346, 347

Z
Zürich 159

Bauwelt Fundamente
(lieferbare Titel)

1	Ulrich Conrads (Hg.), Programme und Manifeste zur Architektur des 20. Jahrhunderts
2	Le Corbusier, 1922 – Ausblick auf eine Architektur
3	Werner Hegemann,1930 – Das steinerne Berlin
12	Le Corbusier, 1929 – Feststellungen
16	Kevin Lynch, Das Bild der Stadt
50	Robert Venturi, Komplexität und Widerspruch in der Architektur
53	Robert Venturi, Denise Scott Brown und Steven Izenour, Lernen von Las Vegas
73	Elisabeth Blum, Le Corbusiers Wege
83	Christoph Feldtkeller, Der architektonische Raum: Eine Fiktion
86	Christian Kühn, Das Schöne, das Wahre und das Richtige. Adolf Loos und das Haus Müller in Prag
100	Magdalena Droste, Winfried Nerdinger, Hilde Strohl, Ulrich Conrads (Hg.), Die Bauhaus-Debatte 1953
105	Sima Ingberman, ABC. Internationale Konstruktivistische Architektur 1922-1939
114	Rudolf Stegers, Räume der Wandlung. Wände und Wege
115	Niels Gutschow, Ordnungswahn
116	Christian Kühn, Stilverzicht. Typologie und CAAD als Werkzeuge einer autonomen Architektur
118	Thomas Sieverts, Zwischenstadt
122	Peter Smithson, Italienische Gedanken – weitergedacht
123	André Corboz, Die Kunst, Stadt und Land zum Sprechen zu bringen
124	Gerd de Bruyn, Fisch und Frosch – oder die Selbstkritik der Moderne
125	Ulrich Conrads (Hg.), Die Städte himmeloffen
126	Werner Sewing, Bildregie, Architektur zwischen Retrodesign und Eventkultur
128	Elisabeth Blum, Schöne neue Stadt. Wie der Sicherheitswahn die urbane Welt diszipliniert
129	Hermann Sturm, Alltag und Kult. Gottfried Semper, Richard Wagner, Friedrich Theodor Vischer, Gottfried Keller
130	Elisabeth Blum, Peter Neitzke (Hg.), FavelaMetropolis. Berichte und Projekte aus Rio de Janeiro und São Paulo
131	Angelus Eisinger, Die Stadt der Architekten
132	Karin Wilhelm, Detlef Jessen-Klingenberg (Hg.), Formationen der Stadt. Camillo Sitte weitergelesen
133	Michael Müller, Franz Dröge, Die ausgestellte Stadt

Michael Müller
Franz Dröge

Die ausgestellte Stadt

**Zur Differenz
von Ort und Raum**

Sowohl die Marktplatzidylle als auch das Bild von der Stadt als einem ‚Electronic Space' bestätigen Frederic Jamesons Beobachtung, daß wir unsere Welterfahrung an unbrauchbar gewordenen Raummodellen bilden. Diese Erfahrung korrespondiert Lebensweisen, die wir, obwohl wir uns in beiden Räumen bewegen, weder körperlich noch kognitiv zusammenführen können.

272 Seiten, 16 sw-Abbildungen, Broschur
(BF 133) ISBN 3-7643-7151-X
Architektur / Kunst / Medien

Thomas Sieverts

Zwischenstadt

**zwischen
Ort und Welt
Raum und Zeit
Stadt und Land**

Mit Raumbildern für Lebensstile und Bühnenbildern für die Stadtkultur hat sich die Architektur in der „Erlebnisgesellschaft" unentbehrlich gemacht. Diese – seit der Postmoderne zunehmend erfolgreiche – Strategie, kurz: Bildregie, bedroht inzwischen die Autonomie der Architektur. Architainment wird so zur nichtbeabsichtigten Handlungsfolge der Bilderpolitik.

191 Seiten, 48 sw-Abbildungen, Broschur
(BF 118) ISBN 3-7643-6393-2
Stadtplanung / Urbanistik

The Contested Metropolis
Six Cities at the Beginning of the 21st Century
INURA (Ed.)
2004. 301 Seiten
362 sw-Abbildungen
23,5 x 28 cm. Broschur
EUR 48.00 / Fr. 74.00
ISBN 3-7643-0086-8, Englisch

Erfrischende, provozierende, ermutigende Alternativen zur Krise unserer Großstädte.

Der Städtebau nach seinen künstlerischen Grundsätzen
Vermehrt um "Grossstadtgrün"
Camillo Sitte
2002. 216 Seiten
10 sw-Abb. und 104 Zeichnungen
14,8 x 21 cm. Broschur
EUR 26.00 / Fr. 39.50
ISBN 3-7643-6692-3, Deutsch

Diese Arbeit, erstmals 1889 publiziert, veränderte die Stadtplanung in vieler Hinsicht. Sie war nicht nur ein Manifest, sondern gleichzeitig seit Albertis Schrift De re aedificatoria das erste Buch, das die künstlerischen Aspekte des Städtebaus systematisch darstellte.

BIRKHÄUSER

Birkhäuser Verlag AG
Postfach 133
CH–4010 Basel
Schweiz
tel. +41 61 2050-777
fax +41 61 2050-792
e-mail: sales@birkhauser.ch
www.birkhauser.ch